Media et Orientalis Europa

5

Collana fondata da Gabriele De Rosa
diretta da Andrea Graziosi, Francesca Lomastro,
Alberto Masoero, Niccolò Pianciola

FONDAZIONE DI STORIA ETS — VICENZA

Riccardo Mario Cucciolla

La repubblica del cotone

Le evoluzioni dell'Uzbekistan sovietico tra inclusione e crisi imperiale

viella

Prima edizione: ottobre 2024
ISBN 979-12-5469-730-6

Opera pubblicata con il contributo del Dipartimento di Scienze Umane e Sociali dell'Università di Napoli L'Orientale

CUCCIOLLA, Riccardo Mario
La repubblica del cotone : le evoluzioni dell'Uzbekistan sovietico tra inclusione e crisi imperiale / Riccardo Mario Cucciolla. - Roma : Viella, 2024. - 313 p. : 1 carta geografica ; 21 cm. (Media et Orientalis Europa / Fondazione di storia ; 5)
Bibliografia: p. [281]-307.
Indice dei nomi: p. [309]-313.
ISBN 979-12-5469-730-6
1. Usbechistan - 1865-1991 I. Fondazione di storia
958.708 (DDC WebDewey) Scheda bibliografica: Biblioteca Fondazione Bruno Kessler

viella
libreria editrice
via delle Alpi, 32
I-00198 ROMA
tel. 06 84 17 758
fax 06 85 35 39 60
www.viella.it

Indice

Introduzione 13

1. Il fardello dell'oro bianco (1865-1916) 23
   L'ultima frontiera 23
   Un fattore trasformativo 33
   La rivolta anticoloniale 40

2. Nuovi equilibri imperiali (1917-1928) 45
   La rivoluzione dei russi 46
   La nativizzazione 52
   Un sistema estrattivo 61

3. Stalinismo di periferia (1929-1939) 69
   La trasformazione delle campagne 70
   La rivoluzione dall'alto 75
   Capri espiatori 79

4. Il fronte interno (1939-1953) 87
   Vittime lontane 88
   Un nuovo patriottismo 94
   La riapertura del "fronte bianco" 100

5. Il trasformismo uzbeko (1953-1975) 107
   Superare lo stalinismo 107
   La stagione del compromesso 116
   Un profilo internazionalista 125

6. La porta d'Oriente (1955-1979) 137
   Un interlocutore non russo 139
   La vetrina per l'Oriente estero 149
   Il disincanto afghano 154

7. “Re cotone” è nudo! (1975-1983) 159
«Mani d’oro fanno l’oro bianco» 160
Sei milioni a ogni costo 166
«Con chi pensa di parlare?» 177

8. Lo “scandalo del cotone” (1983-1989) 187
Al massimo un “segretario zero!” 187
Tra “normalizzazione” e “derashidovizzazione” 196
L’amministrazione fiduciaria di Mosca 204

9. Svelare una pesante eredità (1988-1989) 215
Rinegoziare gli impegni cotonieri 215
I costi della monocoltura 222
L’inimicizia dei popoli 233

10. «Che non sia un burattino!» (1989-1991) 245
Il pacificatore 246
Ripensare il passato e riabilitare le “vittime” 253
Un’inauspicata indipendenza 262

Conclusione. Una vita indipendente da Mosca? 273

Bibliografia 281

Indice dei nomi 309

a Leonida

O Grande Turan, terra dei leoni!
Cosa ti è successo? Come stai? Quali giorni ti hanno travolto?
O gloriosa culla di Chinggissidi, Timuridi, Oghuzi, e Attila! [...]
Perché sei caduta negli abissi della schiavitù?!

Abdurauf Fitrat, *Yurt qayg'usi*, 1917

La vittoria della Rivoluzione ha segnato una svolta nella storia dei popoli del nostro paese. Il vento purificatore passò anche sul Turkestan, spazzando via con sé la sporcizia e la feccia del vecchio mondo, un mondo di crudele oppressione sociale e nazionale, di sfruttamento feudale e capitalistico, di tirannia dei khan, dei ricchi proprietari terrieri e dei funzionari zaristi, di mancanza di diritti per il popolo lavoratore. Una nuova epoca era giunta: un'epoca di rinascita intellettuale, di rapida e costante crescita dell'economia e di sviluppo di tutte le culture nazionali ed etniche dell'Asia Centrale, un'epoca di amicizia, cooperazione fraterna e assistenza reciproca dei popoli del nostro paese.

Sharof Rashidov, *Soviet Uzbekistan*, 1982

Nomi e traslitterazioni

In poco più di un secolo, la lingua uzbeka è stata scritta in vari alfabeti (arabo, latino e cirillico) con diversi riadattamenti e varianti storiche e dialettali della pronuncia e della grafia. Una forma universalmente accettata (e non contraddittoria) per trascrivere i nomi di persone, luoghi e termini che hanno origini arabe, persiane, turche (e russe) non esiste. Quando possibile, per i toponimi ho preferito utilizzare gli esonimi comunemente diffusi nella lingua italiana (per esempio Mosca, Samarcanda, Leningrado, Tashkent). Negli altri casi, ho generalmente preferito usare gli endonimi. Va però notato che, essendo questo un libro incentrato sul periodo sovietico, ho utilizzato le forme russe per riferirmi alle divisioni amministrative dello stato e del partito, per esempio Alma-Ata, Kiev, Džizak e Karakalpakstan se riferite al periodo sovietico, e Almaty, Kyïv, Jizzax e Qoraqalpog'iston se contestualizzate al periodo successivo al 1991. Per i nomi propri dal russo ho utilizzato la traslitterazione scientifica del cirillico, per quelli dall'uzbeko ho preferito utilizzare le loro versioni nell'alfabeto latino (es. Sharof Rashidov e non Šaraf Rašidov).

Archivi

AVPRF	Archiv Vnešnej Politiki Rossijskoj Federacii (Archivio di Politica Estera della Federazione Russa) - Mosca, Federazione Russa
GARF	Gosudarstvennyj Archiv Rossijskoj Federacii (Archivio di Stato della Federazione Russa) - Mosca, Federazione Russa
GF	Gorbačëv Fond (Fondazione Gorbačëv) - Mosca, Federazione Russa
HLA	Hoover Institution Library & Archives (Biblioteca e Archivi della Hoover Institution) - Stanford (Stati Uniti d'America)
NSA	National Security Archive (Archivio della Sicurezza Nazionale) - Washington D.C. (Stati Uniti d'America)
RGAE	Rossijskoj Gosudarstvennyj Archiv Ekonomiki (Archivio Statale Russo dell'Economia) - Mosca, Federazione Russa
RGANI	Rossijskoj Gosudarstvennyj Archiv Novejšej Istorii (Archivio Statale Russo di Storia Contemporanea) - Mosca, Federazione Russa
RGASPI	Rossijskoj Gosudarstvennyj Archiv Social'no-Političeskoj Istorii (Archivio Statale Russo di Storia Sociale e Politica) - Mosca, Federazione Russa
TsGARUz	Central'nyj Gosudarstvennyj Archiv Respubliki Uzbekistan (Archivio Centrale Statale della Repubblica dell'Uzbekistan) - dal 2019 O'zbekiston Milliy arxivi (Archivio Nazionale dell'Uzbekistan) - Tashkent, Repubblica dell'Uzbekistan

Divisione amministrativa della Repubblica Socialista Sovietica Uzbeka (RSSUz) nel 1979

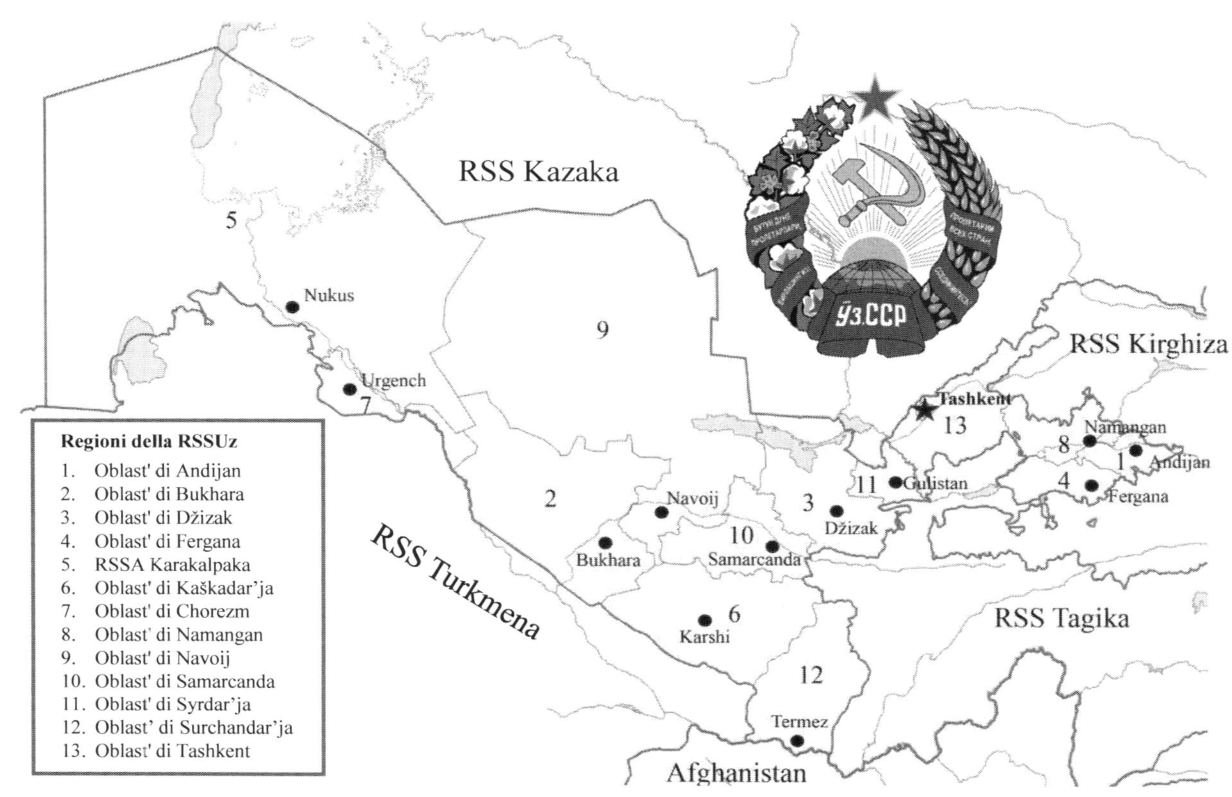

Introduzione

Har bir xalkga tarix kerak va har bir tarixga hujat kerak[*]

L'invasione russa dell'Ucraina ci ha costretto a ripensare i rapporti tra la Russia e quelle ex repubbliche sovietiche che nel 1991 erano divenute indipendenti all'interno dei propri confini amministrativi. La proiezione neoimperiale russa nei confronti delle precedenti periferie finiva per alimentare una serie di inquietudini per quei governi che, malgrado le pesanti eredità sovietiche, avevano preservato delle relazioni alquanto cordiali con Mosca, ma che avrebbero iniziato a mostrare un atteggiamento meno complice e a cercare partner altrove, rinnegando quei vincoli di amicizia, solidarietà, cooperazione (e necessità) che si erano consolidati in epoca sovietica. Evidentemente la percezione russa del proprio ruolo in un "mondo russo" – identificato nella sua dimensione "euroasiatica"[1] – non si sarebbe molto discostata rispetto alla precedente

* «Ogni popolo ha bisogno di una storia e ogni storia ha bisogno di un documento». Cartello all'ingresso dell'Archivio centrale statale della Repubblica dell'Uzbekistan (TsGARUz) a Tashkent nel giugno 2015.

1. All'inizio degli anni Duemila nei circoli russi di filosofia politica veniva discussa l'idea di un *Russkij Mir* (letteralmente "mondo russo") basato sull'influenza del linguaggio sull'identità e sul pensiero politico. Questo ha ispirato la creazione della Fondazione Russkiy Mir, sponsorizzata dal governo nel 2007, che è diventata così uno strumento di *soft power* russo e dell'idea revanscista di Putin di riportare l'influenza di Mosca negli ex confini sovietici. Questa mossa ha rilanciato una serie di iniziative sulla scena internazionale e ha mantenuto le sue forme di credibilità fino all'invasione russa dell'Ucraina nel 2022. Da quel momento diversi paesi postsovietici tradizionalmente amici della Russia hanno iniziato a guardare seriamente altrove, definendo una perdita di influenza di Mosca nelle sue ex periferie. Si veda Marlène Laruelle, *Russian Eurasianism: an ideology of empire*, Washington D.C., Johns Hopkins University Press, 2012; Marlène Laruelle, *The "Russian World": Russia's Soft Power and Geopolitical Imagination*, in «The Center on Global In-

forma sovietica, e le questioni di soggettività sul piano politico e amministrativo, di identità nazionale e di relazioni tra queste repubbliche non sono ancora risolte.

Gli equilibri che avevano definito il crollo dell'Unione Sovietica in modo sostanzialmente pacifico e consensuale ci appaiono oggi come il frutto di un compromesso temporaneo dettato dalla contingenza che lasciava aperte una serie di questioni che avrebbero diviso questi paesi di nuova indipendenza e ridefinito i rapporti con Mosca. Nel 1991 le repubbliche baltiche ripristinavano una sovranità che era stata sospesa con l'occupazione sovietica del 1940; i fronti popolari in Ucraina, Bielorussia e nelle repubbliche transcaucasiche avevano l'occasione per rilanciare un discorso nazionale che avrebbe promosso una separazione dal centro a ogni costo; mentre la stessa Russia di El'cin finiva per sostenere il disimpegno dalle periferie sovietiche e rimandava lo scontro con alcune di queste, sostenendo gruppi filorussi nelle baltiche e arrivando a un coinvolgimento diretto nei conflitti interetnici in Moldavia, Georgia e Ucraina, e più recentemente in Nagorno Karabakh.

Per l'Asia Centrale la situazione era più complessa. La regione era stata nel corso dell'Ottocento l'ultima frontiera dell'espansionismo imperiale russo e con l'avvento dei bolscevichi era stata riorganizzata in cinque repubbliche fortemente subordinate a un sistema sovietico che cooptava le élite locali e iperspecializzava le economie, stabilendo dei vincoli estrattivi e di sussidio, e di fatto rendendole interdipendenti tra di loro e con il centro. Nelle incertezze della perestrojka, l'Asia Centrale cercò di preservare, fino alla fine, il legame con Mosca, rinegoziando un trattato per l'unione che ridefinisse i ruoli tra i diversi soggetti federati. Ma dopo il fallito golpe dell'agosto 1991, anche le classi dirigenti di queste repubbliche dovettero accettare, loro malgrado, la fine dell'URSS e procedere verso un'indipendenza per la quale non erano sostanzialmente pronte. Gli stessi dirigenti comunisti dovevano riproporsi come leader di stati indipendenti e reinventare nuove identità postsovietiche. Ma quanto avrebbe pesato l'esperienza sovietica nella definizione di una nuova forma statuale e in che modo le

terests (CGI)», 5 (2015); Marlene Laruelle, *Russian nationalism: Imaginaries, doctrines, and political battlefields*, Milton, Routledge, 2018; Alexander Meienberger, *The Concept of the "Russkiy Mir": History of the Concept and Ukraine*, in «Euxeinos», 13/35 (2023), pp. 15-29; Riccardo Mario Cucciolla, *Forced marriages and unintentional divorces: The national attitudes in Armenia and Uzbekistan towards the 'Russian World'*, in «Philosophy & Social Criticism», 50/4 (2024), pp. 688-714.

relazioni con Mosca e i temi coloniali sarebbero stati centrali nel discorso pubblico e in quello politico?

L'Uzbekistan è forse la periferia più emblematica del sistema sovietico. Seguendo gli sviluppi del centro, interpretando il consolidamento e replicandone le crisi, la storia della principale (per peso demografico) repubblica sovietica non slava è inevitabilmente legata al colonialismo russo, alla monocultura del cotone e alle evoluzioni del sistema imperiale russo e poi sovietico. All'epoca il cotone divenne una tema sostanziale sul quale si iniziarono a basare le relazioni tra il centro e la periferia centroasiatica a livello politico, economico, militare, sociale e culturale.[2] Una relazione che, in forme diverse, sarebbe durata fino alla fine dell'esperienza sovietica.

Discutere di dinamiche coloniali in riferimento all'URSS rappresenta tuttora un argomento particolarmente controverso in Russia dove è maturata una sorta di "allergia" a una rappresentazione coloniale riferita all'epoca sovietica.[3] Al contrario, la questione coloniale è diventata cruciale nel dibattito nazionale in Uzbekistan e nelle altre ex repubbliche sovietiche. L'URSS era stata ideologicamente legittimata sui principi dell'internazionalismo, dell'antimperialismo e del ripudio del colonialismo, visto come una chiave per l'oppressione e lo sfruttamento dei popoli e così identificato come un ultimo stadio del capitalismo. Gli stessi bolscevichi cercarono di diventare un faro per i popoli coloniali oppressi e già nel 1920 organizzarono a Baku il Congresso dei popoli dell'Est, con l'obiettivo di incoraggiare una rivoluzione socialista negli imperi ultramarini europei. Negli anni Cinquanta, quando la decolonizzazione entrò nella sua fase decisiva in Asia e poi in Africa, i sovietici formularono la loro agenda per il cosiddetto "Oriente estero", trasformando un ex centro del colonialismo russo come Tashkent nella città dell'amicizia dei popoli (*družba narodov*), e promuovendo lo stesso Uzbekistan come esempio di una modernità sovietica che si era adattata a una società orientale e che poteva diventare un modello per il terzo mondo. Eppure, nonostante la portata antimperialista del progetto bolscevico, lo stesso sistema sovietico riprodusse, sotto altri vessilli, molte delle dinamiche del precedente regime coloniale.

2. Si veda Sven Beckert, *Empire of Cotton: a New History of Global Capitalism*, New York, Alfred A. Knopf, 2014. Per una definizione sociologica delle relazioni centro-periferia si veda Raewyn Connell, *Periphery and Metropole in the History of Sociology*, in «Sociologisk Forskning», 47/1 (2010), pp. 72-86.

3. Alexander Morrison, *Russia's Colonial Allergy*, in «Eurasianet», 19 dicembre 2016.

A livello teorico, l'idea di un impero russo-sovietico è stata spesso identificata con il concetto di "colonialismo interno". Questa interpretazione evoca uno stato autocolonizzante in cui le differenze strutturali tra le regioni fanno sì che il centro più ricco controlli e sfrutti la periferia sottosviluppata, innescando all'interno dello stesso dinamiche e tensioni simili a quelle dei tradizionali imperi coloniali ultramarini.[4] Tuttavia l'applicazione di un simile approccio postcoloniale a un impero terrestre come la Russia può essere fuorviante se si considerano le dimensioni di questa entità multietnica, le differenze tra le sue regioni in termini di demografia, cultura e geografia e le disuguaglianze tra le aree all'interno di uno stato nazionale che segregava la periferia. Nonostante la continuità territoriale tra il centro metropolitano e la periferia coloniale, le differenze tra San Pietroburgo e Tashkent possono ricordare quelle tra Parigi e Algeri o tra Londra e Bombay.[5]

Il dibattito sul colonialismo russo-sovietico è articolato a livello storiografico, dove l'interpretazione coloniale è generalmente limitata al periodo imperiale o, al più tardi, a quella "rivoluzione capovolta" bolscevica che, come ha sottolineato Marco Buttino, aveva ripristinato il dominio dei russi in Asia Centrale.[6] Lo stesso Buttino, nel suo libro su Samarcanda, ci ricorda come questa categoria sia stata messa in discussione a livello storiografico anche in riferimento al periodo sovietico.[7] Nei loro studi Terry Martin, Ron Suny e Adeeb Khalid si sono concentrati sul ruolo centrale di Mosca nel forgiare nuovi confini amministrativi e identità nazionali, evidenziando l'inclusione di popolazioni precedentemente allogene, la loro parte attiva nel sistema e la "discriminazione positiva" a favore di "nazioni titolari" che avrebbero dovuto godere di alcuni privilegi nella nomenklatura delle rispettive repubbliche.[8] Da una prospettiva antropologica Sergej

4. Si veda Robert Blauner, *Internal Colonialism and Ghetto Revolt*, in «Social Problems», 16/4 (1969), pp. 393-408; Aleksandr Etkind, *Internal colonization: Russia's imperial experience*, Cambridge, Polity Press, 2011; Viatcheslav Morozov, *Russia's postcolonial identity: a subaltern empire in a Eurocentric world*, London, Palgrave Macmillan, 2015.

5. Si veda Alexander Morrison, *Russian Rule in Turkestan and the Example of British India, c. 1860-1917*, in «The Slavonic and East European Review», 84/4 (2006), pp. 666-707.

6. Si veda Marco Buttino, *La Rivoluzione Capovolta. L'Asia Centrale tra il crollo dell'impero zarista e la formazione dell'URSS*, Napoli, L'Ancora del Mediterraneo, 2003.

7. Marco Buttino, *Samarcanda. Storie in una città dal 1945 a oggi*, Roma, Viella, 2015, p. 12.

8. Si veda Terry Martin, *The Affirmative Action Empire and Nationalism in the Soviet Union, 1923-1939*, Ithaca, Cornell University Press, 2001; *A state of nations: Empire and*

Abašin ha analizzato la questione coloniale concentrandosi sulla modernizzazione e sulla creazione di nuove culture ibride e sovietizzate in Asia Centrale; mentre altri autori hanno messo in relazione il dibattito coloniale sovietico con questioni di genere, identitarie e sociali, rilevando come tale categorizzazione per la periferia sovietica potesse essere fuorviante.[9] Inoltre nuove tendenze storiografiche hanno iniziato a far convergere gli studi postcoloniali e postsovietici per superare i limiti degli approcci della Guerra fredda, estendendo i dibattiti sull'uso politico del passato nell'Asia Centrale postsovietica.[10]

Apparentemente la definizione di un colonialismo sovietico *tout court* è equivoca e non del tutto utile. Tuttavia le dinamiche tipiche dei sistemi coloniali in termini di coercizione (come la conquista militare, la guerra, la violenza di massa, le deportazioni e il terrore), di estraneità (in termini di insediamento di coloni, governanti esogeni, cooptazione delle élite locali e ibridazioni culturali) e di sfruttamento (sul piano estrattivo, della manodopera e di materie prime come il cotone con drammatiche conseguenze sul piano ecologico), sono identificabili anche nell'Asia Centrale sovietica, dove l'autorità di Mosca dominava su popoli e territori estranei al centro russo, e dove le decisioni fondamentali che influivano sulla vita dei "colonizzati" venivano prese e attuate dai governanti centrali per perseguire

Nation-making in the age of Lenin and Stalin, a cura di Ronald Grigor Suny e Terry Martin, Oxford, Oxford University Press, 2001; Adeeb Khalid, *Nationalizing the Revolution in Central Asia: The Transformation of Jadidism, 1917-1920*, in *A State of Nations*; Adeeb Khalid, *Making Uzbekistan. Nation, Empire, and Revolution in the Early USSR*, Ithaca, Cornell University Press, 2015; Adeeb Khalid, *Central Asia: A New History from the Imperial Conquests to the Present*, Princeton, Princeton University Press, 2021.

9. Si veda Sergej Abašin, *Qishloq. Il secolo sovietico in una valle dell'Asia Centrale*, Roma, Viella, 2022; Adeeb Khalid, *Backwardness and the Quest for Civilization: Early Soviet Central Asia in Comparative Perspective*, in «Slavic Review», 65/2 (2006), pp. 231-251; Svetlana Goršenina, *Izvečna li marginal'nost' russkogo kolonial'nogo Turkestana, ili vojdet li post-sovetskaja Srednjaja Azija v oblast' Post-issledovanij*, in «Ab Imperio», 2 (2007), pp. 209-258; Laura Adams, *Can We Apply a Post-colonial Theory to Central Asia?*, in «Central Eurasia Studies Review», 7/1 (2008), pp. 2-8; Douglas Northrop, *Veiled empire: Gender & Power in Stalinist Central Asia*, Ithaca, Cornell University Press, 2004; Deniz Kandiyoti, *Post-Colonialism Compared: Potentials and Limitations in the Middle East and Central Asia*, in «International Journal of Middle East Studies», 34/2 (2002), pp. 279-297.

10. Diana T. Kudaibergenova, *The Use and Abuse of Postcolonial Discourses in Post-independent Kazakhstan*, in «Europe-Asia Studies», 68/5 (2016); Riccardo Mario Cucciolla, *Legitimation through Self-Victimization. The «Uzbek cotton affair» and its repression narrative (1989-1991)*, in «Cahiers du monde russe», 58/3 (2017), pp. 639-668.

interessi definiti da una metropoli lontana.[11] E molte di queste dinamiche avrebbero avuto una certa continuità fino alla fine dell'esperienza sovietica.

Nel caso del Turkestan russo, e successivamente nelle cinque repubbliche sovietiche dell'Asia Centrale, sono rilevabili fenomeni di "colonialismo di insediamento",[12] con un centro che in diversi momenti favorì l'immigrazione su larga scala di coloni russi – e in generale slavi – per sostituire la popolazione nativa nelle posizioni strategiche dell'apparato statale e del partito, nelle città e nelle industrie, relegando le popolazioni locali a una dimensione soprattutto rurale. Questa tendenza favorì la russificazione, l'annientamento o l'incorporazione delle identità locali e, in generale, l'imposizione di una dominazione esogena. Questi flussi furono effettivi in epoca coloniale ma anche negli anni Trenta, durante la "grande svolta" staliniana, e successivamente con le evacuazioni del 1941-1943, la Campagna delle Terre Vergini in Kazakistan, e la ricostruzione di Tashkent alla fine degli anni Sessanta. In larga misura l'Uzbekistan sovietico è stato anche un contesto di "colonialismo surrogato"[13] con un centro che promuoveva l'insediamento e ricollocava in Asia Centrale altre minoranze non native (come ucraini, polacchi, armeni, ecc.) e che durante la guerra deportava quei popoli "puniti" per il loro presunto collaborazionismo (come coreani, ceceni, tatari di Crimea, ecc.). La guerra non fu quindi solo un periodo di inclusione simbolica degli uzbeki contro un nemico comune, ma piuttosto un drammatico episodio di ridefinizione degli equilibri demografici che aumentò le divisioni tra società locali e estranee, tradizionali e moderne, rurali e urbane.

Nell'Uzbekistan sovietico era inoltre evidente la condizione di "colonialismo di sfruttamento" delle risorse naturali e delle popolazioni locali, "proletarizzate" e concentrate in quelle aree rurali dove la monocoltura estensiva del cotone si era ulteriormente sviluppata durante le campagne di collettivizzazione. Inoltre il sistema estraeva le risorse naturali (soprattut-

11. Jürgen Osterhammel, *Colonialism: A Theoretical Overview*, Princeton, Markus Wiener Publishers, 2005, p. 16.

12. Si veda Alexander Morrison, *Russian Settler Colonialism*, in *The Routledge Handbook of the History of Settler Colonialism*, a cura di Lorenzo Veracini e Ed Cavanagh, Abingdon, Routledge, 2016, pp. 313-326; Jean Houbert, *Russia in the geopolitics of settler colonization and decolonization*, in «The Round Table. The Commonwealth Journal of International Affairs», 86/344 (1997), pp. 549-561.

13. Si veda Scott Atran, *The surrogate colonization of Palestine, 1917-1939*, in «American ethnologist», 16/4 (1989), pp. 719-744.

to cotone) della periferia "arretrata", le ritrasformava nel centro e nuovamente le reimportava in Asia Centrale come prodotti finiti o semilavorati. Il risultato della divisione del lavoro tra le repubbliche sovietiche e della iperspecializzazione delle regioni fu inevitabilmente la dipendenza economica dal sistema pianificato. Sono poi evidenti casi di "imperialismo ecologico"[14] in relazione alla conquista del deserto attraverso l'irrigazione, ai grandi cambiamenti nell'ecosistema delle aree colonizzate e ai numerosi agenti chimici (e patogeni) legati all'imposizione della monocoltura del cotone come fattore di espansione.[15] A livello culturale la rivendicazione centrale della superiorità ideologica del marxismo-leninismo e l'imposizione bolscevica di nuovi standard di modernità, progresso, universalismo e legalità, si sovrapposero e spesso sostituirono la cultura, la religione, le tradizioni e le istituzioni locali.[16] Questa prescrizione del centro ha determinato la formazione di nuove culture, identità e comunità ibride, definendo un insieme di valori, ornamenti e simboli comuni in base ai quali un ebreo moscovita e un karakalpako potevano generalmente identificarsi come cittadini sovietici.

Sebbene molte di queste evoluzioni siano riscontrabili in altri imperi europei, la teoria coloniale presenta dei limiti se riferita all'URSS, dove anche le periferie, le popolazioni e le élite furono attori "attivi" – e spesso protagonisti – nel sistema sovietico. In effetti una delle principali evoluzioni dell'URSS rispetto al precedente apparato imperiale è legata al livello di discriminazione e inclusione delle popolazioni locali all'interno della vita politica, economica e sociale sovietica: fin dai primi anni Venti, "l'impero dell'azione affermativa" aveva stabilito territori nazionali e categorizzato i popoli dell'Asia Centrale in specifiche nazionalità, ripudiando una diversità di status per i suoi cittadini orientali e rinnegando la dimensione coloniale del

14. Si veda Jared M. Diamond, *Guns, germs, and steel: the fates of human societies*, New York, Norton & Company, 2005; Alfred W. Crosby, *Ecological Imperialism: the biological expansion of Europe, 900-1900*, Cambridge, Cambridge University Press, 1986.

15. Si veda Julia Obertreis, *Imperial Desert Dreams: Cotton Growing and Irrigation in Central Asia, 1860-1991*, Göttingen, V&R unipress, 2017.

16. Sulla modernità sovietica si veda Michael David-Fox, *Crossing borders: Modernity, ideology, and culture in Russia and the Soviet Union*, Pittsburgh, University of Pittsburgh Press, 2015; Sergej Abašin, *Sovetskij kišlak: Meždu kolonializmom i modernizaciej*, Moskva, Novoe literaturnoe obozrenie, 2015. Sulla costruzione della legalità coloniale in Asia Centrale si veda Paolo Sartori, *Constructing Colonial Legality in Russian Central Asia: On Guardianship*, in «Comparative Studies in Society and History», 56/2 (2014), pp. 419-447.

suo dominio.[17] Inoltre la politica di "indigenizzazione" (*korenizacija*) iniziò a cooptare le élite locali all'interno dei quadri del partito e dello stato. Questa inclusione presentava diverse ambiguità in quanto riconosceva una versione comunque sovietizzata delle lingue e delle culture nazionali e allo stesso tempo promuoveva un processo di russificazione culturale, fidelizzando le élite native e trasformandole in intermediari tra il centro e le comunità locali.

Questo processo rallentò con Stalin ma si riprese dopo la sua morte. Dagli anni Cinquanta il sistema sovietico superò l'impostazione totalitaria e assunse una forma di governance più pacifica, decentralizzata e neopatrimoniale, in cui i funzionari di partito (patroni) utilizzavano le risorse pubbliche (politiche ed economiche) per costruire delle proprie reti di potere e assicurarsi la fedeltà delle élite locali (clienti).[18] In questo contesto di stabilità politica caratterizzata da una generale inerzia dei quadri, l'assenza di riforme, l'onnipresenza di fenomeni informali, l'evidente economia sommersa, l'impunità della corruzione e il frequente clientelismo si diffusero in tutta l'URSS e divennero sostanzialmente dei pilastri sui quali si bassava l'equilibrio imperiale tra centro e periferia e per molti versi si reggeva l'intero sistema sovietico. In questa compagine le dirigenze locali governarono le repubbliche in un regime di quasi-autonomia, con Mosca che esigeva lealtà politica e risultati economici ma in cambio chiudeva più di un occhio sulle questioni interne. Di conseguenza l'era brežneviana massimizzò il livello di inclusione delle élite locali all'interno del progetto sovietico, limitando il più possibile l'adozione di misure centralistiche imposte dall'alto.

Negli anni Settanta l'economia entrava in una crisi cronica di stagnazione e diventava insostenibile sotto il peso dei costi militari, dei fallimenti

17. Adeeb Khalid riflette sull'assenza di un regime discriminatorio nei confronti dei centroasiatici diventati cittadini sovietici. Adeeb Khalid, *Introduction: Locating the (Post)Colonial in Soviet History*, in «Central Asian Survey», 26/4 (2007), pp. 465-473. Si veda anche Martin, *The Affirmative Action Empire*; Francine Hirsch, *Empire of Nations: Ethnographic Knowledge and the Making of the Soviet Union*, Ithaca, Cornell University Press, 2005; Moritz Florin, *Beyond Colonialism?: Agency, Power, and the Making of Soviet Central Asia*, in «Kritika: Explorations in Russian and Eurasian History», 18/4 (2017), pp. 827-838.

18. Si veda Rico Isaacs, *Party System Formation in Kazakhstan: Between Formal and Informal Politics*, London & New York, Routledge, 2011; Lawrence P. Markowitz, *Local elites, Prokurators and extraction in rural Uzbekistan*, in «Central Asian Survey», 27/1 (2008), pp. 1-14; Lawrence P. Markowitz, *State Erosion. Unlootable Resources and Unruly Elites in Central Asia*, Ithaca, Cornell University Press, 2013; Idil Tunçer-Kılavuz, *Power, Networks and Violent Conflict in Central Asia: A Comparison of Tajikistan and Uzbekistan*, London & New York, Routledge, 2014.

delle politiche agricole, delle inefficienze redistributive e, sostanzialmente, per l'assenza di riforme sul piano interno. Allora Mosca imponeva all'Uzbekistan maggiori soglie di produzione di cotone che la repubblica non era in grado di sostenere. Evidentemente quel contratto sociale brežneviano, che garantiva autonomia e benefici economici alle repubbliche in cambio di risultati economici, non poteva che reggersi largamente su imbrogli e illusioni di trionfo e lo fece fino a quando il sistema non entrò in una crisi insostenibile. Questo ci porta allo "scandalo del cotone", un periodo di epurazioni di massa e di processi penali che negli anni Ottanta travolse l'establishment della repubblica. Il caso giudiziario e politico legato alla falsificazione dei dati sulla produzione di cotone – e alla relativa corruzione che serviva a coprire le inefficienze – compromise la posizione di migliaia di funzionari e si sviluppò su diversi livelli, coinvolgendo il partito, la Procura, il Ministero degli interni (MVD), il KGB e gli organi sovietici a livello locale. Tuttavia solo una parte della corruzione e degli altri "fenomeni negativi" rivelati in Uzbekistan erano direttamente collegati al settore cotoniero, mentre lo stesso caso si allargò ben oltre i confini della repubblica. Questo episodio relativamente oscuro ma cruciale della tarda storia sovietica diviene il principale banco di prova dell'Asia Centrale per esaminare, da una prospettiva non moscocentrica, la crisi del sistema nella sua periferia.

Lo scandalo del cotone rappresentò un episodio di sostanziale interferenza del centro negli affari interni dell'Uzbekistan determinando una profonda frattura nelle relazioni tra Mosca e Tashkent. Dal 1989 questa storia divenne un importante argomento per la dirigenza uzbeka per rinegoziare una maggiore autonomia dal centro e poi giustificare un'indipendenza dall'URSS per la quale la repubblica non era sostanzialmente pronta. Il cambiamento ideologico e la conseguente promozione di discorsi postcoloniali nell'Uzbekistan indipendente divenne un chiaro esempio di politica postimperiale in cui i detentori del potere locale dovevano distrarre l'opinione pubblica da una crisi che stava creando dissenso e malcontento nei confronti dell'élite al potere. Ripercorrendo la storia della "repubblica del cotone" possiamo esaminare nel lungo periodo le dinamiche e i dibattiti sul consolidamento e il crollo dell'Unione Sovietica in una delle sue periferie più emblematiche, e l'affermazione di un discorso postcoloniale in quella che era una delle repubbliche più fedeli, e dipendenti, del sistema sovietico e che dopo il 1991 avrebbe affrontato una difficile transizione alla ricerca di una propria identità nazionale postsovietica.

Ringraziamenti

Questo libro è il risultato di lunghi periodi di ricerche, di incontri, di progetti per i quali ho ricevuto tantissimo supporto, critiche, consigli e affetto da colleghi che mi hanno saputo indirizzare in questa avventura. Vorrei in primis ringraziare Andrea Graziosi per il suo entusiasmo, per aver condiviso le sue scoperte e per la sua immensa disponibilità nell'insegnare il mestiere di storico.

In ordine alfabetico, vorrei ringraziare Ravshan Abdullaev, Bakhtiyar Babadjanov, Aleksej Barabašev, Marco Buttino, Oleg Budnitskij, Daniela Caglioti, Oleg Chlevnjuk, Saulius Grybkauskas, Mark Kramer, Marlene Laruelle, Alberto Masoero, Rosa Magnusdottir, Ljudmila Novikova, Giovanni Orsina, Adriano Roccucci, Silvio Pons, Rinat Shigabdinov e Vladislav Zubok per avermi saputo consigliare nella ricerca e per aver rivisto, in diverse fasi, molte parti di questo volume; gli amici Niccolò Pianciola, Isaac Scarborough e Tommaso Trevisani per aver condiviso l'entusiasmo della ricerca per queste storie e avermi incoraggiato a concludere questa e altre iniziative; i revisori anonimi per avermi consigliato acutamente aiutandomi a migliorare il libro; Cecilia Palombelli e il team di Viella per aver creduto in questo libro; Paolo Wulzer e il Dipartimento di Scienze Umane e Sociali dell'Università di Napoli L'Orientale per averlo supportato. A voi e a tanti altri bravi colleghi che ho incontrato nel mio percorso va un ringraziamento per avermi trasmesso la vostra passione per questo lavoro.

Infine il mio ringraziamento va ad Alida ed Enrico per aver creduto nelle mie scelte, a Maria Sole e Leonida per donarmi quel immenso amore che nutre la vita.

1. Il fardello dell'oro bianco (1865-1916)

L'Unione Sovietica non era un'entità monolitica: il centro aveva indubbiamente un ruolo dirigente, ma questo venne progressivamente bilanciato nel corso della sua storia, e soprattutto a partire dagli anni Sessanta, quando la periferia divenne un soggetto sempre più rilevante. Per comprendere adeguatamente la trasformazione dell'URSS dobbiamo quindi prendere in considerazione anche il progresso degli equilibri imperiali da una prospettiva periferica. A questo proposito l'Uzbekistan è il caso più emblematico, per il livello di integrazione, e per le evoluzioni che ebbe nel corso della storia sovietica peculiarmente legate alla monocoltura del cotone. Quello che la propaganda sovietica avrebbe presto definito come "oro bianco" (*beloe zoloto*) può essere considerato un elemento di "proletarizzazione" sociale che ha caratterizzato la storia dello sviluppo umano e le relazioni economiche e di potere a livello internazionale. Allo stesso tempo il cotone ha definito le dinamiche imperiali all'interno di soggetti coloniali o di federazioni asimmetriche come l'URSS, dove divenne la base di un sistema estrattivo che creò uno stretto legame di dipendenza tra il centro industriale e ridistributore – di cibo, manufatti e di altri beni trasformati – e una periferia fornitrice di materie prime. Intorno al cotone si reggevano gli equilibri economici, sociali e ovviamente politici dell'Uzbekistan sovietico ma le origini di tale rapporto vanno ricercate già nel periodo tardo imperiale.

L'ultima frontiera

L'Asia Centrale vanta una storia millenaria che è stata al centro di scontri e incontri con diverse civiltà, e nel corso del diciannovesimo secolo divenne l'ultima frontiera di un impero russo in continua espansione.[1] Sebbene le autorità zariste avessero tentato alcune incursioni di cosacchi e vani esperimenti di colonizzazione già in epoca petrina, la Transoxiana rimase sotto il controllo di statualità locali – come il Khanato di Kokand, l'Emirato di Bukhara e il Khanato di Khiva – e sostanzialmente fuori dall'influenza russa fino alla prima metà dell'Ottocento.

Nel 1839 il governatore militare di Orenburg Vasilij Perovskij tentò di ripetere le imprese del 1717 e del 1819, e mosse un contingente di oltre cinquemila unità verso Khiva. L'operazione era ufficialmente finalizzata alla liberazione di schiavi (in gran parte russi) che erano stati catturati dai turkmeni sul Mar Caspio e all'ottenimento di diritti commerciali e di navigazione fluviale per l'Amu Darya. In realtà questa iniziativa era volta a espandere la sicurezza dell'impero fino al raggiungimento di confini naturali e rientrava nell'ambito del "Grande gioco" per contrastare l'espansionismo di un impero britannico che premeva da sud contro l'Emirato dell'Afghanistan.[2] Svoltasi nelle rigide condizioni invernali e sostanzialmente male organizzata, la campagna di Khiva si concluse già nel febbraio 1840 con la ritirata del corpo di spedizione russo. Nonostante il fiasco, le iniziative diplomatiche di San Pietroburgo si moltiplicarono e l'influenza russa in Asia Centrale continuò a crescere negli anni successivi.

Approfittando della decadenza dell'Impero Qing durante la prima guerra dell'oppio e della debolezza di una statualità come Kokand, che soffriva di una forte instabilità interna e non si era ripresa dall'invasione di Bukhara del 1842, l'Impero russo riuscì ad avanzare verso sud e stabi-

1. Si veda *The Cambridge History of Inner Asia. Vol. 1 Early Inner Asia*, a cura di Denis Sinor, Cambridge, Cambridge University Press, 1990; *The Cambridge History of Inner Asia. Vol. 2 The Chinggisid Age*, a cura di Nicola Di Cosmo, Allen J. Frank e Peter B. Golden, Cambridge, Cambridge University Press, 2009; Michele Bernardini, *Tamerlano. Il conquistatore delle steppe che assoggettò l'Asia dando vita a una nuova civiltà*, Roma, Salerno editrice, 2022; Edward A. Allworth, *The Modern Uzbeks: From the Fourteenth Century to the Present: a Cultural History*, Stanford, Hoover Press, 1990; Christoph Baumer, *The History of Central Asia: The Age of the Silk Roads*, London, I.B. Tauris, 2014; Dilip Hiro, *Inside Central Asia: A Political and Cultural History of Uzbekistan, Turkmenistan, Kazakhstan, Kyrgyzstan, Tajikistan, Turkey, and Iran*, London & New York, Overlook TP, 2011; Khalid, *Central Asia: A New History*; Edward A. Allworth, *The New Central Asians*, in *Central Asia: One Hundred Thirty Years of Russian Dominance, A Historical Overview*, Durham, Duke University Press, 1995.

2. Peter Hopkirk, *The great game: the struggle for empire in Central Asia*, New York, Kodansha International, 1992.

lire una serie di avamposti militari nel deserto, fino a raggiungere la linea del Syr Darya e il Mare d'Aral nel 1847, quando venne fondata la città di Raimsk (poi rinominata Aralsk). Nel frattempo l'esercito russo avanzava parallelamente dalla Siberia verso il Tien Shan e dopo aver liquidato il Khanato kazako, e conquistato le montagne Alatau, nel 1854 fondò Vernij (l'attuale Almaty), un piccolo insediamento militare che sarebbe divenuto il capoluogo dell'oblast' di Semireč'e.

L'avanzata russa nella regione preoccupava i governi locali e le potenze vicine ma fu avvantaggiata da una serie di circostanze favorevoli. Fallito il tentativo britannico di costruire un'alleanza tra i khanati dell'area in funzione antirussa, le truppe di Nicola I riuscirono ad avanzare ulteriormente verso Kokand, creando nel 1853 una testa di ponte per la conquista della Transoxiana con la presa di Ak Mechet (l'attuale Kyzylorda) e la costituzione di una flottiglia operativa nel Mare d'Aral. L'espansione russa in Asia Centrale fu inoltre influenzata dalle vicende europee. La Guerra di Crimea aveva impegnato militarmente la Russia su diversi fronti contro una coalizione formata da Impero Ottomano, Francia, Gran Bretagna e Regno di Sardegna e si concluse nel 1856 con una pesante sconfitta per San Pietroburgo. Questa disfatta aveva creato un profondo senso di frustrazione in gran parte della classe dirigente imperiale che vedeva vanificate le ambizioni russe verso i Balcani e l'area mediterranea, e alimentava passioni slavofile e diffidenze nei confronti di un mondo europeo che aveva preferito sostenere la causa ottomana. Ciò spostò ulteriormente l'attenzione di San Pietroburgo verso la Transoxiana, dove lo stesso zar Alessandro II mirava a proiettare l'esercito russo e cooptare potenziali alleati locali in vista di un imminente scontro con l'Impero britannico. In un momento di difficoltà per Londra, impegnata a reprimere le rivolte in India del 1857-1859, la Russia riuscì a promuovere diverse missioni diplomatiche presso Khiva e Bukhara, e a consolidare la propria influenza sul piano politico e militare fino all'Amu Darya. Allo stesso tempo continuò ad avanzare verso Kokand, prendendo nel 1862 gli insediamenti di Tokmok e Pišpek (l'attuale Biškek).[3]

3. Si veda Alexander Morrison, *Camels and Colonial Armies: The Logistics of Warfare in Central Asia in the Early 19th Century*, in «Journal of the Economic and Social History of the Orient», 57 (2014), pp. 443-485; Mary Holdsworth, *Turkestan in the nineteenth century: A brief history of the khanates of Bukhara, Kokand, and Khiva*, London-Oxford, Central Asian Research Centre and St. Antony's College, 1959; Evgeny Sergeev, *The Great Game 1856-1907: Russo-British relations in Central and East Asia*, Washington D.C.,

Allora l'Impero russo non si limitò a concentrare in Asia Centrale una consistente presenza militare – che aveva già all'attivo una forza di circa 50.000 unità – ma condizionò anche gli equilibri socio-economici locali.[4] Infatti l'influenza russa progredì insieme a una politica di sviluppo del cotone, una pianta endemica (nella specie Gossypium Herbaceum o "cotone levantino") coltivata da secoli in diverse aree della zona.[5] Questa materia prima – che richiedeva molta forza lavoro e ingenti risorse naturali come terra e acqua – avrebbe così condizionato lo sviluppo dell'agricoltura, dell'irrigazione, dell'ambiente e delle stesse comunità locali, divenendo uno dei principali catalizzatori della colonizzazione russa nella regione.[6] Infatti la coltivazione di cotone per una singola *desjatina* (circa 1,09 ettari) necessitava di più di 120 giornate lavorative e rendeva mediamente 60-80 pud (circa 980-1300 chilogrammi) di capsule, che a loro volta richiedevano fino a due giorni di lavoro manuale per estrarre un pud (circa 16,38 chilogrammi) di cotone grezzo e ottenere 3,5-4 chilogrammi di fibra. Evidentemente il cotone centroasiatico rendeva poco ed era relativamente costoso da produrre, rendendo preferibili ulteriori vie di approvvigio-

Woodrow Wilson Center/Johns Hopkins University Press, 2013; Nikolay Ignatyev, *Mission of N.P. Ignat'ev to Khiva and Bukhara in 1858*, a cura di John L. Evans, Newtownville, Oriental Research Partners, 1984; Sergej P. Timoškov, *Bor'ba s anglijskoj intervenciej v Turkestane*, Moskva, Voenizdat, 1941; Chamid Inojatov, *Turkestan v rasčetach anglo-amerikanskich imperialistov*, Taškent, Uzbekistan, 1987.

4. David MacKenzie, *Kaufman of Turkestan: An Assessment of His Administration 1867-1881*, in «Slavic Review», 26/2 (1967), p. 272.

5. Le principali aree di coltivazione del cotone in Asia Centrale comprendevano il bacino di Syr Darya nella Valle di Fergana, la pianura di Turan in Corasmia, la Steppa della Fame (*Mirzacho'l*) tra Tashkent e Samarcanda, il bacino di Zarafshan vicino a Samarcanda, l'area di Surchandar'ja tra Bukhara e l'Afghanistan, Chirchiq e i sobborghi settentrionali di Tashkent, Murgab in Tagikistan, Tedžen nel Turkmenistan meridionale, le terre del medio Amu Darya e parte del suo corso inferiore. Si veda Boris Z. Rumer, *Central Asia's Cotton Economy and Its Costs*, in *Soviet Central Asia. The failed transformation*, a cura di William Fierman, Boulder, Westview Press, 1991, p. 87.

6. Igor Lipovsky, *The Central Asian cotton epic*, in «Central Asian Survey», 14/4 (1995), pp. 529-542. Si veda anche Allworth, *The Modern Uzbeks*; S. Frederick Starr, *Lost Enlightenment: Central Asia's Golden Age from the Arab Conquest to Tamerlane*, Princeton, Princeton University Press, 2015; Yuri Bregel, *The New Uzbek States: Bukhara, Khiva and Khoqand: c. 1750-1886*, in *The Cambridge History of Inner Asia. Vol. 2 The Chinggisid Age*; Edward Allworth, *Central Asia. 130 years of Russian dominance: a historical overview*, Durham, Duke University Press, 1994; Khalid, *Central Asia: A New History*.

namento. Infatti alla fine degli anni Cinquanta dell'Ottocento le industrie russe importavano più del 90% del cotone dagli Stati Uniti e solo il 6,5% dal Turkestan. Tuttavia questa organizzazione avrebbe risentito delle instabilità internazionali dovute alla guerra civile americana. All'inizio del 1862 le esportazioni statunitensi di cotone erano calate del 96% e i prezzi globali di "oro bianco" aumentarono di più del triplo. Ciò indusse le grandi potenze che dipendevano dal cotone americano a cercare nuovi mercati. A quel punto la Russia spinse per diversificare le forniture ed espandere la produzione interna, puntando proprio sull'Asia Centrale. Di conseguenza dal 1861 al 1864 le importazioni russe di cotone dalla regione aumentarono di 4,6 volte e raggiunsero la quota di 24 milioni di libbre annue.[7] Questo piccolo "boom" del cotone centroasiatico appariva come una misura temporanea volta a colmare, per quanto possibile, le importazioni di "oro bianco" americano,[8] ma avrebbe posto le basi per lo sviluppo del settore cotoniero in Asia Centrale.

Il cotone non fu quindi una causa diretta dell'espansione russa nella regione ma divenne un importante fattore nel ridefinire i rapporti coloniali per un impero che investiva sulla propria produzione interna. Questa "febbre dell'oro bianco" centroasiatico procedeva parallelamente alla rapida conquista dei principali snodi strategici. Nel 1864 le forze russe presero Turkistan e Šymkent e tentarono un primo assalto senza successo su Tashkent. La spinta verso la conquista di nuove terre da occupare e coltivare portò a un cambio di percezioni anche sul piano ideologico, con la Russia che iniziò più apertamente a emulare le altre potenze europee e il loro discorso coloniale: nel novembre 1864 il ministro degli affari esteri imperiale Aleksandr Gorčakov – un protagonista del revisionismo diplomatico russo della seconda metà dell'Ottocento – giustificò l'espansionismo russo in Asia Centrale e la necessità di «ridurre le tribù vicine a

7. Sven Beckert, *Emancipation and Empire: Reconstructing the Worldwide Web of Cotton Production in the Age of the American Civil War*, in «The American Historical Review», 109/5 (2004), pp. 1408-1409, 1430; Obertreis, *Imperial Desert Dreams*, pp. 61-62.

8. Alla fine degli anni Sessanta dell'Ottocento le esportazioni americane di cotone avevano riguadagnato i livelli prebellici e l'Impero russo continuò a fare affidamento sulle importazioni per rifornire la sua industria cotoniera fino alla fine del secolo: tra il 1869 e il 1893 la Russia importò circa 500.000 tonnellate di cotone per un valore di 1.568.931.000 rubli. Si veda Ravshan Abdullaev, Namoz Khotamov, Tashmanbet Kenensariev, *Colonial Rule and Indigenous Responses, 1860-1917*, in *Ferghana Valley: The Heart of Central Asia*, a cura di S. Friederick Starr, New York, M.E. Sharpe, 2011, p. 80.

un certo grado di stretta subordinazione» utilizzando la narrazione di una missione civilizzatrice contro quei «nomadi semiselvaggi senza una solida organizzazione sociale».[9]

In quel momento le forze del generale Michail Černjaev si spinsero a sud del Kirghizistan e nel giugno 1865, contravvenendo agli ordini ricevuti, attaccarono ed espugnarono la città fortificata di Tashkent. Le autorità imperiali russe non vi crearono uno stato vassallo ma stabilirono un governo generale (*gubernija*) amministrato come *krai* ("territorio"). Il 23 luglio 1867 nacque così il Turkestan russo, che aveva come capitale Tashkent e comprendeva tutto ciò che era stato fino ad allora conquistato, principalmente i territori del khanato di Kokand, che ancora esisteva ma era stato territorialmente ridimensionato e politicamente ridotto a uno stato vassallo dell'impero.[10] Dal punto di vista istituzionale la nuova amministrazione imperiale era diretta da un governatore generale – il primo fu l'ex governatore della Lituania, il generale Konstantin von Kaufman – che assunse pieni poteri sulle questioni politiche, amministrative e militari ed era direttamente dipendente dal Ministero della guerra russo. Ma il nuovo regime preservò alcuni elementi dei sistemi precedenti (come i tribunali religiosi musulmani) e le forme di autogoverno locale a livello di villaggio.

Dopo Tashkent, le forze imperiali russe presero Khujand nel maggio 1866 e iniziarono a premere sulla Kashgaria.[11] Continuarono poi a spingersi verso sud, attaccando l'Emirato di Bukhara, dal quale conquistaro-

9. Claire Mouradian, *The Origins of a Colonial Vision of Southern Russia From the Tsars to the Soviets: About Some Imperial Practices in the Caucasus*, in *Development in Central Asia and the Caucasus. Migration, Democratisation and Inequality in the Post-Soviet Era*, a cura di Sophie Hohmann, Claire Mouradian, Silvia Serrano e Julien Thorez, London & New York, I.B. Tauris, 2014, pp. 25-26; Daniel Brower, *Turkestan and the fate of the Russian Empire*, London, RoutledgeCurzon, 2003.

10. Il Turkestan russo era stato inizialmente diviso in tre oblast' – Syrdar'ja, Semireč'e e l'okrug di Zarafshan (poi oblast' di Samarcanda) – che vennero integrate dalle successive conquiste coloniali. Si veda Vladimir Nalivkin, *Kratkaja istorija Kokandskogo chanstva*, Kazan', tip. Un-ta, 1886; Holdsworth, *Turkestan in the nineteenth century*; Timur Bejsembiev, *Kokandskaja istoriografija: Issledovanie po istočnikovedeniju Srednej Azii XVIII-XX vekov*, Almaty, Print-S, 2009.

11. Nel 1867 il leader locale Yakub Beg guidò una ribellione che vide Kashgar dichiarare la propria indipendenza mentre le ribellioni di Taiping e Nian nel cuore dell'Impero celeste impedivano a Pechino di riaffermare il proprio controllo sullo Xinjiang. Nel 1871 i russi si espansero, annettendo le valli di Čuj e Ili e la città di Kuldja (l'attuale Yining). Dopo la morte di Yakub Beg nel 1877, il suo stato crollò e la regione fu riconquistata dalla Cina. Dopo lunghe trattative Kuldja fu restituita a Pechino dalla Russia nel 1884. Si veda

no Samarcanda nel 1868, imponendovi una maggiore influenza militare e diplomatica. Nel 1873 Kaufman organizzò poi una terza spedizione su Khiva, premendo da tre direttrici (Krasnovodks, Orenburg e Tashkent) e costringendo il khan Muhammad Rahim II a una pace che appariva più come una resa incondizionata. Allora i governi centroasiatici soffrivano di instabilità interne, non avevano incontrato un concreto supporto da parte di Londra o Istanbul, e accettarono una protezione russa che li garantiva internamente contro possibili colpi di mano da parte di fazioni rivali. Fu così che nel 1872-1873 la Russia riuscì a stabilire dei protettorati su ciò che rimaneva di Bukhara e di Khiva,[12] limitandone la sovranità sulle questioni di sicurezza e politica estera, e controllandone i diritti commerciali ed economici. Nel 1876 venne inoltre abolito il Khanato di Kokand e i suoi territori furono formalmente incorporati alla provincia di Fergana. A quel punto la conquista russa della Transoxiana era oramai completa.

In Turkestan – e più evidentemente in una città in espansione come Tashkent – venne così stabilito un ordine coloniale formato da due realtà che coesistevano in un regime di non segregazione ma che di fatto rimanevano isolate. Le loro interazioni erano infatti limitate e venivano soprattutto condotte da quegli intermediari imperiali che intercedevano a livello politico ed economico tra le diverse società. Inoltre l'amministrazione coloniale russa riuscì a sottomettere l'aristocrazia locale e nel 1873 dichiarò tutte le terre del Turkestan proprietà della corona. La portata di questa misura non fu rivoluzionaria ma si limitò a inquadrare diversamente i regimi semifeudali lì presenti, e non ebbe comunque conseguenze in termini di redistribuzione della terra: furono infatti concessi diritti ereditari di utilizzo perpetuo agli affittuari locali delle grandi proprietà e nel 1886 fu riconosciuta la proprietà privata, vietando formalmente ai russi e ad altri "stranieri" di acquistare terre.[13] Tuttavia queste misure avevano un forte

Hodong Kim, *Holy War in China: The Muslim Rebellion and State in Chinese Central Asia, 1864-1877*, Stanford, Stanford University Press, 2004.

12. Si veda Timur Beisembiev, *The life of Alimqul: A Native Chronicle of Nineteenth Century Central Asia*, London, Routledge, 2015; Bejsembiev, *Kokandskaja istoriografija*; Nalivkin, *Kratkaja istorija Kokandskogo Chanstva*; Seymour Becker, *Russia's Protectorates in Central Asia: Bukhara and Khiva, 1865-1924*, London & New York, Routledge, 2009.

13. John Whitman, *Turkestan Cotton in Imperial Russia*, in «American Slavic and East European Review», 15/2 (1956), pp. 190-205; Richard A. Pierce, *Russian Central Asia, 1867-1917: A Study in Colonial Rule*, Berkeley, University of California Press, 1960;

impatto sociale, in quanto rafforzarono il ruolo di quegli agenti locali che possedevano la terra, favorirono la crescita di una nuova classe di commercianti urbani e di creditori russi, nonché incentivarono la coltivazione di una risorsa strategica come il cotone. Attraverso peonaggio o altre forme di servitù per debiti, questo sistema finiva per vincolare alla terra masse di contadini locali senza terra, trascinandoli «in un ciclo disperato di debiti e povertà».[14]

La "missione civilizzatrice" dell'Impero russo giustificò forme di colonialismo di insediamento nel Turkestan già dalla fine degli anni Sessanta. Allora vennero costruite diverse città di guarnigione (tra cui Fergana, fondata nel 1876 e intitolata al "generale bianco" Michail Skobelev) e insediamenti urbani legati all'amministrazione militare. Inoltre a partire dalla metà degli anni Settanta dell'Ottocento centinaia di contadini russi e ucraini furono mandati a colonizzare le "terre vuote" dell'Asia Centrale con lo scopo di creare nuove zone di sfruttamento agricolo nelle aree abitate da popolazioni nomadi ed eludere al contempo dei possibili conflitti con quelle native stanziali. Infatti con la riforma agraria dei primi anni Settanta divenne più semplice per le autorità russe espropriare le terre appartenenti ai contadini locali. Queste potevano essere nazionalizzate per interessi pubblici come la costruzione di canali di irrigazione o, in modo significativo, per l'insediamento, con le terre espropriate che vennero spesso offerte (o svendute) agli ufficiali zaristi e ai coloni russi. Anche se le espropriazioni massicce furono formalmente limitate nel 1886, ai coloni russi furono concessi privilegi legali che facilitarono l'appropriazione della terra. In diversi casi i pastori kirghisi di ritorno dalla transumanza annuale videro le proprie

Lipovsky, *The Central Asian cotton epic*; Morrison, *Russian Rule in Turkestan*; Adeeb Khalid, *The Politics of Muslim Cultural Reform: Jadidism in Central Asia*, Berkeley, University of California Press, 1998; D.S.M. Williams, *Land Reform in Turkestan*, in «The Slavonic and East European Review», 51/124 (1973), pp. 428-438; Nikolaj Verchovskoj, *Chlopkovodstvo v Turkestane i perevozka chlopka po Taškentskoj i Sredne-Aziatskoj železnym dorogam*, S. Peterburg, Tip. I.N. Kušnerev i K., 1910.

14. Muriel Joffe, *Autocracy, Capitalism and Empire: The Politics of Irrigation*, in «Russian Review», 54/3 (1995), p. 368; David MacKenzie, *Turkestan's Significance to Russia (1850-1917)*, in «Russian Review», 33/2 (1974), p. 167; Elizabeth Emaline Bacon, *Central-Asians under Russian rule*, Ithaca, Cornell University Press, 1966; Beatrice Penati, *The Cotton Boom and the Land Tax in Russian Turkestan (1880s–1915)*, in «Kritika: Explorations in Russian and Eurasian History», 14/4 (2013), pp. 741-774; Isabelle Ohayon, Tomohiko Uyama, *Médiateurs d'empire en Asie Centrale (1820-1928)*, in «Cahiers du Monde Russe», 56/4 (2015).

terre espropriate dai russi in quanto era sufficiente che questi costruissero degli stabili su degli appezzamenti "vuoti" e poi proponessero una petizione alle autorità per vedersi riconosciuto un rispettivo diritto di proprietà.

Un'ulteriore accelerazione nella colonizzazione di insediamento si ebbe negli anni Ottanta dell'Ottocento, quando furono creati lungo il Syr Darya 41 insediamenti, con una popolazione totale di 16.000 coloni. Inoltre la popolazione slava dell'Asia Centrale aumentò ulteriormente dopo quelle carestie del 1891-1892 che avevano colpito soprattutto la Russia europea: da quel momento centinaia di coloni non autorizzati emigrarono dalle regioni occidentali dell'Impero per insediarsi clandestinamente nelle campagne dell'Asia Centrale. Questo flusso non regolato finì per coinvolgere le autorità imperiali. Come ricorda Alexander Morrison

> il Turkestan fu ufficialmente "chiuso" agli insediamenti dal 1897 al 1905, e di nuovo nel 1907, e le guide ufficiali pubblicate per i coloni portavano avvertimenti in tal senso. [...] Tuttavia, ciò non scoraggiò molti migranti non ufficiali.[15]

La popolazione slava del Turkestan era sostanzialmente concentrata in specifiche aree di insediamento: alla fine degli anni Novanta la provincia di Samarcanda contava appena 1.986 contadini immigrati che erano stati reinsediati nelle nuove terre irrigate della Steppa della Fame (*Mirzacho'l*) a nord di Džizak e ancora meno altrove. A Fergana, prima del 1900, c'era un solo insediamento russo, creato sul sito del villaggio di Ming-Tepe, che era stato raso al suolo come misura punitiva dopo la rivolta antirussa di Andijan del 1898.[16] Eppure l'affluenza di nuovi coloni rurali proseguì fino agli anni Dieci del Novecento – solo nella regione del Syrdar'ja ne risiedevano 45.000 – mentre continuarono a essere espropriate le terre dei nativi, soprattutto dei nomadi, con conseguenti lotte per le risorse ed episodi di carestia che colpirono soprattutto le comunità native tra il 1910 e il 1913.[17]

15. Alexander Morrison, *Peasant Settlers and the 'Civilising Mission' in Russian Turkestan, 1865-1917*, in «The Journal of Imperial and Commonwealth History», 43/3 (2015), pp. 389-397. Si veda anche Jeff Sahadeo, *Progress or Peril. Migrants and Locals in Russian Tashkent, 1906-14*, in *Peopling the Russian Periphery: Borderland Colonization in Eurasian History*, a cura di Nicholas Breyfogle, Abby Schrader e Willard Sunderland, London-New York, Routledge, 2007, p. 9.

16. Morrison, *Peasant Settlers and the 'Civilising Mission'*, p. 394.

17. Michael Rywkin, *Russia in Central Asia. How Soviet colonial policy operates and what it portends*, New York, Collier Books, 1963, p. 31.

Tabella 1. Popolazione dell'Asia Centrale secondo il censimento imperiale del 1897

			Popolazione rurale		Popolazione urbana	
Lingua o gruppo linguistico	**Persone (#)**	**Proporzione sul totale (%)**	**#**	**%**	**#**	**%**
Grandi russi (russi)	587.992	7,59	363.831	61,88	224.161	38,12
Piccoli russi (ucraini)	101.611	1,31	85.947	84,58	15.664	15,42
Bielorussi	829	0,01	365	44,03	464	55,97
Polacchi	11.576	0,15	1.215	10,50	10.361	89,50
Persiani	13.020	0,17	5.559	42,70	7.461	57,30
Tagiki	350.326	4,52	247.103	70,54	103.223	29,46
Altre lingue indoeuropee[18]	17.891	0,23	7.991	44,66	9.900	55,34
Mordovini	13.080	0,17	11.184	85,50	1.896	14,50
Tatari	60.197	0,78	23.994	39,86	36.203	60,14
Turcomanni	248.767	3,21	246.590	99,12	2.177	0,88
Kirghisi-Kaisack	3.787.222	48,89	3.742.905	98,83	44.317	1,17
Kara-Kirghisi	201.671	2,60	201.403	99,87	268	0,13
Kara-Kalpaki	104.271	1,35	104.226	99,96	45	0,04
Sarti	968.008	12,50	764.397	78,97	203.611	21,03
Uzbeki	726.414	9,38	634.744	87,38	91.670	12,62
Taranci (uiguri)	56.461	0,73	45.673	80,89	10.788	19,11
Kashgari	14.938	0,19	14.799	99,07	139	0,93
Altri dialetti turco-tatari[19]	10.871	0,14	10.094	92,85	777	7,15
Dialetti turcici senza assegnazione	439.930	5,68	283.602	64,47	156.328	35,53
Cinesi	16.300	0,21	10.020	61,47	6.280	38,53
Altre lingue[20]	15.343	0,20	6.706	43,71	8.637	56,29
Totale	**7.746.718**	**100**	**6.812.348**	**87,94**	**934.370**	**12,06**

Fonte: Nikolaj Trojnickij, *Raspredelenie naselenija po rodnomu jazyku, in Pervaja Vseobščaja perepis' naselenija Rossijskoj Imperii 1897 g. Tom 2*, S. Peterburg, 1905, fig. XIII.

18. Questo include altre lingue slave, baltiche, romanze, tedesche, greche, armene e anche dialetti curdi, osseti, indù, gitani e afgani.

19. Tra questi ci sono i dialetti baškiri, meščeryak, teptyar, ciuvasci, kumyk, nogai, turco e kipčak.

20. Lingue e dialetti ebraici, kartveliani, circassi, lezgi, finlandesi, mongolo-buriati, coreani, giapponesi, arabi, siriaci e delle tribù settentrionali, e anche di individui che non hanno indicato la loro lingua madre.

Un fattore trasformativo

Il censimento imperiale del 1897 – che definiva l'appartenenza a un gruppo nazionale sulla base di un criterio meramente linguistico (si veda la tabella 1) – rivelava come alla fine del secolo la popolazione del Turkestan fosse ancora sostanzialmente rurale. Questa era sempre più impiegata nei processi di produzione del cotone, un elemento che non avrebbe soltanto determinato i nuovi equilibri demografici nella regione ma divenne un fattore importante di trasformazione sistemica anche in termini di rivoluzione tecnologica e di alterazione dell'ecosistema. In condizioni climatiche particolarmente rigide – con inverni freddi ed estati molto calde e secche – e scarse precipitazioni,[21] la crescita di una coltura con un elevato consumo di acqua richiedeva il miglioramento dei terreni e lo sviluppo di nuove tecniche di irrigazione per valorizzare l'enorme potenziale di alcune aree meridionali, come la Steppa della Fame e la Valle di Fergana, o per riattivare l'irrigazione lungo il Chirchiq nell'area di Tashkent e il Morghab nella Transcaspiana.[22]

Il deviamento di risorse idriche dai due principali fiumi dell'Asia Centrale – l'Amu Darya e il Syr Darya – verso i campi di cotone avveniva realizzando canalizzazioni temporanee o dighe che avevano alti costi di realizzazione e manutenzione e per le quali ogni famiglia contribuiva individualmente come poteva. Per la corretta assegnazione e l'adeguata supervisione del sistema di irrigazione, la comunità locale aveva dei funzionari specifici, chiamati *mirab* e *ariq-aqsaqal* (o *mirab bashi*). I primi erano incaricati di ripartire l'acqua tra i diversi fruitori di un singolo villaggio, supervisionando così i canali minori. I secondi erano responsabili dell'assegnazione dell'acqua dei canali principali (che servivano più villaggi) e

21. A causa del clima caldo e secco dell'Asia Centrale, alla fine dell'Ottocento per produrre un quintale di cotone erano necessari 570 metri cubi d'acqua; in alcune regioni dell'Uzbekistan, come la Chorezm, si poteva arrivare a 700-800 metri cubi a causa dell'elevato tasso di salinità del terreno. In epoca sovietica questo valore poteva essere ridotto a 400 metri cubi in alcune regioni – come la Steppa della Fame – dove era stata installata una più avanzata tecnologia di irrigazione "a goccia". Si veda Rumer, *Central Asia's Cotton Economy*, p. 79.

22. Si veda Akmal Bazarbaev, *XIX asr oxiri-XX asr boshlarida Turkistonda er egaligi an'analari va transformatsiya jarayonlari*, in *O'zbekiston Qishloq xo'jaligi masalalari: tarix va Taraqqiyot*, Samarqand, O'zReFATi, 2016, pp. 85-95; I. Pervyšev, *Irrigacija i ee značenie v Turkestane*, Taškent, Turkestansk. gos. izd-vo, 1923.

di fatto supervisionava i *mirab*. Questi funzionari avevano il compito di stabilire lo schema di rotazione in base al quale l'acqua poteva essere utilizzata dalle diverse comunità su base temporale, con periodi di utilizzo che variavano da due giorni a una settimana.[23]

A partire dagli anni Settanta dell'Ottocento la gestione delle risorse idriche del Turkestan divenne una prerogativa del regime coloniale. Nel 1872 Kaufman iniziò un primo ambizioso programma per irrigare la Steppa della Fame ma il progetto non ottenne risultati sostanziali. Inoltre il regime promosse il primo tentativo di fornire norme scritte alla gestione dell'acqua in Asia Centrale (come lo Statuto del Turkestan del 1886) che però si limitava a ratificare le consuetudini esistenti. Infatti l'articolo 256 affermava che «la popolazione locale ha il diritto di utilizzare l'acqua dei canali di irrigazione, dei torrenti e dei laghi secondo le consuetudini locali».[24] Allora lo stesso granduca Nikolaj Konstantinovič – che sarebbe stato ricordato per il suo ruolo di mecenate e promotore dello sviluppo del Turkestan – ordinò la costruzione dei canali Bukhar-Aryk (che però era mal allineato e nel giro di poco tempo si insabbiò) e Khiva-Aryk nella Steppa della Fame. Nel 1896 i tracciati di questi due canali furono modernizzati ed estesi per formare il canale Nikolaj I, lungo 75 chilometri, con il quale si riuscirono a irrigare 7.000 desjatine di terreni, molti dei quali occupati da insediamenti di coloni slavi. La messa in opera del canale ebbe un importante impatto sulle comunità e sulla produzione ma richiedeva frequenti interventi di manutenzione. Nel frattempo l'acqua diventava sempre più uno strumento di influenza nei confronti dei governi locali e ciò si vedeva chiaramente con la promozione di progetti per la realizzazione di un canale di circa 300 verste (circa 320 chilometri) che serviva a deviare le acque dell'Amu Darya verso le terre dell'Emirato di Bukhara.[25]

23. I *mirab* erano eletti localmente, mentre gli *ariq-aqsaqal* erano nominati direttamente dal khan, dopo aver consultato i *mirab* e gli esattori delle tasse. In alcuni casi, soprattutto per i canali più importanti, ereditavano la carica. Entrambi venivano remunerati per il loro lavoro, in natura o in denaro e, in assenza di norme scritte, questi funzionari godevano di ampi (e discrezionali) poteri. Si veda Ian Murray Matley, *The Golodnaya Steppe: A Russian Irrigation Venture in Central Asia*, in «Geographical Review», 60/3 (1970), pp. 329-330; Obertreis, *Imperial Desert Dreams*, p. 68; Joffe, *Autocracy, Capitalism and Empire*, p. 381.

24. Abdullaev, Khotamov, Kenensariev, *Colonial Rule and Indigenous Responses*, p. 78.

25. Matley, *The Golodnaya Steppe*.

Infine, nel 1901 l'amministrazione imperiale iniziò a immaginare la realizzazione di opere strategiche con tecnologia moderna e avviò i lavori di realizzazione del canale Romanov, una colossale infrastruttura finalizzata a irrigare con le acque del Syr Darya circa 45.000 desjatine nella parte nord-orientale della Steppa della Fame. La costruzione del canale fu completata nel 1913 ma nonostante le ambizioni e i toni trionfalistici per aver strappato terra fertile al deserto, l'investimento era andato ben oltre i costi e i risultati furono alquanto limitati. Infatti il canale era costato 8 milioni di rubli (rispetto ai 2,5 previsti inizialmente) e poteva irrigare appena 15.000 desjatine, estese a 28.000 nel 1916. Allora le amministrazioni imperiali cercarono di compensare le spese (e le stesse inefficienze) del settore pubblico, attirando investimenti anche dai privati: già nel 1904, i funzionari zaristi richiesero formalmente assistenza alle industrie polacche e ai centri tessili dell'area di Mosca e fu istituita la Commissione per lo sviluppo della cotonicoltura russa, dominata da imprenditori che iniziarono a investire più direttamente nei progetti di irrigazione in Turkestan.[26] L'apertura di canali di irrigazione assunse un'importanza strategica e servì nuovamente come leva diplomatica nei confronti dell'Emirato di Bukhara, dal quale la Russia ottenne nel 1912 una concessione di irrigazione per 72.500 desjatine.[27]

Oltre a investire nella gestione delle risorse idriche, in epoca coloniale vennero testati metodi innovativi per la coltivazione del cotone. Già sotto Kaufman vennero inviate due missioni scientifiche in Texas per studiare le più moderne tecnologie cotoniere e a partire dagli anni Settanta si iniziarono ad aprire fattorie sperimentali nella regione di Tashkent, introducendo competenze e tecnologie agricole dall'estero e nuove colture – come patate, pomodori e barbabietole – che si inserirono nella dieta locale. Inoltre vennero importate specie botaniche di cotone più robuste e a fibra lunga, come il nordamericano Gossypium Hirsutum (o "cotone messicano"), che sarebbero andate a sostituire le varietà locali, più fini e a fibra corta e pertanto meno adatte alla filatura industriale. In questa fase sperimentale la varietà americana si impose rapidamente: dalle prime 300 desjatine coltivate nel 1884 si arrivò a 58.000 nel 1890.[28] Anche a livello di raccolto, la

26. Joffe, *Autocracy, Capitalism and Empire*, pp. 369, 372.

27. Igor S. Zonn, Michael H. Glantz, Andrey G. Kostianoy, Aleksey N. Kosarev, *The Aral Sea Encyclopedia*, Berlin, Springer, 2009, pp. 253-255.

28. Catherine Poujol, Vincent Fourniau, *Trade and the Economy*, in *History of Civilizations of Central Asia: Volume VI Towards the contemporary period: from mid-nineteenth*

produzione di 10.000 pud di cotone americano nel 1884 passò a 3.984.200 nel 1899, finendo per rappresentare il 75% della produzione totale di cotone in Asia Centrale. Questo successo fu possibile grazie a maggiori incentivi per quei piccoli coltivatori di cotone che furono i veri protagonisti del boom del cotone centroasiatico. Sotto questo aspetto Beatrice Penati relaziona proprio lo sviluppo del settore cotoniero nel Turkestan russo con le agevolazioni fiscali – in particolare sulla varietà americana – e i metodi di tassazione dei terreni come fattore determinante per spiegare come la superficie coltivata con il cotone fosse di fatto quadruplicata nel corso degli anni Ottanta.[29] Allora anche il settore privato fu maggiormente interessato a investire nella produzione locale, con gli stessi imprenditori della regione di Mosca che iniziarono a distribuire gratuitamente semi di cotone americano agli agricoltori locali.[30]

A livello governativo, oltre al progressivo aumento dei dazi sulle importazioni di cotone straniero,[31] gli istituti di credito statali russi iniziarono a offrire prestiti a tasso zero ai coltivatori che volessero passare

to the end of the twentieth century, a cura di Chahryar Adle, Paris, UNESCO Publishing, 2005, p. 58.

29. Nel 1891 fu introdotta un'agevolazione fiscale sui terreni seminati con il cotone per un periodo di sei anni, poi consolidata come politica a lungo termine. Questo intervento agì come un sussidio favorendo l'espansione delle coltivazioni, soprattutto tra i coltivatori locali. Penati, *The Cotton Boom and the Land Tax*, pp. 743, 754.

30. Nei primi anni Dieci del Novecento alcuni vituosi imprenditori della Compagnia di Irrigazione di Mosca insieme ad Aleksandr Krivošein (capo dell'Amministrazione della Gestione del Territorio e dell'Agricoltura) negoziarono una serie di progetti di irrigazione di 225.000 desyatine in 35 anni, con un primo lotto di 50.000 nei primi 10 anni. L'impresa prevedeva diritti esclusivi sull'acqua del fiume Naryn e la proprietà del 50% delle terre statali che sarebbero state irrigate dal sistema. Ciò veniva sostenuto da progetti di legge sull'uso delle risorse idriche, ma questi vennero bloccati dalla stessa Duma. Lo scoppio della Prima guerra mondiale, la rivolta del 1916 e l'avvento dei bolscevichi finirono per vanificare questi piani. Joffe, *Autocracy, Capitalism and Empire*, pp. 368, 377-386.

31. Dopo aver abolito i dazi sulle importazioni di cotone all'indomani della guerra civile americana, nel 1878 le autorità imperiali reintrodussero una tariffa di 40 kopeke oro per pud di cotone grezzo. Inizialmente questi dazi non avevano scopi protezionistici. Tuttavia, con l'introduzione delle sementi americane, le tariffe iniziarono a sostenere l'agricoltura dell'Asia Centrale: nel 1887 fu imposto un margine di 1 rublo oro per pud sul cotone straniero, portato a 2,1 rubli nel 1894. I successivi aumenti, fino a 5,75 rubli nel 1915, furono imposti principalmente per esigenze fiscali ma ebbero ulteriori effetti protezionistici. Di conseguenza le importazioni dagli Stati Uniti furono scoraggiate e la domanda di cotone fu in parte riorientata verso la produzione interna, concentrate proprio in Turkestan. Whitman, *Turkestan Cotton in Imperial Russia*, p. 198. Si veda anche Rywkin, *Russia in Central Asia*, p. 29.

alle sementi americane.[32] Inoltre le stesse autorità imperiali acquistavano il cotone americano prodotto in Turkestan a un prezzo doppio rispetto a quello pagato per le varietà locali. Di conseguenza, alla fine del secolo, le varietà americane avevano tanto beneficiato di incentivi da sostituire praticamente quelle locali e divennero lo standard di coltivazione.[33] Ciò fu evidente nella Valle di Fergana, una delle aree più rilevanti in termini di produzione agricola e specializzazione, dove all'inizio del Novecento fino al 75% delle terre coltivate nella valle era impiegato nella produzione di cotone, concentrata in 300.000 desjatine (delle 380.000 delle aree coltivate con il cotone dell'intero Turkestan) imponendo di fatto il monopolio della varietà americana.[34]

L'espansionismo russo nel Turkestan e l'intensificazione della coltivazione del cotone si svilupparono parallelamente alle ferrovie, ai trasporti e alle comunicazioni. Fino agli anni Settanta dell'Ottocento il cotone veniva trasportato con carovane di cammelli fino alla ferrovia di Orenburg: una soluzione inefficiente che registrava una perdita media del 35% del prodotto lungo la traversata.[35] Inoltre l'Impero russo aveva bisogno di poter schierare rapidamente il proprio esercito contro le insurrezioni locali in Turkmenia o in reazione a una possibile invasione britannica da sud. Per soddisfare le esigenze militari e, allo stesso tempo, creare una rete commerciale veloce che unisse il Turkestan ai centri industriali della Russia, le autorità imperiali investirono nella costruzione di una moderna rete ferroviaria. Nel 1879 la ferrovia raggiunse il porto caspico di Krasnovodsk, da lì venne estesa a Kyzyl-Arvat e Merv, e nel 1888 arrivò a Samarcanda, formando un primo tratto della linea transcaspiana.[36]

32. Gli uffici di prestito provinciali, chiamati "istituti di prestito del popolo", aprirono una filiale a Namangan nel 1876. Anche le banche contribuirono a sostenere i piccoli agricoltori. Nel 1910 la Valle di Fergana contava venti istituti bancari e cinque uffici di prestito provinciali. Si veda Abdullaev, Khotamov, Kenensariev, *Colonial Rule and Indigenous Responses*, p. 81.

33. Si veda Whitman, *Turkestan Cotton in Imperial Russia*, p. 194; Lipovsky, *The Central Asian cotton epic*, p. 530; Penati, *The Cotton Boom and the Land Tax*; Abdullaev, Khotamov, Kenensariev, *Colonial Rule and Indigenous Responses*, p. 81.

34. Nel 1900-1901, il 94,3% dei terreni seminati a cotone dell'oblast' di Fergana utilizzava sementi americane. Joffe, *Autocracy, Capitalism and Empire*, p. 369.

35. Eugene Schyuler, *Turkistan: Notes of a Journey in Russian Turkistan, Khokand, Buchara, and Khuldja*, New York, Scribner, Armstrong and Co, 1876, pp. 295-296.

36. Michael P. Gerace, *Military Power, Conflict and Trade*, London, Frank Cass, 2004, pp. 181-182, 198.

Questa rivoluzione nei trasporti ebbe importanti ripercussioni anche sul piano cotoniero: le esportazioni di "oro bianco" dal Turkestan crebbero visibilmente, passando da 873.000 pud nel 1888 a 1.470.000 nel 1889 e 2.673.000 nel 1890. Nel 1895 la ferrovia fu ulteriormente estesa a Tashkent e nel 1898 arrivò ad Andijan, oramai trasformata in un centro cotoniero della Valle di Fergana,[37] ampliando notevolmente le capacità di esportazione di oro bianco dal Turkestan, fino a registrare una soglia record di oltre 4.000.000 di pud nel 1899. Inoltre nel 1906 il completamento della linea ferroviaria Trans-Aral tra Kinel (presso Samara) e Tashkent avveniva parallelamente alla riforma agraria di Stolypin, e finì per facilitare l'immigrazione di coloni e il commercio dall'Asia Centrale,[38] espandendo ulteriormente il settore cotoniero: a quel punto le esportazioni di cotone centroasiatico passarono da 6,9 milioni di pud nel 1901 a 10,7 milioni nel 1909 e a più di 13 milioni nel 1911; mentre la superficie coltivata a cotone passò dalle 200.000 desjatine dei primi anni del 1900 alle 300.000 del 1909 e alle 423.000 del 1914.[39]

L'espansione russa in Asia Centrale – conclusasi con l'annessione della Transcaspiana e la definizione dei confini settentrionali dell'Afghanistan con l'impero britannico nel 1887 – aveva consolidato la presenza dell'impero non solo sul piano militare ma anche, e forse soprattutto, nella ridefinizione degli equilibri socio-economici della regione. Moderne tecniche di irrigazione, incentivi fiscali e trasporti più veloci incoraggiarono così lo sviluppo di quella che si stava definendo come una "monocoltura bianca" nel Turkestan, dove la superficie coltivata con il cotone era cresciuta tra il 1886 e il 1914 di oltre quarantacinque volte, passando da 13.200 ettari a

37. Allo scoppio della Prima guerra mondiale, il 72,5% dei redditi agricoli della Valle di Fergana proveniva dal cotone, rispetto al 5-7% precedente alla conquista russa. Questa crescita avvenne a spese di colture alimentari come il grano (dal 50% al 12,5%) e il riso (dal 40% al 4%), rendendo la regione fortemente dipendente dalle importazioni di cibo e foraggio dalla Russia, ed esponendola maggiormente al rischio di carestie. Whitman, *Turkestan Cotton in Imperial Russia*, p. 201.

38. Si veda Alberto Masoero, *Territorial Colonization in Late Imperial Russia: Stages in the Development of a Concept*, in «Kritika: Explorations in Russian and Eurasian History», 14/1 (2013), pp. 59-91.

39. Si veda Jeff Sahadeo, *Russian colonial society in Tashkent: 1865-1923*, Bloomington, Indiana University Press, 2007, pp. 120-121; Timothy Andrew Dempsey, *Russian Rule in Turkestan: A Comparison with British India through the Lens of World-Systems Analysis*, Columbus, The Ohio State University, 2010, p. 59; Pierce, *Russian Central Asia*, p. 166; Whitman, *Turkestan Cotton in Imperial Russia*, p. 198.

597.200.[40] In un quarto di secolo le esportazioni di cotone dal Turkestan erano aumentate di oltre tredici volte; e nel 1913 nelle regioni cotoniere dell'Asia Centrale si registrò una produzione record di 518.000 tonnellate, soddisfacendo la metà della domanda russa.[41]

Queste trasformazioni ebbero evidenti implicazioni anche a livello industriale. Michael Rywkin stima come nel 1886 l'industria tessile russa importasse il 96% del cotone dall'estero e nel 1914 solo il 48,7%, mentre il resto era fornito dall'Asia Centrale.[42] Ma oltre a favorire le industrie metropolitane, il cotone turkestano divenne anche un fattore della prima industrializzazione della regione, con la costruzione delle prime officine sgranatrici che pulivano il cotone prima di inviarlo alle industrie tessili.[43] Nel 1914 la lavorazione del cotone finiva per rappresentare l'80% della produzione industriale del Turkestan e assorbiva quasi la metà degli operai impiegati nell'industria locale.[44] Malgrado il rapido sviluppo e gli ingenti investimenti nel settore, questo sistema finiva però per essere uno dei motivi principali del sottosviluppo di una regione che rimaneva una fonte di estrazione di materie prime e trasferiva la maggior parte del cotone grezzo a industrie situate nella Russia europea e in Polonia. Inoltre la maggior parte degli operai – come pure le principali imprese del Turkestan – erano comunque europei (generalmente identificati come "russi"), e ciò consolidava un legame coloniale per il quale il centro estraeva risorse e controllava monopolisticamente l'economia della periferia.

40. Rywkin, *Russia in Central Asia*, p. 29; Peter L. Roudik, *The History of the Central Asian Republics*, Westport, Greenwood Press, 2007, p. 86.

41. Arif Alimov, *Uzbekistan. Another Big Leap Forward*, London, Soviet Booklets, 1960, p. 15; Alexander Morrison, *Russian Rule in Samarkand, 1868-1910: a comparison with British India*, Oxford, Oxford University Press, 2008, p. 234.

42. Nel 1900 il 36% del cotone trasformato in Russia era prodotto in Asia Centrale (Turkestan, Bukhara e Khiva). Nel 1910 raggiunse quota 50% (di cui la maggior parte era prodotta nella Valle di Fergana) e 60% nel 1912. Si veda Obertreis, *Imperial Desert Dreams*, p. 99; Joffe, *Autocracy, Capitalism and Empire*, pp. 369-370; Poujol, Fourniau, *Trade and the Economy*, p. 69.

43. Nel 1914 in Turkestan esistevano 378 industrie sgranatrici di cotone, due terzi delle quali operavano nell'oblast' di Fergana. Abdullaev, Khotamov, Kenensariev, *Colonial Rule and Indigenous Responses*, p. 82.

44. Su un totale di 20.925 operai, 7.626 (36,5%) erano impiegati nella sgranatura del cotone e 1.720 (8,2%) nella produzione di olio di semi di cotone. Si veda Ian Murray Matley, *Industrialization (1865-1964)*, in *Central Asia. 130 years of Russian dominance: a historical overview*, a cura di Edward A. Allworth, Durham, Duke University Press, 1994, p. 320; Dempsey, *Russian Rule in Turkestan*, p. 68.

La rivolta anticoloniale

L'imposizione della monocoltura del cotone in Turkestan finì per vincolare i contadini nativi alla terra, emarginare i nomadi e potenziare le comunità di coloni. Tutto ciò accentuava le fratture sociali tipiche delle amministrazioni coloniali, nelle quali i nativi non erano sudditi dell'Impero ma piuttosto venivano considerati come individui "allogeni" (*inorodcy*) – che nel 1897 ammontavano a 6.891.989 individui, approssimativamente l'89,22% della popolazione del Turkestan – sottoposti alla giurisdizione militare e con un diverso status. Infatti, questi non avevano accesso ai limitati diritti che erano stati concessi ai sudditi della Russia europea, incluse quelle grandi riforme degli anni Sessanta dell'Ottocento che avevano ridefinito i rapporti tra l'autocrazia e la società, come la *zemstva* (assemblee provinciali elette), i tribunali indipendenti o il diritto di voto nella nuova Duma di stato dopo il 1906.[45]

In questa vasta (e sostanzialmente spopolata) regione dell'Impero,[46] l'unica popolazione a cui furono concessi diritti minimi fu sostanzialmente quella dei coloni non nativi, che rimasero una minoranza – nel 1911 407.000 coloni slavi presenti in Turkestan rappresentavano circa il 6,2% della popolazione – concentrata visibilmente nelle aree urbane.[47] Le differenze tra le due società di coloni e nativi erano evidenti proprio in quei contesti urbani in espansione che assumevano una doppia forma coloniale, con circondari fatti di case di argilla abitate da nativi e quartieri moder-

45. Si veda Alexander Morrison, *The Russian Conquest of Central Asia. A Study in Imperial Expansion, 1814-1914*, Cambridge, Cambridge University Press, 2020; Daniela Luigia Caglioti, Alberto Masoero, *Cittadinanze, appartenenze e diritti tra colonizzazioni e decolonizzazioni*, in «Contemporanea», 19/2 (2016); David Saunders, *La Russia nell'età della reazione e delle riforme 1801-1881*, Bologna, il Mulino, 1997; Ben Eklof, John Bushnell, Larisa Georgievna Zakharova, *Russia's Great Reforms, 1855-1881*, Bloomington, Indiana University Press, 1994.

46. Nel 1897 la popolazione dell'Asia Centrale – compresi i protettorati – costituiva circa l'8% dell'intera popolazione dell'Impero russo. Sergey Abashin, *Soviet Central Asia on the Periphery*, in «Kritika: Explorations in Russian and Eurasian History», 16/2 (2015), pp. 359-374.

47. Morrison, *Peasant Settlers and the 'Civilising Mission'*, pp. 389-397; Sergey Abashin, *Empire and demography in Turkestan: numbers and the politics of counting*, in *Asiatic Russia: Imperial Power in Regional and International Contexts*, a cura di Tomohiko Uyama, London & New York, Routledge, 2012, pp. 129-149; Pierce, *Russian Central Asia*, p. 137.

ni realizzati per l'amministrazione russa e altri *pieds-noirs*: ad esempio nel periodo 1865-1910, in una città in via di industrializzazione come Tashkent, la popolazione passò da 90.000 a 234.000 abitanti, di cui il 20% (47.500) erano "russi" concentrati nei distretti costruiti oltre la riva sinistra del canale Ankhor.[48] Allora gli equilibri tra l'amministrazione imperiale e le reti di potere locali, le società urbane e rurali, le comunità native e quelle dei coloni si sarebbero rotti inesorabilmente con lo scoppio della Prima guerra mondiale e le conseguenti proteste, rivolte e lotte per le risorse che definirono la crisi del sistema imperiale.

Nell'estate del 1914 la Russia non era pronta ad affrontare una guerra su larga scala. Per sostenere lo sforzo bellico contro gli imperi centrali lo zar doveva mobilitare un esercito immenso – ma arretrato sul piano tecnologico e composto sostanzialmente da masse di contadini – e riorganizzare un'economica di guerra, riorientando la produzione agricola e l'esigua industria nazionale. Nonostante alcuni successi iniziali, l'esercito russo era stato costretto ad arretrare dopo le disastrose battaglie di Tannenberg e dei laghi Masuri. Nella primavera del 1915 la controffensiva austro-tedesca era poi riuscita ad avanzare in Polonia, Galizia, Lituania e in una parte della Lettonia, definendo quella che per i russi sarebbe stata ricordata come la "grande ritirata". A quel punto Nicola II iniziò a preparare per l'estate del 1916 l'offensiva Brusilov, una colossale operazione militare organizzata su un fronte di 500 chilometri in Galizia e Volinia e finalizzata a rompere le difese austro-tedesche e ottenere un successo strategico che avrebbe portato alla vittoria finale.[49] Oltre alle incertezze sugli esiti del conflitto, il governo russo doveva poi affrontare una pesantissima situazione interna. Il paese soffriva l'imposizione di un'economia di guerra – che per il 49% era assorbita dalle spese militari – e le alte perdite umane tra milioni di morti,

48. Philipp Meuser, *Seismic Modernism: Architecture and Housing in Soviet Tashkent*, Berlin, DOM Publishers, 2016, p. 20; Paul Stronski, *Tashkent: Forging a Soviet City, 1930-1966*, Pittsburgh, University of Pittsburgh Press, 2010.

49. Si veda Andrea Graziosi, *L'Urss di Lenin e Stalin. Storia dell'Unione Sovietica, 1914-1945*, Bologna, il Mulino, 2007; Prit Buttar, *Russia's Last Gasp: The Eastern Front 1916-17*, New York, Osprey, 2016; Timothy C. Dowling, *The Brusilov Offensive*, Bloomington, Indiana University Press, 2008; Eric Lohr, *Nationalizing the Russian Empire: The Campaign against Enemy Aliens during World War I*, London, Harvard University Press, 2003; David R. Stone, *The Russian Army in the Great War: The Eastern Front, 1914-1917*, Lawrence, University Press of Kansas, 2015; Daniela Luigia Caglioti, *War and citizenship: Enemy aliens and national belonging from the French Revolution to the First World War*, Cambridge, Cambridge University Press, 2021.

feriti e dispersi ai quali si aggiungeva la tragedia di un milione di deportati dai territori del fronte (per metà tedeschi e per un terzo ebrei) e più di sei milioni di sfollati.[50] La Prima guerra mondiale fu un evento catastrofico che avrebbe delegittimato l'esercito e le stesse autorità imperiali e riaffermato il ruolo di quei consigli (*soviet*) che si erano già diffusi all'indomani della rivoluzione del 1905 tra operai, soldati, e contadini.

In tempo di guerra le autorità russe non furono in grado di garantire l'ordine pubblico né di controllare efficacemente alcune delle più remote periferie dell'impero. In Turkestan la situazione degenerò rapidamente nell'estate del 1916, quando scoppiò una rivolta. Allora le autorità imperiali avevano dirottato gran parte delle risorse turkestane verso il fronte e ciò finiva per innescare una forte inflazione che colpiva soprattutto i beni di prima necessità: nel giro di poche settimane i prezzi di riso e zucchero salirono del 250%, del grano del 300% e del pane del 400%. Per sostenere il fronte, Nicola II approvò inoltre un progetto di mobilitazione della popolazione maschile dell'Asia Centrale di età compresa tra diciannove e quarantatré anni che doveva formare battaglioni di lavoro ausiliario di supporto nelle retrovie.[51] Questa misura avrebbe così fornito quasi mezzo milione di uomini tra Turkestan e il territorio delle steppe ma fu fortemente impopolare e finì per esasperare il divario tra popolazioni native ed europee, rappresentate da coloni, sfollati interni e gli stessi prigionieri di guerra.[52] Al malcontento per la scarsità dei beni si aggiunsero poi le proteste per la corruzione delle autorità imperiali nel gestire la coscrizione, l'insofferenza nei confronti dei coloni privilegiati nei razionamenti, e l'estremismo religioso verso gli "infedeli" russi, alimentato dagli appelli alla guerra santa portati avanti da diversi leader musulmani, soprattutto nella Valle di Fergana.

La rivolta centroasiatica scoppiò a luglio a Khujand, quando una folla indignata dalla mobilitazione aggredì alcuni ufficiali russi, e presto si diffuse a Tashkent e nella Valle di Fergana dove i manifestanti assaltarono le caserme della polizia e le case dei notabili locali accusati di formare

50. Antonio Ferrara, Niccolò Pianciola, *L'età delle migrazioni forzate: esodi e deportazioni in Europa, 1853-1953*, Bologna, il Mulino, 2012.

51. Whitman, *Turkestan Cotton in Imperial Russia*, p. 201; Abdullaev, Khotamov, Kenensariev, *Colonial Rule and Indigenous Responses*, p. 76.

52. In Turkestan oltre a migliaia di sfollati interni arrivavano anche centinaia di prigionieri di guerra, soprattutto asburgici. Nell'autunno del 1915 circa 250.000 "stranieri" erano presenti nel Syrdar'ja. Peter Gatrell, *A Whole Empire Walking: Refugees in Russia During World War I*, Bloomington, Indiana University Press, 2000, p. 56.

arbitrariamente le liste per il reclutamento. Le proteste furono disperse con la forza ma la situazione rimase fuori controllo: alcune aree dell'oblast' di Fergana erano di fatto in mano agli insorti, mentre i disordini a Džizak coinvolsero drammaticamente anche i coloni e le loro proprietà. Allora le autorità imperiali cercarono di placare un fenomeno disorganizzato, e per molti versi spontaneo, ma che stava mettendo a dura prova il dominio russo nella regione. Il 21 luglio Nicola II nominò l'ex ministro della guerra e veterano delle campagne centroasiatiche Aleksej Kuropatkin governatore generale del Turkestan e gli affidò il compito di sedare la rivolta. Il 30 luglio fu dichiarata la legge marziale sul distretto militare del Turkestan e il 13 agosto Kuropatkin convinse lo zar a rinviare la coscrizione fino a metà settembre. Tutto ciò serviva a dare una risposta chiara ai manifestanti e permetteva di disinnescare ulteriori tensioni. Ma queste misure non riuscirono a placare le insurrezioni. Nel frattempo le violenze contro i "russi" si intensificarono nel Semireč'e, e soprattutto nell'area di Jettisuv, dove si stavano costituendo gruppi organizzati di ribelli kirghisi e kazaki e dove Kuropatkin aveva dato l'ordine di armare quei coloni che avrebbero dovuto combattere a fianco dei reggimenti spostati dal fronte.[53] Alla fine di agosto alcuni gruppi di insorti locali assaltarono con armi rudimentali la guarnigione russa a Prebečakenska, e riuscirono a sabotare le ferrovie e i telegrafi tra Verniy, Biškek, Tashkent e la Russia europea. La violenza finì per colpire le stesse popolazioni civili e diversi insediamenti russi nell'area di Prževalsk (l'attuale Karakol) furono devastati, con un bilancio di migliaia di vittime tra i coloni russi e ingenti perdite materiali.[54] In Turkestan

53. L'apice dell'organizzazione si raggiunse a metà agosto 1916, quando una forza di 4.000-5.000 ribelli guidati dal leader kirghiso (*manap*) Qanat Abukin assediò la città di Toqmaq per quasi una settimana. A quel punto le autorità imperiali puntavano a ripristinare l'ordine separando le popolazioni russe e kirghise in ampie zone dello Jettisuv, ripulendo l'area intorno a Issiq Köl e al fiume Chü dalla popolazione kazaka e kirghisa (e consegnandola ai coloni russi) e istituendo un distretto per soli nomadi nella regione di Narïn. Khalid, *Central Asia: A New History*, p. 144.

54. Secondo le cifre ufficiali i morti russi furono 2.246, di cui 2.108 solo nell'area di Jettisuv. Khalid ricorda come nella regione «il 20% degli abitanti del distretto, il 50% dei cavalli, il 39% del bestiame, il 55% dei cammelli e il 58% delle pecore andarono persi. I canali di irrigazione, i frutteti e i terreni agricoli andarono in rovina. La distruzione economica fu accompagnata dalla completa rottura delle relazioni tra russi e nomadi». Ivi, p. 145. Si veda anche Aminat Chokobaeva, Cloé Drieu, Alexander Morrison, *The Central Asian revolt of 1916: a collapsing empire in the age of war and revolution*, Manchester, Manchester University Press, 2019.

la situazione era oramai fuori controllo e le autorità imperiali optarono per l'uso della forza.

La repressione della rivolta antirussa del 1916 fu particolarmente brutale. Alla fine dell'estate le autorità imperiali inviarono rinforzi in Asia Centrale – spostando dal fronte orientale un contingente di 30.000 soldati e cosacchi, supportati da unità di mitragliatrici e pezzi di artiglieria – e riuscirono a reprimere le insurrezioni a Samarcanda, Syrdar'ja e Fergana (dove inoltre istituirono tribunali militari a livello distrettuale), costringendo i ribelli a rifugiarsi sulle montagne. Tra settembre e novembre l'esercito soppresse nel sangue le rivolte nel Semireč'e e a gennaio annientò le ultime sacche di resistenza nella Transcaspiana. Il bilancio fu drammatico: all'alto numero di vittime massacrate dall'esercito russo – stimate tra 100.000 e 270.000 morti (principalmente kirghisi e kazaki) – si aggiunsero migliaia di morti per malattie e fame, e quasi 250.000 nomadi ed esuli kazaki e kirghisi che con le loro mandrie cercarono di rifugiarsi nello Xinjiang per sfuggire alle repressioni dell'esercito e alle rappresaglie dei coloni che erano stati armati dalle autorità. Centinaia di questi perirono nella traversata del Tien Shan o non fecero mai ritorno alle loro case.[55] Sebbene le autorità imperiali fossero riuscite a reprimere la rivolta, il Turkestan era oramai entrato in una fase di forte instabilità e di violenza che continuò per i mesi successivi.

55. Edward D. Sokol, *The revolt of 1916 in Russian Central Asia*, Baltimore, Johns Hopkins University Press, 2016; Morrison, *The Russian Conquest of Central Asia*, p. 539.

2. Nuovi equilibri imperiali (1917-1928)

La disfatta sul fronte orientale e la caduta della monarchia russa nel febbraio 1917 ebbero conseguenze evidenti nelle periferie dell'impero, soprattutto tra quelle popolazioni non russe per le quali la "rivoluzione borghese" rappresentò un momento di liberazione nazionale. L'affermazione del Governo provvisorio a Pietrogrado comportava la continuazione della guerra a fianco della Triplice intesa e avviava una stagione di grandi trasformazioni che riguardavano anche gli angoli più remoti dell'ex impero e sembrarono concretizzarsi già nelle settimane successive con una serie di misure che accendevano le speranze delle élite progressiste locali. Khalid ricorda come

> con una serie di atti legislativi di ampia portata, il Governo provvisorio che subentrò allo zar abolì tutte le distinzioni legali tra i cittadini sulla base di ceto, religione, sesso o nazionalità e concesse il diritto di voto a tutti i cittadini, comprese le donne, di età superiore ai vent'anni. Le donne dell'Asia Centrale ricevettero così il [diritto di] voto prima delle loro simili in Gran Bretagna o negli Stati Uniti. Il Governo provvisorio garantì anche l'assoluta libertà di stampa e di riunione. La Russia era il paese più libero del mondo e il Governo provvisorio aveva elevato gli ex sudditi coloniali alla piena cittadinanza e all'uguaglianza giuridica.[1]

L'Impero zarista era caduto e con questo finiva formalmente il sistema coloniale di discriminazione delle popolazioni. Ciononostante, la nuova Russia repubblicana entrava in una fase di gravi instabilità che avrebbe riguardato tanto il centro quanto le periferie dell'ex impero. In Asia Centrale ciò si manifestò nella debolezza delle istituzioni e nell'affermazione di una

1. Khalid, *Central Asia: A New History*, p. 152.

serie di contropoteri a livello locale. Tra le comunità di nativi si affermarono dei signori della guerra (*qo'rboshi*), emersero forme di banditismo (successivamente identificate come *basmači*) e venne restaurata la piena sovranità di Bukhara e Khiva. Nel frattempo gli stessi "russi" del Turkestan rimanevano divisi tra ex forze imperiali, lealisti del Governo provvisorio, bolscevichi e diversi gruppi di coloni armati, a loro volta distinti tra ricchi e poveri, vecchi e nuovi insediati. Nell'intricato quadro del 1917, la regione fu di fatto scollegata dal controllo di Pietrogrado e queste differenti forze in gioco costituirono alleanze a geometria variabile di natura tattica.

La rivoluzione dei russi

In Asia Centrale il passaggio di potere tra l'autorità imperiale e quella del Governo provvisorio non fu effettivo. Il nuovo esecutivo di Pietrogrado aveva nominato un Comitato del Turkestan che comprendeva diversi membri musulmani (dei quali solo uno nativo), ma questo non aveva accesso a fondi (né tantomeno ad armi) e non riuscì mai ad acquisire una vera autorità. Pertanto si dovette scontrare con quel neocostituito Soviet di Tashkent che era guidato dai menscevichi ed era sostanzialmente sostenuto dalla popolazione russa. A marzo Kuropatkin chiese alle diverse forze politiche di giurare fedeltà alla Duma di stato, di lavorare per una vittoria militare e di mantenere l'ordine pubblico nella regione. Ma anche in questa occasione, i partiti non trovarono un accordo sulla transizione. Fu così che il Soviet di Tashkent prese l'iniziativa, arrestando Kuropatkin ed espellendolo dal Turkestan.[2]

Nel capoluogo turkestano gli entusiasmi per la caduta della monarchia erano inoltre evidenti nelle speranze di quelle formazioni religiose, culturali e sindacali che proponevano una trasformazione della società centroasiatica che si manifestava nell'affermazione di un altro contropotere supportato dalle élite native: a marzo venne formato un Consiglio islamico (*Shura-i-Islam*), un'organizzazione sociopolitica che nel giro di poche settimane si diffuse nelle principali città del Turkestan e che vedeva

2. Per il distretto militare del Turkestan fu ufficialmente nominato un nuovo comandante, il colonnello Leontij Čerkes. Si veda Richard A. Pierce, *Toward Soviet Power in Tashkent, February-October 1917*, in «Canadian Slavonic Papers / Revue Canadienne des Slavistes», 17/2-3 (1975), pp. 261-270.

la contrapposizione tra gruppi di conservatori tradizionalisti (*qadimlar*) e riformatori (*jadidi*). I primi erano sostenitori dell'Islam ortodosso, chiedevano l'osservanza delle norme della *shari'a* e si opponevano alla riforma educativa di stampo europeo. I secondi sin dalla rivoluzione del 1905 avevano promosso e animato nuovi dibattiti sulla modernizzazione della società tradizionale islamica e preso maggiori contatti con le cerchie progressiste di altri paesi musulmani. Inizialmente i *jadidi* non rivendicavano l'indipendenza o la secessione dell'Asia Centrale ma proponevano temi di libertà, uguaglianza, democrazia, progresso, autonomia e discutevano l'idea di nazione per la società musulmana dell'Asia Centrale.[3] Allora questi riformisti rappresentavano una minoranza progressista che, per eterogenesi dei fini, si ritrovò a interloquire maggiormente con i bolscevichi che con i tradizionalisti locali. Erano infatti affascinati dalla rivoluzione e ne condividevano la retorica anticoloniale e della "liberazione dell'Est", promuovendo la necessità di una trasformazione culturale che comprendesse l'istruzione di massa, la riforma agraria, la liberazione delle donne e la rivendicazione di identità nazionali. Nonostante le elezioni della duma locale fossero state largamente vinte dai *qadimlar*, il 13 novembre 1917 un putsch organizzato da un gruppo di coloni, ferrovieri, soldati e contadini russi affermò il potere del Soviet di Tashkent. Questa mossa era stata legittimata dal potere bolscevico che si era appena costituito in Russia dopo la Rivoluzione di ottobre e da una parte degli stessi *jadidi* che alla fine vedevano nei rossi un male minore.

Nel mezzo di una crisi alimentare, aggravata da un cattivo raccolto e da problemi di approvvigionamento, il Soviet di Tashkent iniziò a supervisionare la distribuzione del cibo, affermando la propria sovranità e guadagnando maggiori poteri. In poco tempo, il governo rivoluzionario – che dopo il caso Kornilov era sempre più dominato dai bolscevichi – procedette a escludere i musulmani dai suoi ranghi, e di fatto ristabilì il controllo della minoranza slava. Ciò spinse i *jadidi* a creare un centro di potere alternativo nel quadro delle libertà promesse dal Governo provvisorio. Con i bolscevichi a Pietrogrado e Tashkent in mano ai rivoluzionari russi, il 26

3. Khalid, *Nationalizing the Revolution in Central Asia*; Gero Fedtke, *Jadids, Young Bukharans, Communists and the Bukharan Revolution: from an ideological debate in the early Soviet Union*, in *Muslim culture in Russia and Central Asia from the 18th to the early 20th centuries. Vol. 2, Inter-regional and inter-ethnic relations*, a cura di Michael Kemper, Anke von Kügelgen e Allen J Frank, Berlin, Schwarz, 1998; Khalid, *The Politics of Muslim Cultural Reform*.

novembre 1917 nacque a Kokand un Governo provvisorio del Turkestan Autonomo (la cosiddetta "Autonomia di Kokand") guidato dal *jadid* panturchista kazako Mustafa Shokay[4] che dichiarò l'autonomia della regione nell'ambito della repubblica russa.[5]

Nelle campagne la situazione era ulteriormente complicata dalle fratture tra le comunità di russi urbani e coloni rurali armati, oltre alle diverse iniziative dei capi locali. Nel Semireč'e i bolscevichi seppero sfruttare le divisioni interne e costruire alleanze strategiche, sostenendo indirettamente i coloni senza terra in contrapposizione ai tentativi dei nativi di riscattare i propri appezzamenti. Fu lì che i bolscevichi ricorsero ampliamente al terrore e alla fame come armi politiche per ripristinare il dominio russo. Le conseguenti lotte per il cibo, le confische, le carestie locali, le epidemie e le violenze dei coloni contro i nomadi – aggravate inoltre dall'evoluzione del fronte orientale nella guerra civile russa[6] – assunsero spesso caratteri genocidari.[7]

Malgrado i diversi tentativi di ricostruire un'autorità statuale, la situazione nel Turkestan rimaneva sostanzialmente fuori controllo. In autunno continuavano le prepotenze perpetrate da coloni armati e soldati smobilitati dal fronte orientale e aumentavano le pressioni russe sulla Valle di Fergana dove inoltre la resistenza locale, seppur numerosa, era

4. Si veda Paul Bergne, *The Kokand Autonomy 1917-18: political background, aims and reasons for failure*, in *Central Asia: Aspects of Transition*, a cura di Tom Everett-Heath, London, Routledge, 2003.

5. Similmente nel dicembre 1917 a Semej nacque un governo provvisorio kazako (Alash Orda) che nell'ambito della guerra civile si sarebbe inizialmente alleato con i bianchi in chiave antibolscevica.

6. L'atamano Aleksandr Dutov, a capo dell'Esercito indipendente di Orenburg, guidò una rivolta antibolscevica tra l'Ural e l'Asia Centrale. Nella ritirata verso il Semireč'e (nel corso della cosiddetta "Marcia affamata" dell'inverno 1919-1920), Dutov bloccò le rotte ferroviarie tra la Russia centrale e il Turkestan, isolando ulteriormente la regione dai suoi approvvigionamenti alimentari. Inoltre nel 1921 una grave alluvione portò ulteriore devastazione nella regione. Si veda Jonathan Smele, *Civil War in Siberia: The Anti-Bolshevik Government of Admiral Kolchak, 1918-1920*, Cambridge, Cambridge University Press, 1996, p. 483; Obertreis, *Imperial Desert Dreams*, p. 142; Robert A. Lewis, *The Irrigation Potential of Soviet Central Asia*, in «Annals of the Association of American Geographers», 52/1 (1962), p. 100.

7. Si veda Ferrara, Pianciola, *L'età delle migrazioni forzate*, pp. 114-117; Alexander Garland Park, *Bolshevism in Turkestan, 1917-1927*, New York, Columbia University Press, 1957; Andrea Graziosi, *La grande guerra contadina in URSS. Bolscevichi e contadini, 1918-1933*, Napoli, Edizioni scientifiche italiane, 1998.

frammentata: infatti l'Autonomia di Kokand non godeva del sostegno di diversi *qo'rboshi*, delle principali bande armate incaricate di difendere il territorio dalle incursioni bolsceviche e dalle requisizioni forzate, e nemmeno della "polizia popolare" di Ergashbai, né dell'aiuto dei russi zaristi e dei cosacchi, che si erano ritirati nella parte orientale della valle. In questo contesto i bolscevichi passarono all'attacco e si impadronirono di diversi quartieri dei principali centri urbani della valle, istituendo Comitati rivoluzionari (*revkom*) a Kokand, Namangan, Margilan e Andijan. Nel gennaio 1918, il quarto Congresso dei Soviet del Turkestan mise fuori legge l'Autonomia di Kokand e ne arrestò i leader. Nel febbraio 1918 le unità militari del Soviet di Tashkent – alleate con i coloni locali che si erano dichiarati bolscevichi – assaltarono le ultime sacche di resistenza a Kokand, devastando la città, massacrando la popolazione e mettendo fine al sogno autonomista. Ancora molto divise, le forze della resistenza si dovevano riorganizzare: soltanto nell'autunno del 1919 ripresero Osh e attaccarono Margilan e Andijan, proclamando un governo militare provvisorio. Tuttavia la controffensiva dell'Armata Rossa non tardò ad arrivare e fu decisiva. Dopo aver represso le rivolte locali, i bolscevichi cercarono di negoziare e di includere alcuni leader musulmani nelle loro istituzioni. Tuttavia quando uno di loro, Mudaminbek, fu ucciso nel 1920 e i suoi seguaci dichiararono uno Stato islamico del Turkestan, riorganizzando un piccolo esercito di 6.000 soldati, le forze bolsceviche effettuarono il contrattacco finale e ottennero il controllo totale della valle nell'autunno del 1920.[8]

Fu questo l'inizio di una ribellione che raccolse i fuoriusciti di Kokand e rappresentò le diverse anime di un movimento di resistenza antirusso e poi antisovietico: dopo aver iniziato un'insurrezione nella Valle di Fergana, quei ribelli che i bolscevichi iniziarono a chiamare *basmači* (letteralmente "banditi" o "briganti") estesero le loro azioni a Khiva e Bukhara. Ispirati da visioni anticoloniali, islamiste e panturchiste, e sostenuti dall'ex comandante ottomano Enver Pascià e poi dal leader uzbeko Ibrahim Bek, questi ribelli definirono una forma di autodifesa armata contro i coloni e combatterono contro tutte le forme di potere

8. Sergey Abashin, Kamoludin Abdullaev, Ravshan Abdullaev, Arslan Koichiev, *Soviet Rule and the Delineation of Borders in the Ferghana Valley*, in *Ferghana Valley: The Heart of Central Asia*, a cura di S. Frederick Starr, New York, M.E. Sharpe, 2011, pp. 94-118.

statale basate nelle città. Le ribellioni basmači si diffusero capillarmente in diverse regioni dell'Asia Centrale e furono stroncate militarmente dall'Armata Rossa solo nel 1924.[9] Tra morti, feriti e migrazioni forzate, la guerra civile russa in Turkestan ebbe degli elevatissimi costi umani, causando un abbassamento demografico tra il 1916 e il 1920 di 2 milioni di persone, di cui circa 1,6 milioni tra i locali.[10]

Terminata l'opera di "pacificazione", i bolscevichi ridefinirono la regione sul piano istituzionale. Nell'aprile 1918 il Turkestan russo venne riorganizzato come una Repubblica Socialista Sovietica Autonoma (RSSA del Turkestan) all'interno della Repubblica Socialista Federativa Sovietica Russa (RSFSR). Così i bolscevichi ripristinarono il dominio russo sulla periferia turkestana e non annessero subito le ultime due statualità di Khiva e Bukhara, preferendo un approccio graduale che non rischiasse di coinvolgere ulteriormente i britannici. Ma l'estromissione delle ultime monarchie centroasiatiche, la riconquista e la sovietizzazione della regione, erano solo questione di tempo. A novembre 1919 l'Armata Rossa lanciò una serie di operazioni militari e riuscì a occupare le parti rimanenti del khanato di Khiva, stabilendovi nel febbraio 1920 una repubblica popolare sovietica. Alla fine di agosto le truppe di Michail Frunze invasero Bukhara, rovesciarono l'emirato e anche qui vi stabilirono una repubblica popolare guidata dai Giovani Bukhariani in concerto con i comunisti locali. La caduta dell'emirato segnò la fine dell'ultima statualità locale dell'Asia Centrale – che furono ricostituite come

9. Sebbene le campagne militari di Michail Frunze avessero sostanzialmente soppresso le maggiori insurrezioni in Asia Centrale nel 1924, i basmači operavano ancora nell'Afghanistan settentrionale. Le ultime sacche di resistenza in Asia Centrale persistettero fino al 1931. Si veda Martha Brill Olcott, *The Basmachi or Freemen's Revolt in Turkestan, 1918-24*, in «Soviet Studies», 33/3 (1981); Marco Buttino, *Ethnicité et politique dans la guerre civile: à propos du basmacestvo au Fergana*, in «Cahiers du Monde Russe et Soviétique», 38/1-2 (1997); Kirill Nourzhanov, *Bandits, warlords, national heroes: interpretations of the Basmachi movement in Tajikistan*, in «Central Asian Survey», 34/2 (2015), pp. 177-189; Chokobaeva, Drieu, Morrison, *The Central Asian revolt of 1916*.

10. Solo nella Valle di Fergana, tra il 1915 e il 1920, la popolazione si ridusse del 25-30%, colpendo soprattutto le fasce autoctone e in particolare quelle nomadi, e furono stimate tra le 300.000 e le 500.000 perdite nel corso della guerra civile. Si veda Marco Buttino, *Study on the Economic Crisis and Depopulation in Turkestan 1917-1920*, in «Central Asian Survey», 9/4 (1990), p. 65; Abashin, Abdullaev, Abdullaev, Koichiev, *Soviet Rule and the Delineation of Borders*, p. 102; Marco Buttino, *Politics and Social Conflict during a Famine: Turkestan Immediately after the Revolution*, in *In a Collapsing Empire: Underdevelopment, Ethnic Conflicts and Nationalisms in the Soviet Union*, a cura di Marco Buttino, Milano, Fondazione Giangiacomo Feltrinelli, 1993, p. 258.

repubbliche socialiste sovietiche[11] – e l'inizio di un nuovo regime che, nelle sue diverse evoluzioni, sarebbe durato per oltre settant'anni.[12]

Nel riorganizzare il nuovo sistema di potere anche in Asia Centrale, nel 19191 i bolscevichi posero tutti i Soviet e le sezioni locali del Partito comunista sotto il controllo della Commissione del Turkestan (*Turkommissija*), un organo nominato dal Comitato esecutivo centrale e dal Consiglio dei commissari del popolo della RSFSR. Nel 1922 anche gli organi delle repubbliche di Bukhara e Khiva furono posti sotto la giurisdizione della commissione, che fu poi ridefinita come l'Ufficio dell'Asia Centrale (*Sredazbjuro*). Basato a Tashkent, i suoi membri erano nominati dal Comitato centrale del Partito comunista russo e comprendeva da subito comunisti centroasiatici. Allora divenne il principale organo di rappresentanza del partito nella regione e mantenne le sue funzioni fino al 1934.[13]

In questa riconfigurazione del potere bolscevico nelle ex periferie dell'Impero russo, Marco Buttino ha sottolineato come la Rivoluzione di ottobre sia stata di fatto "capovolta" in Turkestan, risultando in una "rivoluzione dei russi" che finì per restaurare il potere coloniale di una minoranza non nativa.[14] Eppure questa effettiva ricomposizione del dominio russo in Asia Centrale fu allora presentata sotto gli slogan dell'antimperialismo[15]

11. Si veda Ḫwārizmī Mūnis, *Firdaws al-iqbāl: history of Khorezm*, Leiden, E.J. Brill, 1999; Azim M. Malikov, *The Russian conquest of the Bukharan Emirate: military and diplomatic aspects*, in «Central Asian Survey», 33/2 (2014), pp. 180-198; Emmanuel Voskobojnikov, Aleksandr Zevelev, *Turkkomissija VCIK i Sovnarkoma RSFSR i Turkbjuro CK RKP(v) v bor'be za ukreplenie sovetskoj vlasti v Turkestane: M.V. Frunze, V.V. Kujbyšev, L.M. Kaganovič v Turkestane*, Taškent, Gos. izd-vo UzSSR, 1951; Alexander Marshall, *Turkfront: Frunze and the Development of Soviet Counter-insurgency in Central Asia*, in *Central Asia. Aspects of Transition*, a cura di Tom Everett-Heath, London, Routledge-Curzon, 2003; Chamid Inojatov *et al.*, *Istorija graždanskogo vojny v Uzbekistane*, Taškent, Nauka-Fan, 1970; Mustafa Chokay-ogly, *Turkestan pod vlast'ju Sovetov*, Alma-Ata, Aykap, 1993.

12. Khalid, *Central Asia: A New History*, p. 175.

13. Shoshana Keller, *The Central Asian Bureau, an essential tool in governing Soviet Turkestan*, in «Central Asian Survey», 22/2-3 (2003), pp. 281-297.

14. Buttino, *La Rivoluzione Capovolta*.

15. Nel dicembre 1919 la Commissione del Turkestan istituì a Tashkent il Consiglio per la propaganda internazionale per diffondere il messaggio della rivoluzione in India. Il Consiglio divenne infatti la principale fonte di sostegno per i rivoluzionari indiani che arrivarono a Tashkent. La questione orientale ebbe un posto d'onore a Mosca, in occasione del secondo Congresso del Comintern nel luglio 1920 e del Congresso dei popoli dell'Oriente a Baku in settembre, dove si cercò di aprire nuovi fronti per una "rivoluzione globale".

e da una serie di politiche che, in rottura col passato, proponevano una riforma agraria e altre misure di "decolonizzazione".[16] Nel 1921-1922, la questione della *dekolonizacija* fu materialmente sostenuta dal Sredazbjuro attraverso una serie di espropriazioni di terre, espulsioni e deportazioni di circa 40.000 contadini non nativi che si erano stabiliti nel Turkestan prima del 1917, alle quali seguiva parallelamente la ridistribuzione delle terre ai contadini locali,[17] e un processo di sedentarizzazione dei nomadi in alcune regioni. Malgrado i limiti dell'agenda per la decolonizzazione – nell'eccezionalità di queste misure non sempre si riuscì a ottenere una sostanziale redistribuzione della ricchezza tra ex colonizzatori e colonizzati[18] – la vera misura anticoloniale bolscevica fu proprio l'abolizione del precedente regime discriminatorio nei confronti delle popolazioni native e il loro riconoscimento come cittadini del nuovo paese sovietico.

La nativizzazione

Uno slogan di epoca stalinista esprimeva chiaramente come la cultura sovietica dovesse avere un contenuto socialista e una forma nazionale. La concessione dell'autonomia nazionale e una propaganda rivoluziona-

Si veda Stephen White, *Communism and the East: The Baku Congress, 1920*, in «Slavic Review», 33/3 (1974), pp. 492-514; Adeeb Khalid, *Communism on the Frontier: The Sovietization of Central Asia and Mongolia*, in *The Cambridge History of Communism*, a cura di Silvio Pons e Stephen A. Smith, Cambridge, Cambridge University Press, 2017, pp. 616-636; Artemy Kalinovsky, *Not some British colony in Africa: The Politics of Decolonization and Modernization in Soviet Central Asia, 1955-1964*, in «Ab Imperio», 2 (2013); Silvio Pons, *The Global Revolution. A History of International Communism 1917-1991*, Oxford, Oxford University Press, 2014.

16. Georgij Safarov, *Kolonial'naja revoljucija: Opyt Turkestana*, Moskva, Gosizdat RSFSR, 1921.

17. Nel 1921 il Sredazbjuro decise di attuare una profonda riforma agraria a Jettisuv che prevedeva il disarmo dei coloni, l'esproprio delle loro terre (comprese quelle che avevano ottenuto dal 1916) e il loro rimpatrio in Russia. Nel 1921-1922 circa 30.000 coloni furono espulsi da Jettisuv e altri 10.000 da altre parti del Turkestan. Khalid, *Central Asia: A New History*, p. 178; Ferrara, Pianciola, *L'età delle migrazioni forzate*, p. 127; Vladimir Genis, *Deportacija russkich iz Turkestana v 1921 godu ("Delo Safarova")*, in «Voprosy istorii», 1 (1998), pp. 44-58.

18. Niccolò Pianciola, *Décoloniser l'Asie centrale? Bolcheviks et colons au Semireč'e (1920-1922)*, in «Cahiers du Monde russe», 49/1 (2008), p. 140; Martin, *The Affirmative Action Empire*, p. 128.

ria condotta nelle lingue locali avrebbero permesso a quelle nazionalità non russe di lottare contro la prevaricazione dei coloni e delle proprie borghesie. Gli stessi bolscevichi si proponevano come difensori di una causa "orientale" nella quale rappresentavano una forma di riscatto, liberazione nazionale e di progresso per il mondo musulmano. Già nel novembre 1917 uno dei primi decreti del potere sovietico fu un proclama diretto «A tutti i lavoratori musulmani della Russia e dell'Oriente», in cui Lenin e Stalin esortavano le popolazioni islamiche dell'ex impero a sostenere il nuovo governo:

> Tutti voi, le cui moschee e santuari sono stati distrutti, la cui fede e i cui costumi sono stati violati dagli zar e dagli oppressori della Russia! D'ora in poi le vostre credenze e i vostri costumi, le vostre istituzioni nazionali e culturali, sono dichiarate libere e inviolabili! Costruite la vostra vita nazionale liberamente e senza ostacoli. Questo è un vostro diritto. Sappiate che i vostri diritti [...] sono protetti dall'intera forza della rivoluzione e dei suoi organi [...]. Sostenete questa rivoluzione e il suo governo![19]

Dal punto di vista identitario e istituzionale, il nuovo regime sovietico doveva fare i conti con una questione nazionale che stava riesplodendo nelle periferie dell'ex impero. Stalin, allora commissario del popolo per gli affari delle nazionalità, individuava proprio nella nazione «una comunità di persone storicamente costituita e stabile, formata sulla base di una lingua, di un territorio, di una vita economica e di un assetto psicologico comuni che si manifestano in una cultura comune»[20] e la trasformava nel collante che avrebbe tenuto insieme lo stato multinazionale sovietico. Nel 1919 ribadì che il compito principale del potere bolscevico in "Oriente" era quello di

> elevare il livello culturale dei [suoi] popoli arretrati, di costruire un ampio sistema di scuole e istituzioni educative e di condurre [...] l'agitazione sovietica, orale e stampata, nella lingua nativa e compresa dalla popolazione lavoratrice circostante.[21]

19. *Dekrety sovetskoj vlasti*, Moskva, Izd. Političeskoj literatury, 1957, p. 113. Si veda anche Paul Froese, *"I Am an Atheist and a Muslim": Islam, Communism, and Ideological Competition*, in «Journal of Church and State», 47/3 (2005), pp. 473-501.

20. Joseph Stalin, *The Nation*, in *Nationalism*, a cura di John Hutchinson e Anthony Smith, Oxford, Oxford University Press, 1994, p. 20.

21. I.V. Stalin, *"Naši Zadači na Vostoke"*, in «Pravda», 2 marzo 1919, citato in Khalid, *Central Asia: A New History*, p. 186.

Comprendendo la forza della nazione (e del nazionalismo), soprattutto all'indomani della guerra civile in Ucraina, Stalin propose quindi una forma di autonomia territoriale su base nazionale come ideale di organizzazione dello stato socialista che i bolscevichi stavano costruendo.[22] Fu così che per rilanciare un'identità antimperiale e allo stesso tempo derussificare la stessa rivoluzione, Mosca iniziò a negoziare un nuovo equilibrio che scoraggiasse qualsiasi forma di sciovinismo slavo e locale, incoraggiasse le culture locali, includesse le masse, fidelizzasse e cooptasse le élite autoctone nel sistema sovietico. Dal decimo Congresso del Partito comunista Russo (bolscevico) del marzo 1921 prese il via una nuova politica di nativizzazione (*korenizacija*), volta a favorire la promozione delle élite autoctone nelle posizioni di rilievo – nel partito, nel governo, nell'agricoltura e nell'industria – ed evitare così che tali posti fossero occupati esclusivamente da russi. Questa misura diede potere a una nuova classe di quadri nativi che vennero quindi cooptati e responsabilizzati all'interno del sistema sovietico. Eppure questa inclusione dei quadri locali apparve da subito come un processo selettivo, come è evidente se consideriamo la marginalizzazione dei *jadidi* e di una gran parte dell'intellighenzia musulmana, nonché se vediamo come questo processo avesse portato all'affermazione soltanto di coloro che erano disposti a scendere a compromessi con i bolscevichi. Questi costituirono così una prima generazione di comunisti nativi con la quale veniva definito un nuovo compromesso imperiale tra Mosca e la periferia centroasiatica.[23]

La *korenizacija* ebbe un ruolo fondamentale nel sistematizzare, codificare e di fatto delimitare chiaramente quelle identità nazionali che emersero nell'intersezione tra le aspirazioni dell'intellighenzia progressista locale e le politiche nazionali sovietiche che ragionavano su criteri etnici, economici e geografici.[24] Il sistema sovietico rappresentava quindi una forte

22. Si veda Andrea Graziosi, *Stalin and the Soviet theory of nationality and nationalism: Intellectual and political roots, implementation, and post-1991 legacies*, in «Philosophy & Social Criticism», 50/4 (2024), pp. 638-650.

23. Ravshan Abdullaev, *Nacional'nye političeskie organizacii Turkestana v 1917-1918 gody*, Taškent, Izdatel'stvo Navro'z, 2014; Stéphane A. Dudoignon, François Georgeon, *Le Réformisme Musulman en Asie Centrale. Du 'premier renouveau' à la Soviétisation 1788-1937*, in «Cahiers du Monde Russe», 37/1-2 (1996); Khalid, *The Politics of Muslim Cultural Reform*.

24. Khalid, *Making Uzbekistan*; Grigol Ubiria, *Soviet Nation-Building in Central Asia: The Making of the Kazakh and Uzbek Nations*, London & New York, Routledge,

rottura col passato zarista e divenne infatti quello che Terry Martin definì un «impero dell'azione affermativa»[25] che discriminava positivamente le comunità locali, promuovendo le culture e le lingue nazionali[26] e creava nuovi territori all'interno dei quali le "nazioni titolari" ricevevano un trattamento preferenziale in termini di accesso a lavoro, beni e servizi.

Questa impostazione si vide già nel 1918, quando in Turkestan venne ufficializzato l'uso della lingua uzbeka insieme al russo, e nel 1921 vennero riconosciuti anche il turkmeno e il kazako. Inoltre, la promozione della lingua si vedeva anche nella stampa e nelle produzioni teatrali, letterarie e cinematografiche,[27] o nei nuovi lessici, generi, temi, ritmi e sperimentazioni linguistiche che apparivano chiaramente nei lavori di poeti, drammaturghi, giornalisti, intellettuali, letterati ed esponenti di una nuova cultura uzbeka, come Abdulla Qodiriy, Abdurauf Fitrat e Cho'lpon. Quest'ultimo, nel febbraio 1923 con la poesia *Bas endi!* (*Basta così*), modernizzava il linguaggio letterario ed esprimeva la propria insofferenza nei confronti degli occupanti russi:

> Basta! Alla fine c'è un limite
> a tutti questi insulti, a queste umiliazioni!
> Il limite che si raggiunge un po' alla volta
> è solo dubbio e privazione!
> [...]
> L'ultima pietra che tengo in mano
> Desidero scagliarla contro la mia nemesi.

2015; Adrienne Lynn Edgar, *Tribal nation: The making of Soviet Turkmenistan*, Princeton, Princeton University Press, 2004.

25. Martin, *The Affirmative Action Empire*.

26. Negli anni Venti nella repubblica fiorì una nuova ondata di letteratura uzbeka e di dibattiti sulle lingue. Seguendo la campagna di latinizzazione promossa dai comunisti azeri nel 1926 per combattere l'analfabetismo, la riforma ortografica finì per riguardare presto anche le lingue dell'Asia Centrale: nel 1928 in Uzbekistan fu adottato ufficialmente l'alfabeto yanalif, basato su quello latino, in sostituzione di quello arabo. Nel 1934 la scrittura subì un'altra riforma, che annullò l'aggiunta delle distinzioni vocaliche e portò alla rimozione delle lettere «y» e «ü». Nel 1940 venne infine adottato l'alfabeto cirillico, definendo uno standard per la lingua uzbeka che rimase in vigore fino al 1992. Si veda Adeeb Khalid, *Being Muslim in Soviet Central Asia, or an Alternative History of Muslim Modernity*, in «Journal of the Canadian Historical Association», 18/2 (2007), p. 130; William Fierman, *Language planning and national development the Uzbek experience*, Berlin-New York, Mouton de Gruyter, 1991.

27. Cloe Drieu, *Cinema, Nation, and Empire in Uzbekistan, 1919-1937*, Bloomington, Indiana University Press, 2019.

Quest'ultima lacrima che il mio occhio trattiene
desidero versarla per i miei obiettivi di tutta la vita.[28]

La diffusione della lingua uzbeka divenne un fenomeno culturale con cui si identificava la nuova società postcoloniale; anche se questa era soprattutto diffusa negli ambienti letterari e nei villaggi, mentre nelle strutture amministrative regionali, e ovviamente in quelle repubblicane, il russo rimaneva predominante. Nell'aprile 1923 il processo di *korenizacija* entrava a pieno regime in tutte le regioni non russe dell'URSS, e si traduceva in campagne per la "liquidazione dell'analfabetismo" che ristrutturavano il sistema di scuole e istituzioni educative, sia in termini linguistici che di responsabilizzazione dei quadri nativi. Ciò comportò l'inserimento delle lingue locali nelle scuole, nei tribunali e nei luoghi di lavoro, l'assunzione di persone del posto nei quadri amministrativi e la preferenza di queste per determinate posizioni. A questo riconoscimento di identità, lingue e culture seguì una nuova riorganizzazione amministrativa nell'ambito di quella che dal dicembre 1922 era diventata l'Unione delle repubbliche socialiste sovietiche (URSS).

Nelle tre repubbliche dell'Asia Centrale – Turkestan, Bukhara e Khiva – il processo di delimitazione nazionale riprese una serie di discussioni che erano maturate all'interno delle stesse comunità intellettuali locali e si confrontava con i dibattiti etnografici sovietici. Lo scopo era proprio quello di identificare nazioni che non erano state definite come tali in territori culturalmente frammentati dove persistevano tensioni tra le comunità locali (nomadi e sedentari) e i coloni, soprattutto nelle aree densamente abitate come la Valle di Fergana.[29] Khalid ricorda come:

> Nel gennaio 1924, le autorità del partito a Mosca decisero di avviare una discussione preliminare sulla possibilità e l'opportunità di delimitare i distretti kazaki, uzbeki e turkmeni nel Turkestan secondo il principio nazionale. Questa discussione preliminare si trasformò in un vero e proprio dibattito che si svolse molto rapidamente. Commissioni rappresentanti le diverse nazionalità, elette tra i membri del partito, presentarono proposte per la creazione delle rispettive repubbliche. A giugno, la delimitazione era stata concordata

28. Traduzione dall'inglese proposta nella voce "Uzbek literature" di Encyclopedia Britannica (https://www.britannica.com/art/Uzbek-literature). Per la versione in uzbeko si veda la pagina https://chulpon.uz/bas-endi/.

29. Nick Megoran, *Nationalism in Central Asia. A Biography of the Uzbekistan-Kyrgyzstan Boundary*, Pittsburgh, University of Pittsburgh Press, 2017.

e approvata da Mosca. Nel corso dell'estate, le commissioni territoriali tracciarono i nuovi confini e il processo si concluse il 18 novembre, quando i governi del Turkestan, di Bukhara e di Khiva si riunirono per sciogliere queste entità e creare le nuove repubbliche.[30]

La rappresentazione di un territorio uzbeko veniva proposta dai comunisti bukhariani e riprendeva l'idea timuride-chagataista di unificare i popoli sedentari dell'Asia Centrale sotto un'unica nazione. Ciò faceva di Bukhara la prima capitale uzbeka – anche se questa venne trasferita a Samarcanda nel maggio 1925 – ma si scontrava con le diverse aspirazioni kazake, kirghise e turkmene che rivendicavano alcuni centri economici, come Tashkent, mentre gli stessi uzbeki pretendevano Osh e alcuni insediamenti nella provincia di Jalalabad. Alla fine le autorità moscovite e lo stesso Stalin decisero di assegnare Tashkent agli uzbeki, di incorporare nella categoria uzbeka alcuni gruppi "minori" – come sarti e kipchaq – che finivano di essere considerati come nazioni distinte, e di lasciare circa cinquanta insediamenti a maggioranza uzbeka nel lato kirghiso del confine e cento a maggioranza kirghisa nel lato uzbeko.[31] Nell'ottobre 1924 la RSSA del Turkestan venne quindi scorporata dalla RSFSR, con Uzbekistan e Turkmenistan che furono elevate allo status di repubblica socialista sovietica (RSS).

Fu così che la RSS Uzbeka (RSSUz) finì per includere quelle regioni che erano state categorizzate come "uzbeke" come Bukhara, Fergana, Andijan, Namangan, Tashkent e Chorezm.[32] Questa delimitazione dei nuovi confini amministrativi non era semplicemente una questione di *divide et impera* per allontanare possibili seduzioni indipendentiste e panturchiste ma rispondeva a un processo più grande che riguardava l'essenza dell'etno-federazione sovietica e di fatto istituzionalizzava un'idea moderna di nazione che, all'interno di una dimensione amministrativa, potesse supe-

30. Khalid, *Central Asia: A New History*, p. 209.

31. Arslan Koichiev, *Ethno-Territorial Claims in the Ferghana Valley During the Process of National Delimitation, 1924-7*, in *Central Asia: Aspects of Transition*, a cura di Tom Everett-Heath, London, RoutledgeCurzon, 2003, pp. 51-56.

32. RGASPI, f. 17, op. 3, d. 467. Si veda anche Abashin, Abdullaev, Abdullaev, Koichiev, *Soviet Rule and the Delineation of Borders*; Boris Lunin, *storija Uzbekistana v istočnikach*, Taškent, Fan, 1984; Steven Sabol, *The creation of Soviet Central Asia: The 1924 national delimitation*, in «Central Asian Survey», 14/2 (1995), pp. 225-241; Ingeborg Baldouf, *Some thoughts on the making of the Uzbek nation*, in «Cahiers du Monde russe et sovietique», 32 (1991), pp. 79-96.

rare la dimensione clanistico-tribale. Tuttavia, la neonata repubblica non aveva un carattere puramente "uzbeko", ma comprendeva anche una vasta minoranza persofona, concentrata nelle regioni orientali della RSSUz in quella che era stata definita come la repubblica autonoma tagika. Quest'ultima venne separata dall'Uzbekistan ed elevata allo status di RSS nel dicembre 1929.[33]

La sovietizzazione del sistema politico, economico e sociale fu ampiamente avviata in tutto il paese e impose in Uzbekistan, così come nelle altre repubbliche dell'URSS, le stesse forme di organizzazione della vita pubblica e politica, lo stesso sistema istituzionale, gli stessi rituali politici, la stessa cultura ufficiale e lo stesso sistema di informazione e propaganda.[34] Così nel febbraio 1925 il Partito comunista (bolscevico) dell'Uzbekistan (PCUz) fu istituito come sezione nazionale del Partito comunista sovietico e di fatto divenne l'unica forza politica legittimata a governare la repubblica.[35] Allora, i risultati della *korenizacija* furono narrati in termini di inclusione, giustizia sociale, modernizzazione e fine dello sfruttamento coloniale, rovesciando il precedente verdetto del grande ottobre socialista alla stregua di una "rivoluzione coloniale".[36] Dopo una rapida successione nella leadership del PCUz – con quattro esponenti "europei" al vertice del partito tra il 1925 e il 1929[37] – la *korenizacija* culminò nel dicembre 1929 con la nomina dell'uzbeko Akmal Ikromov alla carica di primo segretario del PCUz. Ma questa svolta inclusiva celava forme di controllo (nemmeno troppo indiretto) da parte di Mosca. Malgrado la più alta carica della repubblica fosse incarnata da una figura nativa, i secondi segretari,[38] i vertici

33. Tuttavia l'Uzbekistan mantenne importanti regioni densamente popolate da tagiki, come Bukhara, Samarcanda e Surchandar'ja. Si veda Rahim Masov, *Istorija topornogo azdelenija*, Dušanbe, Irfon, 1991; Paul Bergne, *The Birth of Tajikistan*, London, I.B. Tauris, 2007.

34. Buttino, *Samarcanda*, p. 23.

35. Erkin Yusupov, *Očerki istorii Kommunističeskoj partii Uzbekistana*, Taškent, Partija tarichi instituty UzSSR, 1974.

36. Andrea Graziosi, *A Century of 1917s: Ideas, Representations, and Interpretations of the October Revolution, 1917-2017*, in «Harvard Ukrainian Studies», 36/1-2 (2019), pp. 9-44.

37. All'inizio, i primi segretari del PCUz furono il russo Vladimir Ivanov (1925-1927), il bielorusso Kuprijan Kirkiž (1927-1929), l'ucraino Nikolaj Gikalo (1929) e il russo ebreo Isaak Zelenskij (1929).

38. I secondi segretari erano generalmente quadri non nativi che lavoravano come una sorta di "cani da guardia del partito" nominati dal Comitato centrale di Mosca. Essi

dell'OGPU (e successivamente del NKVD e poi del KGB) e dei comandi militari della repubblica furono ricoperti da ufficiali non nativi e di comprovata fedeltà nei confronti del centro.

La campagna di *korenizacija* aveva creato nuovi territori e riconosciuto diritti alle popolazioni locali. Eppure il potere bolscevico ebbe un atteggiamento ambiguo, e successivamente ostile, verso le dimensioni tradizionali della cultura centroasiatica. Nel novembre 1917 i bolscevichi riconobbero la libertà di esercitare la religione e i costumi per i musulmani, le cui credenze e tradizioni erano state oppresse dal regime zarista.[39] Tuttavia, questa pacificazione con il mondo tradizionale appariva come una tregua tattica, temporanea e necessaria per superare la crisi in Asia Centrale dove, finora, le campagne antireligiose erano state più caute rispetto agli eccessi visti in Russia e Ucraina durante la guerra civile.[40] Ciononostante, nella seconda metà degli anni Venti, il partito aprì una serie di fronti ideologici per affermare il proprio controllo sulla politica culturale e lanciò un'aggressiva campagna volta a sradicare le espressioni della cultura tradizionale e le istituzioni locali, secolarizzando i costumi e imponendo una modernità socialista basata sul dogma marxista-leninista. Inoltre nel 1927 si intensificò una campagna antireligiosa che investì in una martellante propaganda ateista, abolì l'educazione e l'editoria islamiche e attaccò le istituzioni religiose – come moschee, madrase, santuari, logge sufi e organizzazioni pie di beneficenza (*waqf*) – poste ora sotto il controllo dello stato e destinate all'istruzione pubblica. Allora queste, come pure le corti islamiche, persero

mantenevano il controllo sull'apparato del partito repubblicano (gestendo il sistema della nomenklatura) e sui "settori strategici" dell'economia e degli apparati di sicurezza, diventando un efficace contropotere centrale rispetto al primo segretario nativo. Si veda Jerry F. Hough, *The Soviet Prefects. Local Party organs in industrial decision-making*, Cambridge, Harvard University Press, 1969; John Miller, *Cadres policy in nationality areas. Recruitment of CPSU First and Second secretaries in Non-Russian republics of the USSR*, in «Soviet Studies», 29/1 (1977); Saulius Grybkauskas, *The Role of the Second Party Secretary in the "Election" of the First: The Political Mechanism for the Appointment of the Head of Soviet Lithuania in 1974*, in «Kritika: Explorations in Russian and Eurasian History», 14/2 (2013), pp. 343-366.

39. GARF, f. R1318, op. 1, d. 21, l. 48 e *USSR, Sixty Years of the Union, 1922-1982*, a cura di Mikhail Georgadze, Moscow, Progress Publishers, 1982, p. 35.

40. Si veda Dimitry V. Pospielovsky, *Soviet Antireligious Campaigns and Persecutions: Volume 2 of a History of Soviet Atheism in Theory and Practice and the Believer*, London, Palgrave Macmillan, 1988; Adriano Roccucci, *Stalin e il patriarca. La Chiesa ortodossa e potere sovietico 1917-1958*, Torino, Einaudi, 2011.

competenze sotto la legge sovietica e furono definitivamente chiuse, e le loro sedi saccheggiate, distrutte o lasciate in rovina.

A ciò seguirono forme violente di anticlericalismo che portarono alla persecuzione degli ulema (molti dei quali arrestati, marginalizzati o costretti a emigrare nel Turkestan cinese o in Afghanistan) e un "assalto" (*hujum*) alle manifestazioni di arretratezza culturale, particolarmente evidente nella campagna di liberazione delle donne uzbeke dal tradizionale velo islamico.[41] L'operazione venne inizialmente guidata dalle attiviste (in gran parte russe) della divisione femminile del partito, ma travolse gli equilibri di genere all'interno della società tradizionale. Per questo fu molto impopolare e scatenò una serie di reazioni particolarmente violente. Come ricorda Khalid, nel giro di poco tempo il partito passò la responsabilità della svelatura delle donne a suoi aderenti:

> Svelare le "loro" donne divenne una misura di fedeltà per i membri del partito. Fin dall'inizio, l'*hujum* suscitò una violenta reazione da parte della società. Le attiviste furono minacciate e spesso dovettero fuggire per salvarsi la vita. A Čust, nella Valle di Fergana, una protesta divenne violenta e la folla uccise un poliziotto e saccheggiò l'edificio del consiglio comunale. Ma sono state le donne svelate a pagare il prezzo più alto, divenendo bersaglio di abusi e orribili brutalità. Furono picchiate, violentate e, in innumerevoli casi, uccise per aver violato l'ordine morale di genere della società.[42]

Marianne Kamp ricorda come durante l'*hujum* i frequenti casi di violenza, stupro e omicidio di donne (in gran parte avvenuti tra le stesse mura domestiche) non fossero crimini passionali spontanei, ma episodi premeditati che spesso coinvolgevano gruppi di persone con lo scopo di terrorizzare altre donne.[43] Gli effetti di questa campagna ideologica – che trasformava la dimensione religiosa in un tabù – si sarebbero visti per molti anni in una repubblica dove tradizione e religione non svanirono del tutto,

41. Allora un tipo di abito integrale (*paranja*) e un copricapo (*chachvan*) che celava il volto e i capelli erano soprattutto diffusi tra le comunità sedentarie. Si veda Shoshana Keller, *To Moscow, Not Mecca: The Soviet Campaign Against Islam in Central Asia, 1917-1941*, Westport, Praeger, 2001; Khalid, *The Politics of Muslim Cultural Reform*; Khalid, *Nationalizing the Revolution in Central Asia*; David-Fox, *Crossing borders*; Stephen Kotkin, *Magnetic mountain: Stalinism as a civilization*, Berkeley, University of California Press, 1997; Ol'ga Suchareva, *Islam v Uzbekistane*, Taškent, AN UzSSR, 1960.

42. Khalid, *Central Asia: A New History*, pp. 222-223.

43. Marianne Kamp, *The New Woman in Uzbekistan: Islam, Modernity and Unveiling under Communism*, Seattle, University of Washington Press, 2006, p. 187.

ma vennero in parte strumentalizzate dal regime sovietico e sopravvissero informalmente all'interno della società uzbeka.[44]

Per quanto riguarda i rapporti con l'intellighenzia nazionale, dal 1928 un'ondata di epurazioni travolse l'apparato statale e di partito e marginalizzò (o cooptò) i rimanenti *jadid* e molti intellettuali che avevano supportato l'autonomia di Kokand e che ora rappresentavano una pericolosa alternativa progressista locale al bolscevismo. Furono screditati come reazionari, nazionalisti, borghesi, controrivoluzionari, sabotatori o spie al servizio di potenze straniere e per questo vennero demansionati, ricollocati in zone remote della repubblica, espulsi dal partito, mentre dal 1929 gli elementi più pericolosi vennero anche repressi dall'OGPU, arrestati e nel peggiore dei casi incarcerati e confinati nei lager che avrebbero definito il Gulag. Come ricorda Khalid,

> Questa epurazione risparmiò alcuni dei più grandi nomi della generazione prerivoluzionaria, ma trasformò in modo decisivo il panorama culturale. L'euforia del decennio precedente era scomparsa. Quelli che si salvarono vissero sotto la costante minaccia di essere arrestati e furono soggetti a continui attacchi denigratori da parte della stampa.[45]

Un sistema estrattivo

L'avvento dei bolscevichi aveva effettivamente stravolto l'organizzazione imperiale modificando gli equilibri interni sul piano politico, sociale e culturale e gli stessi rapporti tra Mosca e la periferia centroasiatica. Malgrado le promesse dei rivoluzionari comunisti, molte delle pratiche sostenute dal precedente regime coloniale continuarono, o furono addirittura amplificate, in epoca sovietica. Tra queste figuravano chiaramente le politiche relative a un sistema economico estrattivo legato alla monocoltura del cotone, che venivano così ripristinate dopo le interruzioni della Grande guerra e dei successivi conflitti interni.

In questa fase di forte instabilità, contrapposizioni interne ed effettivo vuoto di potere, il sistema di irrigazione si era deteriorato: molti dei canali e delle infrastrutture idriche che erano stati creati in epoca tardo-imperiale

44. Si veda Paolo Sartori, *A Soviet Sultanate. Islam in Socialist Uzbekistan (1943-1991)*, Wien, Austrian Academy of Sciences Press, 2024.

45. Khalid, *Central Asia: A New History*, p. 221.

furono distrutti o abbandonati, e sia i bolscevichi che i basmači usarono l'accesso all'acqua come arma politica nei confronti di migliaia di agricoltori. Di conseguenza tra il 1915 e il 1922 le terre irrigate nel Turkestan diminuirono del 50% e solo nella Valle di Fergana le superfici irrigate nel 1922 erano soltanto il 4,3% di quelle effettive nel 1916.[46] Inoltre tra il 1915 e il 1920 la stessa area di terreni coltivati nel Turkestan era oramai dimezzata, il numero di capi di bestiame era diminuito del 75% e la produzione di cotone era praticamente cessata per coprire la crescente domanda di cibo, mentre diversi soviet locali avevano provato a diversificare la produzione agricola, liberandosi temporaneamente dal giogo dell'oro bianco: come risultato, l'area dove veniva coltivato il cotone in tutto il Turkestan passò dagli oltre 400.000 ettari nel 1913 a soli 80.000 nel 1921.[47]

All'indomani della Rivoluzione di ottobre, i bolscevichi avevano portato avanti la causa della nazionalizzazione delle terre e la loro redistribuzione ai contadini. Per questo iniziarono a recuperare una serie di misure volte ad aumentare la produzione di cotone attraverso l'estensione delle aree coltivate e l'incremento della loro produttività attraverso un uso più efficiente dell'irrigazione. Così, oltre all'abolizione della proprietà privata e del commercio fondiario e alla creazione di comitati per la terra e l'acqua (*zemel'no-vodnye komitety*), tra febbraio e marzo 1918 tutti i progetti idraulici e di irrigazione nel Turkestan furono posti sotto il diretto controllo del Commissariato del popolo per l'agricoltura, e le fabbriche legate al settore cotoniero – come le filande e gli oleifici – furono espropriate e la loro direzione venne formalmente trasferita ai lavoratori.

Tuttavia queste misure risultavano fin troppo vaghe nella loro formulazione o non erano abbastanza efficaci nel prevedere e prevenire le conseguenze delle loro disposizioni sul piano gestionale e finanziario. Infatti questa nuova impostazione dell'agricoltura dava potere ai lavoratori e ai contadini più poveri ma allo stesso tempo estrometteva quei proprietari terrieri e kulaki che erano specializzati nella coltivazione del cotone ed eliminava quelle figure fondamentali come gli intermediari (tra società rurale e industria) che rimanevano necessari per gestire i pagamenti (in anticipo) del cotone grezzo. L'improvviso sconvolgimento del sistema lasciò così la

46. Gerard O'Neill, *Land and water "reform" in the 1920s. Agrarian revolution or social engineering?*, in *Central Asia: Aspects of Transition*, a cura di Tom Everett-Heath, London, Routledge, 2003, p. 72; Obertreis, *Imperial Desert Dreams*, p. 145.

47. O'Neill, *Land and water "reform" in the 1920s*, p. 72.

gestione del settore cotoniero a dirigenti inesperti (e privi di credito) che dovevano portare avanti la produzione in un clima legale e politico del tutto incerto. Tutto ciò aveva incoraggiato molti contadini del Turkestan a dedicarsi ad altre colture o ad affittare le terre ai precedenti kulaki in quanto erano gli unici – tecnicamente e finanziariamente – capaci di gestirle.[48]

La questione si spostava sull'acqua, una risorsa che venne riconosciuta come di proprietà dello stato (formalmente nell'agosto 1922) e che fu posta al centro dei progetti dei pianificatori sovietici per rendere più efficiente l'agricoltura e costruire il socialismo. Nel maggio 1918 un decreto di Lenin assegnò 50 milioni di rubli per lo sviluppo dell'irrigazione[49] e creò il Consiglio turkestano per la gestione dell'acqua (*Turkvodchoz*) – un organo posto sotto il Consiglio supremo dell'economia nazionale – e un comitato tecnico per l'irrigazione che aveva lo scopo di inventariare le risorse e gestire le questioni idriche nella regione.[50] In quel momento tutti i canali principali (e quelli in costruzione) furono posti sotto la giurisdizione centrale del Commissariato del popolo per l'agricoltura della Russia, definendo l'acqua alla stregua di una questione strategica amministrata direttamente dal centro.

Durante la guerra civile il regime bolscevico iniziò anche a studiare una serie di piani per espandere la produzione agricola attraverso una nuova rete di irrigazione. Un rapporto della Commissione del Turkestan del gennaio 1920 avvertiva che l'irrigazione fosse "in pericolo" e sottolineava l'urgenza di una rapida trasformazione sovietica delle risorse idriche. Come si legge nel rapporto:

> Se nelle condizioni attuali non è possibile aumentare l'irrigazione di queste aree, allora la conservazione e il mantenimento dell'irrigazione di questa terra – la base di ogni tipo di vita in Turkestan – è un compito di prim'ordine, e non c'è nessun'altra questione in Turkestan che possa essere paragonata

48. Obertreis, *Imperial Desert Dreams*, p. 144.

49. Per promuovere la ripresa della produzione cotoniera, il Consiglio dei commissari del popolo stanziò cinquanta milioni di rubli per i progetti di irrigazione nel Turkestan, da erogare in sei rate nel corso del 1918 e da destinare ai progetti su larga scala che erano già in costruzione nella regione, tra cui i progetti di irrigazione della Steppa della Fame e della valle del Čuj. Maya K. Peterson, *Pipe Dreams: Water and Empire in Central Asia's Aral Sea Basin*, Cambridge, Cambridge University Press, 2019, pp. 222-223.

50. Buttino, *Study on the Economic Crisis*; Christian Teichmann, *Canals, cotton, and the limits of de-colonization in Soviet Uzbekistan, 1924-1941*, in «Central Asian Survey», 26/4 (2007), pp. 499-519.

all'irrigazione. Questa verità è stata pienamente compresa anche dai despoti asiatici, che si sforzavano, anche nel mezzo del loro eterno spargimento di sangue, di aumentare l'area di terra irrigata.[51]

Fu così che Lenin incaricò l'ingegnere Georgij Rizenkampf di riprendere il suo celebre progetto di sviluppo dell'irrigazione nella Steppa della Fame e approvò un piano per svilupparvi 300.000 ettari di terre irrigate con le acque del Syr Darya.[52] Inoltre, un decreto del Consiglio dei commissari del popolo della RSFSR «sul ripristino della coltura del cotone nelle Repubbliche socialiste sovietiche del Turkestan e dell'Azerbaigian» rimetteva la questione cotoniera al centro dell'agenda politica bolscevica e poneva le basi per l'espansione della monocoltura "bianca" in Asia Centrale.[53] Nell'idea di iperspecializzare l'economia di ogni regione del paese in modo da massimizzare l'efficienza del lavoro e promuovere lo sviluppo dello stato socialista, il regime definì i termini di un sistema che avrebbe reso le repubbliche interdipendenti tra di loro e con il centro.

Questa campagna per il miglioramento della coltivazione del cotone in Asia Centrale fu seguita anche a livello ideologico, quando nel 1921 Lenin sostenne «l'irrigazione, perché più di ogni altra cosa farà rivivere la zona e la rigenererà, seppellirà il passato e renderà più certa la transizione al socialismo».[54] La negazione dello sfruttamento e la giustificazione del sistema estrattivo fu difesa nel 1922 persino da Grigorij Zinov'ev – a lungo capo dell'Internazionale comunista e uno dei principali esponenti dell'antimperialismo bolscevico – affermando:

51. RGASPI f. 122, op. 1, d. 106. l. 9. riportato in Peterson, *Pipe Dreams*, p. 234.

52. Sotto la diretta supervisione del Consiglio centroasiatico per la gestione dell'acqua (*Sredazvodchoz*) a Tashkent, un'organo che era direttamente assoggettato al Consiglio del lavoro e della difesa, Rizenkampf elaborò un gigantesco progetto di irrigazione per massimizzare la produzione di cotone. Il nuovo sistema avrebbe dovuto irrigare 2,4 milioni di ettari in dieci anni, attraverso l'uso massivo di moderni macchinari e un numero minore di canali, ma strutturalmente più solidi e con letti cementati. Il progetto prevedeva anche lo sviluppo sociale ed economico della regione, con la costruzione di nuove città, linee ferroviarie, strade e fabbriche. Il costo stimato del progetto era di un miliardo di rubli e comprendeva anche la realizzazione di impianti idroelettrici e serbatoi idrici. Obertreis, *Imperial Desert Dreams*, p. 154.

53. Zonn, Glantz, Kostianoy, Kosarev, *The Aral Sea Encyclopedia*, pp. 255-256.

54. Vladimir Lenin, *To the Comrades Communists of Azerbaijan, Georgia, Armenia, Daghestan, and the Mountaineer Republic*, in *Collected Works, Vol. 32*, Moscow, Progress Publishers, 1965, p. 318. Si veda anche Ju. I. Ibragimov, *Iz istorii bor'by Kommunističeskoj partii Uzbekistana za razvitie chlopkovodstva*, Taškgosunt im. V. I. Lenina, 1968.

non possiamo fare a meno del petrolio dell'Azerbaigian o del cotone del Turkestan. Prendiamo questi prodotti necessari per noi non come i passati sfruttatori, ma come fratelli maggiori che portano la fiaccola della civiltà.[55]

Eppure sul fronte rurale la situazione rimaneva precaria. Alle drammatiche conseguenze della guerra civile, delle carestie (aggravate dalle requisizioni del comunismo di guerra ed esasperate dalla siccità), della lotta per le risorse (aumentate con l'arrivo di nuove ondate di contadini in fuga dalla Russia centrale),[56] si aggiungevano focolai di epidemie (soprattutto di colera, tifo e malaria) e la mancanza di aiuti – anche internazionali – che si concentravano soprattutto in Russia. Tutto ciò aveva fortemente depresso la produttività agricola e rendeva necessaria una tregua con le campagne. Con l'avvio della Nuova politica economica (NEP), Lenin proponeva una soluzione temporanea di ricostruzione dell'economia e l'introduzione di un sistema misto socialista che definiva soglie produttive ma allo stesso tempo permetteva a contadini e commercianti di vendere le eccedenze sul mercato. Inoltre la NEP aumentava la partecipazione, anche sul piano finanziario, di "privati" (anche stranieri)[57] e di specifiche associazioni locali che si andavano a sovrapporre al ruolo dei *mirab*. Tutto ciò creava incentivi alla produzione per una serie di settori agricoli ma escludeva alcune colture, come il cotone, che di fatto non avevano un mercato al dettaglio e rimanevano sotto il controllo diretto dello stato.

Nel 1921 venne creato il Comitato principale del cotone (*Glavchlopkom*) – un'istituzione federale costituita sotto il Consiglio supremo dell'economia nazionale e basata a Mosca – che divenne l'unico acquirente e fornitore di credito per la produzione di cotone. Questo pose particola-

55. Albert Cobban, *National Self-Determination*, Chicago, University of Chicago Press, 1947, pp. 107-108.

56. Nel novembre 1920, nel tentativo di contenere il conflitto, il Comitato esecutivo centrale del Turkestan e il Consiglio dei commissari del popolo avevano vietato l'ingresso di coloni nel Turkestan, così come qualsiasi occupazione "volontaria" (cioè non autorizzata) di terre. Eppure nell'estate 1921 il Consiglio economico centrale del Turkestan riferì che la regione aveva accolto 200.000 immigrati affamati provenienti da altre parti della Russia sovietica. Si veda Peterson, *Pipe Dreams*, pp. 230-231; Adeeb Khalid, *Tashkent 1917: Muslim Politics in Revolutionary Turkestan*, in «Slavic Review», 55/2 (1996), p. 290; Buttino, *Politics and Social Conflict*, p. 259.

57. Negli anni Venti vennero stabiliti molti contatti con specialisti e ingegneri stranieri, sopratutto americani, che vennero coinvolti nei progetti di irrigazione in Asia Centrale. Si veda Peterson, *Pipe Dreams*, pp. 265-269.

re enfasi sul miglioramento dei sistemi di irrigazione esistenti nelle regioni cotoniere (e sull'irrigazione di nuove terre) e rafforzò il monopolio dello stato sulla produzione di "oro bianco". Anche a livello locale il settore fu riorganizzato in cooperative governate da un comitato cotoniero repubblicano – che in Uzbekistan sarebbe stato chiamato *Uzbekchlopok* – che gestiva gli ordinativi, le quote di produzione del cotone, i crediti, le sementi e il cibo per i contadini.

Nel quadro della *korenizacija*, la NEP cercò anche di promuovere la decolonizzazione delle campagne, vietando nel 1924 ulteriori immigrazioni nella regione e favorendo i contadini nativi più poveri in termini di accesso alla terra e alle risorse idriche. Pertanto, le successive riforme fondiarie e idriche del 1925-1926 riguardavano le aree agricole più sviluppate – cioè in quelle aree centrali per le quali i bolscevichi possedevano già statistiche sull'uso della terra e dell'acqua[58] – e si rivolsero agli strati superiori delle aree rurali. Queste si tradussero nella confisca dei diritti sulla terra e sull'acqua dei proprietari terrieri locali (*bai*), che potevano essere puniti con la privazione di diritti, l'arresto e la deportazione. A questa seguiva la ridistribuzione delle proprietà ai contadini più indigenti (*bedniak*) o senza terra (*batrak*). Kathryn Dooley ricorda come:

> Dopo la riforma agraria, secondo le statistiche sovietiche, la popolazione contadina uzbeka si suddivise per classe in 37,6% *bedniak*, 61% *serednial* [media borghesia terriera] e 1,4% *bai*, con i beneficiari effettivi della riforma che ammontavano a circa 66.000 famiglie *bedniak* e *batrak*.[59]

La confisca e la conseguente ridistribuzione della terra avevano lo scopo di dare potere ai contadini poveri e incoraggiare il sostegno delle masse rurali al progetto sovietico, ma erano comunque limitate da specifi-

58. Le regioni per lo più nomadi del Turkmenistan furono escluse dalla prima campagna per la riforma della terra e dell'acqua, così come quelle che avevano fatto parte dell'Emirato di Bukhara e del Khanato di Khiva. Tali regioni furono dichiarate non "politicamente pronte". Soltanto nel 1928-1929 le riforme furono estese anche alle RSSA Kazaka e Kirghisa e alle regioni meno sviluppate di Uzbekistan e Turkmenistan. Adrienne L. Edgar, *Genealogy, Class, and «Tribal Policy» in Soviet Turkmenistan, 1924-1934*, in «Slavic Review», 60/2 (2001), p. 276; Peterson, *Pipe Dreams*, p. 247. Si veda anche Beatrice Penati, *Rural History of Soviet Central Asia*, Leiden-Boston, Brill, 2024.

59. Kathryn Amelia Dooley, *Stalinist Policies, Indigenous Agents, and Peasant Actors: Negotiating Collectivization in Uzbekistan, 1929-1932*, Eugene, University of Oregon, 2009, p. 13.

che soglie che variavano in base alle regioni.[60] Inoltre in molti episodi tali misure vennero anche osteggiate da coloro che si rifiutarono di impossessarsi della terra dei loro vicini (in quanto contrario alla *shari'a*) o per non allargare i divari già esistenti all'interno della società contadina centroasiatica. Parallelamente, le riforme riguardavano gli amministratori delle risorse idriche: i precedenti funzionari locali incaricati di gestire i canali (*mirab*, *ariq-aqsaqal* e *mirab bashi*) erano oramai visti come i rappresentanti del vecchio sistema feudale e furono anch'essi sottoposti all'autorità statale: quelli che non mostravano lealtà al regime furono in poco tempo estromessi, mentre coloro che si conformarono al nuovo sistema furono coordinati (e pagati) direttamente dai consigli per la gestione dell'acqua (*vodchoz*) locali. Tuttavia, gli stipendi statali risultavano inferiori rispetto ai precedenti contributi "popolari" e ciò determinava maggiori livelli di arbitrarietà, corruzione e incompetenza nel lavoro di molti addetti.[61]

Dal 1928 la gestione delle risorse idriche e dell'irrigazione fu sottoposta a un'ulteriore riforma di centralizzazione che trasferì progressivamente poteri dal livello repubblicano a quello dell'Unione. In Uzbekistan, il *vodchoz* repubblicano (*Uzvodchoz*) venne gradualmente demansionato e nel 1931 definitivamente sciolto e sostituito da una nuova Amministrazione centrale dell'irrigazione del commissariato del popolo per l'agricoltura (*Glavvodchoz*), con competenze sui principali fiumi e canali, mentre gli obiettivi e le politiche a lungo termine venivano stabiliti dalla sezione idrica del Comitato statale per la pianificazione (Gosplan) dell'URSS attraverso i piani quinquennali. Questa impostazione era dovuta principalmente alla volontà di avere un controllo più diretto da parte dello stato rispetto alle inefficienze nell'uso dei fondi pubblici da parte delle autorità repubblicane e locali. Ma le conseguenze di questa ulteriore centralizzazione dell'amministrazione delle risorse idriche si videro nel rallentamento di molti progetti di irrigazione. Infatti gli interventi sulle reti si limitarono all'accorciamento e all'adeguamento dei canali esistenti (come previsto

60. Nel 1925-1926 una serie di decreti impose soglie minori per la confisca dei terreni. L'oblast' di Fergana aveva le soglie più basse, prevedendo la confisca delle terre che eccedevano le 39 desyatine e la confisca parziale di quelle comprese tra 7 e 39 desyatine. Le quote per la riassegnazione erano fissate a 7, 10 e 12 desyatine. Nella Valle di Fergana le espropriazioni iniziarono nel dicembre 1925 e ne beneficiarono quasi 37.000 contadini, tra mezzadri e contadini senza terra. Alla fine, in Uzbekistan, più di 207.000 desyatine furono ridistribuite a 66.000 famiglie. Obertreis, *Imperial Desert Dreams*, p. 73.

61. Ivi, p. 260; Peterson, *Pipe Dreams*, p. 244.

dal piano di Rizenkampf più di un decennio prima) e non portarono all'edificazione di grandi opere idriche fino alla fine degli anni Trenta.

Le riforme della seconda metà degli anni Venti ebbero un chiaro effetto simbolico, in quanto cancellarono l'eredità istituzionale dei sistemi tradizionali e zaristi e introdussero nelle campagne categorie amministrative che oramai erano state sovietizzate. Inoltre scardinarono i vecchi rapporti di potere, con la fine delle grandi e medie aziende agricole, e frazionarono la terra tra produttori più piccoli (e potenzialmente meno efficienti). Così, queste contribuirono a riavviare l'agricoltura e spinsero chiaramente sullo sviluppo del settore cotoniero in Uzbekistan, la cui superficie di terreni dedicati alla coltivazione di "oro bianco" passò da 349.000 ettari nel 1925 a 379.000 nel 1926, 445.000 nel 1927 e 530.000 nel 1928. Alla fine, la produzione di cotone, registrata a 354.000 tonnellate nel 1925, scese provvisoriamente a 334.000 nel 1926 per poi risalire a 442.000 nel 1927 e a 518.000 nel 1928, raggiungendo finalmente i livelli prebellici nel 1930.[62]

62. Obertreis, *Imperial Desert Dreams*, pp. 157-161; Rywkin, *Russia in Central Asia*, p. 63; O'Neill, *Land and water "reform" in the 1920s*; Azizur Rahman Khan, Dharam P. Ghai, *Collective agriculture and rural development in Soviet Central Asia*, London, Macmillan Press & ILO, 1979, p. 21.

3. Stalinismo di periferia (1929-1939)

I bolscevichi si imposero in Asia Centrale, sconvolgendo gli equilibri politici, sociali e culturali preesistenti. Allo stesso tempo il nuovo regime preservava molte dinamiche che, soprattutto sul piano economico, avevano caratterizzato l'epoca zarista, e ridefiniva un nuovo compromesso imperiale che riconosceva un ruolo alle masse e alle loro élite locali. Questo compromesso sarebbe durato fino al 1928. Allora la grande svolta di Stalin finì per modificare gli equilibri che si erano assestati con la NEP e costruire un sistema totalitario che si sarebbe imposto tanto a Mosca quanto nelle periferie più remote dell'URSS.

Le riforme agrarie della metà degli anni Venti ebbero un notevole impatto nel rilanciare la monocoltura del cotone in Uzbekistan e nel ridefinire i rapporti tra il regime e le masse rurali. Il raggiungimento dell'autonomia cotoniera dell'URSS era funzionale alla costruzione del socialismo ma finiva per iperspecializzare l'economica uzbeka in un settore che avrebbe assorbito la maggior parte degli investimenti capitali e delle risorse umane della repubblica, rafforzando inoltre un vincolo di interdipendenza tra il centro e la periferia. Eppure quelle aperture della NEP che avevano permesso alle campagne di riprendersi dalla crisi della guerra civile erano sempre meno tollerate dal regime sovietico e da una parte del partito che contestava la rinascita del capitalismo nelle campagne e voleva chiudere i conti con i contadini. Per questo vennero riconsiderate, e di fatto soppresse, da quella "rivoluzione dall'alto" staliniana che, con lo scopo di edificare il socialismo in un unico paese attraverso la creazione di un'economia pianificata, avrebbe totalmente ridefinito gli equilibri del sistema sovietico.

La trasformazione delle campagne

L'industrializzazione del paese richiedeva una completa sinergia con le campagne. Da queste il regime estraeva risorse per nutrire le città ed esportare materie prime con le quali pagare l'edificazione del socialismo. Sul fronte del cotone, l'obiettivo di raggiungere l'autosufficienza nazionale fu radicalmente rilanciato durante il primo piano quinquennale (1928-1932) e si rivolse direttamente alle regioni cotoniere dell'URSS, dove i metodi produttivi tradizionali – e spesso la stessa rotazione delle colture – furono abbandonati e una gran parte dei pascoli e dei campi agricoli vennero distrutti per lasciare spazio alla monocoltura bianca. Per questa sua missione l'Uzbekistan divenne, anche dal punto di vista iconografico, la principale "repubblica del cotone" dell'URSS, e la corsa all'oro bianco finì per concentrare la maggior parte delle risorse della repubblica. Nelle intenzioni staliniane la riorganizzazione del sistema rurale in un nuovo assetto collettivizzato avrebbe dovuto razionalizzare e modernizzare l'agricoltura, aumentare l'efficienza produttiva di scala, e infine spezzare le ultime resistenze contadine.[1]

I risultati ottenuti sul "fronte bianco" divennero cruciali nelle stesse relazioni tra il centro e la periferia. Infatti da questi dipendevano la stabilità, la carriera e la stessa sopravvivenza dei quadri dirigenti locali che erano coinvolti nel settore cotoniero. In effetti, dopo il 1929 Stalin ridusse le sue comunicazioni con il partito uzbeko alle questioni meramente legate alla produzione di cotone e alla collettivizzazione, e spesso preferiva rapportarsi direttamente con il *Sredazbjuro* che era diventato il referente del governo centrale per quanto riguardava l'approvvigionamento di cotone. Attraverso questi canali, il Comitato centrale di Mosca continuava a inviare ordini sulla massimizzazione dell'efficienza produttiva, affinché il paese raggiungesse l'indipendenza cotoniera entro la fine del piano.[2] Fu così che nel 1930 il partito dichiarò che 17 degli 84 distretti rurali dell'URSS erano pronti per la "collettivizzazione totale", comprese alcune delle aree ad alta intensità produttiva di cotone dell'Uzbekistan, come la Valle di Fergana e dello Zarafshan.

La collettivizzazione avrebbe fortemente rivisto gli equilibri rurali. Questo processo creava nuove cooperative di produzione collettiva dove

1. Si veda Graziosi, *La grande guerra contadina*.
2. Obertreis, *Imperial Desert Dreams*, p. 164; Markowitz, *State Erosion*, p. 32.

i contadini condividevano le loro proprietà (kolchoz) o lavoravano in fattorie statali in qualità di dipendenti salariati (sovchoz). Nelle intenzioni sovietiche questa nuova riorganizzazione della società rurale in fattorie collettive, di fatto poste sotto il duplice controllo dello stato e del partito, creava così delle realtà più facili da controllare, ma avrebbe aperto un ennesimo fronte con i contadini per quella terra che rappresentava la più grande conquista della rivoluzione. Allo stesso tempo imponeva processi di meccanizzazione, una riorganizzazione sistemica dell'irrigazione su basi collettive e l'adozione di tecniche moderne di produzione con le quali l'agricoltura veniva complessivamente riformata.

Nel 1929 i primi kolchoz cotonieri vennero aperti in Asia Centrale. La collettivizzazione autorizzava l'esercizio (e l'abuso) di potere arbitrario nelle campagne da parte di una serie di agitatori del partito e del Komsomol che aizzavano i contadini più poveri contro quelli più ricchi. Infatti la partecipazione alle fattorie collettive era formalmente volontaria ma in realtà venne accompagnata da un'ondata di pressioni ed espropriazioni per forzare i contadini ad aderire alle nuove aziende agricole.

In Uzbekistan la collettivizzazione finiva per ridefinire i rapporti di potere e abilitare una nuova classe di dirigenti (*načalniki*) rurali orientati al sistema sovietico che, di fatto, sostituiva le vecchie aristocrazie locali. A questo riguardo, Lawrence Markowitz ricorda come

> Il regime si affidò ai direttori delle fattorie come agenti dello stato per mobilitare la manodopera rurale, distribuire le risorse, utilizzare le attrezzature tecniche e realizzare i piani di produzione agricola. Ciò [gli] conferì un'autorità informale, poiché le operazioni su larga scala e le risorse economiche furono poste sotto il loro controllo.[3]

Allo stesso tempo la collettivizzazione richiedeva una solida competenza tecnica e ideologica, e mobilitava centinaia di specialisti e quadri politici provenienti dalle città: ciò comprendeva 250 funzionari (urbani) che erano destinati a diventare direttori di kolchoz o supportare le cellule locali del partito, oltre a più di 400 "volontari" provenienti direttamente da Mosca, Leningrado e altre città russe per sostenere la sovietizzazione delle regioni periferiche.[4] Evidentemente questa trasformazione delle

3. Ivi, p. 33. Si veda anche Donald S. Carlisle, *Power and Politics in Soviet Uzbekistan: From Stalin to Gorbachev*, in *Soviet Central Asia. The failed transformation*, a cura di William Fierman, Boulder, Westview Press, 1991, p. 99.

4. Dooley, *Stalinist Policies, Indigenous Agents, and Peasant Actors*, pp. 17-23.

campagne divenne una prova dell'ingerenza del centro negli affari della periferia. Nel 1931 l'intero settore cotoniero fu riorganizzato per essere gestito direttamente dai pianificatori di Mosca: allora il controllo sulla produzione fu trasferito dal *Sredazchlopok* ai consigli nazionali per il cotone, mentre il *Narkomzem* (il Commissariato del popolo per l'agricoltura) a Mosca fu ripensato per avere rapporti diretti con le repubbliche cotoniere dell'Asia Centrale.[5] Eppure, il processo di collettivizzazione non era automatico e rimaneva spesso in un'aura di ambiguità nelle regioni più remote dell'Uzbekistan, dove le autorità sovietiche erano di fatto meno presenti e necessitavano della mediazione di agenti locali. Questa situazione in Uzbekistan definì un regime più elastico rispetto ad altre aree ad alta intensità agricola come l'Ucraina o il Kazakistan, dove gli esiti della collettivizzazione furono catastrofici e le conseguenti carestie politiche ebbero caratteri genocidari.[6]

La "vittoria" del primo piano quinquennale sul fronte bianco fu celebrata nel 1932, quando l'URSS si avviò a raggiungere finalmente l'autosufficienza cotoniera. Tuttavia, i costi sociali della collettivizzazione e il livello di violenza che ne derivò furono drammatici: nella primavera del 1931 la campagna di dekulakizzazione deportò migliaia di kulaki – o presunti tali – in "villaggi speciali" nell'URSS, di cui a centinaia furono

5. RGASPI, f. 17, op. 3, d. 871, l. 17. Si veda anche Paul R. Gregory, *The political economy of Stalinism: Evidence from the Soviet secret archives*, Cambridge-New York, Cambridge University Press, 2004.

6. Si veda Andrea Graziosi, *Political Famines in the USSR and China. A Comparative Analysis*, in «Journal of Cold War Studies», 19/3 (2017), pp. 42-103; Andrea Graziosi, *The Kazakh Famine, the Holodomor, and the Soviet Famines of 1930-1933: Starvation and National Un-building in the Soviet Union*, in *Genocide. The Power and Problems of a Legal and Ethical-Political Concept*, a cura di Andrea Graziosi e Frank E. Sysyn, Toronto, McGill-Queen's University Press, 2022, pp. 126-144; Niccolò Pianciola, *Stalinismo di frontiera. Colonizzazione agricola, sterminio dei nomadi e costruzione statale in Asia Centrale (1905-1936)*, Roma, Viella, 2009; Niccolò Pianciola, *Sacrificing the Qazaqs: The Stalinist Hierarchy of Consumption and the Great Famine of 1931-33 in Kazakhstan*, in «Journal of Central Asian History», 1 (2022), pp. 225-272; Ronald Grigor Suny, *Frames and Narratives: How the Fates of the Ottoman Armenians, Stalin-Era Ukrainians and Kazakhs Illuminate the Concept of Genocide*, in *Genocide*, pp. 87-106; Anna Applebaum, *Red Famine: Stalin's War on Ukraine*, New York, Doubleday, 2017; Sarah I. Cameron, *The Hungry Steppe: famine, violence, and the making of Soviet Kazakhstan*, Ithaca, Cornell University Press, 2018; Robert Conquest, *The Harvest of Sorrow: Soviet Collectivization and the Terror-Famine*, Oxford, Oxford University Press, 1986.

insediati a forza in fattorie collettive che erano state istituite nei distretti uzbeki di Kokand, Yangiyo'l, Denau, Saryassiysk, Gijduvon, Arkadya e Mirzacho'l.[7]

Con la grande svolta staliniana, le rotture all'interno della classe dirigente e l'applicazione di categorie sovietiche di nemici sfruttatori nella società contadina centroasiatica comportavano attacchi a intere categorie sociali come nomadi, clan, artigiani e ovviamente i kulaki. Le autorità uzbeke combattevano i propri "contadini ricchi" (*bai*) con terrore, confische e deportazioni in zone remote o nelle regioni contadine dell'Ucraina e del Caucaso settentrionale. Questa forma sistemica di terrore rivela cifre brutali e indicative sulle dimensioni dello stalinismo nella periferia uzbeka. Tra il 1930 e il 1933, la dekulakizzazione in Uzbekistan registrò un numero crescente di famiglie rurali deportate (2.648 nel 1930, 3.871 nel 1931 e 5.500 nel 1933), l'espropriazione di circa 40.000 contadini, l'esclusione dai kolchoz e l'espulsione in insediamenti speciali di nuova organizzazione per altri 30.000. Inoltre le epurazioni colpirono anche il settore dell'irrigazione, lasciando il sistema privo di personale competente. Di conseguenza nel 1932 solo il 40% dei funzionari irrigatori aveva una formazione tecnica.[8] Eppure, l'attacco ai "vecchi" specialisti – che già nella primavera 1928 aveva sconvolto lo stesso *vodkhoz* uzbeko con un processo farsa a Tashkent – fu prevalentemente politico, ma la maggior parte dei passati progetti furono successivamente consultati e persino attuati.[9]

Oltre al terrore, anche una serie di incentivi materiali divennero strumenti per incrementare ulteriormente la produzione di cotone. Ciò fu evidente nel 1930, quando il *Sredazbjuro* iniziò a garantire assegnazioni di grano ai kulaki che avessero accettato di piantare cotone su più del 70% delle loro terre.[10] L'atteggiamento vessatorio del nuovo regime nei con-

7. Pavel Polian, *Against their Will: The History and Geography of Forced Migrations in the USSR*, Budapest, Central European University Press, 2004, p. 79; Ferrara, Pianciola, *L'età delle migrazioni forzate*, p. 169.

8. Obertreis, *Imperial Desert Dreams*, pp. 172-174.

9. Ad esempio, nel 1929 il Consiglio supremo idrotecnico della "sezione acqua" del Gosplan dell'URSS approvò una revisione ufficiale del piano prerivoluzionario di Rizenkampf per l'irrigazione della Steppa della Fame, inserendolo nel proprio piano quinquennale di gestione delle acque. Ma a quel punto l'ingegnere era già stato condannato. Beatrice Penati, *Collectivisation, resettlement, and new irrigation in Central Asia: the Dal'verzin steppe in the late 1920s*, in *BASEES conference*, 2018, p. 10.

10. Teichmann, *Canals, cotton, and the limits of de-colonization*, p. 508; Dilorom Alimova, Aleksandr Golovanov, *Uzbekistan*, in *History of Civilizations of Central Asia.*

fronti dei contadini locali, i livelli di coercizione e di violenza, le situazioni di scarsità di cibo e di carestie locali – come a Bukhara, dove nel 1930-1932 vennero registrati diversi episodi di fame e di morte per inedia – insieme alle campagne antireligiose e anticontadine furono percepiti come una mossa contro lo stile di vita rurale. Solo nella primavera del 1930, nei villaggi della RSSUz si registrarono 302 proteste e casi di resistenza contro la collettivizzazione. Un numero marginale, se confrontato con i 2.779 episodi registrati solo in un'altra repubblica fortemente agricola come l'Ucraina.[11] Evidentemente, terrore e fame erano elementi sistemici anche in Uzbekistan, ma meno marcati in una repubblica rurale non cruciale in termini di produzione di grano e dove l'autorità sovietica era più debole e doveva scendere a compromessi con gli intermediari rurali per raggiungere gli obiettivi cotonieri.

In Uzbekistan la collettivizzazione si concluse principalmente durante il primo piano quinquennale: se nel 1928 solo l'1,2% delle famiglie contadine si era stabilito in fattorie collettive e solo l'1,2% delle aree coltivate era stato collettivizzato, queste percentuali aumentarono rapidamente, divenendo rispettivamente 81,7% e 68,1% nel 1932, poi 95% e 99,4% nel 1937. In termini di produttività, i risultati del primo piano quinquennale furono positivi sul fronte bianco: solo in Uzbekistan, tra il 1928 e il 1933 la produzione annua di cotone era aumentata del 70% – passando da 515.000 a 818.000 tonnellate – e ciò era sostanzialmente dovuto a un allargamento del 60% delle superfici coltivate (da 530.000 a 891.000 ettari). Eppure la resa non era proporzionata all'aumento delle terre, e la stessa produttività per ettaro era in realtà diminuita, passando da una media di 1.060 chilogrammi per ettaro nel 1929 a 790 nel 1934.[12] Questa riduzione della

Volume VI. Towards the contemporary period: from the mid-nineteenth to the end of the twentieth century, a cura di Chahryar Adle, Madhavan K. Palat e Anara Tabyshalieva, Paris, Unesco Publishing, 2005, p. 222; Obertreis, *Imperial Desert Dreams*, p. 171.

11. Si veda Lynne Viola, *Peasant rebels under Stalin: Collectivization and the culture of peasant resistance*, Oxford, Oxford University Press, 1996; Bakhtiyor M. Rasulov, *Complete Collectivization and Resistance of Farmers in Uzbek Villages in the early 30s*, in «Eastern European Scientific Journal», 1 (2017), pp. 67-73.

12. Paul B. Henze, *The economic development of Soviet Central Asia to the eve of World War II: An examination of Soviet methods as applied to a semi-colonial area*, in «Journal of the Royal Central Asian Society», 36/3-4 (1949), pp. 278-296; Rywkin, *Russia in Central Asia*; Marianne Kamp, Russell Zanca, *Recollections of collectivization in Uzbekistan: Stalinism and local activism*, in «Central Asian Survey», 36/1 (2017), pp. 55-72; Obertreis, *Imperial Desert Dreams*, pp. 175-176.

produttività era in gran parte dovuta al deterioramento dei terreni. Infatti l'inefficiente gestione delle risorse idriche e il continuo tentativo di coltivare più cotone – senza la possibilità di lasciare la terra a riposo, in assenza di fertilizzanti azotati e di rotazione con colture che fissavano l'azoto nel suolo – aveva portato a fenomeni di impaludimento e salinizzazione dei terreni che col tempo sarebbero divenuti sempre meno fertili e sempre più improduttivi.[13] Sebbene questi problemi fossero noti già in epoca imperiale, il regime sovietico continuò ad avere un approccio estrattivo ed estensivo, puntando sulla quantità (piuttosto che sulla qualità) dei terreni utilizzati per l'agricuoltura.

La rivoluzione dall'alto

A livello industriale, il primo piano quinquennale fu annunciato con grande clamore in Uzbekistan dove furono allocati più di 33 milioni di rubli per l'industria e vennero costruiti circa 200 complessi industriali – legati ai settori del carbone, chimica, macchine agricole ed energia elettrica.[14] Inoltre furono finalmente completate importante opere come l'ultimo tratto di 1.442 chilometri della ferrovia Turk-Sib (che collegava Tashkent con Novosibirsk) e l'impianto chimico di Chirchiq, attivo soprattutto per la produzione di fertilizzanti. Tuttavia se si considera che nel 1913 l'industria pesante rappresentava solo il 2% dell'economia uzbeka e che questa quota raggiungeva solo il 13% nel 1940, possiamo facilmente rilevare come in questi anni i ritmi dell'industrializzazione della repubblica rimasero sostanzialmente inferiori rispetto alla media sovietica.[15]

13. L'uso inefficiente dell'irrigazione aveva seriamente danneggiato i terreni: 500.000 ettari di terreni irrigati erano stati abbandonati dal 1924 per salinizzazione e impaludamento. In alcune aree l'efficienza nell'erogazione dell'acqua era insufficiente, con solo il 30-40% dell'acqua fornita che raggiungeva effettivamente i campi. Ciò era dovuto anche alle scarse qualifiche tecniche, alle cattive attrezzature e ai bassi salari lamentati dagli stessi tecnici che avevano preso il posto dei *ariq-aqsaqal* e *mirab*. Obertreis, *Imperial Desert Dreams*, pp. 204-206; Peterson, *Pipe Dreams*, p. 263.

14. Dal 1928 al 1941, più di cinquecento grandi gruppi industriali furono commissionati in Uzbekistan. Si veda Sharaf Rashidov, *Soviet Uzbekistan*, Moscow, Progress Publishers, 1982, p. 37.

15. William Fierman, *The Soviet «Transformation» of Central Asia*, in *Soviet Central Asia. The failed transformation*, a cura di William Fierman, Boulder, Westview Press, 1991, p. 19; Alimov, *Uzbekistan*, p. 7.

Le conseguenze della grande svolta staliniana in Uzbekistan mostrano una controtendenza rispetto ai dati generali dell'Unione Sovietica nel suo complesso, dove durante i primi due piani quinquennali le politiche di industrializzazione più che triplicarono la produzione, e il relativo processo di urbanizzazione portò otto milioni di contadini a lavorare nei complessi industriali e ad abbandonare i campi. Invece nella RSSUz il nuovo corso dell'industrializzazione cambiò relativamente gli equilibri sociali della repubblica. Viktor Kozlov rivela come il più grande afflusso di operai, costruttori, specialisti e consiglieri politici russi in Uzbekistan fu legato allo sviluppo industriale della repubblica durante i primi piani quinquennali, e fu evidente con una popolazione "russa" che era di fatto triplicata, passando da 241.000 persone nel 1926 a 727.000 nel 1939.[16] Nonostante le città si fossero sviluppate proporzionalmente alla crescita demografica della repubblica – con una popolazione urbana che nel 1913-1939 rimase tra il 23-24%[17] – i maggiori cambiamenti furono invece evidenti in termini di composizione nazionale: i russi dell'Uzbekistan, che nel 1926 rappresentavano il 6,4% della popolazione della repubblica, divennero il 15% nel 1939 e furono concentrati soprattutto nelle città.[18] La trasformazione più evidente riguardava proprio i contesti urbani, che crebbero in termini di popolazione, mutarono il loro paesaggio, e rafforzarono ulteriormente una doppia identità russa e uzbaka, che ricordava la dimensione coloniale.[19]

16. Viktor Kozlov, *The peoples of the Soviet Union*, London-Bloomington, Hutchinson, 1988, p. 93.

17. Ivi, p. 51.

18. Cassandra Cavanaugh, *Acclimatization, the shifting science of settlement*, in *Peopling the Russian Periphery: Borderland Colonization in Eurasian History*, a cura di Nicholas Breyfogle, Abby Schrader e Willard Sunderland, London, Routledge, 2007, p. 179; Rywkin, *Russia in Central Asia*, p. 75.

19. Nel periodo 1926-1939 la popolazione di Tashkent, capitale della RSSUz dal 1930, passò da 314.000 a 556.000 abitanti, e quella di Samarcanda da 105.000 a 136.000 abitanti. Marco Buttino ricorda come a Samarcanda nel 1897 gli "slavi" fossero 8.933 su un totale di 55.128 persone – una minoranza rispetto alle dominanti componenti tagica (36.845) e uzbeka (5.506) – e nel 1926 il loro numero passasse da 30.031 a 105.000 abitanti – mentre dopo l'azione affermativa il numero degli "uzbeki" salì a 43.304 e quello dei "tagiki" scese a 10.716. Si veda Buttino, *Samarcanda*; Abid Sadykov *et al.*, *Taškent Geografičeskij Atlas*, Moskva, GUGK, 1984; Marco Buttino, *Minorities in the Urban Territory of Samarkand for the Soviet Years to the Present*, in *Changing Urban Landscapes: Eastern European and Post-Soviet Cities, since 1989*, a cura di Marco Buttino, Roma, Viella, 2012, p. 61.

Evidentemente il rapporto tra popolazione urbana e rurale non cambiò sostanzialmente e la repubblica mantenne una base sociale prevalentemente contadina. Anche a livello economico, l'Uzbekistan preservò una dimensione estrattiva di una periferia che forniva materie prime (soprattutto cotone grezzo) al centro metropolitano e le reimportava in forma trasformata insieme a cereali, macchine e manufatti. In questa fase di trasformazioni radicali, il settore cotoniero divenne il catalizzatore della modernizzazione della repubblica, anche se ciò attirò più di qualche protesta tra coloro che avevano creduto nella rivoluzione e che ora sostenevano di ritrovarsi in quella che si era riconfigurata come una sorta di "colonia socialista".[20]

Durante il secondo piano quinquennale (1933-1937) il regime puntò a raddoppiare la produzione di cotone. Tuttavia l'attenzione era ora rivolta alla resa per ettaro piuttosto che alla superficie coltivata, che avrebbe richiesto un aumento sostanziale degli investimenti per l'irrigazione e il miglioramento dei terreni. L'obiettivo era stato fissato a 13,4 quintali per ettaro per l'Uzbekistan, da raggiungere entro la fine del piano. Per farlo venivano introdotte una serie di misure volte ad aumentare la produttività. Dal 1931 l'erba medica (Medicago sativa o alfalfa) era stata incentivata come la migliore coltura di rotazione, e nel 1934 finiva per occupare il 21% delle superfici totali seminate in Uzbekistan. Inoltre venne introdotta una regolamentazione più rigorosa e invasiva del processo di coltivazione del cotone e furono effettuati investimenti significativi in infrastrutture di irrigazione per circa 27 milioni di rubli, concentrati soprattutto nelle oblast' dove la produzione di cotone era più estensiva, come Chorezm, Fergana, Samarcanda, Tashkent, Bukhara e anche nel Karakalpakstan, che nel 1936 venne integrato nell'Uzbekistan come repubblica autonoma.[21]

20. Nell'ottobre 1929 l'attivista Mirzo Rahimov giustificò le proprie dimissioni dal partito perché in disaccordo con le politiche centrali: «L'Uzbekistan è una colonia socialista [...] e non ha alcuna indipendenza. Sarebbe indipendente se fosse come l'Egitto o l'Afghanistan». Citato da Khalid, *Central Asia: A New History*, p. 234.

21. In Karakalpakstan fu promosso un piano di sviluppo delle terre desertiche e nel 1935 fu costruito il Kyzketken – il principale canale della repubblica autonoma con una lunghezza di 25 chilometri e una portata di 210 metri cubi al secondo – che prelevava l'acqua dall'Amu Darya. Si veda Grey Hodnett, *Technology and Social Change in Soviet Central Asia: The Politics of Cotton Growing*, in *Soviet Politics and Society in the 1970's*, a cura di Henry W. Morton, Rudolf L Tökés e John N Hazard, New York, The Free Press, 1974, p. 68; Markowitz, *State Erosion*, p. 40.

Inoltre vennero introdotti metodi agricoli innovativi, macchinari, fertilizzanti e altri prodotti chimici che servavano a ottimizzare la coltivazione, il raccolto e la lavorazione del cotone. Questa rivoluzione tecnologica fu particolarmente evidente in termini di meccanizzazione collettivizzata, con l'introduzione delle stazioni di macchine e trattori (MTS), e con l'aumento di trattori operativi nei kolchoz e nei sovchoz dell'Uzbekistan, che passò da 1.200 nel 1928 a 21.500 nel 1937 e 24.200 nel 1940. Tuttavia, questa politica di modernizzazione dell'agricoltura non diede i frutti sperati e lo stesso utilizzo delle macchine fu limitato (se a volte non simbolico) per il fatto che spesso i contadini non erano in grado di usarle, o perché non si adattavano alle caratteristiche agricole locali o semplicemente non erano disponibili in molte zone dove c'erano pochissimi tecnici, contabili o agronomi e quasi nessuna tecnologia. I trattori, simbolo onnipresente del progresso sovietico, erano comunque rari e la loro scarsità era pari solo a quella dei trattoristi e dei meccanici in grado di ripararli. Inoltre la loro introduzione venne spesso osteggiata da una parte dei contadini che protestarono contro quella rivoluzione dall'alto staliniana che gli appariva come l'ennesima imposizione coloniale.[22]

Entro la fine del secondo piano quinquennale, il potenziale produttivo della repubblica era aumentato con l'apertura di oltre un milione di ettari di nuove terre coltivate – di cui 300.000 ettari irrigati e una produzione cotoniera in costante aumento,[23] anche se la produttività dei campi uzbeki era generalmente diminuita: nel 1932 un ettaro produceva in media 4,3 quintali in meno rispetto al 1913. Allora si tentò la via degli incentivi. Nel 1935 il prezzo di acquisto pagato per il cotone fu quadruplicato[24] e gli stessi lavoratori furono incoraggiati ad adempiere – e persino a superare – i loro doveri sul fronte bianco attraverso un sistema di premi e riconoscimenti materiali, mentre la propaganda della repubblica iniziava a celebrare i raccoglitori iperperformanti – chiamati *rakhmatoviti*[25] – come i nuovi eroi della civiltà collettivizzata uzbeka. Ciò alimentava una narrazione trion-

22. Obertreis, *Imperial Desert Dreams*, p. 191.

23. Henze, *The economic development of Soviet Central Asia*, p. 288.

24. Khan, Ghai, *Collective agriculture and rural development*, p. 21.

25. Il nome di questa versione centroasiatica dei lavoratori superperformanti (*udarniki*) deriva da Ibragim Rakhmatov, un brigadiere di Namangan che con la sua brigata in una stagione raccolse più di 100 quintali di cotone. Si veda Obertreis, *Imperial Desert Dreams*, pp. 186-187; Rakhima Aminova, *O'zbekiston SSR kolkhoz va sovkhozlari tarixi zhamoatchilik instituti*, Toshkent, Fan, 1983.

falistica e rafforzava ulteriormente il legame tra le masse contadine e il fronte bianco. In termini produttivi, il secondo piano quinquennale fu un successo. Alla fine del 1937 l'Uzbekistan produsse 1.522.000 tonnellate di cotone grezzo, un quantitativo tre volte superiore a quello prerivoluzionario, e le rese andarono oltre le aspettative, raggiungendo i 16,1 quantali per ettaro.[26] Ma come vedremo le conseguenze sociali ed ecologiche di questa "febbre dell'oro bianco" nelle campagne uzbeke sarebbero state drammatiche ed evidenti nei decenni successivi.

Capri espiatori

Dopo le tregue della NEP, Stalin iniziò a rivedere molti di quei compromessi che avevano definito gli equlibri imperiali nel periodo postbellico e poneva le basi per un sistema totalitario che avrebbe controllato, compromesso e represso ogni aspetto della vita politica, sociale ed individuale di milioni di cittadini sovietici. Già alla fine degli anni Venti il regime aveva intesificato il controllo sulla cultura e nel 1932 imponeva il "realismo socialista" come canone culturale ufficiale. Il sistema sovietico aveva progressivamente conquistato tutti gli spazi per la produzione di cultura e aveva sottoposto scrittori, musicisti, intellettuali, artisti al controllo delle organizzazioni sindacali ufficiali, senza il quale le loro opere non potevano essere pubblicate e finivano per essere censurate. Tutto ciò limitava l'accesso alle forme d'arte che non servivano la causa socialista e definiva inoltre una rottura tra gli intellettuali, artisti e scienziati sovietici con il resto del mondo. Negli anni Trenta ciò si mostrava ancor più nella periferia, dove di fatto non arrivano più pubblicazioni straniere e gli scambi intellettuali erano sempre più limitati al solo centro sovietico, e dove la stessa dimensione culturale tradizionale (compresa la religione) veniva repressa: alla fine anche i peregrinaggi alla Mecca (*ḥajj*) furono vietati e gli stessi viaggi all'estero divennero un privilegio concesso a pochissime figure fidate del regime. A questa compressione della cultura nazionale facevano eccezione quelle limitate esaltazioni folkloristiche – con abiti tradizionali e balletti popolari – che servivano a rappresentare la diversità culturale sovietica in nome di quella "amicizia dei popoli" (in russo *družba narodov*, in uzbeko *xalqlar do'stligi*) che

26. Khan, Ghai, *Collective agriculture and rural development*, p. 22.

la stessa RSSUz avrebbe finito per rappresentare all'interno del paese e successivamente per il terzo mondo.

Infatti l'internazionalismo e il cosmopolitismo del decennio precedente lasciarono il posto a una nuova forma di patriottismo sovietico nel quale le nazioni dell'Asia Centrale erano libere di celebrare il proprio passato, ma dovevano farlo sulla base della duratura amicizia con gli altri popoli dell'Unione Sovietica, di cui i russi erano i principali interlocutori. Allora il discorso politico e la stessa storiografia vennero riscritti, per non indicare più l'espansione imperiale russa in Asia Centrale in termini di "conquista coloniale" ma utilizzando concetti edulcorati come "annessione" e "unificazione". Inoltre il regime promuoveva il russo come lingua naturale del socialismo e già dal 1938 ne imponeva l'insegnamento obbligatorio anche nelle scuole non russe. Il russo divenne così la lingua di contatto con la modernità e il mondo esterno e lo stesso Stalin inoltre recuperò i simboli della vecchia Russia – i suoi poeti e artisti, i suoi esploratori e scienziati, e persino i suoi generali – che divennero simboli della nuova Unione Sovietica, riabilitando la cultura (con l'eccezione della religione) e la stessa idea di un "grande popolo russo" al quale veniva conferito un ruolo di "fratello maggiore" tra i popoli dell'URSS. Un effetto di questo cambiamento fu la sostituzione degli alfabeti latini delle lingue dell'Asia Centrale con il cirillico nella seconda metà degli anni Trenta. Questa revisione culturale finiva così per pesare su una parte importante degli intellettuali locali che furono obbligati a conformarsi ai canoni del realismo socialista e divennero le ennesime evidenti vittime di un regime sempre più totalitario e revisionista rispetto alle aperture della NEP.

Come abbiamo visto, il raggiungimento dell'indipendenza cotoniera per l'URSS fu un primo importante passo in avanti per la costruzione del socialismo, ma la crescente domanda di oro bianco uzbeko da parte dei pianificatori moscoviti non si sarebbe fermata e avrebbe continuato a definire i rapporti economici e di potere tra il centro e la periferia uzbeka. Nel febbraio 1934, il diciassettesimo Congresso del Partito comunista di tutta l'Unione (bolscevico) ribadì come il cotone fosse il perno intorno al quale ruotavano le relazioni tra Mosca e Tashkent (che dall'agosto 1930 era divenuta capitale dell'Uzbekistan), e il raggiungimento degli obiettivi del piano cotoniero divenne una condizione per la sopravvivenza dei quadri del partito locale a qualsiasi livello. Attraverso i secondi segretari, Mosca controllava attentamente l'adempimento dei doveri della repubblica sul fronte bianco e selezionava quadri fedeli, pur rispettando gli equilibri di potere tra i diversi "clan" uzbeki che erano identificati regionalmente.[27] Tuttavia nel 1934 le condizioni climatiche non furono favorevoli e venne realizzato solo l'87,7% dell'obiettivo produttivo stabilito dal piano. I kulaki – o i presunti tali – divennero i capri espiatori di questo fallimento e furono ulteriormente puniti durante la campagna di espansione dei MTS del 1934;[28] mentre nel 1935 lo stesso Ikromov fu ritenuto responsabile della bassa qualità del raccolto di cotone e di casi di falsificazione dei dati produttivi, corruzione e appropriazione indebita che coinvolsero i quadri locali.[29] In effetti, le crescenti richieste di Mosca per la realizzazione del piano a ogni costo, e la caccia alle streghe volta a trovare colpevoli, sabotatori e "quinte colonne" in tutto il paese, divennero il preludio di una stagione di epurazioni che avrebbe colpito la prima generazione di leader e di quadri amministrativi che si erano affermati durante la collettivizzazione.

Il grande terrore finì per colpire anche le periferie più remote dell'URSS. Nel 1937-1938, le purghe del partito uzbeko – dirette dal potente membro del Politbjuro Andrej Andreev (che in seguito avrebbe presieduto la Commissione centrale di controllo del PCUS) – furono particolarmente esemplari e coinvolsero gran parte del PCUz e i massimi dirigenti della repubblica. Tra le decine di quadri locali che furono epurati, imprigionati o fucilati, figurano gli ex primi segretari Ivanov e Zelenskij e lo stesso Ikromov. Questi furono apertamente accusati di compiere attività trotzkiste, di aver intenzionalmente sabotato la realizzaione del piano cotoniero, di essere membri di organizzazioni nazionaliste controrivoluzionarie o agenti britannici che volevano trasformare l'Asia Centrale in un protettorato di Londra. Inoltre, lo stesso presidente del Consiglio dei commissari del popolo della RSSUz Fayzulla Xo'jayev dovette confessare durante il processo di essersi unito all'opposizione di destra di Bucharin perché questa condizione avrebbe garantito l'indipendenza della repubblica. Alla fine, Xo'jayev fu costretto ad ammet-

27. Secondo Kathleen Collins, la prima generazione di leader uzbeki – come il primo segretario del PCUz Akmal Ikromov (di Tashkent); l'ex capo del governo della Repubblica popolare di Bukhara e presidente del Consiglio dei commissari del popolo della RSSUz (1924-1937) Fayzulla Xo'jayev (di Bukhara); il presidente del Soviet supremo repubblicano Yoldosh Okhunboboyev (di Fergana) – rifletteva gli equilibri di potere tra i clan territoriali uzbeki. Dopo le grandi purghe staliniane, iniziò il dominio dei gruppi politici influenti di Tashkent/Fergana. Si veda Kathleen Collins, *Clan Politics and Regime Transition in Central Asia*, Cambridge, Cambridge University Press, 2006.

28. Obertreis, *Imperial Desert Dreams*, pp. 180-181.

29. Teichmann, *Canals, cotton, and the limits of de-colonization*, p. 507.

tere che una tale situazione «sarebbe stata una nuova catastrofe per i popoli dell'Uzbekistan».[30] Furono tutti arrestati nel 1937, processati nell'ultimo dei tre "processi di Mosca" e fucilati nel marzo 1938. Parallelamente anche l'ex primo segretario Gikalo fu accusato di complotto contro lo stato sovietico e venne fucilato nell'aprile del 1938.[31]

Il terrore non colpì solo gli alti vertici del partito e dello stato, ma venne esteso all'intera nomenklatura della repubblica e ai semplici cittadini, travolgendo poi diversi membri del forze armate e dell'Accademia delle scienze, senza risparmiare intellettuali e figure di spicco della cultura nazionale. Khalid ricorda come

> Nel 1938 furono giustiziate due generazioni della moderna intellighenzia centroasiatica. In Uzbekistan, molte delle esecuzioni ebbero luogo nella notte tra il 4 e il 5 ottobre nella prigione della polizia politica alla periferia nord di Tashkent. Tra le vittime vi furono Fitrat, Cho'lpon e Qodiriy, i grandi protagonisti della letteratura uzbeka degli anni Venti. Quel massacro segnò la fine dell'epoca della rivoluzione e degli entusiasmi rivoluzionari, nonché un cambio di guardia sia nella politica che nella cultura. I nomi dei giustiziati scomparvero dall'uso [comune], alcuni per decenni. Coloro che li sostituirono erano pienamente il frutto del dominio sovietico, senza alcuna esperienza di vita pubblica in condizioni non sovietiche. Avevano anche un maggiore senso di prudenza e una maggiore consapevolezza delle nuove regole del gioco.[32]

In Uzbekistan, come nelle altre repubbliche dell'URSS, il grande terrore non si limitò alle classi dirigenti ma divenne un fenomeo di massa. Gli storici Alimova e Golovanov stimano che nel 1937-1939 furono arrestati dalle troike dell'NKVD più di 41.000 funzionari nella RSSUz, e di questi 6.920 furono giustiziati.[33] Con queste epurazioni la prima generazione "sovietizzata" di quadri dirigenti uzbeki fu spazzata via e venne sostituita da una nomenklatura di comprovata fede staliniana. Fu così che nel settembre 1937 Usmon Yusupov divenne il nuovo primo segretario del PCUz. Ori-

30. Rywkin, *Russia in Central Asia*, p. 103; Andrei Vishinski, *The Treason Case Summed Up (11 March 1938)*, in «Soviet Russia Today», 7/2 (1938).

31. Si veda Robert Conquest, *The great terror: a reassessment*, New York, Oxford University Press, 1990; John Arch Getty, *Origins of the great purges: the Soviet Communist Party reconsidered, 1933-1938*, Cambridge, Cambridge University Press, 1985; Graziosi, *L'Urss di Lenin e Stalin*; Vladimir Chaustov, Lennart Samuelson, *Stalin, NKVD i repressii 1936-1938 gg.*, Moskva, Rosspen, 2009.

32. Khalid, *Central Asia: A New History*, p. 235.

33. Alimova, Golovanov, *Uzbekistan*, p. 227.

ginario della provincia di Fergana con un passato operaio, il nuovo leader uzbeko aveva avuto una rapida carriera nel partito al quale aveva aderito soltanto nel 1926. Dopo aver servito in diverse posizioni negli organi locali del PCUz a Tashkent e Samarcanda, nel settembre 1931 fu messo a capo dell'Ufficio centroasiatico della confederazione sindacale e nel novembre 1936 divenne commissario del popolo dell'industria alimentare della RSSUz. Promosso alla guida del PCUz, Yusupov divenne il volto staliniano dell'Uzbekistan, governando la repubblica fino all'aprile 1950 quando venne promosso a Mosca alla guida del Ministero della produzione di cotone dell'URSS.[34] Con Yusupov e le purghe all'interno della nomenklatura uzbeka, i posti vacanti furono sostituiti da politici più servili e quadri regionali che con il grande terrore ebbero l'occasione per emergere, formando una nuova generazione politica (la "classe del '38") che avrebbe dominato la scena fino al tardo stalinismo.[35]

A livello statale, la rimozione di Xo'jayev nel luglio 1937 significò la fine della stabilità: i tre capi di governo successivi furono estromessi in meno di un anno prima della nomina di Abdujabbor Abdurahmonov, mentre un altro migliaio di quadri furono epurati dagli apparati governativi. Secondo Michael Rywkin, dopo le purghe anche il PCUz divenne «più debole e meno efficiente che mai e, di conseguenza, più dipendente dalla tutela esterna (russa)».[36] In effetti, questa violenta stagione di cambiamenti della nomenklatura segnò la fase di più alta interferenza del centro negli affari interni della periferia uzbeka, dove Mosca stava gradualmente accentrando il proprio controllo, bloccando l'autonomia dei quadri locali, cooptando gli stalinisti fedeli e promuovendo una campagna di russificazione delle élite native che sarebbe durata – assumendo toni, modalità e frequenze diverse – per tutto il periodo sovietico. Come emerge chiaramente se valutiamo le biografie di coloro che in quel frangente finirono per occupare posti chiave di potere nella repubblica, queste trasformazioni all'interno dell'apparato politico rimettevano in discussione gli stessi principi della *korenizacija*: tra il 1937 e il 1940 il partito quasi raddoppiò il numero dei membri non centroasiatici del buro del PCUz (da cinque a nove) e Mosca

34. Sulla vita di Yusupov si veda Boris Reskov, Gennadij Sedov, *Usman Jusupov*, Moskva, Molodaja Gvardija, 1976.

35. Donald S. Carlisle, *The Uzbek power elite: Politburo and secretariat (1938-83)*, in «Central Asian Survey», 5/3-4 (1986), p. 100.

36. Rywkin, *Russia in Central Asia*, p. 103; Carlisle, *The Uzbek power elite*, pp. 99-100.

impose uno schema verticale in cui i quadri non nativi mantenevano un ruolo fondamentalmente di supervisione e occupavano le posizioni chiave nel partito, nel Komsomol e nell'amministrazione statale della RSSUz, mentre i dirigenti centroasiatici «sembravano relegati a posizioni di prestigio superficiale».[37]

Sul fronte cotoniero, la rigerarchizzazione del PCUz sotto Mosca e la nomina di Yusupov coincisero con la liquidazione di un gruppo di dirigenti che in parte si era opposto ai grandi programmi di irrigazione. Sebbene l'Asia Centrale non avesse avuto nessuno di quei grandi progetti staliniani di costruzione (*stroiki*) che avevano caratterizzato gli anni Trenta, nel 1938 vennero rilanciate una serie di iniziative legate alla monocoltura del cotone: gli investimenti in progetti di irrigazione raggiunsero circa 7 milioni di rubli e furono destinati principalmente alle regioni cotoniere.[38] Nel 1939 fu istituito un Commissariato speciale per la gestione delle acque, che un anno dopo comprense anche l'*Uzvodchoz*. Questa riorganizzazione dell'amministrazione idrica coincise con un nuovo impulso alla "costruzione popolare" delle infrastrutture d'irrigazione, che implicava il coinvolgimento delle masse (compresi gli internati del Gulag) nella realizzazione di grandi opere.[39] Così nel 1939 furono costruiti 52 nuovi canali di irrigazione, tra cui il mastodontico Grande canale di Fergana. Quest'ultimo era lungo 270 km – e diviso in 33 segmenti per i quali erano responsabili i distretti e i kolchoz locali – e deviava l'acqua del fiume Naryn, attraversando la Valle di Fergana dal confine kirghiso fino al Tagikistan. La sua costruzione era stata sovvenzionata con il budget statale per 20 milioni di rubli ed era finalizzata a irrigare più di 63.000 ettari di nuovi terreni coltivati e più di mezzo milione di ettari di campi esistenti nei distretti sud-occidentali della valle. I lavori iniziarono il 1° agosto e impegnarono più di 160.000 colcosiani che, sostanzialmente a braccia (solo il 9% dei lavori

37. Allworth, *The New Central Asians*, p. 553. Si veda anche Michael Rywkin, *Russian Party Apparatus in a Muslim Republic. The case of Uzbekistan*, in «Journal Institute of Muslim Minority Affairs», 2 (1987), pp. 266-267; Olivier Roy, *The New Central Asia. The creation of Nations*, New York, New York University Press, 2000, p. 109; Carlisle, *Power and Politics in Soviet Uzbekistan*, p. 100; Carlisle, *The Uzbek power elite*, pp. 130-132.

38. Nel 1938 il totale degli investimenti per l'irrigazione in Chorezm ammontava a 2.055.000 rubli, Fergana 1.665.000, Samarcanda 1.000.000, Tashkent 868.000 e Bukhara 720.000. Le altre sette regioni uzbeke ricevettero solo 922.000 rubli. Markowitz, *State Erosion*, pp. 40-41.

39. Obertreis, *Imperial Desert Dreams*, p. 200.

venne realizzato con l'ausilio di macchine), scavarono per quarantacinque giorni smuovendo 16 milioni di metri cubi di terra. Il 31 dicembre tutte le strutture di regolazione del flusso idrico vennero completate e l'acqua venne immessa per la prima volta nel canale.[40] La costruzione del canale sembrava riprendere la tradizione uzbeka del *khashar* – un momento nel quale tutti i membri di una comunità sono chiamati solidarmente a contribuire alla realizzazione di una grande opera pubblica – e venne celebrata come la vittoria dell'uomo sul deserto.[41] La sua costruzione venne seguita da altre importanti opere come il Grande canale Čuj (al confine tra Kirghizistan e Kazakistan), e il Grande canale Hissar che portava l'acqua alle fattorie collettive al confine tra Uzbekistan e Tagikistan. Sempre nel 1939 furono stanziati altri dieci milioni di rubli per l'ammodernamento, l'ampliamento o la costruzione di altre infrastrutture come i canali di Fergana meridionale e settentrionale, il canale di Tashkent, l'impianto di trasferimento delle acque di Kattakurgan a Samarcanda, il canale Tash-Sakin in Chorezm e l'unificazione dei canali Su-Eli e Lenin-Yab in Karakalpakstan nel Grande canale Lenin, un'infrastruttura di 110 chilometri destinata all'irrigazione dei distretti di Xo'jayli e Kungrad, sulla riva sinistra dell'Amu Darya.[42] La realizzazione di questi grandi porgetti idrici fu così rilanciata all'indomani delle grandi purghe, ma dovette inesorabilmente rallentare nel corso di una guerra che avrebbe creato un fronte interno lontano migliaia di chilometri dai campi di battaglia dell'Europa orientale e quindi ridefinito gli equilibri economici e sociali della repubblica del cotone.

40. Ivi, pp. 213-222; Peterson, *Pipe Dreams*, pp. 309-310.

41. Sergei Tatur, *From the Great Fergana to the Kara-Kum Canal*, Moscow, Novosti, 1976.

42. Si veda Markowitz, *State Erosion*, p. 41; Alimov, *Uzbekistan*, p. 13; Teichmann, *Canals, cotton, and the limits of de-colonization*, pp. 509-512; Zonn, Glantz, Kostianoy, Kosarev, *The Aral Sea Encyclopedia*, p. 257.

4. Il fronte interno (1939-1953)

L'Uzbekistan fu travolto dalla Seconda guerra mondiale, una guerra totale che ebbe un drammatico impatto anche su regioni lontane migliaia di chilometri dai fronti dell'Europa e dell'Estremo Oriente. La guerra trasformò radicalmente la demografia, il sistema economico, i paesaggi urbani e le stesse identità nazionali nella repubblica del cotone ed ebbe dei costi umani elevatissimi per quei popoli che combattevano uniti contro un nemico comune e per quelli che invece venivano puniti collettivamente con l'esilio nelle zone remote dell'Asia Centrale.[1] Allo stesso tempo, la guerra divenne l'occasione per una radicale riconversione della produzione agricola e industriale dedicata allo sforzo bellico, e finì per rappresentare l'inclusione nazionale degli uzbeki in una nuova forma di patriottismo sovietico che nelle intenzioni poteva essere compreso, e condiviso, a Leningrado come a Tashkent.

1. Si veda M. A. Achunov, Ch. Zijaev, T. Džuraev, *Uzbekskaja SSR v gody Velikoj Otečestvennoj Vojny. V trech tomach. Tom 1. Uzbekistan v pervyj period Velikoj Otečestvennoj vojny (1941 - nojabr' 1942 gg.)*, Taškent, Fan, 1981; M. A. Achunov, Ch. Zijaev, T. Džuraev, *Uzbekskaja SSR v gody Velikoj Otečestvennoj Vojny. V trech tomach. Tom 2. Korennoj perelom (nojabr' 1942 - 1943 gg.)*, Taškent, Fan, 1983; M. A. Achunov, Ch. Zijaev, T. Džuraev, *Uzbekskaja SSR v gody Velikoj Otečestvennoj Vojny. V trech tomach. Tom 3. Pobedonosnoe zaveršenie vojny*, Taškent, Fan, 1985; Aleksandr Golovanov, Il'chomžon Saidov, *Vklad Uzbekistana v pobedu nad fašizmom*, Samarkand, SamGU, 2006; Boris Zajcev, *Uzbekistancy na zaščite Rodiny*, Taškent, O-vo «Znanie» UzSSR, 1989; Akil Sirodžon, *Promyšlennost' Uzbekistana v gody vojny*, Taškent, Uzbekistan, 1981.

Vittime lontane

In vista di un conflitto mondiale che per Stalin sembrava essere inevitabile, il regime sovietico iniziò a perseguitare una serie di presunte "quinte colonne" che, in caso di guerra, avrebbero potuto favorire l'avanzata dei nemici. I primi a essere colpiti furono i coreani sovietici (*koryo-saram*), un piccolo gruppo nazionale che dalla seconda metà dell'Ottocento era emigrato in diverse ondate dalla Corea e si era stabilito nelle regioni estremo-orientali dell'ex Impero russo. Nel luglio 1937, con lo scoppio della Seconda guerra sino-giapponese, Stalin temeva possibili infiltrazioni di spie di Tokyo attraverso questa comunità transfrontaliera, e ad agosto ordinò la deportazione di circa 172.500 coreani dalle regioni estremo-orientali verso l'Asia Centrale. Come ricorda Jonathan Otto Pohl,

> Il 5 dicembre 1937, in Uzbekistan c'erano 16.307 famiglie coreane con 74.500 abitanti. Un totale di 9.300 di queste famiglie viveva nei kolchoz e 7.007 erano impegnate in occupazioni urbane. Il governo sovietico dispose 7.755 famiglie coreane con 38.308 persone in kolchoz coreani separati e collocò 1.525 famiglie coreane in kolchoz uzbeki già esistenti. Il governo sovietico assegnò altri 1.446 nuclei familiari coreani con 5.270 persone ai sovchoz cotonieri Dal'verzin' e Bayaut.[2]

La maggior parte dei coreani esiliati in Uzbekistan venne reinsediata in distretti agricoli (soprattutto nella Valle di Fergana, Chorezm, Tashkent e Samarcanda) e impiegata nella coltivazione del riso e nella pesca, mentre circa 2.500 furono trasferiti nella città di Tashkent.[3] Il dramma dei coreani

2. Jonathan Otto Pohl, *Ethnic cleansing in the USSR, 1937-1949*, Westport, Greenwood Press, 1999, p. 14.

3. Si veda Ferrara, Pianciola, *L'età delle migrazioni forzate*, pp. 176-179; Nicolas Werth, *A State against Its People: Violence, Repression, and Terror in the Soviet Union*, in *The Black Book of Communism: Crimes, Terror, Repression*, a cura di Stéphane Courtois, Cambridge-London, Harvard University Press, 1999, p. 191; Polian, *Against their Will*, p. 100; Vladimir Lee, Kim Young Woong, *Belaja Kniga O Deportacii Korejskogo Naselenija Rossii V 30-40ch Godach*, Moskva, Interpraks, 1992; Daniel Kim, *Formulating missiological approaches through the analysis of the Korean minority identity in Uzbekistan*, Deerfield, Trinity International University, 2008; German Nikolaevich Kim, *Koryo Saram, or Koreans of the Former Soviet Union: In the Past and Present*, in «Amerasia Journal», 29/3 (2004), pp. 23-29; German Nikolaevich Kim, *Koreans in Kazakhstan, Uzbekistan, and Russia*, in *Encyclopedia of Diasporas. Immigrant and Refugee Cultures Around the World*, a cura di Melvin Ember, Carol R. Ember e Ian Skoggard, Boston, Springer, 2005,

non si esaurì con la deportazione – nella quale morirono migliaia di persone per le pessime condizioni alle quali erano state sottoposte durante il lungo viaggio in treni merci – ma continuò per i problemi legati al reinsediamento nelle zone aride dell'Asia Centrale, dove non bastarono le promesse di compensazione economica che erano state avanzate dal regime staliniano e i tassi di mortalità per malnutrizione e malattie furono altissimi.[4]

I problemi di convivenza tra le comunità della repubblica del cotone si sarebbe riproposto dopo lo scoppio della Seconda guerra mondiale in Europa e riguardava quelle nazionalità sovietiche che erano state "liberate" da Stalin, inclusi bielorussi e ucraini provenienti dalla Polonia orientale. A partire dall'autunno del 1939, molti di questi furono trasferiti nelle regioni più remote dell'URSS e arrivarono anche in Uzbekistan. A queste si sarebbe aggiunto il dramma di centinaia di migliaia di cittadini polacchi che dal febbraio 1940 vennero trasferiti dai territori occupati in quattro ondate di deportazione di massa verso le regioni periferiche dell'URSS. Comprendevano soprattutto quei "coloni" che si erano stabiliti in quelle terre orientali che erano state conquistate nel 1920, oppure riguardavano rappresentanti della nomenklatura amministrativa, membri dell'intellighenzia, o semplici cittadini. Il regime staliniano, oltre a perseguitare brutalmente le élite polacche,[5] li trasformò in una popolazione "aliena", con una cittadinanza di uno stato che non veniva più riconosciuto dal governo sovietico e che di fatto non esisteva più.

Stalin si stava preparando per una guerra inevitabile e l'attacco tedesco nel giugno 1941 finì per accelerare il corso degli eventi. Nelle sue prime fasi, l'Operazione Barbarossa era stata rapidissima e aveva colto di sorpresa un paese che in meno di una settimana perdeva già Minsk e doveva riorganizzare una linea difensiva all'interno del proprio territorio. A

pp. 983-992; Alexander Kim, *The Repression of Soviet Koreans during the 1930s*, in «The Historian», 74/2 (2012), pp. 267-285.

4. Nei dibattiti sulla pulizia etnica in URSS, Jonathan Otto Pohl stima che circa 40.000 coreani sovietici, ovvero il 22% della popolazione totale, morirono tra il 1937 e il 1938. Pohl, *Ethnic cleansing in the USSR*, p. 14.

5. Nel marzo 1940 l'NKVD eliminò circa 28.000 polacchi tra politici, ufficiali, dirigenti, funzionari pubblici e membri dell'intellighenzia. Di questi, circa 22.000 furono massacrati nella foresta di Katyn, nei sobborghi di Smolensk. Si veda Janusz K. Zawodny, *Morte nella foresta. La vera storia del massacro di Katyn*, Milano, Mursia, 1989; Victor Zaslavsky, *Pulizia di classe. Il massacro di Katyn*, Bologna, il Mulino, 2011; Anna M. Cienciala, Natalia Lebedeva, Wojchech Materski, *Katyn. A Crime Without Punishment*, New Haven, Yale University Press, 2008.

luglio venne creato un Comitato statale della difesa (GKO) e iniziò la cooperazione con Londra e Washington che, di fatto, si avvicinavano a Mosca e prendevano atto delle ambizioni sovietiche sull'Europa orientale. Lo stesso Stalin premeva per ottenere maggiori concessioni dal Lend-Lease Act e faceva leva sul governo polacco in esilio a Londra rappresentato dal generale Władysław Sikorski. Con quest'ultimo, Mosca ristabilì le relazioni diplomatiche nell'agosto 1941, acconsentendo al rilascio dei prigionieri di guerra e di una gran parte di quei cittadini polacchi che erano stati deportati in URSS. Alcuni di questi sarebbero stati destinati a ricostruire un esercito fedele al governo polacco in esilio e furono posti sotto il comando del generale Władysław Anders.

Nel febbraio del 1942 l'armata di Anders – inizialmente composta da 25.000 uomini e organizzata in tre divisioni di fanteria – venne trasferita da Orenburg a Yangiyo'l, 20 chilometri a sud di Tashkent, per riorganizzarsi e infine ricongiungersi con le forze dell'Impero britannico in Medio Oriente. Oltre ai soldati, si accamparono intorno alle basi militari anche migliaia di civili polacchi – soprattutto donne e bambini (di cui molti orfani) – che avevano seguito il contingente militare per stare più vicini ai loro cari o nella speranza di ottenere cibo o maggiori possibilità di evacuazione dall'URSS. Il soggiorno uzbeko dei polacchi in attesa di evacuazione fu più lungo e complicato del previsto: le condizioni di vita rimasero precarie, la mortalità elevata anche per la fame, le frequenti epidemie (in genere tifo, tubercolosi e dissenteria) e le difficoltà di adattamento di queste nuove comunità come si sarebbe visto nelle complesse interazioni con le autorità sovietiche e la popolazione locale.[6] L'esperienza uzbeka per l'armata di Anders terminò nell'estate del 1942, anche se questa fu solo l'inizio di una lunga odissea.[7] Nel frattempo, migliaia di civili polacchi rimasero ancora

6. Si veda anche Katherine R. Jolluck, *Exile and identity: Polish women in the Soviet Union during World War II*, Pittsburgh, University of Pittsburgh Press, 2002, pp. 34, 236-237; Polian, *Against their Will*, p. 122; Norman M. Naimark, *Stalin's genocides*, Princeton, Princeton University Press, 2010, pp. 89-90.

7. Nell'estate del 1942, durante l'offensiva tedesca sul Caucaso, Stalin acconsentì al trasferimento dell'armata di Anders sul fronte mediorientale. Circa 77.000 combattenti e 41.000 civili polacchi lasciarono l'URSS, raggiunsero l'Iran e passarono dal controllo sovietico a quello britannico. Andarono così a formare il Secondo corpo polacco, noto per l'impegno in Medio Oriente e nella campagna d'Italia, dove si contraddistinsero nelle battaglie di Cassino, Ancona e Bologna. Si veda Norman Davies, *Trail of Hope. The Anders Army, an Odyssey Across Three Continents*, Oxford, Osprey Publishing, 2015; Władysław Anders, *Un'armata in esilio*, Rocca San Casciano, Cappelli, 1950.

in Asia Centrale, in attesa di evacuazione, e temporaneamente abbandonati al loro destino.[8]

A livello sociale, la guerra ebbe delle conseguenze di portata immensa. La partenza di tanti uomini per il fronte costrinse milioni di donne sovietiche a lavorare fuori dalle loro case. Anche in Uzbekistan la guerra divenne un fattore di emancipazione per quella nuova forza lavoro femminile (soprattutto nei kolchoz), che occupava quei posti che erano stati lasciati dagli uomini partiti per il fronte. Ciononostante, questa riorganizzazione della società le rendeva a loro volta più esposte agli eccessi del controllo amministrativo del regime sovietico. Inoltre, il GKO già dall'estate aveva iniziato a organizzare quella che sarebbe stata una delle più impressionanti evacuazioni di massa della storia: solo nel 1941, 12 milioni di persone (e quasi 5 negli anni successivi), insieme a migliaia di complessi industriali, vennero trasferite dalla linea del fronte nelle regioni occidentali sovietiche verso le retrovie nella Russia centro-orientale, negli Urali, in Siberia e in Asia Centrale.[9] In questa compagine, gli equilibri sociali sarebbero inesorabilmente cambiati. Solo l'Uzbekistan ospitò circa un milione di sfollati – di cui 200.000 bambini rimasti orfani – che furono per lo più assorbiti nelle città della repubblica: tra il 1939 e il 1944 la popolazione urbana di Samarcanda era temporaneamente raddoppiata, arrivando a circa 300.000 abitanti, mentre Tashkent da 585.000 residenti aveva raggiunto la soglia di un milione di abitanti.[10] Questo fenomeno richiedeva una rapida riorganizzazione dei servizi, degli alloggi e delle vie di approvvigionamento, e metteva sotto pressione le autorità locali, complicando ulteriormente i difficili rapporti di convivenza tra le diverse comunità.

Nell'autunno del 1943 Tashkent ospitava circa 150.000 sfollati provenienti dai principali centri urbani dell'URSS – come Mosca, Leningrado, Kiev, Charkov e Odessa – e includeva una serie di artisti, scrittori e intellettuali come Kornej Čukovskij e Lidija Čukovskaja, Aleksej Tolstoj

8. Nel marzo 1943 il governo polacco in esilio monitorava le condizioni di circa 38.000 compatrioti che erano rimasti in Uzbekistan e Turkmenistan, rivelando problemi con autorità sovietiche che si mostravano più indifferenti di quanto non facessero in Russia e di convivenza con i nativi e con gli stessi ebrei poalcchi (soprattutto stanziati a Fergana) per i quali veniva manifestata una maggiore ostilità. Hoover Institutional Archives, Poland. Ambassada Soviet Union, Box 44°.

9. Si veda Wendy Goldman, Donald Filtzer, *Fortress Dark and Stern. The Soviet Home Front during World War II*, Oxford, Oxford University Press, 2021.

10. Rywkin, *Russia in Central Asia*, p. 69.

e Nadežda Mandelstam,[11] o la stessa Anna Achmatova – che a Tashkent contrasse il tifo e completò una raccolta di "poesie scelte" e una prima versione del suo famoso *Poèma bez geroja* (*Poema senza eroe*). In una sua breve autobiografia, ricordò quell'esperienza:

> Fino al maggio del 1944 vissi a Tashkent, cogliendo avidamente notizie di Leningrado e del fronte. Come altri poeti, lessi spesso versi ai combattenti feriti negli ospedali. A Tashkent imparai per la prima volta che significano nell'afa ardente l'ombra degli alberi e il mormorio dell'acqua. E appresi anche che cos'è la bontà umana: a Tashkent fui lungamente e gravemente malata.[12]

Nonostante le interazioni con gli artisti locali sembrassero più il frutto della contingenza, questi intellettuali russi in esilio avevano momentaneamente trasformato la capitale uzbeka in un centro letterario e culturale cosmopolita. A loro, si aggiunsero anche molti musicisti del conservatorio di Leningrado e decine di accademici che contribuirono a sviluppare le filiali locali dell'Accademia delle scienze fino a costituirne una nazionale nel 1943. In queste condizioni la capitale uzbeka stava vivendo un'eccezionale espansione ma era sotto pressione per quanto riguardava gli approvvigionamenti e gli alloggi agli sfollati e doveva poi affrontare una serie di focolai epidemici che si stavano ingrandendo in contesti dove le condizioni di vita rimanevano comunque precarie.[13]

I complessi equilibri sociali emersi dalla guerra furono ulteriormente alterati dalla deportazione di quei "popoli puniti" che erano stati accusati di possibile collaborazione con gli invasori. Alle deportazioni dei tedeschi del Volga nell'agosto 1941, seguirono quelle dei caraciai – che nel novembre 1943 furono inviati in Kazakistan e Kirghizistan – e dei calmucchi che furono costretti all'esilio in Siberia. Nel febbraio 1944, circa 478.000 ingusci e ceceni accusati di collaborazionismo furono deportati in Asia Centrale[14] mentre a marzo circa 37.000 balcari furono costretti a lasciare

11. Rebecca Manley, *To the Tashkent station evacuation and survival in the Soviet Union at war*, Ithaca, Cornell University Press, 2009; Stronski, *Tashkent*.

12. Anna Achmatova, *Poesie*, Parma, Guanda, 1962, p. LV.

13. Nelle città, il razionamento concedeva l'equivalente di 400-500 grammi di pane ai lavoratori e altri 300-400 ai membri della famiglia e un trattamento leggermente migliore veniva riservato ai dirigenti. Per approfondire il razionamento in tempo di guerra si veda Wendy Goldman, Donald Filtzer, *Hunger and war: food provisioning in the Soviet Union during World War II*, Bloomington, Indiana University Press, 2015.

14. Si veda Isaac Mckean Scarborough, *An unwanted dependence: Chechen and Ingush deportees and the development of state-citizen relations in late-Stalinist Kazakhstan*

i loro villaggi. A maggio, la deportazione di 194.000 tatari di Crimea fu seguita a giugno da quella di altre minoranze – come greci, bulgari, italiani e tedeschi – dall'area del Mar Nero e del Caucaso settentrionale. Sebbene la guerra avesse preso un corso favorevole per l'URSS, la controffensiva sovietica in Europa centro-orientale non avrebbe fermato le deportazioni: nel novembre del 1944, a causa del timore di Stalin di un possibile conflitto con la Turchia, anche greci, curdi, e hemşin furono deportati dalla Georgia verso l'Asia Centrale insieme a 91.000 turchi meskheti. Di questi ultimi, 53.133 furono inviati in Uzbekistan e vennero prevalentemente insediati in una regione densamente popolata come la Valle di Fergana.[15] Queste deportazioni ebbero conseguenze drammatiche, considerando la non priorità di questi individui nel sistema di razionamento e ridistribuzione del cibo e di altri servizi primari: gli altissimi tassi di mortalità tra i "popoli puniti" videro in pochi mesi più del 20% di questi morire per fame e malattie: tra i 152.000 tatari di Crimea deportati in Uzbekistan – durante quella tragedia collettiva che sarebbe passata alla storia come *Surgun* – il tasso di mortalità fu così alto che 7.900 individui perirono solo durante il viaggio, altri 27.000 entro la fine del 1945 e 42.000 entro il 1949.[16]

(1944-1953), in «Central Asian Survey», 36/1 (2017), pp. 93-112; Isabelle Ohayon, *La déportation des peuples vers l'Asie centrale*, in *Le XXe siècle des guerres*, a cura di Pietro Causarano, Valeria Galimi, François Guedj, Romain Huret, Isabelle Lespinet-Muret, Jérôme Martin, Michel Pinault, Xavier Vigna e Mercedes Yusta, Paris, Éditions de l'Atelier, 2004, pp. 171-178.

15. Si veda Polian, *Against their Will*, p. 155; Anatoly M. Khazanov, *After the USSR: Ethnicity, Nationalism and Politics in the Commonwealth of Independent States*, Madison, The University of Wisconsin Press, 1995, pp. 192-211; Anatoly Khazanov, *Meskhetian Turks in search of self-identity*, in «Central Asian Survey», 11/4 (1992), pp. 1-16; Alexandre Bennigsen, Marie Broxup, *The Islamic threat to the Soviet State*, New York, Taylor & Francis, 1983; Robert Conquest, *The Nation Killers: The Soviet Deportation of Nationalities*, London, Macmillan, 1970; Aleksandr Nekrich, *The punished peoples: the deportation and fate of Soviet minorities at the end of the Second World War*, New York, Norton, 1978.

16. Inizialmente, i tatari di Crimea deportati in Uzbekistan erano concentrati soprattutto negli oblast' di Tashkent (65.000), Samarcanda (32.000), Andijan (19.000) e Fergana (16.000). Si veda Graziosi, *L'Urss di Lenin e Stalin*, pp. 542-543; Polian, *Against their Will*, p. 152; Werth, *A State against Its People*, pp. 219-223; Ferrara, Pianciola, *L'età delle migrazioni forzate*, pp. 291-292; Pohl, *Ethnic cleansing in the USSR*, p. 158; Brian Williams, *The Crimean Tatars: from Soviet genocide to Putin's conquest*, London, Hurst & Company, 2015, p. 101; Nekrich, *The punished peoples*; Tom Trier, Andrei Khanzhin, *The Meskhetian Turks at a crossroads: integration, repatriation or resettlement?*, Münster & London, Lit, 2007.

Un nuovo patriottismo

Oltre al dramma delle deportazioni forzate e della difficile convivenza tra le comunità autoctone e "aliene", in questa fase iniziale della Seconda guerra mondiale lo scoppio delle ostilità tra l'Unione Sovietica e la Germania nazista con i suoi alleati ebbe delle ripercussioni evidenti anche per una repubblica lontana dalla linea del fronte come l'Uzbekistan. Stalin concentrava tutte le risorse possibili per il fronte e richiamava alle armi anche quelle popolazioni centroasiatiche che, solo un quarto di secolo prima, avevano iniziato una rivolta contro quella che appariva come una mobilitazione. Infatti il servizio militare era ancora una novità per la regione. Fin dagli anni Venti, i centroasiatici erano stati arruolati nelle cosiddette "unità nazionali" dell'Armata Rossa, che avevano comandanti che parlavano correntemente la lingua locale e che venivano impiegate in patria per difendere i confini sovietici e mantenere l'ordine pubblico (e per combattere i basmači). La coscrizione universale nell'esercito sovietico fu definita solo nel 1938, mentre Stalin si preparava a una guerra che sembrava oramai vicina. Ma erano pochi i centroasiatici che avevano già avuto esperienze di servizio nell'esercito nel 1941, quando lo stato dichiarò una mobilitazione generale della popolazione, chiamando al dovere tutti i cittadini maschi di età compresa tra i diciotto e i cinquanta anni, indipendentemente dalla nazionalità.[17] Così fu proprio la Grande guerra patriottica contro un feroce nemico comune a consacrare l'inclusione della regione nell'URSS e a rendere effettivamente "sovietici" i diversi popoli centroasiatici.

L'Uzbekistan – con una popolazione con meno di 6,3 milioni di abitanti nel 1939 – fece la sua parte di sacrificio mobilitando più di 1,4 milioni di uomini (praticamente il 40% della popolazione abile) per servire nell'Armata Rossa. A questi si aggiunsero nelle prime settimane circa 14.000 domande di arruolamento volontario e, dal punto di vista materiale, le donazioni di una popolazione che contribuiva sottoscrivendo obbligazioni o offrendo denaro e oggetti di valore per un ammontare di 30 milioni di rubli, oltre a 22 chilogrammi di oro e argento. Allo stesso tempo, la propaganda si richiamava al patriottismo, alla solidarietà nei confronti dei popoli fratelli e alla stessa storia vissuta dall'Asia Centrale durante la guerra civile. Uno di questi appelli recitava:

17. Khalid, *Central Asia*, p. 269.

Libero figlio e libera figlia della nazione uzbeka! Il basmač tedesco ha fatto irruzione nella casa del vostro fratello maggiore russo, nelle case dei vostri fratelli bielorussi e ucraini. Ma la casa russa è anche la vostra casa, la casa ucraina e la casa bielorussa sono anche la vostra casa. Se il brigante ha derubato tuo fratello della sua casa, devi restituirgliela, questo è il tuo dovere, combattente uzbeko! Tu, che ora tieni un fucile in mano, devi ricordare che nei giorni pacifici di lavoro e di vita felice hai giurato di stare al fianco dei tuoi fratelli, le nazioni sovietiche! Conquista il diritto di dire con orgoglio, quando ti riunirai felicemente alla tua famiglia: «Sono stato tra coloro che negli anni tempestosi della Guerra patriottica hanno difeso il mio paese dal saccheggio e dalla distruzione».[18]

Inoltre questi appelli a difesa della patria vedevano la partecipazione della stessa classe intellettuale uzbeka. In una poesia del 1941 intitolata *Prendi un'arma* (*Qo'lingga qurol ol!*) il celebre Hamid Olimjon scriveva:

Se vuoi essere un uomo
Se vuoi vivere libero
Se non vuoi essere in catene
Come uno schiavo, sottomesso e muto.
Affila la tua spada per combattere!
Se in te scorre sangue e non acqua,
Se a te sono sempre cari,
Il tuo onore e il frutto del tuo lavoro.
Giovane o vecchio dai capelli grigi,
Affila la tua spada per combattere!
Se non volete che il nemico
cacci nelle vostre montagne,
schiacciatelo, riducetelo in polvere,
tuona la tempesta sull'orda nera,
Affila la tua spada per combattere![19]

La propaganda ebbe un impatto sostanziale nel mobilitare gli animi di milioni di cittadini contro un nemico comune e raccontava l'inclusione di una nazione sempre più integrata nel progetto sovietico. Nell'estate del 1941 la 19ª Divisione di cavalleria di montagna uzbeka fu ricreata a Samarcanda e sulla sua base furono costituite altre divisioni motorizzate. La divisione ricevette il primo battesimo del fuoco come parte del 17° corpo

18. Rashidov, *Soviet Uzbekistan*, p. 83.

19. Traduzione dalla versione in russo *Voz'mi oružie v ruki*. Si veda Aleksandr Naumov, *Gafur Guljam. Ajbek. Chamid Alimdžan. Stichotvorenija i poèmy*, Leningrad, Izdatel'stvo Sovetskij pisatel', 1980, pp. 555-556.

meccanizzato presso El'nja, nel corso della battaglia di Smolensk. Allora nella divisione prestavano servizio ufficiali autoctoni di grande esperienza come Sobir Rahimov (1902-1945), un kazako-uzbeko proveniente da Tashkent, che divenne il primo ufficiale dell'Asia Centrale a raggiungere il grado di maggiore generale. In Uzbekistan il suo nome sarebbe divenuto leggendario durante le commemorazioni della Grande guerra patriottica.[20]

Il 13 novembre 1941 il GKO adottò una risoluzione «sulla composizione delle formazioni e delle unità militari nazionali», indicando la necessità di creare cinque divisioni di cavalleria e nove brigate di fucilieri separate, con personale composto da rappresentanti delle nazionalità locali di età non superiore a quaranta anni e di nominare i comandanti, per quanto possibile, tra i rappresentanti di tutte le nazionalità. Si andava così a formare un esercito dove i soldati uzbeki avrebbero partecipato attivamente alla difesa di Mosca e poi a importanti battaglie in territorio sovietico – come Brest, Kiev, Smolensk, Odessa, Sebastopoli, Leningrado, Kursk, Orël – per poi spingersi verso il cuore del Reich. Alla fine circa 120.000 soldati dell'Uzbekistan vennero insigniti di ordini e medaglie, tra cui 280 con il titolo di Eroe dell'Unione Sovietica e 32 con l'Ordine della Gloria. Ma il bilancio di sangue fu comunque tragico. Secondo Alimova e Golovanov, di 1.433.230 reclute uzbeke, 263.005 persero la vita, 132.670 scomparvero in azione, 395.795 non tornarono a casa e 60.452 rimasero invalide.[21]

Malgrado alcune famigerate eccezioni di collaborazionismo,[22] dal 1942 la propaganda sovietica aveva investito nella celebrazione di questo

20. La 37ª Divisione fucilieri della guardia sotto il comando di Rahimov (65ª Armata del 2° fronte bielorusso) si fece valere durante la controffensiva nella Pomerania orientale del marzo 1945, nelle regioni di Gdynia e Danzica. In quell'occasione lo stesso Rahimov morì in battaglia. A lui venne conferito postumo il titolo di Eroe dell'Unione Sovietica. Si veda Dmitrij Capaev *et al.*, *Velikaja Otečestvennaja: Komdivy. Voennyj biografičeskij slovar'. Tom 5*, Moskva, Kučkovo Pole, 2014, pp. 167-168.

21. Si veda Alimova, Golovanov, *Uzbekistan*, p. 227. Inoltre, la medaglia per la difesa di Mosca venne conferita a 1.753 combattenti dell'Uzbekistan e quella per la presa di Berlino a 1.706. Si veda Tolkin Kholbazarov, *The Second World War and Uzbekistan*, in «SSRN», (2023), pp. 1-6.

22. L'eccezione a questa narrazione fu rappresentata dalla creazione della Turkistanische Legion (letteralmente "Legione Turchestana") che dal maggio 1942 combatté nella Wehrmacht. Originariamente costituita da un solo battaglione, la legione venne poi ampliata a 16 battaglioni e nel 1943 contava fino a 16.000 soldati. Queste unità furono impiegate sul fronte occidentale in Francia e nell'Italia settentrionale. Si veda David Motadel, *Islam and Nazi Germany's War*, Cambridge, Harvard University Press, 2014.

senso di sacrificio, eroismo e successivamente di vittoria per quella che veniva definita la "Grande guerra patriottica" (in uzbeko *Ulug' vatan urushi*, in russo *Velikaja otečestvennaja vojna*) che aveva legato i destini dei diversi popoli dell'URSS dietro un fronte comune. Questo intenso momento di sforzi congiunti – nei campi di battaglia e sul fronte interno – contro gli invasori "fascisti", ebbe importanti implicazioni anche in termini culturali e identitari, promuovendo un carattere sovietico comune per i diversi popoli dell'URSS, alimentando un forte argomento di legittimazione del regime anche nei decenni successivi, quando il suo mito definì una nuova forma di patriottismo sovietico che univa le varie nazionalità e venne riproposto anche su altre questioni non militari.[23]

Allo stesso tempo la guerra definiva a sua volta un "ritorno" alla nazione e ai suoi riferimenti culturali. Nel 1941 il cinquecentesimo anniversario della nascita di Ali-Shir Nava'i – il più illustre esponente della letteratura chaghatai – venne celebrato nella repubblica e nel resto del paese come eroe nazionale "uzbeko". Allora anche la storiografia – come il famoso pamphlet di Aleksandr Jakubovskij sull'etnogenesi del popolo uzbeko[24] – iniziò a riscrivere la storia nazionale nella sua dimensione territoriale, sostanzialmente affermando che, malgrado i ripetuti tentativi di conquista da parte di invasori stranieri (arabi, mongoli e persiani), gli uzbeki erano sempre riusciti a respingerli, rimanendo nella loro terra. Tutto ciò definiva quindi un doppio piano identitario, con una dimensione nazionale retrospettiva legata a un passato glorioso ma lontano, e allo stesso tempo una sovietica-patriottica proiettata verso un futuro in costruzione.

Questa coesistenza tra nazionalità e sovieticità era ancor più evidente nella dimensione religiosa. Malgrado le promesse di quella costituzione del 1936 che era stata propagandata come "la più democratica del mondo" e che aveva concesso ai credenti il diritto alla libertà di coscienza, le repressioni religiose erano state pesanti anche in Asia Centrale: Shoshana Keller stima che solo in Uzbekistan «più di 14.000 ecclesiastici musulmani sono stati arrestati, uccisi, esiliati dalle loro case o cacciati dall'URSS» durante la rivoluzione culturale degli anni Venti e il grande terrore stalinia-

23. Timur Dadabaev, *Identity and Memory in Post-Soviet Central Asia: Uzbekistan's Soviet Past*, London & New York, Routledge, 2015, p. 64. Si veda anche Jonathan Brunstedt, *The Soviet Myth of World War II. Patriotic Memory and the Russian Question in the USSR*, Cambridge, Cambridge University Press, 2021.

24. Aleksandr Jakubovskij, *K voprosu ob etnogeneze uzbekskogo naroda*, Taškent, UzFAN, 1941.

no.[25] Ma con lo scoppio della Seconda guerra mondiale, le cose sarebbero rapidamente cambiate anche su questo fronte. Il regime doveva ora mobilitare tutte le forze sociali per la causa patriottica della guerra e alleggeriva le restrizioni contro la religione. Stalin non solo aveva ampliamente riabilitato il popolo russo – con la sua storia, i suoi simboli e riferimenti culturali – ma alla fine aveva permesso nel settembre 1943 la ricostituzione della chiesa ortodossa con l'elezione dei membri del santo sinodo.[26] Anche in Uzbekistan la tregua con il mondo religioso si vide nell'attenuazione delle persecuzioni, nella riapertura di diverse moschee e nelle concessioni fatte agli ulema dell'Asia Centrale.

Nel luglio 1941 il capo dell'amministrazione spirituale centrale islamica Gabdurahman Rasulev invitò i musulmani sovietici a sollevarsi in difesa della loro terra natia, a pregare nelle moschee per la vittoria dell'Armata Rossa e a dare la loro benedizione ai loro figli che combattono per una giusta causa.[27] Nel giugno del 1943 alcuni membri di spicco degli ulema presentarono una petizione al presidente del Presidium del Soviet supremo dell'URSS Michail Kalinin per consentire una conferenza dell'élite religiosa dell'Asia Centrale a Tashkent, ritenendo che questa organizzazione avrebbe sostenuto meglio lo sforzo bellico a livello regionale. Allora l'ultraottantenne Eshon Boboxon ibn Abdulmajidxon di Tashkent si consultò con Stalin per riunire gli ulema dell'Asia Centrale e a ottobre venne così formata l'amministrazione spirituale dei musulmani dell'Asia Centrale e del Kazakistan (SADUM). Questo organo, sotto lo stretto controllo statale, era incaricato di formare il clero e di pubblicare materiale spirituale oltre che di raccogliere supporto, anche sul piano materiale, per il fronte, era guidato da un mufti, affiancato da una schiera di studiosi che lo assistevano in vari compiti, dalla stesura delle *fatwa* alla compilazione dei rapporti sulle comunità religiose, e riferiva al Consiglio per gli affari religiosi sotto il Consiglio dei ministri. Inoltre il SADUM aveva sedi nazionali in ciascuna delle cinque repubbliche sovietiche dell'Asia Centrale ed era al centro di una rete di moschee, santuari e due madrase ufficialmente registrate nella RSSUz (una a Bukhara e l'altra a Tashkent).[28]

25. Keller, *To Moscow, Not Mecca*, p. 241.
26. Roccucci, *Stalin e il patriarca.*
27. Khalid, *Central Asia*, p. 267.
28. Eren Tasar, *Soviet and Muslim: The Institutionalization of Islam in Central Asia, 1943-1991*, Oxford, Oxford University Press, 2017; Jeff Eden, *God Save the USSR: Soviet Muslims and the Second World War*, Oxford, Oxford University Press, 2021; Sartori, *A Soviet Sultanate*.

Tabella 2. Composizione nazionale della popolazione dell'Uzbekistan, 1926, 1939, 1959

Censimento	1926			1939			1959		
Popolazione	**Totale**	**Rurale**	**Urbana**	**Totale**	**Rurale**	**Urbana**	**Totale**	**Rurale**	**Urbana**
Russi	246.521	37.843	208.678	727.331	212.366	514.965	1.090.728	178.034	912.694
Ucraini	25.804	8.469	17.335	70.577	31.381	39.196	87.927	21.327	66.600
Uzbeki	3.475.340	2.866.281	609.059	4.081.096	3.496.750	584.346	5.038.273	4.022.793	1.015.480
Karakalpaki	26.563	26.484	79	181.420	171.532	9.888	168.274	135.722	32.552
Tagiki	967.728	818.904	148.824	317.560	263.354	54.206	311.375	243.623	67.752
Kazaki	106.980	104.287	2.693	305.416	272.210	33.206	335.267	263.873	71.394
Kirghisi	90.743	88.725	2.018	89.044	87.395	1.649	92.725	89.465	3.260
Turkmeni	25.954	25.118	836	46.543	42.749	3.794	54.804	50.273	4.531
Uiguri	31.941	29.292	2.649	50.638	18.752	1	19.377	14.347	5.030
Ebrei	37.834	669	37.165	50.676	5.485	45.191	94.344	4.421	89.923
Bielorussi	3.515	745	2.770	4.045	1.500	2.545	9.520	2.133	7.387
Polacchi	3.411	281	3.130	3.652	645	3.007	2.941	474	2.467
Armeni	14.976	553	14.423	20.394	2.057	18.337	27.370	1.803	25.567
Azeri	0	0	0	3.645	756	2.889	40.511	30.309	10.202
Tatari di Kazan	28.401	5.523	22.878	147.157	70.393	76.764	397.981	133.945	264.036
Tatari di Crimea	0	0	0	0	0	0	46.829	23.432	23.397
Coreani	30	10	20	72.944	7	288	138.453	94.341	44.112
Altri gruppi[29]	181.917	156.109	25.808	99.131	145.743	62.003	149.005	66.809	82.196
Totale	**5.267.658**	**4.169.293**	**1.098.365**	**6.271.269**	**4.821.999**	**1.452.275**	**8.105.704**	**5.377.124**	**2.728.580**

Fonti: *Vsesojuznaja perepis' naselenija 1926 goda Tom 9*, Moskva, Izdanie TSSU Sojuza SSR, 1929, pp. 34-51, fig. VI; *Vsesojuznaja perepis' naselenija 1939 goda, Nacional'nyj sostav naselenija*, RGAE, f. 1562, op. 336, d. 966, fig. 15d; *Uroven' obrazovanija, nacional'nyj sostav, vozrastnaya struktura i razmeščenie naselenija SSSR po respublikam, krajam i oblastjam: po dannym Vsesoyuznoĭ perepisi naselenija 1959 goda*, Moskva, Gosstatizdat TSSU SSSR, 1960.

29. Sono compresi: georgiani, lituani, moldavi, lettoni, estoni, abcasi, balcari, baškiri, buriati, ingusci, cabardi, calmucchi, careli, komi e komi permiani, mari, mordovini, gruppi del Daghestan, osseti, udmurti, ceceni, ciuvasci, jakuti, adyghei, altaici, caraciai, popoli del nord, tuvani, chakassi, circassi, abazi, vepsi, gagauzi, izoriani, karaiti, kryz, talisci, tat, zigani, šori, assiri (aysor), albanesi, americani, britannici, arabi, afghani, beluci, bulgari, ungheresi, greci, dungani, indiani, iraniani, spagnoli, italiani, cinesi, curdi, mongoli, tedeschi, rumeni, slovacchi, turchi, finlandesi, francesi, cechi, jugoslavi, giapponesi e altre nazionalità o persone la cui nazionalità non è stata definita.

La riapertura del "fronte bianco"

La guerra – con le evacuazioni, le deportazioni e l'improvvisa necessità di dover riconvertire la produzione alle esigenze del fronte – ebbe importanti conseguenze anche sul sistema socioeconomico della repubblica del cotone. La definizione del fronte interno stava infatti contribuendo all'industrializzazione dell'Uzbekistan, rimodellando la demografia e i paesaggi urbani delle principali città della repubblica. Dal dicembre 1941, nella RSSUz furono realizzate più di 280 nuove fabbriche – delle quali 63 solo a Tashkent – e nel 1944 venne costruito il primo impianto metallurgico dell'Asia Centrale. Inoltre, insieme agli sfollati, un centinaio di complessi industriali e decine di istituzioni educative militari e civili, ospedali, organizzazioni scientifiche e di propaganda e persino interi dipartimenti dell'Accademia delle scienze dell'URSS, originariamente situati nelle regioni occidentali sovietiche, furono smantellati, riorientati alla produzione militare e riposizionati in Uzbekistan.[30] La repubblica diventava così un importante centro industriale per la produzione bellica, fornendo al fronte decine di treni ospedale (per l'evacuazione dei feriti e per l'assistenza medica), più di 2.000 aerei, 22 milioni di pezzi per mortaio, 500.000 proiettili di artiglieria e milioni di abiti e altri articoli necessari per i soldati.[31]

Ma il fronte interno stava riorganizzando l'intero sistema produttivo, dando la precedenza alle necessità belliche e sacrificando gli orientamenti che erano stati definiti negli anni precedenti. Nel 1941 il terzo piano quinquennale (1938-1942) fu sospeso per dare priorità alla produzione di attrezzature militari: di conseguenza la produzione bellica aumentò im-

30. Hasan Babadjanov ricorda che tra i 104 impianti e fabbriche trasferiti in Uzbekistan vi erano la fabbrica di macchine tessili di Leningrado, gli impianti di trasformazione del carburo di silicio di Rostselmaš, Krasnyj Aksai, Sumy Kompressor e Dnepropetrovsk, gli impianti di Mosca Elektrokabel' e Pod"emnik, l'impianto di costruzione di macchine del commissariato del popolo per le ferrovie, l'impianto di Kiev Transsignal, l'impianto chimico di Stalingrado e altri poli industriali che vennero ristabiliti nella repubblica del cotone. Si veda Xasan Babadjanov, *Ikkinchi jahon urushi yillarida O'zbekiston iqtisodiyotidagi transformatsion jarayonlar*, Toshkent, O'zbekiston Respublikasi Fanlar Akademiyasi Tarix Instituti Huzuridagi Ilmiy Darajalar Beruvchi, 2018, p. 31; Si veda anche Fierman, *The Soviet «Transformation»* of Central Asia, p. 19; Richard W. T. Pomfret, *The economies of Central Asia*, Princeton, Princeton University Press, 1995, p. 19; Meuser, *Seismic Modernism*, p. 30; Stronski, *Tashkent*.

31. M. Jo'raev, R. Nurullin, S. Kamolov, *O'zbekistonning yangi tarixi. 2-kitob. O'zbekiston sovet mustamlakachiligi davrida*, Toshkent, Sharq, 2000, p. 440.

mediatamente del 26%, mentre l'industria leggera e la produzione di beni di consumo fu inesorabilmente sacrificata. La massiccia immigrazione, la realizzazione di nuovi impianti e il trasferimento di numerose fabbriche richiesero anche un adeguato aumento dell'approvvigionamento energetico. Si iniziò così a costruire una serie di impianti idroelettrici nei bacini montani dell'Asia Centrale, lavorando incessantemente con il coinvolgimento di migliaia di contadini locali alla realizzazione di dighe. Durante gli anni della guerra furono infatti costruite sette grandi centrali idroelettriche, come quelle di Akkavak, Kibrai, Salar e Farhad, la più grande diga dell'Asia Centrale situata a ovest di Khujand. Inoltre l'economia di guerra creò nuove raffinerie, impianti metallurgici, elettrici e chimici nella repubblica che fungeva anche da hub logistico per il petrolio caucasico. Questo boom industriale, basato principalmente sulla costruzione di macchine e sulla lavorazione dei metalli, diede persino potere a una nuova classe di lavoratrici che, sostituendo gli uomini arruolati nell'esercito, avrebbero rivendicato una maggiore emancipazione.[32]

La guerra cambiava anche gli equilibri del sistema agricolo. In Uzbekistan il cotone rimaneva una risorsa strategica per lo sforzo bellico, sostenendo l'industria tessile militare per la produzione di uniformi economiche e resistenti, per la logistica da campo e per la fabbricazione di polvere da sparo e materiale per esplosivi come pirossilina e nitrocellulosa (il cosiddetto "fulmicotone").[33] Tuttavia, dato che il 40% delle terre coltivabili dell'Unione Sovietica era stato occupato dai tedeschi e dai loro alleati già nelle prime settimane di guerra, il rilancio della produzione alimentare ebbe la precedenza su ogni altra coltura, persino sul cotone. Infatti in Uzbekistan i campi di cotone furono inesorabilmente sacrificati per produrre cibo, e la produzione di oro bianco fu largamente riconvertita in favore di grano, riso, cereali, barbabietole da zucchero,[34] ortaggi e allevamento, che servivano così sia al sostentamento delle comunità locali che per l'approvvigionamento del fronte. Allo stesso tempo il regime spes-

32. Nel 1940-1943 il numero di operai industriali dell'Uzbekistan passò da 129.100 a 187.200, mentre la percentuale di donne operaie passò dal 34,1% al 63,5%, segnando un aumento del numero di donne che sostituivano gli uomini andati al fronte. Rywkin, *Russia in Central Asia*, pp. 69-70.

33. Si veda Beckert, *Empire of Cotton*, pp. XII-XIII.

34. Nel 1943 vennero prodotte 150.000 tonnellate di barbabietola da zucchero e furono costruiti 4 impianti per la sua lavorazione. Sostanzialmente, un quarto di tutto lo zucchero sovietico era prodotto in Uzbekistan. Kholbazarov, *The Second World War*.

so tollerava forme di economia, commercio e consumo informali e molti contadini uzbeki si dedicarono all'agricoltura di sussistenza, a scapito delle coltivazioni colcosiane e cotoniere.[35] Così nel periodo 1941-1943 la superficie agricola della repubblica aumentò del 14%, e la sua produzione alimentare sostanzialmente raddoppiò, mentre la superficie coltivata con il cotone era diminuita del 25%, la produttività – limitata dalla mancanza di fertilizzanti e macchinari dal centro oltre a evidenti problemi di salinizzazione e di impaludamento – era calata e la stessa produzione annuale era crollata da 1,6 milioni di tonnellate di cotone grezzo nel 1941 a 520.000 nel 1943.[36] Allo stesso tempo, mentre continuavano a sorgere progetti di "costruzione popolare" sul piano industriale ed energetico, l'Asia Centrale subì un rallentamento delle grandi opere relative all'irrigazione. Infatti, durante la guerra, vennero costruiti solamente i canali Chirchiq superiore, Fergana settentrionale, Sokh-Shohimardon, Uchkurgan, i bacini di Kosonsoy e Rudasay, mentre un progetto di canale iniziato nel 1940 per irrigare 40.000 ettari nella valle di Hissar (Tagikistan) e nella regione uzbeka di Surchandar'ja naufragò a causa del conflitto.[37] La guerra aveva così stravolto gli equilibri politici, demografici, socio-economici e identitari della repubblica del cotone e le conseguenze di questo repentino mutamento si sarebbero avvertite anche nei decenni successivi. Ma l'evoluzione del conflitto in favore dei sovietici avrebbe permesso al regime di ripristinare al più presto la produzione prebellica.

Dopo le prime vittorie strategiche dell'Armata Rossa sui fronti occidentali e la progressiva liberazione dell'Ucraina, iniziò un graduale ritorno ai precedenti obiettivi economici, con Mosca che ripristinava gli approvvigionamenti di grano alle repubbliche dell'Asia Centrale e parallelamente sollecitava l'aumento della produzione di cotone. Rilanciare gli obiettivi socialisti diveniva ora prioritario per le regioni di nuova annessione dell'Europa centro-orientale (dove furono reiterate le stesse dinamiche e conseguenze della rivoluzione dall'alto degli anni Trenta) e anche per quelle interne che dovevano ora ritrovare un nuovo assetto dopo gli squilibri causati dalla guerra. In questa fase – caratterizzata da uno Stalin sempre

35. Goldman, Filtzer, *Hunger and war*; Flora Roberts, *A time for feasting? Autarky in the Tajik Ferghana Valley at war, 1941-45*, in «Central Asian Survey», 36/1 (2017), pp. 37-54.

36. Obertreis, *Imperial Desert Dreams*, p. 232.

37. Peterson, *Pipe Dreams*, p. 310.

più vecchio, paranoico e fortemente provato dalla guerra – il regime sovietico mantenne un'impostazione totalitaria che con maggior forza entrò anche nelle questioni ambientali e rilanciò una serie di ambiziosi obiettivi produttivi volti a riproporre la costruzione del socialismo reale sottomettendo le regole della natura.

Già nel marzo 1944 – con le forze sovietiche che lanciavano un'offensiva nel Baltico e continuavano ad avanzare in Ucraina occidentale – il Comitato centrale del PCUS emise un decreto che ripristinava il ruolo dei kolchoz cotonieri e ridefiniva un progressivo aumento degli obiettivi produttivi di cotone.[38] Con la riconversione dell'agricoltura sovietica, divennero operativi diversi impianti di irrigazione che avrebbero dovuto rilanciare la produzione. Terminata la guerra e progressivamente tornati i reduci alle loro famiglie, il regime iniziò poi a mobilitare la forza lavoro della repubblica verso quella che appariva come un'altra grandiosa battaglia che doveva essere combattuta sull'ennesimo "fronte bianco". Infatti il cotone tornò a essere una questione prioritaria per l'edificazione del comunismo non solo nelle repubbliche cotoniere ma anche a livello di Unione: così nel luglio 1945 il Consiglio dei commissari del popolo adottò nuove misure per ripristinare le soglie di produzione prebelliche e sviluppare ulteriormente il settore cotoniero in Uzbekistan per il periodo 1946-1953.[39]

Questo obiettivo fu ribadito nel febbraio 1946, quando Stalin tenne un discorso in cui sottolineava l'importanza del cotone nell'economia sovietica insieme ai metalli, ai combustibili e ai cereali come prodotti che dovevano costituire le basi dell'economia postbellica.[40] Il problema veniva ulteriormente riproposto all'indomani delle carestie del 1946-1947 che si abbatterono drammaticamente sulle regioni occidentali dell'URSS, già colpite dalla guerra. Allora nel 1948 Stalin rispose alla crisi introducendo quello che doveva essere il "grande piano per la trasformazione della natura"[41] che prevedeva un vasto programma di riforestazione per migliorare le condizioni climatiche del sud della Russia. Si volevano così difendere le regioni meridionali con delle fasce forestali che proteggessero dai venti aridi (*suchovei*) provenienti dall'Asia Centrale. Parallela-

38. Obertreis, *Imperial Desert Dreams*, pp. 230-235.

39. Zonn, Glantz, Kostianoy, Kosarev, *The Aral Sea Encyclopedia*, p. 258.

40. CIA, *CIA/SC/RR94 - Soviet Cotton Production in the Postwar Period*, 1955, pp. 3, 7.

41. Stephen Brain, *The Great Stalin Plan for the Transformation of Nature*, in «Environmental History», 15/4 (2010), pp. 670-700.

mente si discuteva come l'irrigazione poteva essere usata per migliorare il clima del bacino aralo-caspico (da dove si supponeva che questi venti aridi fossero originati), mutando la vegetazione al suolo e portando più umidità nell'aria.[42] Inoltre si ripresero le vecchie discussioni sulla deviazione del corso dei fiumi siberiani Ob' ed Enisej verso l'Asia Centrale – per favorire lo sviluppo di trasporti e irrigazione – e della creazione di riserve idriche – come Kasansai, Toktogul, Andijan e Tortgul – che servivano a regolare i flussi idrici per l'irrigazione e a produrre energia idroelettrica.[43]

Effettivamente, con la fine del terrore e della guerra, erano ripresi i cantieri per le grandi infrastrutture idroelettriche e di irrigazione, con lo stesso regime che, come si era visto per la realizzazione del Grande canale di Fergana, era impegnato attraverso la propaganda a rilanciare l'entusiasmo per le "costruzioni popolari" (*xalq qurilishi*) e mobilitare forza lavoro volontaria oltre ad attingere a quella degli internati nel Gulag. Rilanciando questi grandi progetti, lo stato sovietico poteva più facilmente distogliere l'attenzione dalle sue debolezze, mobilitando allo stesso tempo il sostegno popolare al regime attraverso l'idea della superiorità e del potenziale unico del lavoro popolare sovietico.

Gli incentivi al rilancio del cotone procedettero insieme alla promozione dell'irrigazione e alla costruzione di grandi infrastrutture idriche volte a massimizzare la produzione agricola e a sviluppare l'energia idroelettrica in Asia Centrale: infatti nel 1948 furono completati la centrale idroelettrica e il bacino idrico di Farhad,[44] che prelevava l'acqua dal Syr Darya per l'irrigazione delle steppe Mirzacho'l e Dalverzinsk, e iniziò la costruzione di un canale lungo 126 chilometri nella Steppa della Fame meridionale (mentre il vecchio canale Romanov, poi ribattezzato Kirov, serviva il versante settentrionale). La realizzazione venne completata solo

42. Già allora questo progetto finì per attirare più di qualche perplessità e alimentare una nuova coscienza ecologica nella comunità accademica. Alla fine con la morte di Stalin il progetto venne di fatto abbandonato. Si veda Douglas R. Weiner, *A Little Corner of Freedom: Russian Nature Protection from Stalin to Gorbachev*, Berkeley, University of California Press, 1999.

43. Peterson, *Pipe Dreams*, p. 321.

44. Questa centrale idroelettrica e serbatoio idrico a regolazione giornaliera con un volume utile di 0,15 chilometri cubi prelevava l'acqua dal Syr Darya per l'irrigazione delle steppe Mirzacho'l e Dalverzinsk. Si veda Zonn, Glantz, Kostianoy, Kosarev, *The Aral Sea Encyclopedia*, p. 258.

quindici anni dopo, ma pose le basi per quello che sarebbe stato lo sviluppo delle Terre Vergini nella regione.

Nel frattempo venivano poi discussi i progetti per trasformare il deserto turkmeno del Karakum in una zona fertile e veniva così discussa la deviazione di acqua dall'Amu Darya verso sud: si poteva utilizzare il letto dell'Uzboj oppure si poteva costruite un Gran canale turkmeno verso la parte occidentale del deserto Karakum. Il progetto venne approvato dal Consiglio dei ministri sovietico nel 1950 ma venne abbandonato dopo la morte di Stalin. Al suo posto il canale Karakum venne fatto passare dal versante meridionale del deserto.[45] Nel 1951 inoltre iniziò la costruzione del canale Amu-Bukhara (finalizzato a irrigare fino a un milione di ettari di terreno nella steppa di Karshi) e nel 1952 il governo sovietico approvò un piano di irrigazione e bonifica per l'ulteriore sviluppo della produzione di cotone nelle regioni di Andijan, Namangan, Fergana e Surchandar'ja.[46]

Per di più, all'inizio degli anni Cinquanta, i pianificatori sovietici investirono nell'espansione dell'irrigazione nella Valle di Fergana, realizzando il canale di Fergana meridionale, un'infrastruttura lunga 93 chilometri che, come estensione dello Šakrichansaj, attingeva l'acqua dal Kara Darya, e successivamente dal bacino di Andijan, e irrigava l'area circostante il confine meridionale della valle, sfociando nel fiume Sokh. A questo si aggiunse il canale di Fergana settentrionale, lungo 133 chilometri, che attingeva l'acqua dal Naryn e correva parallelamente a nord del Syr Darya. Con questo nuovo sistema si evitava che le aree periferiche dipendessero da un unico corso d'acqua e si faceva in modo che la maggior parte dei piccoli affluenti transfrontalieri che scorrevano dal Kirghizistan all'Uzbekistan finissero per intersecare questi canali. Grazie a questo massiccio sviluppo infrastrutturale, l'area irrigata della Valle di Fergana passò da 530.000 ettari nel 1930 a 650.000 nel 1950.[47]

45. In Turkmenistan, il canale Karakum fu completato nel 1962 grazie al lavoro degli internati di un lager appositamente predisposto. Venne esteso fino alle rive del Caspio raggiungendo nel 1988 una lunghezza di 1.375 chilometri, rendendolo il secondo canale più lungo del mondo. Peterson, *Pipe Dreams*, pp. 322-324.

46. Zonn, Glantz, Kostianoy, Kosarev, *The Aral Sea Encyclopedia*, pp. 258-259.

47. Erika Weinthal, *State Making and Environmental Cooperation: Linking Domestic and International Politics in Central Asia*, Cambridge, The MIT Press, 2002, p. 84; Christine Bichsel, Kholnazar Mukhabbatov, Lenzi Sherfedinov, *Land, Water, and Ecology*, in *Ferghana Valley: The Heart of Central Asia*, a cura di Frederick S. Starr, Armonk, M.E. Sharpe, 2011, p. 254; Kai Wegerich, Ilkhom Soliev, Indire Akramova, *Dynamics of water*

Sul piano cotoniero le riforme più importanti arrivarono nel febbraio 1949, quando Mosca incentivò ulteriormente la produzione di oro bianco in Uzbekistan, raddoppiando il prezzo di vendita per «raggiungere e superare considerevolmente il livello prebellico»[48] e nel 1950 istituì a livello di unione il Ministero della produzione di cotone con a capo lo stesso Usman Yusupov che lasciava così la guida del partito uzbeko. Questa operazione rientrava in quelle "piccole purghe" che riecheggiavano le campagne contro i cosmopoliti degli anni precedenti e che localmente prendevano di mira delle supposte forme di "nazionalismi borghesi", "arretratezze feudali" e ovviamente tradizione e religione. Al posto di Yusupov nell'aprile 1950 venne nominato primo segretario del PCUz Amin Niyozov, un politico esperto che aveva fatto carriera nel Komsomol e poi nel partito a Fergana, divenendo commissario per le finanze e nel 1947 presidente del Presidium del Soviet supremo della repubblica.

Alla guida del partito Niyozov promosse un programma di sviluppo per l'Uzbekistan che passava attraverso un ammodernamento della catena logistica e di approvvigionamento dell'industria del cotone, la liquidazione degli arretrati per i kolchoz cotonieri, l'aumento dei prezzi di acquisto del cotone, del karakul e della seta, lo sviluppo del canale di Fergana centrale, la costruzione del bacino di Kairakum (congiuntamente al Tagikistan), la costruzione della centrale elettrica del distretto di Angren, e le misure per lo sviluppo tecnologico del settore cotoniero e zootecnico nella repubblica.[49] Inoltre nel corso del suo breve interregno fu avviata la costruzione di un impianto di riparazione automobilistica ad Andijan (dove venne anche stabilito un istituto medico), di una centrale diesel a Bukhara, di una centrale termica a Karshi e della terza centrale idroelettrica di Namangan, e furono sviluppate le macchine seminatrici e di raccolta del cotone, come il famoso modello SKhM-48 prodotto dallo stabilimento Tašselmaš. Evidentemente lo stesso Niyozov stava cercando di legare il proprio destino al successo ottenuto sul fronte del cotone che, in questa fase di ricostruzione postbellica, rappresentava il principale investimento dello stato sovietico nella repubblica.

reallocation and cost implications in the transboundary setting of Ferghana Province, in «Central Asian Survey», 35/1 (2016), p. 40.

48. CIA, *CIA/SC/RR94*, pp. 3, 7.

49. Si veda Pëtr Kim, Gelij Dmitriev, Svetlana Dmitrieva, *Očerki istočnikovedenija istorii Kommunističeskoj partii Uzbekistana*, Taškent, Uzbekistan, 1986.

5. Il trasformismo uzbeko (1953-1975)

Lo stalinismo culminava una fase dispotica forgiata nel terrore, nelle repressioni e nella guerra anche per una repubblica lontana dal fronte e finì per rappresentare l'ultimo stadio di violenza di massa per la repubblica del cotone. Alimova e Golovanov stimano che in Uzbekistan tra il 1937 e il 1953 furono represse quasi 100.000 persone, di cui 13.000 furono giustiziate.[1] Il sistema sovietico aveva preso la sua forma negli anni della rivoluzione dall'alto e doveva ora trovare un nuovo equilibrio postbellico e post totalitario.

Superare lo stalinismo

La morte di un dittatore che per oltre trent'anni aveva personificato il sistema sovietico lasciava il paese in un'ombra di dilemmi, incertezze e di inquietudini e allo stesso tempo offriva nuove possibilità a una classe dirigente consapevole dei limiti del sistema staliniano e che avrebbe portato avanti una serie di importanti riforme, a cominciare dalla conclusione del terrore, la riabilitazione di migliaia di vittime e l'inizio di un nuovo corso più pacifico per l'URSS. La destalinizzazione e il clima di disgelo (*ottepel'*) promossi da Nikita Chruščëv si vedevano già nella riabilitazione dei "popoli puniti"[2] e di alcuni illustri nomi che erano stati repressi nel corso

1. Alimova, Golovanov, *Uzbekistan*, p. 228.

2. Alla fine degli anni Cinquanta il governo sovietico riabilitò la maggior parte di quei popoli che erano stati puniti nel corso della Seconda guerra mondiale, permettendo a molti di loro di ritornare nelle proprie terre d'origine e ripristinando le loro ex regioni autonome. Ciò non avvenne per i tedeschi del Volga, i turchi meskheti e i tatari di Crimea. Questi

del grande terrore.[3] Inoltre questa stagione di allentamento del regime fu segnata da un nuovo corso di decentramento amministrativo ed economico, una serie di campagne per il miglioramento della produzione alimentare e delle condizioni di vita dei cittadini sovietici, e dalla ripresa della *korenizacija* che era stata sostanzialmente rallentata durante la guerra.[4] A questo punto, mentre le posizioni strategiche – come il capo del KGB, i secondi segretari e il comandante del distretto militare del Turkestan – rimanevano controllate da quadri non nativi nominati da Mosca, nuove opportunità vennero garantite per le élite locali in un clima di maggiore distensione nelle relazioni tra Mosca e Tashkent.[5] In questa nuova compagine, il cotone mantenne comunque un ruolo cruciale nel definire gli equilibri nei rapporti tra il centro e la periferia sovietica.

Nel tentativo di rinnovare un sistema che non era stato in grado di riformarsi dopo la stagione del terrore, Chruščëv procedette a un rimpasto di quadri, estromettendo possibili oppositori e dando potere a una più giovane generazione di leader locali che aveva dato prova di fedeltà nei confronti del nuovo corso: da un lato, legittimava ulteriormente l'inclusione delle élite indigene nel progetto comune sovietico; dall'altro, incoraggiava forme di clientelismo a livello locale, sostenute inoltre da una maggiore responsabilizzazione sull'uso delle risorse materiali. Infatti il sistema sovietico stava devolvendo una maggiore autorità economica dallo stato al partito e conferiva ulteriori poteri ai primi segretari delle repubbliche e delle regioni

ultimi furono amnistiati solo nel 1967, autorizzati a tornare in Crimea nel 1989 e riabilitati nella RSFSR nel 1991.

3. In Uzbekistan, Abdulla Qodiriy venne riabilitato e i suoi romanzi furono ristampati nel 1957, pubblicati per la prima volta in caratteri cirillici con tirature che non riuscivano a soddisfare la domanda di uno degli autori di prosa più amati dall'intellighenzia uzbeka. Fitrat e Cho'lpon ebbero un destino diverso: furono legalmente riabilitati ma le loro opere non furono ripubblicate e i loro nomi potevano essere citati solo per essere esempi di nazionalismo borghese controrivoluzionario. Si veda Khalid, *Central Asia*, p. 335.

4. Rywkin specifica che in tempo di guerra tra le otto posizioni politiche della segreteria, cinque – il secondo e il terzo segretario, il capo del dipartimento di istruzione delle organizzazioni, il dipartimento militare e la sezione speciale – erano occupate da russi e altri europei, mentre le altre tre – il primo segretario e i segretari per l'amministrazione dei quadri e la propaganda-agitazione – erano nativi. Inoltre dei dodici dipartimenti economici solo due erano diretti da quadri nativi. Rywkin, *Russia in Central Asia*, p. 120.

5. Roy, *The New Central Asia*, p. 102; Yoram Gorlizki, Oleg Khlevniuk, *Cold peace: Stalin and the Soviet ruling circle, 1945-1953*, Oxford-New York, Oxford University Press, 2004.

(obkom) che iniziarono a controllare interi settori produttivi e la ridistribuzione delle risorse fornite dal centro. Inoltre i primi segretari apparivano come figure rafforzate che, godendo di una più ampia autonomia all'interno della repubblica, intermediavano tra Mosca e l'apparato repubblicano e potevano contare sul sostegno dei loro "clienti" locali all'interno degli organi statali e partitici. Ciò definiva un sistema neopatrimoniale dove la stessa stabilità politica era garantita da una ridistribuzione (spesso su base clientelare) di risorse pubbliche.

La politica di Chruščëv di graduale decentramento alleggerì il peso di Mosca sulle periferie e fu avviata a livello economico con la lotta al "dipartimentalismo" ministeriale e la sostituzione dei ministeri centrali con autorità locali: già nel maggio 1957 vennero introdotti i consigli economici regionali (*Sovnarchoz*), mentre gli organi locali del partito decentrarono il processo decisionale in campo economico concedendo più potere gestionale ai leader locali.[6] Inoltre Chruščëv cercò di avvicinare l'apparato amministrativo alla produzione agricola, devolvendo l'autorità dai raikom e dalle MTS ai livelli inferiori dell'apparato statale e alle aziende agricole collettive e dirottando i compiti di supervisione dai ministeri dell'agricoltura agli obkom. Secondo Lawrence Markowitz, questi cambiamenti fornirono involontariamente ai direttori delle fattorie collettive un maggiore spazio di manovra all'interno dell'apparato statale sovietico, creando una nuova classe di quadri dirigenti più autonomi che traevano vantaggio dal loro ruolo e dalla loro affiliazione agli organi di partito locale.[7]

Di ritorno da una missione diplomatica in Asia Meridionale, nel dicembre 1955 Chruščëv si fermò a Tashkent e sostenne la rimozione di Niyozov, accusato sostanzialmente di non essere riuscito ad aumentare la produzione di cotone. Al suo posto fu nominato Nuriddin Muhiddinov, un veterano della battaglia di Stalingrado, che aveva guidato gli obkom di Namangan (1948-1950) e Tashkent (1950-1951) prima di diventare membro del Comitato centrale del PCUz e dal maggio 1951 presidente del Consi-

6. Peter Rutland, *The Politics of Economic Stagnation in the Soviet Union: The Role of Local Party Organs in Economic Management*, Cambridge, Cambridge University Press, 2009, p. 75; Oleg Chlevnjuk, *Sistema centr-regiony v 1930-1950-e gody. Predposylki politizacii nomenklatury*, in «Cahiers du monde russe: Russie, Empire russe, Union soviétique, États indépendants», 44/2-3 (2003), pp. 253-268; Alec Nove, *An Economic History of the USSR*, London, Penguin Books, 1989; David Tredwell Cattell, *Local government and the Sovnarkhoz in the USSR, 1957-1962*, in «Soviet studies», 15 (1964).

7. Markowitz, *State Erosion*, p. 33.

glio dei ministri dell'Uzbekistan. Muhiddinov fu un aperto sostenitore di Chruščëv e si oppose al tentativo di demansionamento del leader sovietico nel 1957. Anche per questo salì rapidamente i ranghi del partito, raggiungendo posizioni che nessun centroasiatico aveva mai ricoperto prima di lui: nel dicembre 1957 divenne un membro del Presidium (Politbjuro) del Comitato centrale del PCUS e segretario responsabile per l'Asia Centrale.[8]

Durante il suo mandato Muhiddinov incoraggiò l'uso della lingua uzbeka a livello amministrativo[9] e promosse figure nazionali alle più alte cariche di partito e dello stato, mantenendo una predominanza di quadri provenienti da Tashkent e Fergana. Tuttavia, il primo segretario del PCUz cercò anche di emarginare i possibili oppositori e concorrenti interni allo stesso gruppo di Tashkent[10] e cercò di cooptare personalità di fazioni rivali, come il famoso scrittore Sharof Rashidov, affiliato al gruppo di Samarcanda.[11]

La seconda metà degli anni Cinquanta fu quindi segnata dall'ottimismo di una classe dirigente stanca del terrore e fiduciosa in un "miracolo" sovietico. Allora il modello socialista sembrava competere in modo abbastanza credibile con quello capitalista, e lo stesso Chruščëv dal 1957 lanciava il suo famoso slogan "raggiugere e sorpassare l'America" (*dognat' i peregnat' Ameriku*), mentre il PCUS incoraggiava ogni repubblica, ogni regione e ogni distretto a raggiungere – se non sorpassare – gli obiettivi produttivi per una più rapida edificazione del comunismo. In questo quadro di facili entusiasmi, l'Uzbekistan fu nuovamente chiamato a fornire cotone per la patria. La questione dell'oro bianco infatti rimaneva centrale nell'agenda di Chruščëv, poiché rappresentava una risorsa strategica per l'edificazione del comunismo e per la competizione con l'Occidente. Un

8. Tunçer-Kılavuz, *Power, Networks and Violent Conflict*, p. 59.

9. Nel luglio 1959, Muhiddinov propose al Presidium l'uso della lingua uzbeka come lingua ufficiale della repubblica. Tuttavia, questa proposta fu soprattutto simbolica e il russo rimase la principale lingua di comunicazione all'interno degli organi del PCUz. Aleksandr Fursenko, *Archivi Kremlja, Prezidium CK KPSS 1954-1964. Černovye protokol'nye zapisi zasedanii. Stenogrammy. Tom 1*, Moskva, Rosspen, 2015, p. 387.

10. Tra gli esponenti politici di Tashkent emarginati da Muhiddinov si possono chiaramente individuare il primo segretario dell'obkom di Tashkent Siroj Nuriddinov, sua moglie e vicepresidente del Consiglio dei ministri della repubblica Yodgor Nasriddinova, il presidente del Consiglio dei ministri della RSSUz Sobir Kamolov e il suo vice Mansur Mirzaahmedov.

11. Si veda Tunçer-Kılavuz, *Power, Networks and Violent Conflict*, p. 76; Roy, *The New Central Asia*, p. 111; Carlisle, *Power and Politics in Soviet Uzbekistan*, p. 108.

rapporto della CIA del 1955 rilevava come il cotone in URSS fosse la base per la lavorazione di diversi prodotti:

> Oli alimentari, mangimi per il bestiame, abbigliamento e tessuti di tutti i tipi, tele, fertilizzanti, lacche, carta, plastica, pneumatici ed esplosivi sono solo alcuni dei numerosi e diversi prodotti derivati dalle fibre, dai semi e dai linterni di cotone lavorati. Il cotone svolge un ruolo importante nella produzione di beni di consumo. Il tessuto di cotone è la base dell'industria tessile sovietica, costituendo oltre l'85% della produzione tessile negli anni del dopoguerra. [...] I semi di cotone sono alla base di circa il 25% della produzione dell'industria sovietica di grassi e oli vegetali. La farina di semi di cotone integra la carenza di colture foraggere nelle importanti industrie della carne e del latte.[12]

Oltre alle diverse applicazioni "convenzionali", il cotone si rivelò una risorsa strategica necessaria per lo sviluppo del settore balistico in quanto serviva a produrre propellenti solidi a doppia base per i missili.[13] Pertanto, durante la Guerra fredda, garantire una produzione di cotone in costante espansione divenne una questione chiave per i quadri sovietici per essere in grado di competere nella corsa allo spazio e in quella agli armamenti.

Per rilanciare la produzione di cotone, lo stesso Chruščëv portò avanti dei colossali piani di sviluppo dell'agricoltura sovietica. Già nel 1952 il Consiglio dei ministri dell'URSS aveva approvato una decreto sull'irrigazione e la bonifica dei terreni per l'ulteriore sviluppo della produzione di cotone nelle regioni di Andijan, Namangan, Fergana e Surchandar'ja, e nel 1954 il Comitato centrale del PCUS approvò ambiziosi investimenti per sviluppare ulteriormente la produzione di cotone in Uzbekistan, Tagikistan e Turkmenistan e per migliorare l'irrigazione per il periodo 1954-1958:[14] allora i principali progetti di irrigazione portati a termine furono il bacino di Katta-Kurgan tra Bukhara e Samarcanda, la rete di irrigazione della diga di Kampyr-Ravat (che irrigava circa 200.000 ettari nella Valle di Fergana) e il grande piano di irrigazione tra Surchandar'ja e Tagikistan, che si

12. CIA, *CIA/SC/RR94*, p. 4.

13. Al momento, i dati e le statistiche su questi "impieghi speciali" del cotone – presumibilmente raccolti negli archivi del Ministero della costruzione di macchine medie (*Minsredmaš*) e del Ministero della costruzione di macchine generali (*Minobmaš*) –, così come l'attività delle "fabbriche chiuse", sono ancora secretati ed è difficile stimare la quota di oro bianco che veniva effettivamente impegnata nello sviluppo del programma militare sovietico.

14. Zonn, Glantz, Kostianoy, Kosarev, *The Aral Sea Encyclopedia*, p. 259.

concretizzò nella costruzione del Grande canale di Gissar.[15] Poi lo stesso Chruščëv rilanciò una narrazione della conquista del deserto – cruciale per lo sviluppo dell'economia sovietica – nel corso di quella che sarebbe divenuta la campagna delle Terre Vergini: questo piano mastodontico iniziato nel 1953 riguardava soprattutto la produzione cerealicola nelle steppe kazake (e finì di fatto per richiamare nuovi insedianti e russificare il nord del Kazakistan), ma riecheggiò in tutta l'Asia Centrale e influenzò profondamente anche il settore cotoniero uzbeko in relazione agli ecosistemi del Syr Darya.[16] Fu così che nel 1956 Chruščëv promosse l'irrigazione di mezzo milione di ettari della Steppa della Fame, presentando così un piano per la trasformazione di Terre Vergini per la coltivazione del cotone che sostanzialmente riecheggiava i vecchi progetti di Rizenkampf.[17]

La vittoria dell'uomo sul deserto e la trasformazione della steppa in terreno fertile divenne così un simbolo dell'avanguardia dell'Uzbekistan sovietico. Il successo sul "fronte bianco" fu addirittura istituzionalizzato nell'agosto 1956, quando venne istituita la festa del cotone (*paxta bairami*) per celebrare i raccoglitori di cotone (*chlopkoroby*) della repubblica. L'impegno delle élite locali e la partecipazione delle masse all'ennesima battaglia combattuta sul "fronte bianco" rappresentavano la loro inclusione nel progetto sovietico e ciò era ancora più evidente dai dati che evidenziavano quella che appariva sempre più come una monocoltura: nel 1957 la coltivazione del cotone coinvolgeva più dell'80% (2.136 su 2.523) dei kolchoz dell'Uzbekistan e riguardava una superficie complessiva di 1.347 milioni di ettari (un territorio sostanzialmente grande come la Campania). Ciò significava che solo nella repubblica uzbeka la superficie seminata con il cotone era aumentata del 41% nei precedenti sette anni. Inoltre, in questo periodo, la strategia di Mosca mirava a modernizzare la produzione, limitando il ricorso al lavoro manuale e a fenomeni come lo *šefstvo* – che utilizzava illecitamente una forza lavoro già occupata – e, soprattutto a partire dal 1958, promuovendo la meccanizzazione della raccolta.[18]

Le riforme proposte da Chruščëv non diedero i risultati sperati e furono spesso osteggiate da una vecchia guardia del partito e da quegli schemi

15. Alimov, *Uzbekistan*, pp. 13-14.

16. Asat Abdullaev, *Uzbekistonda paxta yakkahokimligi va uning oqibatlari (1917-1991 y.y.)*, Toshkent, Tarix fanlari doktori ilmiy darajasini olish uchun taqdim etilgan dissertasiya, 2010, p. 181.

17. Obertreis, *Imperial Desert Dreams*, pp. 273-321.

18. Ivi, pp. 249-255; Rywkin, *Russia in Central Asia*, p. 65.

centralisti e dirigisti che avevano caratterizzato la rivoluzione dall'alto staliniana.[19] Allo stesso tempo le speranze di riforma dell'economia del leader sovietico dovettero fare i conti con i limiti strutturali di un sistema ancora lontano dal promuovere innovazione: le crescenti richieste dei pianificatori e la necessità di dover realizzare il piano a ogni costo avrebbe posto le basi dell'inefficacia di un sistema economico basato su dati produttivi gonfiati o distorti, forme di corruzione e scambi di favori per compensare le inefficienze sistemiche. A queste distorsioni si aggiungevano la scarsa qualità e quantità di beni e servizi, spesso anche elementari, che col tempo sarebbero diventati sempre più indisponibili (*deficitnye*).

Alla fine degli anni Cinquanta, con l'imbarazzo per il finto "miracolo di Rjazan'" e la rabbia di Chruščëv per il fallimento del suo "piccolo balzo in avanti", il leader sovietico ebbe l'occasione perfetta per scagliarsi contro quell'establishment che si era formato nel tardo stalinismo e che non lo aveva sostenuto nelle riforme.[20] Dopo aver travolto le repubbliche

19. Jeremy Smith, *Leadership and Nationalism in the Soviet Republics, 1951-1959*, in *Khrushchev in the Kremlin: Policy and Government in the Soviet Union, 1956-1964*, a cura di Jeremy Smith e Melanie Ilic, London, Routledge, 2011; William Taubman, *Khrushchev: The Man and His Era*, New York, W. W. Norton & Company, Simon & Schuster, 2003; Donald A. Filtzer, *The Khrushchev Era: De-Stalinization and the Limits of Reform in the USSR, 1953-1964*, London, Palgrave Macmillan, 1993; William J. Tompson, *Khrushchev: A Political Life*, New York, St. Martin's Press, 1997; Polly Jones, *The Dilemmas of De-Stalinization: Negotiating Cultural and Social Change in the Khrushchev Era*, London & New York, Routledge, 2006.

20. Il "miracolo di Rjazan'" fu uno scandalo che rivelava l'arroganza della propaganda e i limiti dell'economia pianificata sovietica. Allora Chruščëv puntava a triplicare la produzione sovietica di carne nel giro di tre anni. Nel 1958 Aleksej Larionov, primo segretario dell'obkom di Rjazan', promise pubblicamente il conseguimento di questo obiettivo entro l'anno successivo. L'iniziativa suscitò l'entusiasmo del segretario generale, che conferì all'oblast' diversi riconoscimenti in anticipo (come l'Ordine di Lenin nel febbraio 1959). Queste grandi aspettative furono tradite alla fine del 1960, quando gli insuccessi agricoli nella regione e in tutto il paese costrinsero Chruščëv a rinnegare che ci fosse stato un salto produttivo nella carne. Lo storico Oleg Chlevnjuk commenta: «In molte regioni, tra cui Rjazan', iniziarono i controlli che portarono alla scoperta di massicci imbrogli. Larionov non riuscì ad affrontare lo smascheramento e si uccise. Nell'ottobre 1964 lo scandalo di Rjazan' sarebbe stato una delle accuse mosse a Chruščëv per la sua rimozione dal potere». Si veda Oleg Khlevniuk, *The Economy of Illusions: The Phenomenon of Data Inflation in the Khrushchev Era*, in *Khrushchev in the Kremlin: Policy and Government in the Soviet Union, 1956-1964*, a cura di Jeremy Smith e Melanie Ilic, London, Routledge, 2011, p. 171; Andrea Graziosi, *L'Urss dal trionfo al degrado. Storia dell'Unione Sovietica, 1945-1991*, Bologna, il Mulino, 2008, pp. 191-241.

baltiche, le purghe contro nazionalismo, corruzione e clientelismo assunsero un livello sistemico in tutte le repubbliche dell'Asia Centrale e in particolare si concentrarono contro la leadership tagica, accusata di aver frodato lo stato gonfiando i conti sulla produzione di cotone.[21] Anche se con minore violenza, le epurazioni tagike sembravano richiamare vecchie dinamiche staliniane – con l'umiliazione degli accusati, le ispezioni condotte dal Comitato centrale in coordinamento con la Procura e il KGB, le ondate di lettere anonime che denunciavano una serie di fatti più o meno illeciti, le ondate di rimozioni e un clima di inquietudine che rievocava il terrore – e rappresentavano una misura con cui Mosca avrebbe mantenuto il suo controllo diretto sulla periferia e si sarebbe sbarazzata di una leadership locale non gradita. Le epurazioni in Tagikistan furono un precedente chiaro nella storia politica dell'Asia Centrale postbellica in quanto definivano i termini del compromesso tra il centro e la periferia sovietica in base al quale le leadership repubblicane potevano godere di maggiori autonomie, ma in cambio dovevano realizzare il piano e fornire a Mosca le materie prime richieste. Evidentemente il sistema sovietico aveva ripudiato la propria dimensione totalitaria ma non quella estrattiva nei confronti delle periferie centroasiatiche, rendendo il cotone la principale fonte di legittimazione, stabilità e benefici per i quadri dirigenti a qualsiasi livello della repubblica.

L'atteggiamento dei funzionari di partito e dello stato impegnati a soddisfare il piano cotoniero a tutti i costi – chiudendo anche più di un occhio rispetto a inefficienze e corruzione – sarebbe stato piuttosto evidente nelle preoccupazioni di una classe dirigente che si trovava ad affrontare le sfide di un regime in evoluzione: come ne *Il Gattopardo*, la possibilità per loro era di adattarsi all'evoluzione della politica, della vita e della società, oppure soccombere. Questa condizione riflette le dinamiche del trasformismo, un concetto politico tipicamente riferito all'Italia postunitaria, ma che possiamo ritrovare anche nell'Unione Sovietica del secondo dopoguerra, dove la classe politica doveva adattarsi alle nuove condizioni e creare coalizioni ampie e flessibili al potere, dividendo, cooptando e isolando gli av-

21. Smith, *Leadership and Nationalism*, p. 89; Ravshan Nazarov, Pulat Shozimov, *The Ferghana Valley in the Eras of Khrushchev and Brezhnev*, in *Ferghana Valley: The Heart of Central Asia*, a cura di S. Frederick Starr, Armonk, M.E. Sharpe, 2011, p. 159; Michael Loader, *Purging in the Khrushchev era: «Red Cardinals» and nationalism in the Soviet Republics*, in *Moscow and the Non-Russian Republics in the Soviet Union: Nomenklatura, Intelligentsia, and Centre-Periphery Relations*, Oxford, Routledge, 2021, pp. 16-47.

versari e, allo stesso tempo, presentando le evidenti continuità sotto nuove bandiere e slogan.[22]

In Asia Centrale la nativizzazione e la sovietizzazione dei quadri, la nomenklatura, i poteri di selezione e di nomina, la cooptazione degli affiliati ai clan, il clientelismo e la legittimazione politica erano questioni interconnesse e la sopravvivenza delle tradizionali pratiche informali di potere mitigava, già in epoca staliniana, la natura totalitaria del regime sovietico.[23] La conservazione di una dimensione politica clanistica[24] emergeva così nella continua competizione tra gruppi di potere regionali provenienti da Tashkent, Fergana, Samarcanda-Bukhara, Chorezm-Karakalpakstan e Kaškadar'ja-Surchandar'ja.[25] Alcuni studiosi hanno invece approfondito il concetto di neopatrimonialismo, tenendo conto delle relazioni verticali tra "patroni" e "clienti".[26] Queste relazioni di interesse – che coinvolgono vincoli di lealtà, favori reciproci, reti di protezione, legami professionali, relazioni personali e di vicinato, e forme di localismo – erano cruciali in un sistema non competitivo e lontano dalle logiche democratiche e di mercato, ma dove invece la gara per accaparrarsi posizioni, beni, servizi e scarse risorse avveniva all'interno del partito.

Il carismatico Sharof Rashidov è un caso di studio emblematico per comprendere queste dinamiche. Questo politico di lungo corso è stato presidente del Presidium del Soviet supremo repubblicano (1950-1959) e poi ha ricoperto il ruolo di primo segretario del PCUz fino alla sua morte nell'ot-

22. Giovanni Sabbatucci, *Il trasformismo come sistema. Saggio sulla storia politica dell'Italia unita*, Bari-Roma, Laterza, 2003.

23. Buttino, *Samarcanda*, p. 27.

24. La terminologia "clan" può essere fuorviante perché è denaturata in un'interpretazione generale che comprende molti tipi diversi di relazioni informali, come le reti di potere politiche, sociali e commerciali, le relazioni familiari e di parentela, i legami di vicinato, le forme di localismo e di legami interpersonali che spesso superano le dimensioni nazionali e regionali. Collins, *Clan Politics and Regime Transition*.

25. Carlisle, *The Uzbek power elite*; Carlisle, *Power and Politics in Soviet Uzbekistan*; Pauline Jones Luong, *Institutional Change and Political continuity in Post-Soviet Central Asia. Power, Perceptions, and Pacts*, Cambridge, Cambridge University Press, 2008; Roy, *The New Central Asia*.

26. Alisher Ilkhamov, *Neopatrimonialism, factionalism and patronage in post-Soviet Uzbekistan*, in *Neopatrimonialism in Africa and Beyond*, a cura di Daniel C. Bach e Mamoudou Gazibo, London & New York, Routledge, 2012; Thomas Henry Rigby, *Political Elites in the USSR: Central Leaders and local cadres from Lenin to Gorbachev*, Worcester, Billing & Sons, 1990; Tunçer-Kılavuz, *Power, Networks and Violent Conflict*.

tobre 1983 divenendo un tipico prodotto della politica brežneviana di "fiducia nei quadri".[27] Sebbene Rashidov sia stato successivamente demonizzato come un simbolo di nepotismo, clientelismo, e corruzione durante lo scandalo del cotone – e poi riabilitato nell'Uzbekistan di Karimov[28] – negli anni Sessanta questo politico intellettuale aveva spiegato la rivoluzione bolscevica come il momento di liberazione dei popoli oppressi dell'Asia Centrale dall'arretratezza coloniale, trovando il loro riscatto nell'esperienza sovietica. Rashidov rappresentò così il momento di massima inclusione dell'Uzbekistan all'interno dell'URSS e sarebbe stato capace di seguire e riadattare lealmente il suo regime all'evoluzione del sistema.

La stagione del compromesso

Sharof Rashidov nacque in una famiglia contadina a Džizak il 6 novembre 1917 (come avrebbe amato ricordare, il giorno prima della Rivoluzione di ottobre). Incoraggiato dallo zio Hamid a proseguire gli studi letterari, nel 1935 si diplomò all'Istituto pedagogico di Džizak e divenne insegnante nella scuola secondaria locale. Nel 1937 iniziò a lavorare come segretario esecutivo, vicedirettore e redattore del giornale regionale di Samarcanda «Lenin Yolu» («La via di Lenin») e nel 1939 si iscrisse al partito. In questi anni Rashidov iniziò a scrivere le sue prime poesie, dedicate ai contadini, ai coltivatori di cotone e ai costruttori uzbeki e nel 1941 si laureò alla facoltà di filologia dell'Università statale di Samarcanda. Con lo scoppio della guerra si arruolò nell'Armata Rossa e finì per combattere nella battaglia di Mosca e nel fronte del Volchov. L'esperienza in guerra e una grave ferita riportata sul fronte caratterizzarono l'impegno politico e la vita personale del giovane Rashidov. Dopo una lunga convalescenza

27. Gregory Gleason, *Sharaf Rashidov and the dilemmas of national leadership*, in «Central Asian Survey», 5/3-4 (1986), pp. 133-160; Gregory Gleason, *The political elite in the Muslim republics of Soviet Central Asia: the dual-criterion of power*, in «Institute of Muslim Minority Affairs. Journal», 10/1 (1989), pp. 246-263; Saidakbar Rizaev, *Šaraf Rašidov. Štrichi k portretu*, Toshkent, Yozuvchi, 1992; Riccardo Mario Cucciolla, *The Transformist: The evolution and adaptability of Sharaf Rashidov's regime in Soviet Uzbekistan*, in *Moscow and the Non-Russian Republics in the Soviet Union. Nomenklatura, Intelligentsia, and Centre-Periphery Relations*, a cura di Saulius Grybkauskas e Li Bennich-Björkman, London and New York, Routledge, 2021, pp. 92-121.

28. Cucciolla, *Legitimation through Self-Victimization.*

nell'ospedale di evacuazione di Sverdlovsk, nel 1943 fu finalmente smobilitato dall'esercito.

Gli sforzi congiunti nei campi di battaglia – insieme all'inclusione degli uzbeki nel progetto sovietico, all'emancipazione delle masse e alla modernizzazione dell'arretrata società centroasiatica – divennero temi simbolici e ricorrenti nelle sue opere letterarie. In queste, Rashidov promosse i successi della cultura nazionale all'interno del quadro internazionalista, gli sforzi congiunti dei diversi popoli sovietici nell'edificazione di un'equa società socialista e i trionfi dello sviluppo e della modernizzazione dell'Uzbekistan sovietico. Già nel 1945 Rashidov pubblicò la prima antologia di poesie intitolata intitolata *Moj Gnev* (*La mia rabbia*) e nel 1950 la raccolta di articoli giornalistici *Prigovor Istorii* (*Il verdetto della storia*) in cui la compatibilità e l'integrazione delle tradizioni nazionali uzbeke all'interno del quadro sovietico divennero il tema centrale. Infatti Rashidov enfatizzava la riscoperta delle radici culturali nazionali e della lingua uzbeka come un aspetto consolidato dell'integrazione della RSSUz nella grande famiglia socialista.[29] La sua devozione alla cultura nazionale lo portò a recuperare ed esaltare una serie di figure come Tamerlano, il mistico Xoja Ahmad Yassivi, il poeta Nava'i, l'astronomo Uluğ Bek e il fondatore dell'impero Moghul Zahiruddin Babur. Inoltre Rashidov ripristinava le funzioni di alcune istituzioni tradizionali prerivoluzionarie come la *mahalla*, il cui ruolo (seppur minore) venne persino riconosciuto nell'ambito del raispolkom.[30]

Nel 1951 Rashidov pubblicò il primo libro della sua trilogia, intitolato *Pobediteli* (*Vincitori*), che divenne uno dei suoi romanzi più famosi: la storia tratta le vicende di tre personaggi durante la guerra e la "conquista" postbellica delle terre vergini, presentando il comunismo come lo sviluppo

29. Martin Spechler ricorda che, sebbene la grande maggioranza degli uzbeki parlasse la lingua nazionale, «in epoca sovietica l'uzbeko era usato come lingua letteraria, invece del turco chagatay o del persiano, [e] il russo era [...] favorito nei media. Circa l'80% di tutti gli articoli scientifici e tecnici erano in russo. Un terzo degli oltre 200 giornali pubblicati in [Uzbekistan] erano in russo». Pertanto, la lingua coloniale era rimasta la preferita dall'intellighenzia nazionale e dalle classi superiori e la prima grande manifestazione di nazionalismo linguistico era emersa solo alla fine degli anni Ottanta. Martin C. Spechler, *The Political Economy of Reform in Central Asia: Uzbekistan under Authoritarianism*, London & New York, Routledge, 2008, p. 13; Fierman, *Language planning and national development*.

30. David Abramson, *Identity Counts: The Soviet Legacy and the Census in Uzbekistan*, in *Census and identity the politics of race, ethnicity, and language in national census*, a cura di David Kertzer e Dominique Arel, Cambridge-New York, Cambridge University Press, 2001.

più cruciale per modernizzare la società uzbeka e riscattare la sua arretratezza. Nel 1956 Rashidov pubblicò il romanzo romantico *Kašmirskaja Pesnja* (*Canto del Kashmir*) che rifletteva sulla lotta per la liberazione del popolo indiano e nel 1958 il secondo libro della trilogia intitolato *Sil'nee Buri* (*Più forte della tempesta*) che riconsiderava i personaggi di Pobediteli nella loro dimensione rurale. Nel 1964 Rashidov completò il romanzo *Mogučaja Volna* (*L'onda possente*) dedicato all'eroismo del popolo sovietico durante la Grande guerra patriottica e nel 1967 un libro intitolato *Znamja Družby* (*Il vessillo dell'amicizia*) che raccoglieva i suoi articoli critici su temi di attualità della letteratura sovietica, in particolare nel quadro della "fratellanza" tra i popoli sovietici. Infine nel 1971 compose la parte finale della trilogia intitolata *Zrelost'* (*Maturità*), e nel 1979 pubblicò un'opera omnia di tutte le sue opere in cinque volumi,[31] e infine *Sovietskij Uzbekistan* (*L'Uzbekistan sovietico*) – pubblicato anche in inglese nel 1982 come *Soviet Uzbekistan* – che ripercorreva l'edificazione del socialismo nella repubblica e poteva essere considerato un suo testamento politico.

Rashidov aveva dato molto spazio all'arte e alla letteratura come veicoli di promozione (e autopromozione) ideologica. La fortuna della sua opera letteraria era profondamente correlata alla sua rapida carriera politica: nel 1944 ricoprì la carica di segretario dell'obkom di Samarcanda, nel 1947 divenne redattore del giornale repubblicano «Ķizil O'zbekiston» («Uzbekistan rosso») a Tashkent e nel 1949 completò un corso per corrispondenza e si diplomò alla scuola superiore di partito del Comitato centrale. Come in ambito giornalistico e letterario, l'avanzamento di Rashidov nella carriera politica fu palese quando divenne presidente dell'unione degli scrittori dell'Uzbekistan (1949-1950) con l'appoggio dell'allora primo segretario Yusupov.[32] Alla fine degli anni Quaranta, quindi, Rashidov riuscì ad affermarsi come intellettuale organico nazionale impegnato nella diffusione della cultura e nella modernizzazione della società uzbeka: per questo ricevette il plauso dell'establishment del partito repubblicano e nel 1950 divenne segretario del Comitato centrale del PCUz, presidente del Presidium del Soviet supremo della RSSUz e vicepresidente del Presidium del Soviet supremo dell'URSS, iniziando ad asserire un ruolo più che attivo anche all'interno del burò repubblicano.

31. Šaraf Rašidov, *Sobranie sočinenij v 5 tomach*, Moskva, Chudožestvennaja literatura, 1979.

32. Roy, *The New Central Asia*, p. 111; Rizaev, *Šaraf Rašidov*, p. 13.

Nel 1956 Rashidov divenne un candidato del Comitato centrale del PCUS e delegato al ventesimo Congresso, ricevendo l'apprezzamento di Chruščëv per i suoi modi affascinanti ed eruditi. In questa fase di riorganizzazione dei quadri, di decentramento e di profonda trasformazione del regime sovietico, una nuova e giovane generazione di comunisti cresciuti in tempo di guerra fece la propria fortuna. Il 28 dicembre 1957 l'esperto Muhiddinov fu trasferito a Mosca per ricoprire incarichi più elevati nella segreteria del PCUS e Sobir Kamolov divenne primo segretario del PCUz. Quest'ultimo, a sua volta considerato vicino al gruppo tashkentese, si era affermato nel tardo stalinismo e aveva servito in diverse posizioni nel partito tra Karakalpakstan e Fergana, fino a diventare presidente del Consiglio dei ministri della RSSUz. Allora il burò uzbeko cambiò considerevolmente la sua composizione – con i samarcandesi che aumentarono la loro influenza, come pure il numero dei membri "slavi" che di fatto raddoppiò[33] – e l'influenza di Rashidov continuava a crescere, tanto all'interno del partito quanto tra coloro che lo apprezzavano a Mosca. Si arrivò così all'undicesimo plenum del Comitato centrale del PCUz, tenutosi il 14 marzo 1959. In quel momento il presidente del Consiglio dei ministri uzbeko Mansur Mirzaahmedov fu destituito con accuse di nepotismo e abusi di potere e venne sostituito da Arif Alimov. Allora lo stesso Rashidov sostituì Kamolov, criticato per non aver realizzato il piano, e divenne il nuovo primo segretario del PCUz.

Nonostante l'opposizione di un gruppo di tecnocrati e di una parte dei tashkentesi,[34] la formazione letteraria di Rashidov rese credibile la sua candidatura contro carrieristi più forti come Nuritdinov, Kamolov o lo stesso Mirzaahmedov. La sua nomina appariva come il frutto di un compromesso del gruppo Džizak-Samarcanda che spezzava il monopolio di Tashkent-Fergana e cooptava membri di altre fazioni regionali come Murtazaev (Kaškadar'ja), Abdurazakov (Namangan), Guljamov, Sarkisov e Alimov (Tashkent). La capacità di Rashidov di consolidare i rapporti e di includere nella sua cerchia personalità con le quali aveva stabilito legami di

33. Nel 1959 solo quattro membri – Alimov, Murtazaev, Rahimbabeva e Rashidov – del precedente burò del 1956 rimasero, mentre il numero di membri slavi raddoppiò da tre (1956) a sei (1959). Carlisle, *The Uzbek power elite*, pp. 130-132.

34. Tetsuro Chida, *«Trust in Cadres» and the Party-Based Control in Central Asia during the Brejnev era*, in *Development in Central Asia and the Caucasus. Migration, Democratisation and Inequality in the Post-Soviet Era*, a cura di Sophie Hohmann, Claire Mouradian, Silvia Serrano e Julien Thorez, London & New York, I.B. Tauris, 2014, pp. 66-67.

lavoro e rapporti di reciproco sostegno nell'obkom di Samarcanda[35] per molti versi anticipava, seppur in scala minore, le dinamiche della "cricca di Dnipropetrovsk" che era legata a Brežnev. Tuttavia, in questa prima fase, l'opposizione all'interno del partito rimase presente. Durante il sedicesimo Congresso del PCUz, nel 1961, il ruolo di Rashidov fu messo in discussione dalle opposizioni all'interno del burò: ciò emergeva chiaramente nei rapporti animosi con Nuritdinov e Nasriddinova, che avevano ravvivato una fronda sostenuta dal segretario del gorkom di Tashkent Qayum Murtazoev e dal capo del gorispolkom di Tashkent Rafiq Nishonov. A settembre la nomina del loro alleato Rahmonqul Qurbonov a capo del Consiglio dei ministri uzbeko apparve come un altro compromesso che Rashidov era costretto ad accettare in questa fase di aperte rivalità. Tuttavia in quel momento il leader uzbeko riuscì anche a favorire il suo più stretto alleato Narmaxonmadi Xudoyberdiyev, che nel luglio 1961 venne promosso a primo segretario dell'obkom di Surchandar'ja, per poi diventare segretario del Comitato centrale del PCUz nel 1962, ministro dell'agricoltura della repubblica nel 1965, primo segretario dell'obkom di Syrdar'ja nel 1970 e infine presidente del Consiglio dei ministri della RSSUz nel 1971. Una posizione che Xudoyberdiyev mantenne fino al 1984 quando venne travolto dallo scandalo del cotone.[36]

35. Tra questi figurano il capo dell'MVD uzbeko Haydar Yahyoyev, che aveva servito come capo dipartimento nell'obkom di Samarcanda nel 1944, quando Rashidov gestiva i quadri; il capo del KGB regionale di Samarcanda (e poi della RSSUz) Levon Melkumov, che fu segretario del Komsomol insieme a Rashidov; il primo segretario dell'obkom di Samarcanda Bektosh Rahimov, che lavorò con Rashidov nell'obkom trent'anni prima; lo scrittore Nosir Mahmudov di Kokand, che lavorò con Rashidov e fu a capo dell'oblispolkom di Samarcanda (1940-1943), dell'obkom di Samarcanda (1943-1948) e poi di Fergana (1950-1951), Tashkent (1951-1952), Karakalpakstan (1956-1963), Syrdar'ja (1963-1969), diventando infine capo del Comitato di controllo popolare della RSSUz (1969-1984), e di fatto rappresentando Fergana nel gruppo di Rashidov. Si veda Nicklas Norling, *Myth and Reality: Politics in Soviet Uzbekistan*, Baltimore, Johns Hopkins University, 2014, pp. 193-194.

36. Altre figure chiave del gruppo rashidoviano erano: Mirzamahmud Musaxonov, che salì tra i ranghi dei sindacati repubblicani per poi diventare presidente del Soviet supremo della repubblica nel 1961, primo vicepresidente del Consiglio dei ministri nel 1965 e primo segretario dell'obkom di Tashkent dal 1970 al 1985; Qallibek Kamolov, che nel 1963 divenne primo segretario dell'obkom del Karakalpakstan; Nazar Matchonov, che fu messo a capo dell'oblispolkom di Bukhara nel 1961 per poi diventare primo segretario dell'obkom dal 1962 al 1965 e presidente del Presidium del Soviet supremo della repubblica dal 1970 al 1978; Nosir Mahmudov, che divenne primo segretario dell'obkom di Syrdar'ja nel 1963 e presidente del Comitato di controllo popolare dell'Uzbekistan nel 1969; e poi Asadilla

L'ascesa di Rashidov ebbe il pieno sostegno di Chruščëv e venne favorita anche a livello centrale, dove divenne membro del Comitato centrale del PCUS, candidato membro del Politbjuro dal 1961 e membro del Presidium del Soviet supremo dell'URSS dal 1970. Eppure lo stesso Rashidov, che in varie occasioni aveva manifestato il proprio apprezzamento per l'opera di Chruščëv e ne aveva sostenuto le iniziative, finì per seguire il corso degli eventi, contribuendo direttamente alla cacciata del leader sovietico nell'ottobre 1964 e alla nomina di Leonid Brežnev alla carica di segretario generale del PCUS.[37] Rashidov aveva così dimostrato la sua adattabilità alle evoluzioni politiche di Mosca e diventava ora un importante esponente locale della cultura brežneviana. L'inclinazione alla pace, al compromesso e alla stabilità che la politica sovietica assunse dalla seconda metà degli anni Sessanta riflettevano la moderazione di un segretario generale, il cui desiderio di evitare problemi e riforme (che nelle intenzioni non sarebbero servite nell'era del "socialismo sviluppato") e la cui allergia all'avventura gli garantirono una massiccia popolarità all'interno di quegli apparati che avevano mal sopportato l'inclinazione chruscioviana al rischio e al cambiamento.[38] Con Brežnev gli slogan che promuovevano la "stabilità", la "fiducia" e il "rispetto" per i quadri divennero una reazione a quelle purghe (sostanzialmente incruente) del 1959-1961 – quando circa due terzi dei segretari regionali della RSFSR furono sostituiti[39] – che avevano allontanato una gran parte della nomenklatura da Chruščëv. La stabilità dei quadri divenne di per sé una questione cruciale che rafforzava il sistema neopatrimoniale locale e stabilizzava le reti di potere nel lungo periodo. Essa fu addirittura istituzionalizzata durante il ventitreesimo Congresso del PCUS nel 1966, quando fu eliminato il requisito di rotazione per molte cariche politiche. Ciò conferiva la possibilità per una continua rielezione delle squadre dirigenti, permettendo maggiori opportunità di carriera a livello locale (all'interno

Xo'jayev, che nel 1968 divenne primo segretario dell'obkom di Namangan e poi nel 1973 del gorkom di Tashkent. Carlisle, *Power and Politics in Soviet Uzbekistan*, p. 109.

37. Vladislav Zubok, *A Failed Empire. The Soviet Union in the Cold War from Stalin to Gorbachev*, Chapel Hill, The University of North Carolina Press, 2007, p. 390; Rudolf G. Pikhoia, *URSS, Histoire du Pouvoir. Tome 1, Quarante ans d'après-guerre*, Longueuil, Éditions Kéruss, 2007, p. 466.

38. Graziosi, *L'Urss dal trionfo al degrado*, p. 298.

39. William A. Clark, *Crime and Punishment in Soviet Officialdom. Combating Corruption in the Political Elite, 1965-1990*, Armonk, M.E. Sharpe, 1993, pp. 126-129.

della stessa organizzazione o regione) e quindi un'eccessiva longevità dei quadri e un conseguente invecchiamento dell'élite al potere. Nelle repubbliche questa stabilità si manifestava anche a livello di relazioni intraelitarie[40] e creava significative opportunità di clientelismo, localismo e fedeltà personali, in un sistema in cui i funzionari locali a livello di obkom, gorkom e raikom trascorrevano la loro carriera nelle stesse regioni per lunghi periodi.[41]

Pur promuovendo una formale centralizzazione del partito, al ventitreesimo Congresso Brežnev riconobbe una significativa autonomia delle repubbliche, affermando il diritto di ogni nazionalità a essere "sovrana" nel proprio territorio. Così, in tutta l'URSS, i leader delle repubbliche ricevettero «un'ampia autonomia d'azione in cambio di lealtà e antinazionalismo», e di fatto fungevano da mediatori tra Mosca e gli obkom, che divennero l'istituzione effettiva del decentramento brežneviano.[42] In effetti essi esercitavano una notevole influenza sulle nomine dei quadri locali e quindi sulla distribuzione dei benefici politici ed economici e delle risorse (tra cui materie prime, tecnologia e manodopera specializzata) dallo stato alle unità economiche locali sotto la loro giurisdizione.[43] In questo accordo informale Mosca «dotava i primi segretari di un potere quasi illimitato nelle loro regioni ed essi, a loro volta, dovevano sostenere il segretario generale, lodandolo come leader e capo».[44]

In Uzbekistan, soprattutto nei primi anni al potere, Rashidov non era immune alle critiche. Il suo atteggiamento trasformista (criticato come una forma di opportunismo) fu al centro della tredicesima conferenza dell'obkom di Tashkent del 25 dicembre 1964. In quell'occasione il vicecapo del dipartimento organizzativo dell'obkom Vali Usmanov elencò le numerose volte in cui tanti nel partito avevano lodato eccessivamente il precedente segretario generale e imposto il suo culto della personalità:

40. Chida, *«Trust in Cadres» and the Party-Based Control*, p. 71.

41. Ilkhamov, *Neopatrimonialism, factionalism and patronage*; Alisher Ilkhamov, *Neopatrimonialism, interest groups and patronage networks: the impasses of the governance system in Uzbekistan*, in «Central Asian Survey», 26/1 (2007); John P. Willerton, *Patronage and Politics in the USSR*, Cambridge, Cambridge University Press, 1991.

42. Roy, *The New Central Asia*, p. 111. Si veda anche Graziosi, *L'Urss dal trionfo al degrado*, p. 314.

43. Markowitz, *State Erosion*, p. 34.

44. Geoffrey A. Hosking, *Russia and the Russians: A History*, Cambridge, Harvard University Press, 2001, p. 542.

Lodavano Chruščëv in ogni modo possibile. In questo ambito, un ruolo "eccezionale" lo ebbe il compagno Rashidov, che in uno dei suoi discorsi esaltò Chruščëv per dieci o venti volte, attribuendogli tutti i risultati ottenuti nello sviluppo dell'economia e della cultura dell'Uzbekistan sovietico, soprattutto nella coltivazione del cotone. Parlando in senso figurato, lo invocava come se fosse Dio. [Nei suoi discorsi, Rashidov] era sicofante fino alla nausea e si prostrò davanti a Chruščëv, esaltandolo fino al cielo, come una persona senza la quale non ci sarebbe stata vita sul suolo sovietico.[45]

Oltre a denunciare l'atteggiamento falsamente adulatorio e il servilismo di Rashidov nei confronti del compagno Chruščëv, Usmanov menzionò anche una presunta proposta del leader uzbeko di intitolare la Steppa della Fame con il nome del segretario generale. Poi ricordò come Rashidov si fosse smentito proprio all'indomani della rimozione di Chruščëv, accusandolo di aver violato la collegialità e le norme leniniste, di essersi circondato di vili adulatori, di considerarsi un Dio nell'agricoltura, di non capire nulla di scienza, e di avere un carattere aggressivo.[46] Usmanov concludeva il suo duro discorso accusando Rashidov di arroganza, vendetta, ipocrisia e tirannia per aver estromesso arbitrariamente il presidente del Consiglio dei ministri Alimov, aver selezionato i quadri in base a parentele e localismi e aver permesso pagamenti illegali per centinaia di migliaia di rubli.[47] Le feroci critiche nei confronti del leader uzbeko non vennero accolte favorevolmente e lo stesso Usmanov fu emarginato.[48] Infatti, subito dopo il discorso, diversi partecipan-

45. RGANI, f. 100, op. 6, d. 210, l. 7.
46. Ivi, l. 8.
47. Ivi, ll. 11-14.
48. Nel dicembre 1965, l'obkom rimosse Usmanov dal suo incarico e lo mandò a lavorare come direttore dell'impianto di sgranatura del cotone di Tashkent. Considerando questa mossa come una vendetta per le sue critiche, dal 1965 al 1976 Usmanov inviò decine di lettere a Brežnev, Nasreddinova, al Comitato centrale del PCUS di Mosca, al ventiquattresimo Congresso del PCUS e ad altri organi sovietici per lamentarsi della sua ingiusta emarginazione, rivendicando il diritto alla critica e chiedendo una piena riabilitazione alla vita politica. Ivi, ll. 1, 15-23, 36-49, 54-55, 57-59, 69-88, 90-92. Il 10 marzo 1969 il Comitato centrale del PCUz commentò che non era stata attuata alcuna discriminazione o persecuzione nei confronti di Usmanov e dei suoi parenti, che vivevano in condizioni soddisfacenti. «Il compagno V. Usmanov spesso, indiscriminatamente, tra varie persone e persino tra gli studenti, parla di come lui e i suoi familiari siano perseguitati ovunque per le [sue] critiche. Queste sue affermazioni sono infondate e non sono supportate da nulla». Ivi, l. 61. Le denunce di Usmanov contro la sua emarginazione e il regime di Rashidov continuarono anche negli anni Settanta, quando inviò a Brežnev copie del suo discorso alla riunione dell'organizzazione primaria del partito della fabbrica di pulizia del cotone di Tashkent, il 14 ottobre 1971. In quell'occasione denun-

ti della conferenza presero la parola in difesa dell'onestà del primo segretario uzbeko, tra cui il membro del Soviet supremo dell'URSS Ahmad Qodirov, e lo stesso Rashidov che intervenne spiegando che le nomine controverse erano arrivate direttamente dal PCUS.[49]

Questo tipo di asserzioni era tipico dei periodi di transizione. In effetti i sovietologi hanno ampiamente descritto Rashidov come un cliente favorito da Chruščëv e poi un protetto da Brežnev, che gli riservò un trattamento con i "guanti di velluto".[50] Secondo un testimone della vita cremlinese, come il medico dei segretari generali Evgenij Čazov,[51] Rashidov era solo marginalmente legato a Brežnev mentre aveva legami molto stretti con alcuni dei suoi più fidati collaboratori, come il presidente del Presidium del Soviet supremo dell'URSS Nikolaj Podgornyj, il secondo segretario del PCUS Michail Suslov e lo strettissimo collaboratore del segretario generale Konstantin Černenko.[52]

ciò che, nonostante l'enfasi di Rashidov sull'uso delle macchine nella raccolta del cotone (nel 1965 aveva assicurato al partito di raggiungere il 90% del raccolto con le macchine), il primo segretario mostrava ipocrisia e mentiva sui dati, mentre scolari, studenti e soldati venivano ancora reclutati ogni anno per raccogliere il cotone e la percentuale di cotone raccolto con le macchine rimaneva bassa: nel 1959 – 10,1%, 1960 - 17,74%, 1961 – 7,4%, 1962 – 10,3%, 1963 – 15,7%, 1964 – 22,2%, 1965 – 23,3%, 1966 – 32,5%, 1970 – 34,1%. RGANI, f. 100, op. 6, d. 211, ll. 3-14. Usmanov continuò la sua battaglia personale contro Rashidov cercando la solidarietà di Brežnev, del Congresso del PCUS, del presidente della commissione centrale di revisione del PCUS, dei primi segretari della Bielorussia Pëtr Mašerov (ricordando i suoi impegni di guerra a Vitebsk) e del Kazakistan Dinmuchamed Kunaev (rimembrando i suoi impegni nel Kazakistan settentrionale in tempo di guerra), ribadendo che in dodici lettere inviate al segretario generale, al Politbjuro e al Comitato centrale del PCUS negli anni 1965-1972 non aveva mai ottenuto alcuna risposta. Ivi, ll. 46-76, 131-155, 156-159, 162-164. Nonostante le spiegazioni fornite dal Comitato centrale del PCUS (che evidentemente non prese sul serio la questione), Usmanov continuò a mettere in guardia Brežnev da Rashidov e dalle falsificazioni nel settore cotoniero dell'Uzbekistan, e si rivolse al venticinquesimo Congresso del PCUS chiedendo la sua riabilitazione morale e la fine delle persecuzioni di Rashidov nei suoi confronti. Ivi, ll. 161, 172-185.

49. Rizaev, *Šaraf Rašidov*, pp. 48-63.

50. Ligačev riferisce che, nonostante il suo ruolo minore, Rashidov non dovesse aspettare in sala d'attesa per vedere Brežnev ed entrasse direttamene nel suo ufficio. Yegor Ligachev, *Inside Gorbachev's Kremlin: The Memoirs Of Yegor Ligachev*, Boulder, Westview Press, 1996, p. 213.

51. Evgenij Čazov, *Zdorov'e i vlast'. Vospominanija «kremlëvskogo vrača»*, Moskva, Novosti, 1992, pp. 23-24.

52. Per valutare il livello di intimità dei rapporti tra Rashidov e alcuni leader sovietici è interessante notare il tono delle lettere che il leader uzbeko utilizzava nel rivolgersi ai

Rashidov fu in grado di seguire opportunisticamente il corso degli sviluppi politici sovietici e di imbrigliare il vento della destalinizzazione a suo favore. A questo proposito, nei primi anni Sessanta, riabilitò figure di spicco della storia politica uzbeka – come gli ex leader Ikromov e Xo‘jayev – e denunciò lo stalinista Yusupov come il principale responsabile del terrore in Uzbekistan. Tuttavia anche quest'ultimo sarebbe stato riabilitato durante la "de-destalinizzazione" brežneviana,[53] così come un altro protagonista del grande terrore in Uzbekistan come l'ex presidente del consiglio dei ministri, Abdujabbor Abdurahmonov, che a metà degli anni Sessanta ricevette un incarico ministeriale.[54] Questa duplice riabilitazione delle vittime dello stalinismo – e poi dei suoi responsabili – era in linea con quella "inclusività" brežneviana che iniziava a reinterpretare, almeno informalmente, l'epoca staliniana. In questo caso l'inclusione di stalinisti e antistalinisti assicurava una base più completa di legittimazione del potere in un periodo che cercava di presentare la storia sovietica come un flusso continuo di successi e ometteva le questioni più drammatiche, critiche e oscure.

Un profilo internazionalista

Inclusione e compromesso caratterizzarono la prima stagione del rashidovismo. Durante il diciassettesimo Congresso del PCUz nel marzo 1966, il leader uzbeko rafforzò ulteriormente la propria posizione nel partito, riservando al suo gruppo una quota di potere più significativa e sostituendo quasi un quarto dei membri del Comitato centrale repubblicano e diversi segretari di obkom, mentre allo stesso tempo riusciva a consolidare

diversi membri del Politbjuro. Si rivolgeva a Brežnev come *Dorogoj Naš Leonid Ilič* (Nostro caro Leonid Ilič), e assumeva un tono molto più cameratesco con Suslov e Chernenko, rivolgendosi loro come *Dorogoj brat* (Caro fratello). Invece era del tutto formale con alcuni membri come Andropov, al quale si rivolgeva come *Dorogoj Jurij Vladimirovič*. Si veda Rizaev, *Šaraf Rašidov*, pp. 128-135.

53. Questa critica è emersa nella prima storia ufficiale del PCUz pubblicata nel 1964. Tuttavia le colpe di Yusupov scomparvero nella seconda edizione del volume del 1974, e il leader stalinista fu presentato come un «figlio devoto del partito». In seguito il PCUz decise di dare il nome di Yusupov a un raion del Kaškadar'ja e al principale canale di Fergana, definendo così il nuovo corso della "de-destalinizzazione". «Pravda Vostoka», 14 maggio 1980, p. 1, e Carlisle, *Power and Politics in Soviet Uzbekistan*, p. 125; KPUz, *Očerki Istorii Kommunističeskoj Partii Uzbekistana*, Tashkent, Uzbekistan, 1964.

54. Carlisle, *Power and Politics in Soviet Uzbekistan*, p. 111.

il sostegno dei membri veterani del burò.[55] Tuttavia la vera opportunità politica arrivò all'indomani di uno degli episodi più drammatici della recente storia uzbeka. Il 26 aprile 1966 si verificò un terremoto di magnitudo 7,5 con epicentro a Tashkent che devastò più dell'80% degli edifici della città, distruggendo 78.000 abitazioni, lasciando 300.000 persone senza un tetto (su 1,5 milioni di residenti) e di fatto radendo al suolo la maggior parte di quei quartieri storici della città che erano abitati prevalentemente da uzbeki.[56] Allora Rashidov fu coinvolto nelle operazioni di recupero e persino Brežnev e Kosygin volarono a Tashkent per valutare le condizioni della città. La devastazione della capitale uzbeka era immensa, e la ricostruzione richiedeva oltre tre anni e mezzo di tempo, milioni di rubli e il lavoro di migliaia di operai per essere completata. Tuttavia un tale disastro divenne un'occasione cruciale per Rashidov per consolidare la sua leadership indebolendo le opposizioni,[57] ottenere il consenso di Mosca e attrarre investimenti per una ricostruzione che avrebbe lasciato un segno nella storia della capitale uzbeka. Infatti la ricostruzione permetteva di ridisegnare la città in un più moderno stile sovietico, con ampi viali, parchi, monumenti, grandi complessi di condomini e persino la prima metropolitana dell'Asia Centrale, che venne inaugurata in occasione del sessantesimo anniversario della rivoluzione (e dello stesso Rashidov).[58]

L'idea di un "rinascimento tashkentese" e gli sforzi compiuti dal partito in questo senso furono pubblicizzati con grande clamore, accreditando

55. Premendra Agrawal, *Silent Assassins Jan11, 1966*, Ramsagarpara, Agrawal Overseas, 2012, p. 289.

56. Stronski, *Tashkent*.

57. Dopo il terremoto di Tashkent, diversi dirigenti di alto livello – come i vicepresidenti del Consiglio dei ministri dell'Uzbekistan Gayk Gabrieliants, Mirzamahmud Musaxonov, e il primo segretario dell'obkom di Tashkent Malik Abdurazakov – furono accusati di aver abusato della loro posizione per ottenere sussidi aggiuntivi per riparare i loro appartamenti e le loro case. In quell'occasione il Comitato centrale del PCUS non invitò un proprio rappresentante a Tashkent per condurre le indagini, e i funzionari accusati ricevettero «la sanzione più leggera "sottolineando" i loro comportamenti disonesti». Chida, *«Trust in Cadres» and the Party-Based Control*, p. 67.

58. Nel 1968 fu pianificata la costruzione della prima linea della metropolitana di Tashkent ("Chilonzor"). I lavori iniziarono nel 1972 e la linea venne inaugurata il 6 novembre 1977 con nove stazioni. Una seconda linea ("O'zbekiston") venne aggiunta nel 1984. Si veda Dilorom Alimova, Margarita Filanovich, *Toshkent tarihi: kadim davrlardan bugungi kungacha: Kajta ishlangan va tuldirilgan ikkinchi nashri*, Toshkent, Art Flex, 2009; Sadikov *et al.*, *Taškent Geografičeskij Atlas*.

Rashidov come un leader sensibile alle esigenze della popolazione e un comunista devoto alla causa sovietica.[59] Il terremoto e la successiva ricostruzione ebbero un'ampia portata mediatica che sensibilizzò l'opinione pubblica sovietica e le autorità centrali. Il PCUS fu direttamente coinvolto in questo compito,[60] e Rashidov ringraziò formalmente per «quell'espressione di sentimenti fraterni di tutte le repubbliche verso il nostro paese».[61] Così nell'estate del 1966 arrivarono i primi "battaglioni di popoli fraterni" per ricostruire la città, e migliaia di operai e urbanisti delle altre repubbliche vennero in Uzbekistan per supportare la ricostruzione. In quel momento la capitale uzbeka consolidò ulteriormente la sua forma multinazionale e divenne l'occasione per migliorare una rete di sicurezza sociale che stava contribuendo ad assorbire i problemi di alloggio e di esclusione sociale in tutta l'URSS creando, in poco più di tre anni, circa 100.000 nuove abitazioni.[62] Tuttavia, molti dei volontari venuti per ricostruire Tashkent furono accusati di essersi stabiliti negli stessi appartamenti che avrebbero dovuto costruire per gli uzbeki, alimentando spesso un clima di sfiducia e disaffezione tra le comunità locali nei confronti di questi nuovi insedianti che apparivano a molti come nuovi coloni. Da questa situazione sarebbe esploso un altro evento drammatico che avrebbe fortemente minacciato la stabilità del regime rashidoviano.

Nella primavera del 1969 esplosero a Tashkent una serie di scontri tra uzbeki e coloro che venivano considerati come "russi".[63] Gli incidenti di Pakhtakor scoppiarono il 4 aprile nell'omonimo stadio centrale durante la partita di calcio tra Pakhtakor Tashkent e Dinamo Minsk. Durante la partita apparirono striscioni con slogan antirussi (*russkie von!*, "russi fuori!") e la situazione degenerò in uno scambio di insulti verbali tra i diversi settori. Dopo la partita si verificarono duri scontri tra tifosi e gruppi di uzbeki

59. Rizaev, *Šaraf Rašidov*, pp. 88-109.

60. La risoluzione n. 456 del Comitato centrale del PCUS e del Consiglio dei ministri dell'Ussr (14 giugno 1966), "Sull'assistenza dell'URSS in seguito al terremoto di Tashkent", è esposta in un cartellone espositivo presso il Museo monumentale Sh. Rashidov a Jizzax.

61. Anche una copia della risoluzione del Comitato centrale del PCUz e del Consiglio dei ministri della RSSUz n. 345 del 29 giugno 1966 è esposta al Museo monumentale Sh. Rashidov a Jizzax.

62. Sadikov *et al.*, *TTaškent Geografičeskij Atlas*, pp. 60-64.

63. Incidenti simili tra coloni e comunità locali scoppiarono a partire dal 1966, in Kazakistan e Kirghizistan, ma su scala minore. Graziosi, *L'Urss dal trionfo al degrado*, p. 326.

che bloccarono il traffico su viale Navoij e aggredirono coloro che erano considerati "europei", compresi diversi uzbeki vestiti all'occidentale. Le violenze contro i russi continuarono per diversi giorni, mentre le operazioni di polizia per reprimere i disordini si rivelarono sul momento inefficaci, rendendo necessario l'intervento delle forze del MVD e dell'esercito che arrestarono più di 150 rivoltosi per "teppismo".[64] Eventi simili si verificarono anche l'8 aprile, dopo la partita contro lo Spartak Mosca, e il 27 settembre durante la partita con il Kryl'ja Sovetov Samara. Nonostante la gravità degli eventi e il chiaro imbarazzo delle autorità che da quel momento avrebbero utilizzato la linea dura per reprimere ulteriori manifestazioni di odio su base razziale e territoriale, le manifestazioni di intolleranza non si placarono del tutto e si verificarono anche negli anni successivi.[65]

Gli incidenti di Pakhtakor non vennero divulgati dalla stampa e dai media, e crearono un profondo imbarazzo per un leader come Rashidov che sul momento aveva denunciato le lacune del sistema di sicurezza e aveva promosso una serie di epurazioni e sostituzioni di alti funzionari tra le file della polizia.[66] Allora il segretario per l'ideologia del Comitato centrale del PCUz Rafiq Nishonov (che come abbiamo ricordato era affiliato al gruppo Qurbonov-Nasriddinova) cercò di scaricare la responsabilità degli incidenti su Rashidov. In risposta, il primo segretario colse l'occasione per incolpare Nasriddinova e Nishonov e ottenere il loro esilio dalla repubblica.[67] In quel

64. Peter Reddaway, *Uncensored Russia. The Human Rights Movement. The Annotated Text of the Unofficial Moscow Journal. A Chronicle of Current Events*, New York, American Heritage Press, 1972, pp. 402-403.

65. Le questioni nazionali, le tensioni interetniche tra nativi e coloni, e i sabotaggi contro il regime sovietico persisterono anche negli anni Settanta. Nancy Lubin ricorda come a Chirchiq, nel 1978, «una nuova fabbrica chimica esplose solo un giorno dopo il completamento della sua costruzione. Sebbene l'incidente sia stato messo a tacere e i fatti esatti siano difficili da reperire, si diceva che non fosse stato accidentale». Nella stessa primavera, una parte del cinema che aveva ospitato un festival di film asiatici e africani saltò in aria durante la serata di chiusura – anche in questo caso, la cosa sembrò "non accidentale". E il processo al tataro di Crimea Reshat Jemilev fuori Tashkent nel 1979 vide per la prima volta un'insolita mobilitazione, con la comparsa di *listovščiki*, o cartelli, incollati sui muri degli edifici in alcune regioni di Tashkent. Nancy Lubin, *Labour and nationality in Soviet Central Asia: An Uneasy compromise*, Princeton, Princeton University Press, 1984, p. 241.

66. Le teorie cospirazioniste sostengono che questi episodi di violenza non siano stati spontanei, ma preparati diversi mesi prima con il consenso della polizia. Fëdor Razzakov, *Korrupcija v Politbjuro: Delo «Krasnogo Uzbeka»*, Moskva, Eksmo, 2009.

67. Alla fine degli anni Sessanta, Nasriddinova fu emarginata dalle lotte di potere locali, spostando la sua carriera nel centro del potere sovietico. Membro del Comitato cen-

momento Qurbonov fu addirittura accusato di abuso di potere e di attività illegali e fu infine condannato a dieci anni di carcere per istigazione alla violenza.[68] Al contrario, i principali alleati di Rashidov furono promossi: il 25 settembre 1970 Matchonov divenne il nuovo presidente del Presidium del Soviet supremo dell'Uzbekistan e il 25 febbraio 1971 Xudoyberdiyev fu nominato presidente del Consiglio dei ministri della repubblica. Con questa manovra, Rashidov fu in grado di estromettere i suoi principali oppositori e di offrire le più alte cariche della repubblica ai suoi fedelissimi.

La marginalizzazione dell'opposizione interna significava che il prossimo fronte politico sarebbe stato combattuto con altri mezzi indiretti. Dalla fine degli anni Sessanta, una nuova ondata di lettere anonime che denunciavano le presunte malefatte del primo segretario uzbeko raggiunse i dipartimenti del partito a Tashkent e a Mosca e si rivolse persino a Brežnev in persona. Spesso difendevano l'onore di coloro che erano stati estromessi – come gli stessi Qurbonov, Muhiddinov, Nishonov e Nasreddinova – e criticavano i comportamenti antipartitici di Rashidov, le sue reti clientelari e i suoi legami parentali. Il 5 maggio 1971 un memorandum del Comitato centrale del PCUS riconobbe che vi fossero dei problemi personali con gli oppositori di Rashidov e confermava che:

> Le lettere indicano correttamente che il vicepresidente del Comitato di controllo del popolo della repubblica, il compagno Rashidov S. R., il vicepresidente dell'Accademia delle Scienze dell'URSS, il compagno Mo'minov, il presidente dell'oblispolkom di Samarcanda, il compagno Hamroqulov, sono parenti del compagno Rashidov Sh. R. Tuttavia, al momento, non c'è motivo di sollevare la questione del trasferimento di questi compagni ad altri incarichi.[69]

trale del PCUS (1956-1976) e deputata del Soviet supremo dell'URSS (1958-1974), dal 14 luglio 1970 (fino al 16 giugno 1974) fu a capo del Soviet delle nazionalità del Soviet supremo dell'URSS e, nel periodo 1974-1978, divenne viceministro dell'industria dei materiali da costruzione dell'URSS e capo del Comitato per i paesi asiatici e africani. Il marito Nuritdinov era già stato espulso dalla vita politica nel 1964 ed era morto nel giugno 1966. Nel 1970 Nishonov fu esiliato a Ceylon, dove prestò servizio come ambasciatore sovietico. Demian Vaisman, *Regionalism and Clan Loyalty in the Political Life of Uzbekistan*, in *Muslim Eurasia Conflicting Legacies*, a cura di Yaacov Ro'i, London, Frank Cass, 1995, pp. 115-116.

68. Carlisle, *Power and Politics in Soviet Uzbekistan*, p. 112.

69. RGANI f. 100, op. 5, d. 278, l. 100. Successivamente, nel settembre 1972, il Comitato centrale del PCUS aggiunse che questi «sono stati promossi alle loro posizioni in base alle loro qualità professionali. Non ci sono lamentele sul loro lavoro». Ivi, l. 173.

Nel dicembre 1971 un ex membro del Comitato centrale del PCUz scrisse direttamente a Brežnev e a tutti i membri del Politbjuro denunciando che l'Uzbekistan potesse produrre ancora più cotone e che Rashidov stesse imbrogliando sulle cifre:

> L'Uzbekistan può dare al paese non 4.400.000 tonnellate di cotone, ma 6-7 milioni. Il segreto è molto semplice. Nelle istruzioni di Rashidov vengono forniti dati sottostimati sulla superficie seminata, ma in realtà se ne seminano 2-3 volte di più. [...] La misurazione dell'area da seminare in ogni regione mostrerà come il nostro stato venga ingannato a causa di queste macchinazioni a livello repubblicano. Credo che questo sia un crimine di stato, che può essere visto come un tradimento del proprio partito e del proprio paese.[70]

Inoltre, ha persino insinuato che Rashidov favorisse la "tagikizzazione" della repubblica:

> Rashidov Sh. R. è tagiko, e tutti i posti di responsabilità della Repubblica sono ora occupati da tagiki, soprattutto connazionali provenienti dalla sua patria di Samarcanda, anche se secondo il passaporto appaiono come uzbeki. [...] La televisione in Uzbekistan opera su tre canali. Il terzo canale [...] trasmette principalmente programmi dallo studio tagico. [...] E questo rende certamente gli uzbeki molto nervosi![71]

Altre lettere attaccavano Rashidov per la cattiva gestione dei disordini del 1969 a Tashkent o denunciavano i suoi comportamenti immodesti e "criminali":

> La voce di Rashidov trionfa, si comporta come un Dio. Secondo noi, il compagno Rashidov ha raggiunto l'ultimo grado del culto della personalità. [...] Ha organizzato il terrore per la rimozione dei quadri che voleva licenziare, imprigionare, e uccidere. Ha davvero stabilito tali diritti. Caro Leonid Il'ič! La nostra repubblica sta fiorendo, realizzando tutti i compiti e i piani. Queste non sono opere sue, non sono meriti suoi. [...] I successi che i nostri lavoratori hanno ottenuto e stanno ottenendo salvano e, per così dire, coprono tutti i peccati del compagno Rashidov.[72]

All'epoca queste ondate di lettere anonime apparivano come il risultato di campagne ben orchestrate per screditare il leader uzbeko. In particolare, anche i sostenitori di Rashidov organizzarono campagne di telegram-

70. Ivi, l. 139.
71. *Ibidem*.
72. Ivi, ll. 175-176.

mi e lettere in cui si complimentavano per i successi ottenuti dal leader uzbeko, chiedevano che gli venissero assegnati dei premi o ringraziavano gli organi istituiti quando questi gli venivano effettivamente conferiti.[73] Di fatto queste denunce non ebbero seguito ma spesso rivelavano problemi reali che sarebbero stati al centro del dibattito politico nei decenni successivi.

Gli anni Settanta rappresentarono il momento di maggiore stabilità per il regime di Rashidov. Il dominio del suo gruppo si riflette ulteriormente nelle nomine del burò annunciate ai congressi del 1971 e del 1976 e nelle promozioni all'interno degli organi locali del partito. Tale stabilità si espresse anche in termini di localismo e di mancanza di mobilità interregionale. James Critchlow sottolinea come «sotto Rashidov, le pratiche dei quadri permisero ai funzionari a livello di gorkom e raikom di trascorrere gran parte della loro carriera nella stessa oblast', facilitando lo sviluppo di una rete di legami personali». Esaminando le biografie dei funzionari di gorkom/raikom del gruppo eletto al Soviet supremo repubblicano nel 1975, l'autore inoltre evidenzia come il precedente impiego nella stessa oblast' abbia giocato un ruolo significativo nel favorire l'avanzamento alle successive posizioni:

> Dei quarantasette membri del gruppo, quasi tutti erano stati reclutati dall'oblast' in cui prestavano servizio o vi avevano prestato servizio in un momento precedente della loro carriera. Questa mancanza di mobilità tra oblast' era probabilmente attribuibile al ruolo dei comitati regionali nel controllo della nomenklatura cittadina e distrettuale. In ogni caso, ha contribuito a spianare la strada al "localismo" e alle fedeltà personali durature all'interno dell'oblast'. [...] Dei trentuno funzionari a livello di oblast' inclusi nell'elenco dei deputati del Soviet supremo del 1975, ventitré avevano ricoperto un precedente incarico nella stessa oblast'. Se da un lato ciò può riflettere la tendenza ad assegnare figure ad aree con cui avevano familiarità, dall'altro suggerisce che gli interessi dell'oblast' erano in grado di prevalere anche a Tashkent.[74]

73. Ivi, ll. 180-187.

74. Critchlow ribadisce come la nomenklatura del partito privilegiasse i colletti bianchi anziché gli operai, e come la partecipazione femminile fosse bassa, considerando che «delle 245 persone in posizioni di leadership o di altra élite elette al Soviet supremo repubblicano nel 1975, solo 19 (7,8%) erano donne». Inoltre non vi erano abbastanza rappresentanti giovani: tra questi, nessuno aveva meno di trentacinque anni e l'età media era di cinquanta, riflettendo una continuazione della tradizione "aksakalista" (dei capi con la barba). James Critchlow, *Prelude to «Independence»: How the Uzbek Party apparatus broke Moscow's Grip on Elite recruitment*, in *Soviet Central Asia. The failed transformation*, a cura di William Fierman, Boulder, Westview Press, 1991, pp. 142-143.

La rete di potere di Rashidov era quindi basata su un consenso a più livelli. Dopo la fine dei compromessi con le altre fazioni durante le estromissioni del 1969-1971, il suo gruppo riuscì a predominare anche in una dimensione istituzionalizzata, e ciò fu evidente con la creazione dell'oblast' di Džizak nel dicembre 1973.[75] Con la definizione di questa nuova regione, il leader uzbeko aveva potuto rafforzare ulteriormente la sua base clientelare nella città natale, creando un ulteriore centro di potere a livello locale distinto da Samarcanda. Il rashidovismo può quindi essere letto come una tipica derivazione del sistema clientelare brežneviano, con le peculiarità del trasformismo uzbeko, basato su una dimensione fortemente clanica, sulla divisione delle opposizioni e sulla cooptazione di membri di altre fazioni rivali[76] per creare una rete di figure leali in tutta la repubblica. Tale legame aveva una connotazione maggiormente personale (e professionale) che territoriale e definiva un tipico caso di neopatrimonialismo istituzionalizzato dell'alta dirigenza repubblicana, direttamente legata al primo segretario.[77] Il trasformismo, il paternalismo e l'attitudine di Rashidov ad appagare i bisogni di (quasi) tutti i gruppi d'élite portarono a un vasto consenso della nomenklatura per il regime, evitando che i suoi clienti entrassero in competizione o cercassero protezione altrove. Inoltre un'altra base per costruire la rete di Rashidov era relativa ai legami personali e familiari di un leader che infil-

75. L'oblast' di Džizak divenne un simbolo dell'élite rashidoviana e fu abolito da Rafiq Nishonov durante il suo corso di derashidovizzazione il 6 settembre 1988. Fu ristabilito da Islom Karimov il 16 febbraio 1990 con la riabilitazione di Rashidov, dei suoi collaboratori e dei simboli del suo regime.

76. Tra gli esponenti del gruppo di Tashkent vicini a Rashidov, vi erano i membri del burò Musaxonov e Salimov che avevano trascorso le loro precedenti carriere a Tashkent e a Mosca, mentre Xo'jayev divenne un nuovo membro nel 1976 e aveva iniziato la sua carriera a Samarcanda e Namangan. Tunçer-Kılavuz, *Power, Networks and Violent Conflict*, p. 120.

77. A questo proposito, Norling osserva che: «la stragrande maggioranza dei primi segretari degli obkom uzbeki sotto Rashidov sono stati paracadutati in queste posizioni da altre parti e non hanno fatto carriera nelle oblast' in questione. Dei trentadue primi segretari degli obkom sotto Rashidov per i quali sono disponibili dati completi, solo il 10% aveva prestato servizio nell'oblast' di nomina immediatamente prima di essere nominato primo segretario, solo il 4% era rimasto nella provincia dopo aver terminato il servizio e circa il 45% proveniva da una posizione nel governo a livello di repubblica. In particolare, oltre il 76% di questi primi segretari di obkom aveva prestato servizio in più di tre oblast' durante la propria carriera e solo il 21% era nativo dell'oblast' in cui ha prestato servizio [...]. Infine, il 72% dei primi segretari di obkom sotto Rashidov aveva prestato servizio in entrambe le parti della divisione storica dell'Uzbekistan, l'ex Khanato di Kokand e l'Emirato di Bukhara». Norling, *Myth and Reality*, pp. 198-199.

trava i propri parenti e amici in posizioni governative essenziali: due delle sue figlie sposarono uomini importanti affiliati al gruppo di Mo'minov, che aveva un'influenza decisiva sulle regioni di Samarcanda e Bukhara. Anche suo figlio sposò una figlia del primo segretario del Karakalpakstan Kamolov, al fine di mantenere un'influenza sostanziale sul gruppo di Nukus.

Nella seconda metà degli anni Settanta, Rashidov riuscì anche a promuovere il suo alleato Asadilla Xo'jayev alla guida del gorkom di Tashkent (1973-1978). La carica che ricopriva, la sua prominenza nel discorso pubblico e la pubblicità che gli venne fatta lo rendevano una sorta di "vice primo segretario" e un possibile successore di Rashidov.[78] Nel 1978 divenne segretario del Comitato centrale del PCUz e nel marzo 1980 presidente del Soviet supremo della RSSUz. Tuttavia la sua ascesa fu rallentata dall'avvento di Inomjon Usmonxo'jayev, un esponente dell'élite di Fergana che appariva piuttosto come un outsider della politica uzbeka: figlio di un noto ingegnere che aveva contribuito alla costruzione del Gran canale di Fergana, Usmonxo'jayev non aveva mai ricoperto incarichi nella segreteria uzbeka e sostituì Matchonov nel dicembre 1978, diventando il nuovo presidente del Presidium del Soviet supremo della RSSUz. Come vedremo, la sua attitudine orientata al centro lo resero un punto di contatto essenziale tra l'élite uzbeka e i quadri del Comitato centrale del PCUS e avrebbe così determinato il nuovo corso politico dell'Uzbekistan del dopo Rashidov.

Il rashidovismo fu in linea con il resto dell'URSS per quanto riguarda il rilancio della *korenizacija*. Infatti anche in Uzbekistan si verificò un generale ammorbidimento sulla nomina dei quadri nazionali che costituivano un fedele corpo politico e amministrativo composto da nativi inseriti in un sistema che cooptava élite nazionali sovietizzate. Rashidov era consapevole della situazione multietnica della repubblica e, in un sistema che formalmente privilegiava la nazionalità titolare, incoraggiò una inclusione nei quadri nazionali che comprendeva influenze – e individui – provenienti da altri gruppi nazionali. Tuttavia, la conseguenza fu un'ulteriore nazionalizzazione dei non uzbeki. Come ricorda Roy, anche «le fazioni di Bukhara e Samarcanda, sebbene più "persiane" [...] perseguirono una politica di uzbekizzazione a scapito dell'identità tagica».[79]

78. Nonostante queste premesse, il delfino di Rashidov morì prima del suo mentore nel settembre 1983 e la linea di successione non fu mai seguita. Carlisle, *Power and Politics in Soviet Uzbekistan*, p. 126.

79. Roy, *The New Central Asia*, p. 110.

Questa identità inclusiva era dovuta anche alla fede in quell'internazionalismo sovietico che veniva promosso sotto la bandiera dell'amicizia dei popoli. Le revisioni dei confini uzbeko-kazaki all'inizio degli anni Sessanta – apparentemente a favore dell'Uzbekistan – seguivano anche le aspirazioni di Chruščëv di eliminare i confini nazionali nella prospettiva di una futura società comunista.[80] Queste modifiche non furono indicate come una conquista riconosciuta alla nazione uzbeka, ma furono accolte con favore da Rashidov che ribadiva la propria devozione alla "causa nazionale sovietica" e accoglieva il ruolo della lingua russa come punto di incontro tra i popoli. Infatti, seguendo le linee guida del ventiquattresimo Congresso del PCUS del 1971 che sancivano la nascita di una nuova comunità storica (il "popolo sovietico"), il progressivo avvicinamento dei popoli sarebbe dapprima avvenuto sul piano linguistico. Si rinnovò quindi la politica di russificazione (dovuta alla campagna centrale per la "fusione dei popoli" lanciata nel 1956), confidando che la lingua fosse un fattore veicolante della sovietizzazione. A questo proposito anche Rashidov ebbe un ruolo attivo nell'attuare la "russificazione dolce" della società uzbeka, sponsorizzando il ruolo della lingua russa in Uzbekistan come "lingua dell'amicizia e della fratellanza" che creava convergenza tra le nazioni.[81] Il 30 gennaio 1978 Rashidov scrisse persino al segretario del Comitato centrale del PCUS Ivan Kapitonov sull'importanza della lingua russa come «valore nella comunicazione internazionale e per rafforzare l'amicizia e la fratellanza dei popoli dell'URSS». Quindi confermò il suo impegno a imporre l'insegnamento della lingua russa nelle scuole, nelle università, nei kolchoz, nei sovchoz e nell'esercito all'interno della repubblica.[82]

In sostanza, Rashidov riconobbe che la lingua russa era la condizione primaria per accedere alle cariche più alte, determinando una tipica situazione postcoloniale in cui anche i nazionalisti più devoti erano costretti a usare – o semplicemente ad abituarsi a usare – la lingua del centro. La campagna di russificazione in Uzbekistan fu definitivamente formalizzata

80. Questo atteggiamento nei confronti del Kazakistan persistette anche negli anni successivi. Durante le celebrazioni per il sessantesimo anniversario della RSS kazaka e del Partito comunista kazako ad Almaty, Rashidov tenne un discorso che faceva riferimento all'amicizia tra Uzbekistan e Kazakistan nel quadro del comunismo. Allora esclamò: «I nostri popoli per secoli sono rimasti in povertà, [e] il feudalesimo e lo zarismo li hanno strangolati e disuniti. Una vera amicizia brilla solo ora, nell'era sovietica"». «Pravda Vostoka», 30 agosto 1980, p. 3.

81. «Pravda Vostoka», 22 ottobre 1975, pag. 1.

82. RGANI, f. 5, op. 75, d. 158, ll. 1-2.

nell'ottobre del 1978, quando il Consiglio dei ministri dell'URSS approvò il decreto «sulle misure per migliorare ulteriormente lo studio e l'insegnamento della lingua russa nelle repubbliche dell'Unione».[83] Nel maggio 1979 Rashidov organizzava a Tashkent una famosa conferenza intitolata "Il russo - la lingua dell'amicizia e della cooperazione dei popoli dell'URSS", che avrebbe ulteriormente legittimato la politica di russificazione dolce.[84] Questa impostazione fu accolta con grande favore da Rashidov che, nel suo "testamento politico", riconobbe:

> Il ruolo dei russi nella fratellanza delle nazioni uguali è determinato in primo luogo dal fatto che la nazione russa ha portato il peso della lotta [...] per il progresso sociale e la felicità dell'umanità. Il popolo russo versò molto sangue e fece molti sacrifici per la causa comune. Gli invasori che cercavano di distruggere la libertà e la sovranità del nostro paese sono stati schiacciati dagli sforzi congiunti di tutte le nazioni, e in primo luogo della nazione russa. Il popolo russo ha fornito i migliori esempi di aiuto disinteressato ad altre nazioni, grandi e piccole. È stato la forza principale nella costruzione del socialismo nel nostro paese ed è il principale contributore alla costruzione del comunismo. La nazione russa guidata dal Partito comunista è stata la forza cementante che ha consolidato la famiglia [...] di tutte le nazioni sovietiche. È stata la Russia a gettare le basi di [questo] nuovo tipo di stato multinazionale unito, l'Unione delle repubbliche socialiste sovietiche. L'unità dei popoli del nostro paese, la loro indistruttibile amicizia, è una delle principali realizzazioni del potere sovietico.[85]

Alla fine Rashidov sostenne un'interpretazione sovietica inclusiva della mite nazione uzbeka che rifletteva quel "compromesso" tra comunità etniche, gruppi linguistici e clan. Questo approccio pubblicizzava demagogicamente l'Uzbekistan come un modello di integrazione e di amicizia tra i popoli dell'URSS ma allo stesso tempo finiva per rafforzare le caratteristiche "coloniali" di una società fortemente sovietizzata. Come vedremo, questo modello venne presentato come un faro di modernità anche per i paesi di nuova indipendenza.

83. John Staples, *Soviet Use of Corruption Purges as a Control Mechanism: The Uzbekistan Case*, in «Past Imperfect», 2 (1993), p. 40; Roman Solchanyk, *Russification to be Stepped Up*, in «Soviet Analyst», 9 (1980).

84. Yaroslav Bilinsky, *Expanding the Use of Russian or Russification? Some Critical Thoughts on Russian as a Lingua Franca and the «Language of Friendship and Cooperation of the Peoples of the USSR»*, in «The Russian Review», 40/3 (1981), pp. 317-332; Roman Solchanyk, *Russian Language and Soviet Politics*, in «Soviet Studies», 34/1 (1982), pp. 23-42.

85. Rashidov, *Soviet Uzbekistan*, pp. 82-83.

6. La porta d'Oriente (1955-1979)

Ancorché centralizzato, il sistema sovietico aveva molteplici centri di relazioni internazionali, transnazionali e intranazionali. Nello scenario postbellico, anche le repubbliche e i loro leader assunsero un ruolo internazionale e influenzarono la Guerra fredda. Questa tendenza era già in atto nel 1944, quando il ministro degli esteri sovietico Vjačeslav Molotov – nell'idea staliniana di presentare l'URSS alla stregua di un commonwealth – propose l'adesione di tutte le repubbliche socialiste sovietiche all'ONU. Parallelamente, in ogni repubblica sovietica vennero istituiti nuovi ministeri degli affari esteri,[1] che promossero una sorta di diplomazia intrastatale, tenendo i rapporti con le diaspore e agendo all'interno di determinate organizzazioni internazionali, promossero l'internazionalizzazione del progetto sovietico e le relazioni con il secondo e (soprattutto) il terzo mondo. Inoltre, iniziative, organi e figure di spicco del PCUS crearono reti alternative di relazioni internazionali che lavoravano parallelamente – a livello interpartitico – rispetto ai tradizionali protocolli diplomatico-governativi.[2] Questi canali interni al partito venivano attivati quando si trattava con figure di orientamento comunista e spesso preparavano il campo alle missioni diplomatiche ufficiali.

Questa "diplomazia secondaria" guidata dal partito non era una tendenza nuova. Era già emersa all'indomani dell'ottobre 1917, quando i bolscevichi cercarono di aprire nuovi fronti nella rivoluzione globale.[3] Nel settembre 1920 il Congresso dei popoli dell'est si riunì a Baku per fo-

1. Graziosi, *L'Urss dal trionfo al degrado*, p. 44.

2. Mark Kramer, *The Role of the CSPU International Department in Soviet Foreign Relations and National Security Policy*, in «Soviet Studies», 42/3 (1990), pp. 429-446.

3. Pons, *The Global Revolution*.

mentare una rivoluzione anticoloniale che avrebbe portato alla liberazione dell'Oriente – compreso il mondo musulmano – dal colonialismo,[4] e riunire i vari movimenti nazionali sotto la bandiera del Comintern. Nonostante i suoi fallimenti, il congresso di Baku costituì un precedente importante. Questo tipo di agitazione ideologica e di sfida geopolitica riemerse durante la Guerra fredda, quando i due blocchi competevano per estendere la loro influenza sui paesi di nuova indipendenza che uscivano dal processo di decolonizzazione, intervenendo nelle guerre interne[5] e persino avanzando dei modelli di sviluppo per le loro economie.

La Guerra fredda stava trasformando il modo con cui Mosca si rapportava all'Asia Centrale e il modo con cui i leader centroasiatici si rapportavano al centro sovietico e percepivano sé stessi e il mondo.[6] In questo contesto Tashkent puntava ad assumere un ruolo guida per quei paesi del terzo mondo e vicini musulmani che stavano lottando per stabilire un'identità moderna e un modello di sviluppo nell'ordine postcoloniale. In risposta alle critiche emerse alla conferenza di Bandung del 1955 contro l'URSS, Chruščëv elogiò i progressi delle repubbliche centroasiatiche, presentandole come un esempio per i paesi in via di sviluppo, ed esaltò le credenziali anticoloniali del comunismo, la forza dell'internazionalismo sovietico, del progresso socialista e della "amicizia dei popoli" (*družba narodov*) in URSS. Questo ultimo slogan fu rimarcato al ventunesimo Congresso del PCUS nel 1959 e divenne in seguito un leitmotiv ideologico (anche a livello storiografico) che serviva ad attenuava le critiche residue al colonialismo zarista e riscriveva come positive le interazioni con il popolo russo e le autorità centrali.[7] Nel lodare l'URSS come una forza antimperialista e anticoloniale, l'uso di personale diplomatico (e paradiplomatico) non russo divenne cruciale. Inoltre la creazione di alleanze regionali sostenute dall'Occidente – come la NATO, la SEATO e la CENTO – spinse Mosca a ripensare la propria agenda internazionale in favore di nuovi partner tra i paesi di nuova indipendenza.

Al centro di questo ripensamento, Muhiddinov spinse Chruščëv e il burò sull'importanza di trovare nuovi alleati nell'emergente terzo mondo

4. Khalid, *Being Muslim in Soviet Central Asia*, p. 127.

5. Odd Arne Westad, *The global Cold War: Third World interventions and the making of our times*, Cambridge-New York, Cambridge University Press, 2005.

6. Artemy Kalinovsky, *Laboratory of socialist development: Cold War politics and decolonization in Soviet Tajikistan*, Ithaca, Cornell University Press, 2018.

7. Lowell Ray Tillett, *The Great Friendship: Soviet historians on the non-Russian nationalities*, Chapel Hill, University of North Carolina Press, 1969.

e di sviluppare un'agenda con quello che i sovietici chiamavano "Oriente estero" (vale a dire Asia, Africa e Medio Oriente).[8] A Tashkent Muhiddinov ospitò nel giugno 1955 un incontro con una delegazione indiana guidata dal primo ministro Nehru e preparò il terreno per un'offensiva diplomatica sovietica verso l'Oriente. Chruščëv seguì questa linea e nel gennaio 1957 fece le seguenti osservazioni ad alcuni alti funzionari del PCUz:

> la vostra repubblica dovrebbe svolgere un ruolo importante nello sviluppo di relazioni amichevoli del nostro stato con i popoli dell'Asia, dell'Africa e dell'America Latina che si stanno liberando dall'oppressione coloniale.[9]

Inoltre, nel 1958, anche il capo del potente comitato di stato per le relazioni culturali con l'estero, Jurij Žukov, insistette sulla necessità di rilanciare la propaganda e i legami culturali sovietici con l'Oriente, mobilitando figure chiave, politici e intellettuali dell'Asia Centrale e del Caucaso per stabilire nuove relazioni.[10] Muhiddinov fu un protagonista di questo percorso, diventando ambasciatore sovietico a Damasco nel 1968-1977 e sostenendo la lunga alleanza tra Mosca e il regime di Assad. Inoltre, Muhiddinov assunse un ruolo di sostegno all'ascesa di Rashidov, una figura che rappresentava il paradigma dell'intellettuale autoctono integrato nel sistema sovietico, il promotore di un modello di sviluppo legato al cotone, all'agricoltura e all'irrigazione e, infine, uno dei principali interlocutori sovietici con i paesi del terzo mondo.[11]

Un interlocutore non russo

L'immagine di un intellettuale autoctono alla guida di una repubblica moderna, musulmana e orientale si imponeva con forza ai fini della poli-

8. Masha Kirasirova, *Building Anti-Colonial Utopia. The politics of space in Soviet Tashkent in the "long 1960s"*, in *The Routledge Handbook of the Global Sixties. Between Protest and Nation-Building*, a cura di Chen Jian, Martin Klimke, Masha Kirasirova, Mary Nolan, Marilyn Young e Joanna Waley-Cohen, London-New York, Routledge, 2018, p. 53.

9. Nuritdin Muchitdinov, *Gody provedennye v Kremle*, Taškent, Kadyri, 1994, p. 257.

10. Artemy Kalinovsky, *Central Asia and the Global Cold War: A View from Russian and Tajikistani Archives*, 2018, https://www.wilsoncenter.org/blogpost/central-asia-and-the-global-cold-war.

11. Gran parte di questo capitolo è basato sull'articolo Riccardo Mario Cucciolla, *Sharaf Rashidov and the International Dimensions of Soviet Uzbekistan*, in «Central Asian Survey», 39/1 (2020), pp. 185-201.

tica estera sovietica durante la Guerra fredda, quando Rashidov condusse missioni diplomatiche in trentatré paesi.[12] Dal punto di vista istituzionale, Rashidov da agosto 1950 a marzo 1959 era stato il presidente del Presidium del Soviet supremo della RSSUz e per questo iniziò a stabilire il suo profilo internazionale nelle vesti di "capo di stato" di una repubblica sovietica. Nella sua prima uscita all'estero nel 1955, accompagnò Chruščëv in India in visita ufficiale[13] e aiutò anche le delegazioni sovietiche condotte dal presidente del Consiglio dei ministri dell'URSS Nikolaj Bulganin, dal suo vice Anastas Mikojan, e dal presidente del Presidium del Soviet supremo dell'URSS Kliment Vorošilov durante una serie di missioni in Asia nel 1955-1957.[14] Un evento importante avvenne nella primavera del 1957, quando Rashidov si unì a Vorošilov nel suo tour in Indonesia, Birmania, Cina e Vietnam. In quell'occasione, il nome del leader uzbeko apparve in cima alla lista delle autorità che accompagnavano il maresciallo e agì come una sorta di vice di colui che ufficialmente era il capo di stato sovietico. Il 15 aprile a Pechino Rashidov fu accreditato come vicepresidente del Presidium sovietico (anziché come presidente del Presidium uzbeko) e apparve accanto a Vorošilov, Mao Zedong, Zhou Enlai e Liu Shaoqi.[15] In seguito, sia Vorošilov che Rashidov proseguirono il loro tour asiatico e il 21 mag-

12. Un pannello del Museo monumentale Sh. Rashidov di Jizzax riporta che il leader uzbeko avrebbe visitato: Afghanistan (1956, 1983), Algeria (1963, 1964, 1972, 1981), Angola (1980), Argentina (1971), Austria (1969), Birmania (1955, 1956), Brasile (1971), Bulgaria (1975), Canada (1962), Cecoslovacchia (1976), Ceylon (1965), Cile (1971), Cina (1955, 1956), Corea del Nord (1972), Cuba (1962, 1966), Egitto (1957), Finlandia (1954), Francia (1959, 1967), Guinea (1959, 1967), India (1956, 1975), Indonesia (1955, 1965), Iraq (1973), Irlanda (1962), Italia (1964), Jugoslavia (1963), Libano (1973), Mali (1964), Mongolia (1955, 1956), Mozambico (1981), Pakistan (1956), Senegal (1971), Vietnam (1955, 1956, 1976) e Zimbabwe (1980). A questo elenco si aggiunge anche un viaggio in Etiopia (1983) che allora venne ampliamente documentato anche dalla stampa.

13. Roy, *The New Central Asia*, p. 111.

14. Dal 30 marzo al 2 aprile 1956, Mikojan guidò la delegazione sovietica in Birmania. A novembre, questo viaggio fu seguito dal tour di Chruščëv e Bulganin in India, Birmania e Afghanistan. AVPRF, f. 73, op. 10, p. 7, d. 9, ll. 5-7. Poi, nell'aprile 1957 la delegazione sovietica guidata da Vorošilov si fermò in Birmania durante un viaggio da Pechino a Giacarta (AVPRF, f. 073, op. 11, p. 20, d. 7, l. 6) e consolidò contatti speciali con le controparti birmane. A novembre una delegazione birmana visitò l'Uzbekistan e le sue stazioni elettriche, i kolchoz e le fabbriche tessili (AVPRF, f. 73, op. 10, p. 7, d. 9, l. 83).

15. Un'accoglienza simile fu riservata alla delegazione sovietica in Cina il 18 giugno 1957, quando Rashidov si unì a un incontro allo stadio Syanuntan al quale partecipavano circa 100.000 persone. Si veda AVPRF, f. 100, op. 44, p. 176, d. 17, ll. 2-3, 22.

gio furono accolti ad Hanoi da Ho Chi Minh. Nel corso di un incontro in cui si discuteva di un'ulteriore cooperazione tra i due paesi, il presidente vietnamita aveva sottolineato l'importanza di avere in delegazione uno come Rashidov che era inoltre un rappresentante di una repubblica multinazionale. A quanto pare, l'incaricato non russo aveva suscitato molta empatia nei suoi interlocutori postcoloniali. Questa benevolenza nei confronti del leader uzbeko emerse nuovamente il giorno dopo, quando Rashidov venne invitato dal partito locale a tenere un discorso ad Haiphong e fu «ripetutamente interrotto da tempestosi applausi».[16] Un'accoglienza simile gli venne riservata anche in Mongolia, dove la delegazione sovietica venne accolta da una manifestazione alla quale partecipavano circa 150.000 persone. Da parte loro, i sovietici volevano lodare la transizione mongola "dal feudalesimo al socialismo" e promuovere la vicinanza culturale e politica con un paese che usciva dall'isolamento diplomatico.[17]

Il tour asiatico della primavera del 1957 fu un banco di prova essenziale per Rashidov, il cui crescente prestigio all'interno del Comitato centrale gli garantì la possibilità di guidare la delegazione sovietica alla conferenza di solidarietà afro-asiatica, tenutasi al Cairo alla fine di dicembre 1957, quando venne istituita una segretaria permanente dell'Organizzazione di solidarietà dei popoli afro-asiatici. In questo contesto, Rashidov si presentò come un influente leader dell'Asia Centrale che promuoveva i valori dell'internazionalismo sovietico all'estero e proponeva l'esperienza dell'Uzbekistan sovietico come modello di sviluppo culturale, politico ed economico per il terzo mondo. Nel suo discorso del 28 dicembre ribadì come:

> Noi odiamo l'imperialismo e il colonialismo in tutte le loro voraci manifestazioni. [...] L'Unione Sovietica aiuta in modo disinteressato i popoli dell'Asia e dell'Africa a sviluppare la loro economia e in particolare le loro industrie. Stabilisce relazioni economiche reciprocamente vantaggiose, il cui obiettivo è l'innalzamento del tenore di vita dei popoli. I popoli liberati accettano con soddisfazione questo aiuto, perché non vi applichiamo alcun vincolo, politico, militare o di altro tipo. Non interferiamo negli affari interni dei paesi che ricevono i nostri aiuti. Siamo guidati da un solo sentimento, una sola aspirazione, un solo obiettivo: la pace e l'amicizia tra i popoli. [...] La cosiddetta

16. Il resoconto del viaggio in Vietnam del 21-24 maggio 1957 si trova in AVPRF, f. 78, op. 12, p. 8, d 8, ll. 6-39.

17. Il resoconto del viaggio in Mongolia del 26-30 maggio 1957 si trova in AVPRF, f. 0111, op. 38, p. 249, d. 17, ll. 7-51.

> Dottrina Eisenhower, con il pretesto degli aiuti economici ai paesi sottosviluppati, [ha cercato] di asservirli, di ostacolare lo sviluppo della loro politica estera. [...] Amici e fratelli, alzate la testa! La fine della schiavitù è vicina! Il vento fresco della libertà e dell'indipendenza disperde le cupe nubi della schiavitù coloniale! Il sole della libertà e dell'indipendenza splende già sulla strada che i popoli hanno intrapreso.[18]

Demonizzando l'imperialismo americano, Rashidov promosse l'URSS come forza antimperialista e amica dei popoli in via di decolonizzazione in una lotta che, secondo lui, doveva assumere toni rivoluzionari. Secondo un rapporto segreto della CIA, egli «svelò la definizione particolarmente militante che la dottrina della coesistenza pacifica di Mosca non si applicava nel mondo sottosviluppato dove i popoli lottavano per la loro "liberazione"».[19] La sua critica, infatti, aveva rimarcato l'atteggiamento proattivo e combattivo che si celava dietro la narrativa di Mosca che, in misura significativa, mostrava i limiti della distensione nelle relazioni tra Est e Ovest.[20] Oltre a chiamare i popoli dell'Asia e dell'Africa alla lotta contro gli oppressori imperialisti, la missione di Rashidov in Egitto aveva anche implicazioni strategiche. La diplomazia sovietica cercava di rafforzare i legami con quei paesi del Medio Oriente e dell'Africa settentrionale che erano sulla via del socialismo panarabista e della modernizzazione. Anche in questo caso, Rashidov, rappresentante non slavo proveniente da una società tradizionalmente musulmana, era destinato a diventare un interlocutore naturale e uno dei principali protagonisti delle relazioni sovietico-arabe. Nel 1957, il Presidente egiziano Gamal Abd el-Nasser stava promuovendo un nuovo corso socialista e consolidando al contempo l'influenza sovietica in Nord Africa. Allora, il Comitato centrale del PCUS scelse accuratamente Rashidov per questa missione e gli fornì chiare istruzioni: partecipare alla conferenza del Cairo e stabilire «contatti personali con politici e personalità pubbliche egiziane», tra cui Nasser, il Presidente del parlamento Abd al-Latif Baghdadi e il suo vice Anwar al-Sadat. In questa occasione, Vorošilov chiese a Rashidov, a suo nome, di salutare Nasser di persona e di invitarlo in Unione Sovietica:

18. Homer Alexander Jack, *Cairo: The Afro-Asian Peoples' Solidarity Conference. A Critical Political Analysis*, Chicago, Toward freedom pamphlet, 1958, pp. 3-4.

19. CIA, *Directorate of Intelligence Report. Policy and Politics in the CPSU Politburo: October 1964 to September 1967 (Reference Title: CAESAR XXX). 31 August 1967. RSS No. 0021/67*, 1967, p. 90.

20. Zubok, *A Failed Empire*, p. 94.

> Inoltre, dica che lei, in qualità di presidente del Presidium del Soviet supremo della RSSUz, sarebbe molto lieto se il presidente Nasser cogliesse l'opportunità, durante il suo soggiorno in Unione Sovietica, di visitare anche l'Uzbekistan, il cui popolo – per le sue caratteristiche storiche ed etnografiche, la sua cultura, i suoi costumi e molte altre cose – è vicino all'Egitto. Considerando che l'Uzbekistan, come l'Egitto, è un importante produttore di cotone e dispone di un'ampia rete di impianti di irrigazione, sarebbe ovviamente interessante per il presidente, che si preoccupa della prosperità dell'agricoltura egiziana, dello sviluppo delle terre desertiche e dell'uso razionale delle risorse idriche del paese, comprendere lo sviluppo dell'Uzbekistan. Se ne ha l'opportunità e in conformità con le direttive esistenti, parli brevemente con Nasser dei successi ottenuti in Unione Sovietica e nelle repubbliche sovietiche dell'Asia Centrale e della Transcaucasia durante i quaranta anni di governo sovietico in campo economico, politico e culturale. Facendo riferimento alle istruzioni del governo sovietico, informi brevemente Nasser sui risultati dei negoziati a Mosca con il governo della Siria guidato dal vice primo ministro Khalid al-Azm.[21]

Oltre a promuovere lo sviluppo sovietico, Rashidov fu incaricato di mantenere il focus dei negoziati su tre questioni principali: in primo luogo, l'attuazione dell'accordo sovietico-siriano dell'ottobre 1957 sulla cooperazione economica e tecnica e la concessione di un prestito per quattro anni al 2,5% annuo con rimborso in dodici anni; in secondo luogo, lo sviluppo delle relazioni commerciali tra URSS e Siria (con l'importazione di cotone e grano per un fatturato di 200 milioni di rubli (contro i 20 milioni del 1957); e in terzo luogo, che «ulteriori forniture militari alla Siria, così come l'assistenza nella formazione degli ufficiali, fosse coordinata con esperti militari». In effetti, oltre a rafforzare i legami con il Cairo, Mosca voleva appoggiare il governo siriano contro le ingerenze dei «colonialisti degli Stati Uniti, della Gran Bretagna e della Turchia», sostenendo al contempo «l'unità araba e la stretta cooperazione tra l'Egitto e la Siria nella lotta per rafforzare l'indipendenza dei popoli arabi». In qualità di vicepresidente del Presidium, Rashidov fu persino incaricato di fare una visita di cortesia a Baghdadi e di invitarlo in URSS e in Uzbekistan, nella misura in cui «stabilire relazioni dirette tra i parlamenti è un importante mezzo di cooperazione internazionale nell'interesse della pace e della sicurezza». In qualità di capo della delegazione sovietica, Rashidov era tenuto a visitare anche Sadat, che era a capo della delegazione egiziana alla conferenza e si

21. RGANI, f. 3, op. 21, d. 41, ll. 79-80.

occupava di questioni organizzative.[22] Inoltre, il Comitato centrale chiese a Rashidov di promuovere la cooperazione culturale con l'Egitto, anche a livello religioso:

> Approfittando del fatto che nella delegazione sovietica è presente il presidente del SADUM Boboxon, [bisogna] organizzare, insieme a lui e a un gruppo di altri compagni delle repubbliche dell'Asia Centrale e della Transcaucasia, una visita di cortesia al rettore dell'università religiosa di al-Azhar e [esprimergli il nostro] augurio per l'ulteriore espansione dei contatti tra il clero musulmano dell'Egitto e dell'Unione Sovietica. [...] Boboxon ha potuto raccontare il grande ruolo che i musulmani svolgono in Unione Sovietica nella lotta per la pace e nello stabilire relazioni amichevoli con i popoli dei paesi orientali.[23]

La conferenza del Cairo fu un successo per Mosca, che si stava riprendendo dall'umiliazione di Bandung e veniva pienamente reintegrata nella causa dell'antimperialismo. Anche i buoni uffici di Rashidov diedero i loro frutti, con un miglioramento delle relazioni sul fronte egiziano-siriano e il coinvolgimento personale di Nasser, che visitò l'Uzbekistan nel maggio del 1958.[24] In questa occasione, sia Rashidov che Nasser rammentarono la simpatia tra i due popoli; e Muhiddinov sottolineò addirittura che «relativamente di recente il popolo uzbeko si trovava nella stessa posizione di quei popoli dell'Asia e dell'Africa che non hanno ancora ottenuto la loro indipendenza politica». Ma ora, come «stato socialista genuinamente sovrano», il popolo uzbeko aveva ottenuto «un'importante vittoria politica».[25]

Oltre ai ruoli cerimoniali nella promozione del terzomondismo sovietico, in qualità di nuovo primo segretario del PCUz Rashidov divenne addirittura protagonista di alcune delle missioni strategiche più emblematiche della Guerra fredda, come l'operazione Anadyr a Cuba. Il 29 maggio 1962 Rashidov guidò una delegazione sovietica all'Avana che ufficialmente si occupava di agricoltura e tecnologia dell'irrigazione[26] (un

22. Ivi, ll. 80-82.
23. Ivi, l. 83.
24. Allo stesso modo, nel luglio 1967 il presidente francese Georges Pompidou si recò in visita ufficiale a Samarcanda e Tashkent. AVPRF, f. 136, op. 51, p. 108, d. 10, ll. 85-86.
25. Yaacov Ro'i, *The Role of Islam and the Soviet Muslims in Soviet Arab Policy*, in «Asian and African Studies», 10/2 (1975), p. 188.
26. Il 10 giugno 1962, Rashidov informò il Presidium del Comitato centrale del PCUS del suo viaggio a Cuba, delle questioni economiche discusse e dei negoziati per la difesa dell'isola. Si veda RGANI, f. 3, op. 18, d. 63, ll. 1-2 e RGANI, f. 3, op. 18, d. 74, l. 2 e an-

compito credibile per il leader della principale repubblica del cotone di tutta l'URSS). Tuttavia la missione di Rashidov copriva la natura di una delegazione che effettivamente era composta dall'ambasciatore sovietico Aleksandr Alekseev, il maresciallo Sergej Birjuzov (comandante in capo delle forze missilistiche strategiche sovietiche che allora era stato accreditato con lo pseudonimo di "Ingegner Petrov") e il tenente generale dell'aeronautica sovietica Sergej Ušakov che si recò a Cuba per discutere il dispiegamento di missili balistici sovietici a corto e medio raggio, di bombardieri a medio raggio e di una divisione di fanteria meccanizzata nell'isola caraibica.[27] All'epoca, «Rashidov era sicuro che i missili potessero essere nascosti, sostenendo che potevano essere posizionati in modo da confondersi con le palme».[28] Lo stesso Fidel Castro rispose che l'idea era «interessante», ma che doveva consultarsi con il suo gruppo prima di dare una risposta definitiva. La conclusione di questa storia non ha bisogno di ulteriori approfondimenti.

Tuttavia, il quadro della crisi caraibica divenne l'occasione per Rashidov di stabilire relazioni amichevoli con Castro, ulteriormente consolidate durante il viaggio di quaranta giorni che il *Lider maximo* trascorse in URSS dove fece anche una tappa in Uzbekistan (8-10 maggio 1963). Giunto a Tashkent, il rivoluzionario cubano fu accolto calorosamente da Rashidov ed entrambi mostrarono molto entusiasmo in un'atmosfera di festa.[29] Dopo la capitale uzbeka, Castro visitò le antiche meraviglie di Samarcanda, le "moderne meraviglie" delle Terre Vergini e l'agricoltura meccanizzata nei pressi di Yangiyer, nella Steppa della Fame. Durante quest'ultima tappa, il leader cubano trascorse il suo tempo scherzando con i brigadieri colcosiani e guidando trattori nei campi di cotone. In tale occasione, suggerì di rinominare Mirzacho'l come "Steppa dell'Abbondanza" per celebrare la vittoria dell'Uzbekistan nell'irrigazione e nell'agricoltura. Infine, dichiarò in uzbeko: «Lunga vita al kolchoz Kyzyl dell'Uzbekistan!», prima di ringraziare Rashidov e partire per la Siberia.[30] La crisi dei missili di Cuba fu

che Aleksandr Fursenko, *Archivi Kremlja, Prezidium CK KPSS 1954-1964. Postanovlenija 1959-1964. Tom 3*, Moskva, Rosspen, 2015, pp. 283, 311, 381-384.

27. Pikhoia, *URSS, Histoire du Pouvoir*, p. 408.

28. Fursenko, *Archivi Kremlja*, pp. 1118-1120.

29. Tra i regali che Rashidov ricevette da Castro c'era un coccodrillo imbalsamato, un tipico esempio di "diplomazia kitsch". Ora è esposto al Museo monumentale Sh. Rashidov a Jizzax.

30. «Pravda Vostoka», 11 maggio 1963, pp. 1-2.

un caso straordinario che sottolineò i limiti della coesistenza pacifica. Allo stesso tempo, preannunciò la fine politica di Chruščëv.

Anche sotto Brežnev, Rashidov mantenne il suo impegno "internazionalista" nelle fasi successive della Guerra fredda, quando emersero nuove e urgenti sfide sul piano geopolitico. Nel maggio del 1965 Rashidov guidò una delegazione della PCUS a Giacarta per partecipare alle celebrazioni del quarantacinquesimo anniversario del Partito comunista indonesiano, facendo eco agli appelli di Brežnev e Suslov per l'unità d'azione di tutte le «forze antimperialiste».[31] Pochi mesi dopo, questo obiettivo venne vanificato dai massacri commessi contro i comunisti e altri gruppi da parte dell'esercito indonesiano e di vari squadroni della morte – con l'incoraggiamento, o almeno la tacita approvazione, di alcuni governi occidentali – che definirono i contorni di una Guerra fredda combattuta in termini molto concreti per procura. Sul fronte dell'antimperialismo, Rashidov compì una seconda visita a Cuba, dove guidò la delegazione sovietica alla conferenza tricontinentale di solidarietà dei popoli dell'Asia, Africa e America Latina tenuta all'Avana nel gennaio 1966. In quell'occasione sottolineò:

> è evidente che non esiste una coesistenza pacifica, né può esistere una coesistenza pacifica tra i popoli oppressi e i loro oppressori, i colonialisti e gli imperialisti, tra gli aggressori imperialisti e le loro vittime.[32]

Rashidov finì poi per elogiare la lotta armata dei patrioti venezuelani, peruviani, colombiani e guatemaltechi contro i "servi" dell'imperialismo ed espresse la solidarietà del governo sovietico con i popoli della Guyana britannica, francese e olandese, delle Antille e di Porto Rico. Allora ammise che l'URSS stava fornendo aerei, munizioni e artiglieria ai guerriglieri Viet Cong nel Vietnam del Sud e ribadì il sostegno di Mosca a Cuba. Infine, Rashidov invitò i delegati di Asia, Africa e America Latina a formare un "fronte unito" contro il nemico comune, ovvero l'imperialismo internazionale guidato dagli Stati Uniti d'America.[33]

Oltre a rappresentare la causa dell'antimperialismo sovietico, Rashidov fu un protagonista chiave nel consolidamento delle relazioni tra l'URSS e altri partner strategici. In Algeria si adoperò per rafforzare il legame speciale

31. CIA, *Directorate of Intelligence Report*, p. 90.

32. *Ibidem*.

33. Pepita Riera, *Servicio de Inteligencia de Cuba Comunista*, Miami, Service Offset Printers, 1966, p. 126.

formatosi durante la guerra d'indipendenza, quando Mosca fornì assistenza tecnico-militare ai ribelli e poi divenne il primo paese a riconoscere il governo provvisorio della repubblica algerina nell'ottobre 1960. Rashidov visitò l'Algeria quattro volte, rappresentando il PCUS durante le visite politiche al Fronte di liberazione nazionale (FLN) e sollevando anche questioni poi concordate nei successivi negoziati tra i due paesi. I primi viaggi avvennero nel 1963, quando l'URSS stava supportando l'Algeria durante la guerra delle sabbie e formalizzò un accordo a lungo termine sulla cooperazione economica e tecnica e un prestito di 90 milioni di rubli, e nel 1964, quando Mosca accettò di fornire assistenza tecnica nella costruzione di un impianto metallurgico ad Annaba e un altro prestito a lungo termine di 115 milioni di rubli. L'incontro tra Chruščëv e il presidente Ahmed Ben Bella del 3 maggio 1964 si concluse poi ricordando i buoni uffici di Rashidov nel promuovere la produzione di cotone a fibra lunga nel paese nordafricano:

> Date le condizioni particolarmente favorevoli, l'Unione Sovietica può contribuire ad aumentare le rese e le coltivazioni di cotone in Algeria. Possiamo fornirvi le nostre attrezzature o organizzarne la produzione in loco.[34]

Sebbene il programma di sviluppo del cotone algerino non abbia dato i frutti sperati e sia stato in gran parte abbandonato a metà degli anni Settanta, le relazioni di Rashidov con l'Algeria si consolidarono ulteriormente nel 1972, quando le relazioni sovietico-egiziane si stavano rapidamente deteriorando: in quella occasione Mosca fornì ulteriore sostegno economico, finanziario e tecnico ad Algeri, definendo al contempo i successivi sviluppi della cooperazione militare. Allora il 5 giugno Rashidov guidò una delegazione della PCUS al FLN e fu ricevuto da Houari Boumédiène, concordando di «promuovere la cooperazione e i contatti a livello di partito».[35] La questione venne poi ripresa nel 1981, quando Rashidov guidò un'altra missione sovietica volta a consolidare le relazioni con il presidente algerino Chadli Bendjedid. In quel viaggio, valutò molto positivamente «i successi del popolo algerino, sotto la guida della sua avanguardia, il FLN, nella lotta per la costruzione del socialismo».[36]

34. RGANI, f. 52, op. 1, d. 546, l. 162.

35. John R. Swanson, *The Soviet Union and the Arab World*, in «The Western Political Quarterly», 27/4 (1974), p. 637.

36. I. William Zartman, *Soviet-Maghribi Relations in the 1980s*, in *The limits of Soviet power in the developing world: thermidor in the revolutionary struggle*, a cura di Edward A. Kolodziej e Roger E. Kanet, Basingstoke, Macmillan, 1989, p. 303.

Gli anni Settanta segnarono il momento in cui la diplomazia di Rashidov fu impegnata soprattutto a rappresentare il PCUS e a consolidare le relazioni interne al partito tra Mosca e le altre organizzazioni comuniste, socialiste, e terzomondiste su scala globale. Nel gennaio 1971, Rashidov fu a capo di una delegazione del PCUS in Sudamerica e partecipò a Santiago del Cile al ventitreesimo Congresso del Partito socialista cileno.[37] Un anno dopo incontrò a Tashkent una delegazione del Partito comunista degli Stati Uniti d'America (CPUSA) guidata da Angela Davis. Infine, nel 1973, visitò il Libano e l'Iraq, dove guidò la delegazione sovietica per le celebrazioni della giornata nazionale irachena in un momento di riconciliazione tra i baatisti e i comunisti locali.[38]

L'attività diplomatica di Rashidov subì un significativo rallentamento nella seconda metà degli anni Settanta, quando il fronte interno del cotone fu dirompente, e riprese poi alla fine degli anni Settanta, quando i sovietici si sforzarono di sostenere una serie di regimi amici africani in questa delicata fase storica per il continente nero. Il 15 aprile 1980, il leader uzbeko giunse in Zimbabwe per stabilire contatti con il nuovo governo post apartheid e partecipare ai festeggiamenti per l'indipendenza. Allora il primo ministro Robert Mugabe accolse la delegazione sovietica all'aeroporto ma non tenne alcun incontro ufficiale nei giorni successivi. Rashidov si sentì sdegnato e non nascose la sua irritazione per l'incidente diplomatico.[39] Nello stesso anno, il leader uzbeko si recò anche in Angola e stabilì contatti con il Movimento popolare per la liberazione (MPLA) anche in vista di una possibile esportazione della tecnologia cotoniera uzbeka e, nel novembre 1981, giunse a Maputo per incontrare i leader del Fronte di liberazione del Mozambico (FRELIMO) in visita ufficiale «su un piano di cooperazione fraterna [che] mirava a condividere le esperienze nella costruzione di un partito politico socialista e a discutere questioni internazionali».[40] L'ultima missione all'estero di Rashidov fu nel settembre 1983 ad Addis Abeba, dove guidò una delegazione del PCUS

37. Cole Blasier, *The Giant's Rival. The USSR and Latin America*, Pittsburgh, University of Pittsburgh Press, 1989, p. 40.

38. Galia Golan, *Yom Kippur and after: the Soviet Union and the Middle East crisis*, Cambridge, Cambridge University Press, 2010, pp. 59, 276.

39. Vladimir Shubin, *The hot «cold war»: the USSR in Southern Africa*, Scottsville, UKZN Press, 2009, pp. 186-187.

40. FRD, *Federal Research Division - Summary of Commentary in Pravda on Sub-Saharian Africa, Report 19960827/018, December 1981*, 1981, p. 8.

per celebrare il nono anniversario della rivoluzione etiope e l'inaugurazione della prima statua di Lenin in Africa,[41] un monumento che sarebbe rimasto in piedi fino alla fine del regime di Menghistu nel maggio 1991.

La vetrina per l'Oriente estero

Oltre a fare strada in importanti missioni strategiche all'estero, Rashidov divenne anche un promotore dell'agenda estera sovietica "dall'interno" del paese. Infatti, dalla metà degli anni Cinquanta, Chruščëv aveva utilizzato Tashkent come punto di partenza per i suoi tour asiatici, dichiarando la città come la "porta d'Oriente" sovietica.[42] Allo stesso tempo, la capitale uzbeka divenne una vetrina e un punto di riferimento per molte delegazioni (soprattutto del cosiddetto "Oriente estero") che si avvicinavano all'URSS.[43] Quello che era stato il centro del colonialismo russo si trasformava ora simbolicamente in una rappresentazione dell'amicizia dei popoli. Con la sua dimensione multinazionale, Tashkent riproduceva l'URSS in scala ridotta (e nelle sue contraddizioni) e veniva promossa come "città asiatica modello",

> un esempio di come il socialismo potesse essere adattato al di là delle sue radici originarie europee per aiutare le società "meno sviluppate" o addirittura "arretrate" a uscire dalla povertà e dal colonialismo. Funzionari comunali, accademici e propagandisti del partito si sforzarono di dimostrare che i non europei in Unione Sovietica, sotto la guida del partito comunista, potevano migliorare sé stessi e creare società industriali moderne e "civilizzate".[44]

In diverse forme, anche all'indomani della ricostruzione del post 1966, Tashkent pretendeva di rappresentare la compatibilità tra socialismo e società tradizionali, diventando così un ponte tra Mosca e l'O-

41. «Pravda", 12 settembre 1983, p. 4.
42. Stronski, *Tashkent*, p. 238.
43. Il 26 febbraio 1959, Chruščëv presentò l'Uzbekistan ai delegati iracheni come esempio di sviluppo per l'agricoltura del cotone, del mais e dei cereali e per la riforma agraria. Si veda Fursenko, *Archivi Kremlja*, pp. 837, 841. Invece nel dicembre 1969 una delegazione del Ba'ath siriano visitò Tashkent. Alexandre Bennigsen, *Soviet strategy and Islam*, New York, St. Martin's Press, 1989, pp. 32, 41, 143-144; Will Myer, *Islam and colonialism: Western Perspectives on Soviet Asia*, London-New York, RoutledgeCurzon, 2002, p. 56.
44. Stronski, *Tashkent*, p. 234.

riente estero.[45] Uno degli esempi più chiari di questo ruolo di ponte fu la relazione speciale che l'India aveva con la capitale uzbeka, dove già nell'ottobre del 1920 era stato fondato il primo Partito comunista indiano. Tashkent divenne poi il primo punto di contatto con il subcontinente indiano e Rashidov il naturale interlocutore dei comunisti locali. In effetti il leader uzbeko era rimasto profondamente affascinato dall'India: dopo aver accompagnato Chruščëv in missione diplomatica, nel 1956 scrisse il romanzo *Kašmirskaja Pesnja* dedicato alla lotta per la liberazione del popolo indiano, nel quale promuoveva una narrazione che enfatizzava la vicinanza sovietica. Inoltre Rashidov poté promuovere i suoi buoni uffici tra India e Pakistan, proponendo la capitale uzbeka come sede dei negoziati di pace avviati il 4 gennaio 1966.[46] Anche se il suo ruolo era stato meramente cerimoniale – allora Kosygin moderò i negoziati tra il primo ministro indiano Lal Bahadur Shastri e il presidente pakistano Muhammad Ayyub Khan – l'evento culminò nel successo della Dichiarazione di Tashkent, un accordo di pace firmato il 10 gennaio 1966 che concluse la guerra indo-pakistana del 1965. L'effetto di questa mediazione fu solo temporaneo e le ostilità tra India e Pakistan si riaccesero nel 1971. Tuttavia, questo evento produsse ricadute positive in Uzbekistan, dove Rashidov poté rappresentare Tashkent e sé stesso come promotori di pace a livello regionale. Oltre a ospitare delegazioni dall'India, il leader uzbeko rimase un punto di riferimento per i comunisti indiani, che lo invitarono a partecipare durante i loro eventi.[47]

Per attirare il plauso del terzo mondo non allineato, l'URSS inoltre apriva un fronte sulla cultura e promuoveva Tashkent come centro di eventi internazionali, offrendo un'immagine di una città cosmopolita e colta,

45. Masha Kirasirova ricorda come «delle 110 delegazioni straniere che visitarono la città nel 1956, 64 provenivano dal cosiddetto "Oriente straniero" [e] il numero di siti "accessibili agli stranieri" crebbe da 50 nel 1953 a oltre 300 nel 1956». Kirasirova, *Building Anti-Colonial Utopia*, p. 65.

46. Andreas Hilger, *Sowjetisch-indische Beziehungen 1941 - 1966. Imperiale Agenda und nationale Identität in der Ära von Dekolonisierung und Kaltem Krieg*, Köln, Böhlau Verlag, 2018; David C. Engerman, *The Price of Aid: The Economic Cold War in India*, Cambridge, Harvard University Press, 2018.

47. Ad esempio, Rashidov guidò una delegazione sovietica in India dal 27 gennaio al 3 febbraio 1975 e tenne un discorso al decimo Congresso del Partito comunista dell'India, insistendo su "pace, cooperazione e fratellanza" tra i popoli sovietico e indiano. In questa occasione incontrò il primo ministro indiano Indira Gandhi e il Presidente Ahmed. AVPRF, f. 90, op 37, p. 81, d. 7, ll. 50, 54. Si veda anche «Pravda Vostoka», 30 gennaio 1975, p. 2.

in cui i festival internazionali di cinema e letteratura attiravano migliaia di scrittori, poeti, giornalisti, intellettuali e atleti da Asia, Africa e America Latina. Grazie all'influenza esercitata alla conferenza del Cairo, Rashidov riuscì a organizzare a Tashkent, dal 7 al 13 ottobre 1958, la prima conferenza degli scrittori afro-asiatici, un evento promosso dall'Afro-Asian People's Solidarity Organisation (AAPSO), al quale parteciparono più di 140 scrittori provenienti da 36 paesi. All'evento aderirono personalità di spicco come il saggista e attivista afroamericano William Edward Burghardt Du Bois, il poeta "rivoluzionario romantico" turco che viveva in esilio a Mosca Nazım Hikmet, lo scrittore pakistano perseguitato in patria Faiz Ahamd Faiz, lo scrittore e regista senegalese Ousmane Sembène, lo scrittore e attivista indonesiano Pramoedya Ananta Toer, lo scrittore e critico letterario cinese Mao Dun e il romanziere indiano Mulk Raj Anand. Similmente, nell'ottobre 1968, Tashkent ospitò anche il primo Festival internazionale del cinema dell'Asia e dell'Africa, un'iniziativa biennale con delegazioni provenienti da 49 paesi africani e asiatici, che dal 1976 incluse anche l'America Latina. Inoltre, grazie all'iniziativa di Rashidov, Tashkent venne scelta per ospitare l'undicesima riunione del Presidium dell'AAPSO nell'ottobre 1982. In questo evento, presentato alla stampa con grande clamore, Rashidov proclamò che l'URSS era l'immagine stessa della pace, della fratellanza e della solidarietà tra i popoli e che il socialismo era un valore universale che univa i popoli senza spersonalizzarli (come invece sarebbe avvenuto in Occidente).[48]

Tashkent proiettava così l'immagine di una moderna città del dialogo culturale e assunse anche un ruolo nel mostrare al mondo musulmano una facciata di tolleranza religiosa e la potenziale compatibilità tra socialismo e Islam. Nonostante le dure campagne antireligiose dei primi decenni sovietici, le repressioni e le complesse interazioni tra religione e potere sovietico, in Uzbekistan l'Islam sopravvisse nelle scarne manifestazioni ufficiali minori e soprattutto come fenomeno clandestino che veniva spesso tollerato dalle autorità.[49] Nel 1954 lo stesso Rashidov (di ritorno da una visita

48. «Pravda Vostoka», 12 ottobre 1982, pp. 1-3.

49. Nel 1946 in Uzbekistan operavano ufficialmente 77 moschee registrate, frequentate da circa 200-300.000 fedeli. Nel 1966 risultavano attivi 105 luoghi sacri (di questi, 30 funzionavano regolarmente, 38 durante le feste e 37 non erano funzionanti), mentre molti altri erano stati abbandonati negli anni Venti-Trenta ma non erano stati distrutti. Yaacov Ro'i, *Islam in the Soviet Union: From the Second World War to Gorbachev*, New York, Columbia University Press, 2000, pp. 66-95, 295-380; Sartori, *A Soviet Sultanate*.

in India, Pakistan e Afghanistan) insistette con Muhiddinov sull'importanza di contrastare la propaganda imperialista che dipingeva i musulmani sovietici come oppressi e suggerì di pubblicare una guida ai siti islamici della repubblica. Tuttavia, come aveva osservato, «molte moschee, santuari e monumenti religiosi in Uzbekistan sono in uno stato di abbandono e non vengono utilizzati come previsto».[50] Grazie all'intervento di Rashidov, molti di questi edifici sarebbero stati aggiustati e consegnati al SADUM, in modo da poterli mostrare ai dignitari stranieri:

> Dobbiamo dimostrare chiaramente alle delegazioni internazionali la libertà dei musulmani di praticare la propria religione nel nostro paese, mostrare moschee, mazar, seminari [...] e monumenti religiosi.[51]

Provare che l'URSS stesse effettivamente rompendo gli schemi coloniali e costituendo un modello di integrazione multinazionale in una causa umanistica comune richiedeva un livello di credibilità proprio nelle questioni religiose. Pertanto, Mosca iniziò a investire sempre più risorse per rilanciare l'attività del SADUM, per restaurare monumenti e sviluppare istituzioni accademiche che studiavano le culture locali,[52] mobilitando inoltre il clero musulmano sovietico per promuovere all'estero l'Uzbekistan come un esempio di tolleranza. Così la stessa Tashkent fu rilanciata come centro di studi teologici, per dimostrare al contempo che la libertà e le pratiche religiose sopravvivevano nel contesto sovietico e anche l'ateo Rashidov – che in precedenza aveva dichiarato che la religione fosse una superstizione confutata dalla scienza marxista-leninista – assunse un atteggiamento più conciliante, riconoscendo nel 1967 le profonde radici culturali dell'Islam nella società uzbeka.[53] Questo riappacificamento tra il partito comunista e la religione si concretizzò quando il *mufti* di Tashkent

50. Rizaev, *Šaraf Rašidov*, pp. 24-28. Come osserva Khalid, questo era il frutto delle campagne antireligiose del 1927-1941. La famosa madrasa di Baraq Khan ospitava un deposito di cherosene e un edificio sul terreno della moschea di Tilla Sheykh, dove aveva sede il SADUM, era stato ceduto a una scuola che lo utilizzava come palestra. Inoltre le grandi moschee di Samarcanda e Bukhara furono conservate come "monumenti architettonici", ma non ospitarono alcun culto. L'Islam e i suoi comandamenti morali non ebbero formalmente ruolo nei proclami pubblici, che dovevano avere un senso in un quadro marxista-leninista e lo spazio pubblico sovietico rimase sostanzialmente ostile alla religione. Khalid, *Central Asia: A New History*, p. 385.

51. Testo riportato in Kalinovsky, *Central Asia and the Global Cold War*.

52. Kalinovsky, *Not some British colony in Africa*, p. 205.

53. Gleason, *Sharaf Rashidov and the dilemmas*, p. 148.

(nonché capo del SADUM) Ziyovuddinxon ibn Eshon Boboxon fu incaricato di organizzare nell'ottobre del 1970 la prima conferenza islamica internazionale della storia sovietica proprio nella capitale uzbeka. Il SADUM pianificò cautamente questo, e i successivi eventi, di concerto con il partito e il KGB, invitando un pubblico selezionato e definendo i limiti di quei dibattiti che dovevano essere prudentemente politicizzati.[54] Infatti, oltre a manifestare un apparente interesse per le tematiche religiose, queste conferenze

> quasi sempre si occupavano di questioni politico-propagandistiche di interesse per il Cremlino, come proiettare un'immagine positiva dell'Islam in URSS e lasciare al pubblico un'impressione di ampio sostegno alle iniziative di propaganda sponsorizzate dai sovietici contro i vari "imperialismi", il militarismo statunitense, il sionismo e così via. Alla maggior parte delle conferenze parteciparono delegati provenienti da tutto il mondo musulmano, compresi paesi che non avevano relazioni diplomatiche con l'URSS, come l'Arabia Saudita.[55]

Per produrre quadri religiosi islamici affidabili e preparati in un contesto dove l'educazione religiosa era sopravvissuta a livello familiare, serviva creare delle istituzioni controllabili. Dopo la riapertura della madrasa Mir-I Arab di Bukhara (che nel 1948 iniziò a insegnare un programma di studi completamente modernizzato), nel 1971 fu aperta a Tashkent la scuola teologica Imom Ismoil al-Buxoriy che di fatto funzionava come un'appendice post-laurea della madrasa bukhariana. Queste erano le uniche opportunità per ricevere un'educazione islamica in tutta l'Unione Sovietica. A tal proposito, Khalid ricorda come

> Il SADUM gestiva anche moschee ufficialmente registrate, il cui numero rimase esiguo (nel 1981 si contavano circa 180 moschee di questo tipo in tutta l'Asia Centrale), e manteneva un piccolo numero di santuari. Negli anni Sessanta iniziò a inviare studenti a studiare presso istituzioni religiose in paesi musulmani amici dell'URSS, come Egitto, Siria e Libia.[56]

54. Inoltre, dal 1947 il SADUM iniziò a organizzare il pellegrinaggio annuale (*hajj*) alla Mecca. Tuttavia, l'intera delegazione sovietica contava ogni anno non più di 25-50 persone. I potenziali pellegrini prima della partenza venivano accuratamente controllati dal KGB e sottoposti a debriefing dopo il loro ritorno da un paese fortemente anticomunista come era l'Arabia Saudita. Le delegazioni sovietiche per l'*hajj* servivano a mantenere una sorta di contatto tra i due paesi ma le loro minuscole dimensioni compromettevano qualsiasi potenziale di diplomazia pubblica e culturale. Khalid, *Central Asia: A New History*, pp. 385-386.

55. Bennigsen, *Soviet strategy and Islam*, p. 50.

56. Khalid, *Central Asia: A New History*, pp. 352-353.

Le moschee non registrate, che operavano clandestinamente nei magazzini e nei capannoni delle fattorie collettive o dei quartieri urbani, erano più numerose di quelle ufficiali. Diversi santuari attiravano i pellegrini e le celebrazioni spesso prevedevano la recita del Corano o delle preghiere, eseguite dagli anziani della comunità. Inoltre, sopravvivevano informalmente molte ritualità tradizionali, riti magici e propiziatori contro demoni, forme di malocchio e altre superstizioni.[57]

A metà degli anni Settanta, la capitale sovietica dell'Islam fu finalmente riconosciuta come «una mecca per gli studenti internazionali arabi e musulmani, nonché una città vetrina per l'URSS per mostrare la sua tolleranza nei confronti dell'Asia Centrale musulmana»,[58] attirando inoltre delegazioni di leader e studiosi islamici stranieri da tutto il mondo musulmano.[59] Allo stesso tempo il clero sovietico cercò anche di influenzare i musulmani all'estero anche grazie alla pubblicazione di riviste in lingue internazionali come «Muslims of the Soviet East» (pubblicata in inglese e anche in arabo, uzbeko traslitterato in arabo e francese dal 1974, farsi dal 1980, e dari dal 1985) e «Anba Musku» (in arabo). Questo atteggiamento apparentemente tollerante e proattivo del regime di Rashidov nei confronti dell'Islam era in gran parte superficiale se si considera che nel 1980 erano aperte solo 200 moschee in tutta l'Asia Centrale: «una mera frazione delle oltre 20.000 moschee che erano operative prima della rivoluzione sovietica».[60] Nonostante gli sforzi dei funzionari di partito e del clero per mostrare la riconciliazione tra l'Unione Sovietica e l'Islam, tutte le contraddizioni di questo difficile rapporto riemersero inesorabilmente con l'invasione sovietica dell'Afghanistan.

Il disincanto afghano

La promozione dell'Uzbekistan come principale punto di riferimento sovietico per i comunisti del terzo mondo e (soprattutto) dell'Asia meridionale divenne allo stesso tempo una ragione di forza e di debolezza per una

57. Si veda Sartori, *A Soviet Sultanate*; Abašin, *Qishloq*.

58. Christian Van Gorder, *Muslim-Christian Relations in Central Asia*, London-New York, Routledge, 2008, p. 70.

59. Bennigsen, *Soviet strategy and Islam*, pp. 32-33.

60. Van Gorder, *Muslim-Christian Relations*, p. 70.

repubblica periferica che confinava con una delle zone geopoliticamente più calde del mondo. Data la sua posizione strategica, l'Uzbekistan era destinato ad avere un ruolo cruciale nell'invasione sovietica dell'Afghanistan nel dicembre 1979, diventando il principale snodo logistico per le forze militari sovietiche (Tashkent era il quartier generale del distretto militare del Turkistan, con diverse basi terrestri e aeree e siti di addestramento) e il centro regionale di comando-controllo-comunicazione delle forze armate sovietiche. Allo stesso tempo, una città di confine come Termez era divenuta il principale punto di ingresso per le truppe di terra che attraversavano il "Ponte dell'Amicizia" sull'Amu Darya.

Il ruolo della RSSUz in Afghanistan non fu solo logistico, ma anche politico. Il PCUz, e Rashidov in prima persona, emersero tra i principali sponsor della Rivoluzione di Saur nell'aprile 1978 e divennero degli interlocutori chiave con il Partito democratico popolare dell'Afghanistan (PDPA) attraverso il quale potevano esportare il modello sovietico (nella sua forma uzbeka) oltre l'Amu Darya. In questo caso la propaganda sovietica in Afghanistan tentò di allontanare le giovani generazioni afghane «dalle secolari affinità con le civiltà iraniane, mediorientali e del subcontinente e di convincerle che l'Afghanistan era una componente inseparabile della cultura e della società dell'Asia Centrale».[61] In questo frangente i sovietici presentarono figure come Nava'i, Babur e Abdullaziz Khan come prova di una storia transnazionale sostanzialmente condivisa. Inoltre, considerando che più di tre milioni di uzbeki, tre milioni di tagiki e un milione di kirghisi e kazaki vivevano nell'Afghanistan settentrionale, la propaganda sovietica celebrò la fratellanza tra le «nazionalità su entrambe le sponde dell'Osso» e «la loro unità negli ultimi mille anni»[62] sostenendo di rappresentare una storia e un futuro (socialista) comuni. In effetti Tashkent divenne un ingranaggio della sovietizzazione afghana, collegando Mosca e Kabul attraverso la riapertura nella capitale uzbeka di un consolato afghano e la formazione di circa 5.000 studenti afghani soltanto nel 1982.[63] Allo stesso tempo in Uzbekistan veniva preparato moltissimo materiale propagandistico per influenzare l'opinione pubblica afghana, tra cui i giornali «Yuldis»

61. A. Rasul Amin, *A general reflection on the stealthy Sovietisation of Afghanistan*, in «Central Asian Survey», 3/1 (1984), p. 54.

62. Ivi, p. 55.

63. Marie Broxup, *The soviets in Afghanistan: The anatomy of a takeover*, in «Central Asian Survey», 1/4 (1983), p. 100.

(«La stella»), «Girash» («La lotta») e «Sab» («La rivoluzione»), pubblicati rispettivamente in uzbeko, turco e beluci.[64] In questo scenario, anche il SADUM sostenne gli sforzi della propaganda sovietica in Afghanistan, parlando alla radio di Tashkent contro «le oltraggiose azioni malvagie dei controrivoluzionari afghani» e assistendo nella pubblicazione di materiali da distribuire oltre il confine meridionale.[65]

Il Segretario generale del PDPA Babrak Karmal e gli altri leader afgani – che in misura significativa sembravano emulare la figura, il ruolo e persino lo stile di Rashidov – promuovevano l'idea di modernizzazione preservando le caratteristiche culturali del paese. Pertanto, la propaganda afghana faceva riferimento alle conquiste del socialismo, mostrando al contempo i risultati del restauro di monumenti e antiche moschee oltre l'Amu Darya. A questo proposito, Rashidov fu più cauto di quanto non fosse stato in precedenza.[66] Intervenendo il 26 aprile 1983 a una cerimonia a Kabul per commemorare il quinto anniversario della rivoluzione di Saur, il leader uzbeko sottolineò la natura "nazional-democratica" della trasformazione afghana più che la cornice comunista che invece era stata esaltata da Karmal. L'incontro venne commentato dai giornali sovietici, che pubblicarono persino diversi articoli che lodavano la saggezza e il patriottismo del clero musulmano afghano, senza esagerare (al contrario dei comunisti locali afgani) la portata marxista della rivoluzione afghana.[67]

Al di là delle ovvie conseguenze nelle relazioni con l'Occidente e il mondo musulmano, l'invasione sovietica dell'Afghanistan minò inesorabilmente la reputazione dei *muftì* sovietici e la credibilità della proclamata riappacificazione tra l'atea Unione Sovietica e l'Islam. Di conseguenza, la conferenza di Tashkent organizzata nel settembre 1980 per celebrare l'inizio del quindicesimo secolo islamico e «pubblicizzata dai media sovietici come il più importante incontro politico del mondo musulmano del dopoguerra»,[68] fu ampiamente boicottata, con una partecipazione di soli 76 degli oltre 500

64. Amin, *A general reflection on the stealthy Sovietisation*, pp. 55-56.

65. Eren Tasar, *The Central Asian muftiate in occupied Afghanistan, 1979-87*, in «Central Asian Survey», 30/2 (2011), p. 218.

66. Dopo il 1979 Rashidov divenne più conciliante nei confronti dell'Islam e ripristinò alcune vecchie tradizioni e usanze, sebbene in un nuovo quadro sovietizzato. Così nel 1981 Rashidov spiegò che l'antica festa primaverile *navro'z* veniva riabilitata come evento pubblico da utilizzare per il raccolto. Gleason, *Sharaf Rashidov and the dilemmas*, p. 148.

67. «Pravda Vostoka», 28 aprile 1983, p. 1.

68. Bennigsen, *Soviet strategy and Islam*, p. 52.

invitati. Questo fallimento di immagine creò diversi imbarazzi e irritò Mosca, che licenziò diverse figure di spicco del SADUM, ma risparmiò Boboxon. La chiara rottura tra il blocco comunista e l'Islam era inoltre dimostrata dal fatto che tra il 1980 e il 1986 non vennero più organizzate in URSS conferenze islamiche internazionali, e gli inviti ai musulmani stranieri furono estesi solo raramente e in modo selettivo, mentre il clero sovietico non venne più considerato dalla comunità musulmana internazionale per il suo maldestro tentativo di giustificare la guerra in Afghanistan.

L'Uzbekistan di Rashidov è un caso esemplare per comprendere le peculiarità strategiche di una periferia sovietica e le sue dimensioni internazionali durante la guerra fredda e la decolonizzazione. Tuttavia è difficile definire queste dimensioni come il frutto di un'agenda veramente "nazionale", dato che anche questo potere rimaneva una manifestazione del centro sovietico e mai della periferia uzbeka in sé. Lo stesso Rashidov appariva come un rappresentante – o un mero esecutore, come si è visto nei negoziati con Nasser – della politica sovietica verso l'Oriente esterno, motivato sia dalla prospettiva che questo internazionalismo attirava maggiori risorse verso l'Uzbekistan, sia dalla valorizzazione del proprio status di interlocutore con il terzo mondo per conto di Mosca. Rashidov era un personaggio del suo tempo, un chiaro esempio di *homo sovieticus* che si comportò da convinto internazionalista, ateo e promotore della causa sovietica, riconoscendo persino la preminenza culturale della lingua russa e nella costruzione di una società libera da confini linguistici, religiosi e culturali nazionali in nome dell'"amicizia dei popoli". Nonostante i significativi livelli di autonomia di cui godeva la repubblica nella gestione delle questioni interne, sul piano internazionale Rashidov aveva un'iniziativa limitata e rappresentava gli interessi di Mosca che comunque, a suo avviso, non erano separati da quelli di Tashkent. La soggettività e la sovranità delle repubbliche erano, come i loro leader, limitate a una dimensione che non le rendeva mai soggetti internazionali, ma piuttosto rappresentavano un'altra faccia dello stesso sistema.

Al di là degli aspetti meramente cerimoniali e simbolici, la diplomazia che ha fatto di Rashidov uno stratega, un esecutore e un ideologo dell'antimperialismo ha ottenuto importanti successi durante la Guerra fredda e nell'attrarre alcuni paesi del terzo mondo all'Unione Sovietica. Tuttavia, è rimasta legata alla dimensione comunista e non è riuscita a stabilire un progetto praticabile di riconciliazione tra il sistema sovietico e il mondo islamico. Nonostante alcuni piccoli tentativi di riavvicinamento con la società tradizionale, l'incompatibilità tra Islam, nazionalismo e comunismo sarebbe rimasta incolmabile e avrebbe continuato a creare imbarazzi e incertezze anche dopo. L'invasione dell'Afghanistan vanificò ogni speranza di una già improbabile riconciliazione tra tradizione e religione, e la conseguente demonizzazione dell'URSS nel mondo islamico e antimperialista sarebbe durata fino al 1991. La situazione venne ulteriormente infiammata dall'emergere dell'Islam radicale, dalla sua sottovalutazione e dalla sua diffusione nella regione dell'Asia Centrale alla fine degli anni Ottanta. L'approccio di Rashidov – che condannava le accuse di "colonialismo sovietico" come prodotti degli ideologi dell'imperialismo[69] – mostra indubbiamente i limiti e i paradossi del discorso anticoloniale sovietico, che elogiava il nazionalismo e l'autodeterminazione come virtù all'estero e ne faceva un peccato in patria,[70] ripetendo spesso, in altre forme, alcune delle precedenti dinamiche coloniali.

69. Sharaf Rashidov, *The banner of friendship*, Moscow, Progress Publishers, 1969, p. 91.

70. Myer, *Islam and colonialism*, p. 70.

7. "Re cotone" è nudo! (1975-1983)

"Re cotone"[1] era sovrano nell'Uzbekistan sovietico ed era diventato il catalizzatore delle trasformazioni politiche, economiche, sociali, ambientali e culturali di una repubblica che forniva al paese più del 60% della sua produzione di oro bianco. La domanda dei pianificatori moscoviti di cotone continuava incessantemente a crescere e la realizzazione del piano divenne una delle fonti primarie di legittimazione politica e di stabilità per i quadri locali a qualsiasi livello della catena di comando e controllo (dal brigadiere colcosiano al primo segretario del partito). Di fronte a richieste sempre più inattuabili, realizzare formalmente il piano – a ogni costo, anche truccando i bilanci produttivi – divenne una questione di sopravvivenza e allo stesso tempo rivelava un sistema che sembrava reggersi su imbrogli e autocelebrazione. Come nella fiaba di Andersen, dove tutti sapevano che il re era nudo ma nessuno osava proferire la verità, anche il sistema sovietico si reggeva su evidenti bugie e illusioni.

1. "King Cotton" era uno slogan che gli stati confederati utilizzavano, durante la Guerra civile americana, per dimostrare la loro potenza, anche sul piano internazionale, legata alla produzione di cotone. Si veda David G. Surdam, *King Cotton: Monarch or Pretender? The State of the Market for Raw Cotton on the Eve of the American Civil War*, in «Economic History Review», 51/1 (1998), pp. 113-132; e Charles M. Hubbard, *The Burden of Confederate Diplomacy*, Knoxville, University of Tennessee Press, 2000.

«Mani d'oro fanno l'oro bianco»

Alla fine degli anni Cinquanta, il regime sovietico investì molto nella meccanizzazione[2] e nell'irrigazione[3] dell'Asia Centrale, e completò diverse opere idriche per migliorare la coltura del cotone, come il bacino di Kattaqo'rg'on tra Bukhara e Samarcanda,[4] la rete di irrigazione della diga di Kampyr-Ravat (che irrigava circa 200.000 ettari nella zona di Andijan), i canali di Fergana settentrionale e meridionale,[5] e il grande piano di irrigazione tra Surchandar'ja e il Tagikistan che comprendeva la costruzione del grande canale di Gissar. I risultati delle politiche di irrigazione furono pubblicizzati con grande risalto e divennero la base per sviluppare il settore cotoniero nel corso del settimo piano quinquennale. Questo prevedeva una durata settennale (1959-1965) – e pertanto fu chiamato *semiletka* – e fissava come obiettivo per la RSSUz una produzione annua di 3,6-3,8 milioni di tonnellate di cotone entro il 1965 e un'ulteriore estensione dei campi coltivati. Quando le previsioni suggerirono che il piano sarebbe stato superato e l'Uzbekistan avrebbe raggiunto le 4 milioni di tonnellate entro il 1965, Chruščëv fu ulteriormente incoraggiato sulla prospettiva di un "balzo in avanti" dell'economia sovietica. Il trionfo economico della RSSUz, nel corso del settimo piano, veniva presentato anche in cifre: nel 1960 nella principale repubblica cotoniera sovietica quasi 14.000 chilometri quadrati di terreni erano ufficialmente coltivati a cotone e c'erano più di 80.000 chilometri di canali di irri-

2. Richard Pomfret, *State-Directed Diffusion of Technology: The Mechanization of Cotton Harvesting in Soviet Central Asia*, in «The Journal of Economic History», 62/1 (2002), p. 170.

3. Il Comitato centrale del PCUS e il Consiglio dei ministri dell'URSS adottarono una serie di risoluzioni per incrementare l'irrigazione e la produzione di cotone: in particolare si ricordano la numero 1059 (6 agosto 1956) «sull'irrigazione delle Terre Vergini della Steppa della Fame in Uzbekistan e Kazakistan per incrementare la produzione di cotone», e la numero 645 (14 giugno 1958) «sull'ulteriore espansione e accelerazione dei lavori di irrigazione e bonifica del territorio nelle repubbliche dell'Uzbekistan, Kazakistan e Tagikistan». Zonn, Glantz, Kostianoy, Kosarev, *The Aral Sea Encyclopedia*, p. 260.

4. Questa conteneva 760 milioni di metri cubi d'acqua e aveva migliorato l'approvvigionamento idrico di oltre 400.000 ettari e irrigato nuovamente più di 60.000 ettari. Alimov, *Uzbekistan*, p. 13.

5. Ufficialmente questi due canali avevano migliorato l'irrigazione di circa 80.000 ettari e fornito acqua a più di 14.000 ettari di terreno mai irrigati prima. *Ibidem*.

gazione e 28.000 chilometri di reti di raccolta e drenaggio.[6] Inoltre, la conversione dei kolchoz in sovchoz continuava a progredire[7] e la meccanizzazione delle colture stava diventando una priorità nello sviluppo della repubblica, con complessi agroindustriali – come la Tašselmaš nella capitale – che produssero per il settimo piano 28.000 macchine raccoglitrici di cotone, 52.000 seminatrici trainate da trattori, 75.000 macchine coltivatrici, 70.000 attrezzi agricoli trainati da trattori.[8]

Al ventiduesimo Congresso del PCUS, nell'ottobre 1961, il programma di Chruščëv di realizzare il "comunismo in vent'anni" aprì un altro fronte agricolo dopo le Terre Vergini, e pose come grandioso obiettivo il raggiungimento di una produzione annuale di 8 milioni di tonnellate di cotone grezzo entro il 1970 e 10-11 milioni entro il 1980.[9] In sostanza, il leader sovietico stava promuovendo le monocolture a livello repubblicano, specializzando la produzione di mais e grano in Kazakistan e cotone in Uzbekistan. In quella occasione, il leader sovietico sottolineò l'importanza della meccanizzazione per ridurre i costi di raccolta del cotone e fornì un esempio pragmatico:

> Per produrre un quintale di cotone, le aziende agricole statali dell'Uzbekistan impiegano in media 52 ore al costo di 25 rubli e 30 kopeke. Nel frattempo, la squadra completamente meccanizzata del compagno Kučiev, della fattoria statale di Malek, nella regione di Tashkent, impiega 10 ore al costo di 7 rubli e 30 kopeke.[10]

Da allora, lo sviluppo della monocoltura del cotone e l'apertura di nuove terre coltivate, la meccanizzazione, l'irrigazione[11] e l'introduzione

6. Ivi, p. 12; Rashidov, *Soviet Uzbekistan*.

7. Al 1° gennaio 1961 nella sola RSSUz era stata proposta la conversione di 54 kolchoz in sovchoz su un totale di 1.146 kolchoz. Nel 1954-1960, 94 sovchoz furono creati sulla base di kolchoz. Fursenko, *Archivi Kremlja*, pp. 153-154.

8. Inoltre, in quel periodo, aumentò anche la produzione di macchinari utilizzati per la lavorazione del cotone, con 6.000 macchine filatrici, più di 2.000 macchine per torcitura, quasi 3.000 filatoi e altri macchinari. Alimov, *Uzbekistan*, p. 10.

9. Nikita Khrushchev, *Report on the Program of the Communist Party of the Soviet Union*, in *Documents of the 22nd Congress of the CPSU. Vol II*, New York, Crosscurrents Press, 1961, p. 57.

10. Ivi, p. 75.

11. Nel 1963 iniziò la costruzione dell'impianto idroelettrico di Taqiyatas, in Karakalpakstan, che garantiva l'approvvigionamento idrico a 900.000 ettari di terreno nel basso bacino dell'Amu Darya. Alla fine dell'anno fu approvato il decreto 2540 del Consiglio dei

di preparati chimici procedettero parallelamente, diventando pilastri sostanziali del programma agricolo sovietico. Tuttavia gli ambiziosi piani di Chruščëv non ebbero successo. Nel 1963 una grave siccità dimezzò i raccolti nelle Terre Vergini, colpendo soprattutto la produzione di grano e costringendo il governo centrale a utilizzare 372 tonnellate delle sue riserve auree per coprire le importazioni di generi alimentari: un fallimento imbarazzante per un regime che aveva indubbiamente investito nel balzo in avanti dell'economia e che ora rivelava di non riuscire a produrre abbastanza cibo per sfamare la propria popolazione.[12]

Con Brežnev, l'agricoltura sovietica mantenne i suoi ambiziosi traguardi e le sue caratteristiche estensive. Il nuovo segretario generale espresse il suo entusiasmo nel 1964, quando l'Uzbekistan raggiunse una produzione di quattro milioni di tonnellate di cotone grezzo.[13] Inoltre il famoso plenum del PCUS del 24 marzo 1965, dedicato all'introduzione di un approccio più efficiente e manageriale (in linea con le riforme di Kosygin) nell'agricoltura sovietica, confermò gli impegni cotonieri. Secondo Rashidov, questo plenum fu la «prima occasione in cui i problemi fondamentali dell'agricoltura vennero affrontati in modo imprenditoriale»[14] e fu uno stimolo per l'ulteriore meccanizzazione, l'irrigazione, il miglioramento delle terre, l'apertura di nuovi terreni e l'introduzione di agenti chimici come fertilizzanti,[15] pesticidi, defolianti ed erbicidi, che avrebbero impattato notevolmente sul sistema agricolo uzbeko. Inoltre il ventitreesimo Congresso della PCUS – che sancì il raggiungimento del "socialismo sviluppato" – e il successivo plenum del Comitato centrale del maggio 1966 definirono una nuova fase di sviluppo dell'ingegneria idrica, compresi i piani per la realizzazione della *perebroska*, un progetto colossale finalizzato a deviare il corso dei fiumi

ministri dell'URSS «sui lavori di scavo per l'irrigazione e il miglioramento del territorio della steppa di Karshinsk nella RSS Uzbeka e della steppa di Kyzyl-Kum nella RSS kazaka». Zonn, Glantz, Kostianoy, Kosarev, *The Aral Sea Encyclopedia*, p. 260.

12. Graziosi, *L'Urss dal trionfo al degrado*, pp. 261-262.

13. Alimov, *Uzbekistan*, p. 16.

14. Ihor Gordijew, *Soviet Agriculture and the March, 1965, Plenum of the C.P.S.U.*, in «The Australian Quarterly», 39/1 (1967), p. 60.

15. Alla fine degli anni Settanta, solo gli impianti chimici di Chirchiq, Olmaliq, Navoi, Samarcanda, Fergana e Kokand ogni anno producevano complessivamente 6 milioni di tonnellate di azotati, fosfati e altri fertilizzanti complessi. Rashidov, *Soviet Uzbekistan*, p. 59.

siberiani (Pečora, Tobol, Išim, Irtyš e Ob) verso sud (e quindi raggiungere il Syr Darya e il Mare d'Aral) attraverso la realizzazione del canale Sib-Aral. Questa infrastruttura futuristica – lunga 2.550 chilometri, larga 130-300 metri, profonda 12-15 metri e con una capacità di 1.150 metri cubi al secondo – era così al centro di un progetto promosso dal Ministero delle bonifiche e delle risorse idriche dell'URSS ed era fortemente voluto da Rashidov e dagli altri leader dell'Asia Centrale che così speravano di aumentare il potenziale agricolo delle loro repubbliche. Ciononostante, la sua realizzazione fu indefinitamente rimandata.[16]

Con la promessa di realizzare il piano per il cotone, Rashidov poté chiedere più fondi e investimenti per la RSSUz, aumentando il budget della repubblica per il miglioramento delle terre irrigue da 861 milioni di rubli nel settimo piano quinquennale (1959-1965) a 4,57 miliardi nel nono (1971-1975) e 6,061 nel decimo (1976-1980).[17] Nel 1975 l'intero settore cotoniero sovietico valeva circa 26 miliardi di rubli – e il cotone divenne la principale esportazione agricola dell'Unione Sovietica (rappresentando circa il 3% dell'export) in più di 30 paesi[18] – definendo un peculiare modello di sviluppo per quella che era la principale repubblica cotoniera dell'URSS.

In Uzbekistan, nella seconda metà degli anni Settanta, più di ventimila chilometri quadrati – un'area più grande della Puglia in una zona

16. Negli anni Sessanta, il progetto costava circa 32,8 miliardi di rubli e la sua realizzazione impegnava anche l'utilizzo di tecniche straordinarie come l'esplosione di testate nucleari a scopi civili. Nel corso degli anni Settanta, la questione venne ripresa e discussa ma la sua realizzazione fu continuamente posticipata. Nell'ottobre 1984, il PCUS approvò quello che doveva essere il progetto finale e la costruzione della prima fase sarebbe iniziata alla fine degli anni Ottanta e prevedeva una riduzione del 32% del flusso del Ob (apportando cambiamenti inimmaginabili all'oceano, alla tundra, alle coste, e quindi all'ecosistema artico). Dopo il disastro di Černobyl, e la nuova sensibilità ecologista maturata nella società civile sovietica degli anni della glasnost', il "progetto del secolo" fu duramente criticato da un econazionalismo russo che si opponeva a questa iniziativa e venne definitivamente abbandonato dal Politbjuro nell'agosto 1986. Khalid, *Central Asia: A New History*, p. 329. Si veda anche Weiner, *A Little Corner of Freedom*, p. 415; Michael H. Glantz, *Creeping environmental problems and sustainable development in the Aral Sea basin*, Cambridge-New York, Cambridge University Press, 1999; Mary Dejevsky, *Glasnost' and the Soviet Press*, in *Culture and the media in the USSR today*, a cura di Julian Graffy e Geoffrey A Hosking, New York, Palgrave Macmillan, 1989, p. 31.

17. Rashidov, *Soviet Uzbekistan*, pp. 55-56.

18. Rumer, *Central Asia's Cotton Economy*, p. 62; USDA Foreign Agriculture Service, *U.S. Team Reports on Soviet Cotton Production and Trade*, 1977.

sostanzialmente desertica – erano ufficialmente coltivati a cotone. Inoltre, con l'obiettivo di incrementare la produzione di oro bianco a ogni costo, il PCUz dedicò la maggior parte delle risorse e delle energie della repubblica allo sviluppo dell'irrigazione,[19] della meccanizzazione[20] e dei prodotti chimici, rifiutando persino le raccomandazioni dell'Accademia delle scienze sui possibili rischi ambientali e per la salute umana dell'utilizzo massiccio di certi agenti patogeni. Tutto ciò finiva per espandere i terreni coltivati e le capacità economiche dei kolchoz ma finì per rafforzare una monocoltura che rendeva la repubblica economicamente dipendente da un unico settore: infatti il cotone rappresentava il 65% della produzione economica lorda della repubblica, il 60% delle sue terre irrigate, il 60% di tutto il consumo di risorse, e assorbiva il 40% della sua forza lavoro.[21]

Tabella 3. Produzione ufficiale di cotone (migliaia di tonnellate) per anno

Anno	Uzbekistan	URSS	Percentuale di cotone uzbeko sulla produzione sovietica
1960	2.949	4.289	68,8
1965	3.904	5.662	69
1970	4.495	6.890	65,2
1975	5.330	7.864	67,8
1980	6.245	9.962	62,7

19. Alla fine degli anni Settanta, la repubblica vantava la realizzazione di 13 riserve idriche, 158.000 chilometri di canali di irrigazione e 75.000 chilometri di drenaggio, 900 sistemi di irrigazione e 93.000 idroinstallazioni e 6.000 pozzi artesiani. Rashidov, *Soviet Uzbekistan*, p. 56.

20. Inoltre, la repubblica vantava l'operatività di 170.000 trattori, 34.000 raccoglitrici di cotone, 18.000 mietitrebbie per mais e raccoglitrici per silo e decine di migliaia di altre macchine. Solo a Tashkent venivano annualmente prodotti 30.000 trattori e 10.000 macchine raccoglitrici di cotone che venivano esportate nelle altre repubbliche cotoniere dell'URSS. Ivi, p. 59.

21. Ahmed Rashid, *The Resurgence of Central Asia, Islam or Nationalism?*, London, Zed Books, 1995, p. 59; Rumer, *Central Asia's Cotton Economy*. Inoltre, negli anni Settanta il cotone era il secondo maggior ingresso di valuta estera nel settore agricolo sovietico. Si veda anche Khalid, *Central Asia: A New History*, p. 319; Peter R. Craumer, *Agricultural Change, Labor Supply, and Rural Out- Migration in Soviet Central Asia*, in *Geographic Perspectives on Soviet Central Asia*, a cura di Robert A. Lewis, London, Routledge, 1992, pp. 143-144.

In epoca rashidoviana la produzione di cotone della RSSUz era costantemente aumentata (e più che raddoppiata nel giro di venti anni). Questo successo garantì al primo segretario uzbeko un'indiscutibile legittimità politica da parte del centro e del segretario generale sovietico, come si sarebbe visto nell'adulazione reciproca e nei toni celebrativi tra Rashidov e Brežnev, nonché nei riconoscimenti che la repubblica e lo stesso leader uzbeko[22] avevano ricevuto per i risultati ottenuti con il cotone. Realizzando il piano cotoniero, anche i dirigenti locali potevano mantenere il loro posto e ricevevano benefici materiali e di status, mentre migliaia di lavoratori e raccoglitori di cotone (*chlopkoroby*) – che come nelle battaglie del grano mussoliniane ogni anno erano mobilitati sul "fronte del cotone" – venivano decorati come eroi, ricevendo premi minori o riconoscimenti meramente simbolici.[23] All'inizio degli anni Settanta, Brežnev descriveva la repubblica in termini di modernità leninista, dichiarando:

> Nel fiorente Uzbekistan di oggi vediamo con orgoglio i risultati del lavoro titanico del partito, l'impegno disinteressato di milioni di operai e contadini collettivi, scienziati e intellettuali. È una gioia vedere le vostre splendide città, le vostre moderne fabbriche e mulini, i vostri campi ben coltivati e i vostri frutteti in fiore.[24]

Nel settembre 1973 il segretario generale si recò a Tashkent per conferire alla RSSUz la Bandiera dell'Amicizia dei Popoli.[25] Invocò i «doveri

22. Nel corso della sua carriera, Rashidov venne insignito di dieci Ordini di Lenin (1950, 1957, 1965, 1967, 1971, 1973, 1974, 1976, 1977 e 1980), di un Ordine della Rivoluzione di Ottobre (1982), di una Bandiera Rossa del Lavoro (1951), di due Ordini della Stella Rossa (1942 e 1946), di un Distintivo d'Onore (1944), di un Premio Lenin (1980) e di due medaglie di Eroe del Lavoro Socialista (1974 e 1977). Come ricorda Clark, «da parte sua, Rashidov offrì regali preziosi a Brežnev e accarezzò l'insaziabile ego di quest'ultimo in pubblico. Il suo riferimento a Brežnev al venticinquesimo Congresso del Partito del 1976 come "la figura politica più eccezionale e più influente dei tempi contemporanei" è solo uno dei numerosi e stravaganti esempi dell'accondiscendenza di Rashidov nei confronti del Segretario generale». Clark, *Crime and Punishment in Soviet Officialdom*, p. 188; Jerry F. Hough, *The Brezhnev Era: The Man and the System*, in «Problems of Communism», 25/2 (1976), pp. 2-3.

23. Valutando il breževismo come un passaggio dai rapporti istituzionali a quelli relazionali, potremmo vedere i premi e le onorificenze come un tentativo di istituzionalizzare le relazioni di potere. Si veda Susanne Schattenberg, *Brezhnev: The Making of a Statesman*, London, I.B. Tauris, 2021.

24. Leonid Brezhnev, *Following Lenin's course: speeches and articles, 1972-1975*, Moscow, Progress Publishers, 1975, p. 280.

25. Il premio era principalmente un riconoscimento per il successo dell'Uzbekistan nel superare il piano e fornire allo Stato 4,7 milioni di tonnellate di cotone grezzo, rendendo

delle repubbliche del cotone»[26] e fissò un nuovo obiettivo di produzione per l'agricoltura della RSSUz di cinque milioni di tonnellate. Questo non fece che aumentare l'ansia da prestazione nell'establishment repubblicano, in quanto tutto dipendeva dalla capacità di poter mostrare continui e maggiori successi sul fronte cotoniero. Al contrario, un fallimento poteva essere fatale. In questo schema, i pianificatori moscoviti continuarono a chiedere sempre più cotone e Tashkent si impegnò al massimo per raggiungere ogni nuovo obiettivo. Nel novembre 1975 l'Uzbekistan raggiunse per la prima volta l'obiettivo produttivo di 5 milione di tonnellate di cotone grezzo. L'evento fu accolto con grande euforia e lo stesso Brežnev si complimentò con i lavoratori dell'Uzbekistan per il loro trionfo, esclamando «mani d'oro fanno l'oro bianco!» (*zolotye ruki delajut beloe zoloto*), un motto che sarebbe divenuto celebre nell'epoca del socialismo sviluppato:

> I raccoglitori di cotone dell'Uzbekistan hanno allargato la competizione socialista per soddisfare con onore la richiesta del venticinquesimo Congresso, facendo il loro dovere internazionalista di fronte ai popoli fratelli del paese, fornendo alla patria cinque milioni di tonnellate di cotone e superando il piano di 280.000 tonnellate.[27]

La seconda metà degli anni Settanta può essere letta come l'apogeo del regime di Rashidov e la fase più intensa sul fronte del cotone. Allora l'Uzbekistan sembrava aver raggiunto l'apice della sua inclusione all'interno del sistema sovietico; ma era solo l'inizio della fine. L'economia sovietica aveva perso la sua vitalità ed era entrata in una fase di stagnazione e illusioni di trionfo in un sistema incapace di riformarsi.

Sei milioni a ogni costo

Nel 1976, con l'avvio del decimo piano quinquennale (1976-1980), i limiti naturali della produzione di cotone uzbeko diventavano sempre più

l'URSS il primo produttore di cotone al mondo nel 1970. RGANI, f. 80, op. 1, d. 391, ll. 1, 7, 101.

26. In quell'anno l'Uzbekistan doveva produrre almeno 4.850.000 tonnellate di cotone grezzo, il Turkmenistan 945.000, il Tagikistan 775.000, l'Azerbaigian 450.000, il Kazakistan 300.000 e il Kirghizistan 200.000. RGANI, f. 80, op. 1, d. 392, p. 47, 107-108. Si veda anche KPUz, *Vernost' Velikomu Sojuzu Bratskich Respublik*, Taškent, Uzbekistan, 1973.

27. «Pravda Vostoka», 2 dicembre 1975, p. 1.

evidenti. Nonostante i preoccupanti segnali sul prosciugamento del bacino del Mare d'Aral, Rashidov era ancora determinato a perseguire la linea di Mosca sull'agricoltura e durante l'apertura del diciannovesimo Congresso del PCUz, nel febbraio 1976,[28] ricordò che la produzione di cotone era aumentata del 23% nel nono piano quinquennale e che l'Uzbekistan era in grado di superare il piano di ulteriori 300.000 tonnellate di "oro bianco".[29] Il discorso di Rashidov suscitò gli applausi del partito locale, e rimandava l'approvazione di Mosca al venticinquesimo Congresso del PCUS che si sarebbe aperto alla fine del mese. In quel momento i risultati poco brillanti dell'agricoltura sovietica – sempre più costosa e limitatamente produttiva (per un paese che dal 1972 era diventato il principale importatore di cibo del mondo) – pesarono molto nei dibattiti tra i delegati, mentre emergevano le prime divisioni tra conservatori e critici all'interno del PCUS. In quell'occasione sia Brežnev che Rashidov adottarono un approccio cauto ed evitarono di entrare nelle questioni più critiche, spostando l'attenzione sul problema delle risorse idriche in Asia Centrale. Inoltre, il leader uzbeko ringraziò il partito – e Brežnev come "persona eccezionale"[30] – e ricordò i risultati positivi dell'agricoltura come il frutto della cooperazione socialista:

> Come in precedenza, il PCUz concentra la sua attenzione principale sulla coltivazione del cotone. [...] Senza alcuna esagerazione, il lavoro dei nostri gloriosi coltivatori di cotone può essere definito un'impresa eroica. E questa prodezza eroica è stata [resa] possibile [...] dall'aiuto fraterno che viene sempre da tutti i numerosi popoli che vivono nella nostra patria. Nel nostro partito e nella nostra terra c'è una meravigliosa atmosfera di fede reciproca, di rispetto ricambiato e di amicizia tra tutti i popoli [e] tutte le nazionalità. Quanto più forti saranno i nostri legami di amicizia e di fratellanza reciproca, tanto maggiori saranno i nostri successi nella crescita economica, sociale e culturale e nella creazione di un nuovo essere umano altamente sviluppato.[31]

In quell'occasione Rashidov si impegnò a raggiungere l'obiettivo cotoniero che era stato promosso al diciannovesimo Congresso del PCUz:

28. RGASPI, f. 17, op. 145, d. 2227.
29. «Pravda Vostoka», 4 febbraio 1976, p. 3.
30. «Pravda Vostoka», 27 febbraio 1976, p. 2.
31. Sharaf Rashidov, *Speech of Congress Delegate*, in *Building a new society: the 25th Congress of the Communist Party of the Soviet Union*, a cura di Jessica Smith, David Laibman e Bechtel Marilyn, New York, NWR Publications, 1977, pp. 107-108.

raggiungere, entro la fine del decimo piano quinquennale nel 1980, una produzione annuale di sei milioni di tonnellate di cotone grezzo. Si trattava di una cifra molto ambiziosa – e forse irrealizzabile – che avrebbe ossessionato i pianificatori e i quadri uzbeki per il decennio successivo e che sarebbe stata ricordata in tutte le riunioni del partito come ultimo obiettivo della repubblica. La narrazione dei "sei milioni" appariva ovunque, sui quotidiani,[32] negli striscioni, in tutti i discorsi politici, assorbiva i media e mobilitava l'intera nomenklatura alla grande causa del "cotone per la patria": l'oro bianco assunse così un significato quasi sacro, venendo rappresentato come «la nostra gloria, il nostro orgoglio, il nostro tesoro inestimabile!».[33]

L'atmosfera era particolarmente tesa per una scommessa così grande, che non poteva tradire le aspettative e le promesse fatte ai pianificatori centrali. Nel trionfalismo esagerato per il raccolto positivo del 1977, Mosca conferì un Ordine di Lenin e la seconda medaglia d'oro Falce e Martello a Rashidov, ora dipinto dalla stampa come un padre della nazione, un modernizzatore progressista, un patriota e un leader devoto alla causa socialista. Sul quotidiano organo ufficiale del PCUz «Pravda Vostoka», Rashidov annunciò con entusiasmo:

> I [nostri] raccoglitori di cotone hanno superato un'altra frontiera: per la prima volta hanno fornito allo Stato 5,43 milioni di tonnellate di cotone, superando il piano di 780.000 tonnellate. Quasi il 95% del raccolto è di prima qualità. In tutta la storia della coltivazione del cotone, la nostra repubblica non ha mai raccolto così tanto e l'Uzbekistan non ha mai adempiuto ai suoi doveri socialisti in così poco tempo come quest'anno.[34]

Al contrario, nel 1978 il silenzio generale della propaganda rivelava un flop del settore cotoniero uzbeko: allora il partito e i media omisero di commentare i risultati negativi del raccolto in termini di quantità e mascherarono il deterioramento della qualità. La situazione – evidentemente compromessa dalla siccità e dalle condizioni climatiche sfavorevoli – rischiava di minacciare una classe dirigente legittimata sul patto cotoniero e che non

32. Alla fine degli anni Settanta in Uzbekistan venivano pubblicati 281 quotidiani di cui 17 a livello repubblicano, 26 regionali, 10 cittadini e 152 a livello distrettuale, insieme a 83 riviste. Dal 1970 al 1980, nella repubblica furono stampati 340 milioni di libri e opuscoli. Rashidov, *Soviet Uzbekistan*, p. 70.

33. «Pravda Vostoka», 19 settembre 1976, p. 1.

34. «Pravda Vostoka», 23 novembre 1977, p. 1.

poteva permettersi un altro fallimento. Per questo le diverse fasi della preparazione dei campi, la coltivazione e la raccolta furono seguite con maggiore attenzione per il 1979, mobilitando le diverse organizzazioni statali e di partito a ogni livello. Alla fine di agosto, la raccolta del cotone iniziò puntualmente; la stampa ne parlò con meno trionfalismo e fece un ulteriore appello alla "guerra del cotone". Ora, la retorica fatalista chiamava «tutti al campo, dove determiniamo il destino del raccolto!» e all'«eroico sforzo» di «tutte le forze per attuare il piano e i doveri socialisti». In questo modo la propaganda del PCUz faceva riferimento ai doveri morali del *chlopkorob* uzbeko e vincolava l'intera popolazione all'idea che «raccogliere tutto il cotone è il nostro dovere, il nostro onore, la nostra coscienza».[35] Dopo tante incertezze e inquietudini, alla fine i risultati furono positivi.

Tabella 4. Produzione ufficiale di cotone per regione (in migliaia di tonnellate) nel 1979[36]

Regioni della RSSUz					
Bukhara	609	Fergana	554	Samarcanda	547
Kaškadar'ja	537	Andijan	536	Surchandar'ja	505
Tashkent	472	Karakalpakstan	449	Chorezm	429
Syrdar'ja	407	Namangan	400	Džizak	319
Totale 5.764					

Questo successo – voluto a ogni costo – non era affatto scontato e sembrava rispondere a logiche che avrebbero portato una parte dell'establishment della repubblica a gonfiare i conti sulla produzione. Allora gli organi investigativi e giudiziari – e ovviamente il KGB – avevano un margine di manovra limitato nei confronti di una repubblica guidata da un protetto di Brežnev. Tuttavia in molti sapevano bene cosa stesse accadendo e iniziarono ad accumulare sempre più prove per dimostrarlo. Nel 1978 la Procura generale dell'URSS avvertì per la prima volta il Consiglio dei ministri sovietico del fatto che diversi kolchoz e i sovchoz "commerciavano" il cotone per realizzare il piano e che fin troppo spesso l'oro bianco spariva

35. «Pravda Vostoka», 4 novembre 1979, p. 1.

36. I risultati del 1979 furono annunciati dal presidente del Consiglio dei ministri della RSSUz Xudoyberdiyev durante un incontro con alcuni dirigenti agricoli. «Pravda Vostoka», 16 March 1980, p. 2.

dai magazzini.[37] Rashidov cercò di liquidare questi episodi come fatti isolati e rapidamente cercò di offrire dei capri espiatori. Il 3 marzo 1980, il leader uzbeko scrisse al Comitato centrale del PCUS:

> Negli ultimi quattro anni, a causa di diverse violazioni della disciplina di partito e di stato e per abusi, sono state rimosse 142 persone del partito, dei soviet e dei dirigenti agricoli della nomenklatura del Comitato centrale del PCUz, tra cui l'ex primo segretario dell'obkom di Džizak, il ministro per le politiche forestali della RSSUz S. M. Tairov, l'ex segretario dell'obkom di Fergana M. Umarov, l'ex viceministro per la geologia della RSSUz B. I. Bykov e altri. Per abusi di potere relativi alla distribuzione di auto e fondi pubblici, è stato rimosso l'ex presidente del raispolkom di Sovietabad nell'oblast' di Samarcanda K. Mamedov.[38]

Rashidov minimizzò questi casi. Allo stesso tempo lui e Xudoyberdiyev cercarono di rinegoziare i loro obblighi, chiedendo a Mosca maggiori finanziamenti per l'agricoltura.[39] Tuttavia quell'estate il capo investigativo della Procura generale dell'URSS Alexej Buturlin iniziò a indagare sulla presunta corruzione in Uzbekistan. Rashidov fu avvertito in anticipo, ed ebbe così il tempo di insabbiare il caso e lasciare che la polvere si depositasse fino al successivo trionfo.[40] Infatti, dopo questo momento critico, Rashidov poté nuovamente contare su buoni risultati della produzione di cotone. Nel 1980 il clima eccellente fece la differenza, accelerando il raccolto, e il 1° novembre 1980 fu finalmente annunciato il prodigio: la RSSUz aveva ufficialmente prodotto per la prima volta 6.000.000 di tonnellate di oro bianco.[41] Per questa «eccezionale vittoria del lavoro», Brežnev si congratulò con i coltivatori di cotone uzbeki, mentre Rashidov prese questo

37. La Procura della RSSUz riportò che alla fine del 1978 aveva organizzato 1.500 ispezioni, determinando 480 rimproveri pubblici (verbali), 263 rimproveri ufficiali, 240 punizioni con sanzioni amministrative, 124 con sanzioni fiscali e 41 coinvolgimenti in cause penali. TsGARUz, f. 837, op. 41, d. 4695, ll. 210-212.

38. RGANI, f. 5, op. 77, d. 90, ll. 2-4, 13.

39. Nell'aprile 1980 Xudoyberdiyev riferì al presidente della Commissione agricoltura del Presidium Zija Nuriev che i lavoratori non rispondevano ai criteri qualitativi – perché erano maggiormente impegnati a produrre quantità di oro bianco – e chiese più fondi per migliorare la meccanizzazione, l'uso di defolianti, e la qualità del raccolto, e per ridurre i difetti nella produzione. Parallelamente anche Rashidov scrisse direttamente a Gorbačëv per giustificare le carenze e chiedere più fondi per migliorare il raccolto. TsGARUz, f. 837, op. 41, d. 5275, ll. 52-59.

40. Leslie Holmes, *The End of Communist Power. Anti-corruption campaigns and legitimation crisis*, Oxford-New York, Oxford University Press, 1993, p. 228.

41. «Pravda Vostoka», 1° novembre 1980, p. 1.

trionfo personalmente e fu acclamato come un "campione del socialismo" che era stato in grado di rispettare gli impegni con la patria.

La saga dell'oro bianco divenne una colorata bolla di sapone in un sistema che assorbiva enormi investimenti per risultati scarsamente positivi e che, malgrado i toni autocelebrativi, stava lentamente andando alla deriva. Il ventiseiesimo Congresso del PCUS del febbraio 1981 fu segnato dalle critiche espresse dal giovane segretario Michail Gorbačëv sulle condizioni dell'agricoltura sovietica. In quell'occasione Rashidov continuò a difendere i risultati del suo lavoro e sconfessò quelle tendenze negative che non sembravano interessare la repubblica del cotone. Nel suo discorso, Rashidov ricordò il record dell'anno precedente – 6.237 milioni di tonnellate – ed elogiò quei raccoglitori di cotone dell'Uzbekistan che mostravano «le migliori caratteristiche del carattere sovietico e dello stile di vita socialista». In questo momento di critica all'economia sovietica, il leader uzbeko aveva addirittura rivendicato una posizione di forza per richiedere maggiori risorse e investimenti dal centro, nonché per sviluppare ulteriormente l'agricoltura sul piano tecnico,[42] e per reclamare un aumento dei prezzi del cotone e dei prodotti cotonieri, giustificando tale richiesta con un aumento dei costi di produzione.[43] A quanto pare, la contingenza negativa dell'agricoltura sovietica non si estendeva al settore cotoniero uzbeko, che continuava ad essere difeso dalle dirigenze repubblicane come una storia

42. Un memorandum inviato da Rashidov e Xudoyberdiyev a Gorbačëv il 22 giugno 1981 affermava che in aprile le condizioni atmosferiche erano state cattive per la semina del cotone ed erano stati danneggiati 2,057 milioni di ettari di terreno agricolo, di cui 1,873 dedicati al cotone. 600.000 ettari erano stati seminati nuovamente e 300.000 in un secondo momento. Per questo compito il Comitato centrale del PCUz richiedeva 50.000 tonnellate di fertilizzanti azotati e 30.000 fosforici. RGANI, f. 5, op. 84, d. 364, ll. 24-25.

43. In un memorandum del 13 aprile 1982, Rashidov chiese a Gorbačëv di aumentare il prezzo di acquisto del cotone, perché i costi materiali e tecnici per la produzione di una tonnellata di cotone da parte dei kolchoz erano aumentati da 384 a 455 rubli nel periodo 1970-1980 e nel 1981 erano diventati 466. Era così diminuita la redditività dei kolchoz al 27% e dei sovchoz al 15%, rivelando che nel 1980, anno di produzione record, vi erano 122 aziende improduttive su un totale di 1218 kolchoz e sovchoz della repubblica. Nel 1981 il fenomeno era cresciuto a 253. Considerando anche i livelli medi di salario pro capite in Uzbekistan – solo 52,5 rubli contro gli 83,5 sovietici – i vertici uzbeki chiesero a Mosca di aumentare il prezzo di acquisto del cotone a 680 rubli per tonnellata e di riconsiderare anche i prezzi della seta. Dopo una valutazione del caso, il 5 ottobre 1982 il Comitato centrale del PCUS rispose a Rashidov dichiarando che poteva aumentare il prezzo d'acquisto del cotone dell'11%, quello della fibra di cotone del 16-20%, ma non quello della seta. RGANI, f. 5, op. 88, d. 481, ll. 3-17.

di continui successi. Nel 1982 lo stesso Rashidov rivendicava il trionfo del settore agricolo uzbeko ammettendo che:

> Attualmente in Uzbekistan ci sono 869 aziende agricole collettive [kolchoz] (più 5 aziende di pesca). Sono tutte grandi, ben sviluppate e con un'economia forte. Al 1979, la loro immobilizzazione è aumentata di 2,6 volte rispetto ai livelli del 1965, le attività non distribuibili di 2 volte, il reddito lordo di 1,6 volte e la retribuzione degli agricoltori di 1,6 volte. Risultati ancora più tangibili sono stati raggiunti nelle aziende agricole statali [sovchoz], che sono 825. Le loro immobilizzazioni sono aumentate di oltre 6 volte in questo periodo e il pagamento medio annuo per lavoratore è quasi raddoppiato.[44]

Allora Rashidov era riuscito a confermare gli impegni del partito per la causa sovietica e fu premiato il 5 marzo 1982 con l'Ordine della Rivoluzione di ottobre per le sue «capacità organizzative per il comunismo» e il suo «successo nel portare a termine i piani e i doveri socialisti» e l'Eroe del lavoro socialista per «l'aumento della produzione e della vendita del cotone e di altri prodotti dell'agricoltura».[45] Questi riconoscimenti furono confermati dallo stesso Brežnev, che ad aprile arrivò a Tashkent per consegnare personalmente i premi alla repubblica e a Rashidov. Eppure questa missione fu piuttosto sfortunata: in una fabbrica di componenti per aerei, il segretario generale fu vittima di un brutto incidente quando un'impalcatura con numerosi spettatori gli crollò addosso. Brežnev si ruppe la clavicola, mentre Rashidov riportò una leggera contusione. Allora il leader uzbeko, profondamente imbarazzato per l'accaduto, scrisse il 7 aprile una lettera personale di scuse a Brežnev, riferendosi al tragico incidente:

> come una ferita incurabile, una grande cicatrice sul cuore che non ci dà pace. […] se possiamo, chiediamo il vostro perdono [e vogliamo] sinceramente e filialmente ringraziare il nostro caro e amatissimo padre Leonid Ilič per la vostra visita in Uzbekistan e inviarvi parole di conforto.[46]

44. Rashidov, *Soviet Uzbekistan*, p. 54. Inoltre Rashidov reclamava i vantaggi di una specializzazione produttiva che «è ancora più accentuata nelle nostre aziende statali. 324 aziende agricole statali sono specializzate nella produzione di cotone, 34 di cereali e oltre 150 di patate e altri ortaggi, meloni, uva e altra frutta. 43 delle nostre aziende agricole statali sono specializzate in verdure e latticini, 44 in latticini e carne, 99 nell'allevamento di pecore, 15 in suini e 35 in pollame. L'allevamento ovino è quasi interamente specializzato, con oltre l'80% del numero totale di ovini concentrato in allevamenti statali specializzati». Ivi, p. 61.

45. «Pravda Vostoka», 6 marzo 1982, p. 1.

46. Rizaev, *Šaraf Rašidov*, p. 136.

Nonostante la non marcata differenza di età e i rapporti amichevoli tra i due leader, in questa occasione Rashidov si comportò come un figlio mortificato che non riusciva a trovare le parole giuste da rivolgere al severo padre. L'incidente di Tashkent divenne un cattivo presagio per due leader che erano stati allegoricamente schiacciati dal peso di un sistema fragile che stava crollando su sé stesso e che nel giro di poco li avrebbe travolti. La salute del settantacinquenne segretario generale continuò a deteriorarsi e il 10 novembre 1982 un infarto lo portò alla morte. Nonostante le dichiarazioni di amicizia personale e la propaganda dei giornali uzbeki, al funerale del «nostro caro Leonid Ilič» Rashidov ebbe un ruolo piuttosto marginale. Eppure aveva perso una persona che era considerata come un padre, un sostenitore politico e soprattutto un protettore. Per un leader uzbeko che aveva legittimato il proprio regime sui successi del cotone, giocare di nuovo la carta del trionfo a ogni costo sarebbe stato difficile, se non impossibile, in un contesto diverso.

La morte di Brežnev non sarebbe stata la fine del mondo ma certamente avrebbe significato la fine di un sistema del quale Rashidov faceva parte, conosceva le regole (e i limiti) e aveva imparato a giocare da protagonista. In quello che avevamo visto come un periodo di trionfalismo e ansia da prestazione, la corruzione aveva assunto un significato sistemico e si diffuse dalle fattorie collettive ai comitati di partito per coprire le inefficienze dell'economia pianificata. La "correzione" dei dati (*pripiska*) sulla produzione di cotone falsificava i bilanci (sia a livello quantitativo che qualitativo) e creava uno schema piramidale di corruzione e distorsione delle informazioni che finiva per coinvolgere, direttamente o indirettamente, una gran parte dell'apparato statale e di partito della repubblica.

Le richieste dei pianificatori sarebbero risultate presto impossibili da soddisfare e molti tra lavoratori, funzionari e supervisori iniziarono a falsificare i bilanci produttivi relativi al cotone in cambio di tangenti e scambi di favori. Il giornalista investigativo Aleksandr Minkin ricostruì le dinamiche con cui veniva allestito il "carosello del cotone" presso gli ammassi rurali o i complessi di pulizia del cotone:

> Un camion arrivava, consegnava un quantitativo di cotone da un certo kolchoz, lo scaricava e registrava la cifra nel registro delle consegne. Poi, lo stesso camion faceva il giro della fabbrica, arrivava al magazzino, pagava una tangente e ricaricava un altro carico di cotone che era già stato depositato. Rifaceva il giro dell'edificio e consegnava il "nuovo cotone" alla stessa fabbrica. In questo modo, il kolchoz aveva documenti che certificavano la

> consegna allo stato di grandi quantità di cotone […] e così otteneva ordini e premi in denaro che venivano utilizzati per coprire i costi della corruzione.[47]

I controlli venivano spesso ovviati pagando tangenti o denunciando che il carico fosse stato rubato, perduto o danneggiato nel corso di incendi. Le falsificazioni avvenivano anche in termini qualitativi. Gli addetti colcosiani spesso appesantivano il cotone grezzo – bagnandolo o sporcandolo con pietre, impurità, e altre parti della pianta – o falsificavano le statistiche sulla resa per ettaro.[48] Questo schema richiedeva la complicità all'interno dei dipartimenti ministeriali e del partito di supervisori che erano incaricati di controllare le carenze del sistema, e che invece finivano per coprirle. Nel periodo del "socialismo sviluppato", la corruzione di fatto non era un'alterazione del sistema sovietico ma ne definiva la sua essenza e alimentava uno schema neopatrimoniale che aveva caratteristiche simili ad altre regioni sovietiche e colludeva – direttamente e indirettamente – migliaia di lavoratori locali, compresi i vertici nella capitale. Fino ad allora, Mosca aveva spesso chiuso più di un occhio.

La nomina di Jurij Andropov alla carica di segretario generale del PCUS avrebbe cambiato tutto. Iniziava così una campagna di moralizzazione volta a legalizzare, ripulire e infine rivitalizzare un sistema in cui stagnazione e corruzione avevano raggiunto livelli senza precedenti e su scala sistemica.[49]

47. Riccardo Mario Cucciolla, *Aleksandr Minkin: A pioneer of investigative journalism in Soviet Central Asia (1979-1991)*, in «Journalism: Theory, Practice & Criticism», 21/11 (2020), p. 1730.

48. Informalmente diversi kolchoz estendevano le coltivazioni ad aree esterne e nascondevano questa informazione agli uffici di pianificazione e statistica. In questo modo dichiaravano rese irrealistiche (25-30 quintali di cotone grezzo per ettaro) e offrivano un'idea di efficiente sfruttamento dei terreni.

49. Tra le prime campagne anticorruzione del KGB alla fine dell'era brežneviana vi furono il "caso del caviale" sugli abusi nell'industria della pesca e il "caso di Soči-Krasnodar" sulla corruzione nelle regioni turistiche del Mar Nero. Quest'ultimo episodio portò al licenziamento di oltre 5.000 funzionari, di cui 1.500 condannati penalmente, e coinvolse direttamente il primo segretario del kraikom di Krasnodar, Sergej Medunov. Tra gli altri scandali dei primi anni Ottanta, si ricordano il "caso dei diamanti" – che coinvolse la cricca di Suslov (dopo la sua morte), la figlia di Brežnev, Galina, e i suoi affiliati – e lo "scandalo Eliseevskij" – che coinvolse il direttore del famoso Gastronom n. 1 di Mosca, Jurij Sokolov, che fu esemplarmente condannato a morte. Infine, il KGB inasprì le pene per i "fenomeni negativi" e il 17 dicembre 1982 ottenne il licenziamento di Nikolaj Ščëlokov, un vecchio amico di Brežnev e membro della cricca di Dniepropetrovsk, che era a capo del MVD sovietico dal 1968 e che ora era accusato di corruzione. L'episodio inasprì la lotta tra le diverse agenzie di sicurezza. Si veda Luc Duhamel, *The KGB campaign against*

Infatti l'ex capo del KGB era consapevole dei problemi del sistema economico sovietico e pensava di poter salvare l'URSS combattendo quella corruzione che copriva le sue inefficienze.[50] Il nuovo segretario generale avviò così una serie di campagne moralizzatrici in tutto il paese, stabilendo un regime di "terrore dimostrativo" che colpiva quelle élite brežneviane (centrali e locali) ritenute responsabili del clima di stagnazione.[51] Un politico esperto come Rashidov – che aveva scalato i ranghi del partito durante le ultime fasi dello stalinismo, aveva affermato la propria leadership sotto Chruščëv e consolidato il proprio regime con Brežnev – pensava di poter continuare opportunisticamente a seguire l'orientamento centrale e cavalcare il nuovo corso moralizzatore andropoviano. All'ottavo plenum del Comitato centrale del PCUz del 29 novembre 1982 Rashidov si riferì direttamente ad Andropov e alle sue direttive dichiarando che

> nel suo discorso c'era una brillante analisi dell'economia sovietica [...] una valutazione di principio dei nostri successi e fallimenti e delle nostre carenze che identificava compiti urgenti.[52]

Probabilmente il leader uzbeko voleva dimostrare la propria devozione nei confronti del nuovo segretario generale offrendo alcuni capri espiatori alla causa della moralizzazione e continuando ad annunciare brillanti risultati sul fronte cotoniero uzbeko (altri 6 milioni di tonnellate anche per il 1982), mantenendo la stessa narrazione del cotone alla patria in nome della fratellanza tra le nazioni.[53] Tuttavia, Rashidov probabilmente sotto-

corruption in Moscow, Pittsburgh, University of Pittsburgh Press, 2010; Evgeniya Al'bats, *KGB: State Within a State*, London-New York, I.B. Tauris, 1995; Vladimir Solovyov, Elena Klepikova, *Yuri Andropov, a secret passage into the Kremlin*, New York-London, Macmillan, 1983; Martin Ebon, *The Andropov file: the life and ideas of Yuri V. Andropov, General Secretary of the Communist Party of the Soviet Union*, New York, McGraw-Hill, 1983; Sergej Semanov, *Predsedatel' KGB Jurij Andropov*, Moskva, Algoritm, 2008.

50. Si veda anche Konstantin Simis, *USSR - The Corrupt Society. The Secret World of Soviet Capitalism*, New York, Simon and Schuster, 1982; James Critchlow, *Corruption, Nationalism and the Native Elites in Soviet Central Asia*, in «The Journal of Communist Studies», 4 (1988); Staples, *Soviet Use of Corruption Purges*.

51. Si veda Rudolf G. Pikhoia, *URSS, histoire du pouvoir. Tome 2, Le retour de l'aigle bicéphale*, Longueuil, Éditions Kéruss, 2007; Leonid Mlečin, *Jurij Andropov. Poslednjaja nadežda režima*, Moskva, Centrpoligraf, 2008; Roy Medvedev, *Andropov*, Moskva, Molodaja Gvardija, 2006.

52. RGASPI, f. 17, op. 151, d. 2323 e «Pravda Vostoka», 30 novembre 1982, p. 2.

53. «Pravda Vostoka», 3 dicembre 1982, p. 1, e «Pravda Vostoka», 22 dicembre 1982, p. 3.

valutò il fatto che queste misure sarebbero state così massicciamente intensificate anche nei confronti dell'Uzbekistan già nella primavera del 1983.

In questa fase preliminare di quello che diventerà lo "scandalo del cotone" – e che esamineremo nel successivo capitolo – i casi vennero seguiti su tre livelli di indagine: a livello politico, il partito avviò una propria attività investigativa (del comitato di controllo) che si affidò a figure fedeli e cercò di ristabilire l'autorità del PCUS su una parte del partito nazionale; a livello di sicurezza, il KGB (che era sotto la diretta influenza di Andropov) giocò un ruolo cruciale nell'estromettere MVD e polizia, nel raccogliere materiali e nell'istruire i casi che apparivano come minacce alla sicurezza dello stato; infine, a livello giudiziario, la Procura generale dell'URSS (anche grazie al Comitato di controllo del popolo) procedette nelle indagini prima di passarle alla magistratura. Allora i casi venivano presentati dalla stampa come episodi separati, marginali e non pubblicizzati, e non vennero percepiti come un attacco sistemico contro la corruzione nella classe dirigente uzbeka. Al contrario, divennero l'occasione per Rashidov di dimostrare la propria fedeltà a Mosca e screditare alcune figure minori. Proprio alla vigilia del 1983, il PCUz voleva dare l'immagine di un'organizzazione sana che seguiva le direttive di Andropov e rafforzava la «lotta contro ogni violazione della disciplina di partito, dello stato e del lavoro». Per questo il Comitato centrale del PCUz ammise «molte carenze dovute alla debolezza della disciplina e al mancato raggiungimento degli obiettivi di sviluppo tecnologico nei ministeri dell'industria leggera, tessile e alimentare e nelle imprese metallurgiche, della siderurgia non ferrosa, dell'industria del gas e della meccanica»[54] e chiese di fermare la pratica scorretta di "aggiustare" i piani.[55] Tuttavia, in questa dichiarazione, il settore cotoniero non venne nemmeno menzionato.

«Con chi pensa di parlare?»

Rashidov mostrò la propria volontà di assecondare il nuovo corso andropoviano. Nel gennaio 1983 il Comitato centrale del PCUz invitò le organizzazioni di partito a lottare contro le pratiche antieconomiche, il fannullonismo, lo spreco dei beni socialisti, l'ipocrisia, l'ubriachezza e il tep-

54. «Pravda Vostoka», 4 gennaio 1983, p. 1.
55. Ivi, p. 2.

pismo, mentre il mese successivo furono condannati il saccheggio dei beni socialisti, la corruzione e la speculazione.[56] Alla fine del mese, la segreteria del PCUz ammise che nell'anno precedente erano stati espulsi dal partito 137 membri, di cui un quarto per reati: cifre esigue per un partito nazionale che contava più di seicentomila persone, tra membri e candidati.[57] Infatti, a partire dalla primavera del 1983, lo stesso Rashidov cercò di individuare diversi capri espiatori, denunciando alcuni episodi di malaffare, con accuse generalmente piene di moralismo e non direttamente associate a un vero e proprio capo d'accusa. Tuttavia questo sforzo fu presentato come prova di impegno nei confronti della "linea dura" di Andropov e permise anche di procedere a delle prime, minori epurazioni all'interno del PCUz.

La riunione del burò del PCUz del 22 aprile 1983 rivelò che una trentina di dirigenti del raikom di Tashkent avevano ricevuto redditi illeciti dal commercio illegale di automobili (una pratica comune nella nomenklatura sovietica).[58] Parallelamente ai suoi impegni per la linea dura, Rashidov cercò di perseguire il solito trionfalismo, enfatizzando che per il terzo anno consecutivo l'Uzbekistan aveva dato più di sei milioni di tonnellate di cotone grezzo al paese.[59] Internamente, il PCUz stava già anticipando alcune epurazioni nei quadri regionali. Durante la riunione del burò del 10 giugno, il secondo segretario dell'obkom di Andijan A. P. Šendrik fu accusato di aver costruito una casa illegale e di aver assegnato ai suoi due figli degli appartamenti che avevano un'altra destinazione. Fu

56. Graeme Gill, Roderic Pitty, *Power in the Party. The Organization of Power and Central-Republican Relations in the CPSU*, Houndmills & New York, Palgrave Macmillan, 1997, p. 73.

57. Alla fine degli anni Settanta, il PCUz era diviso in 12 obkom, 26 gorkom, 158 raikom e 18.300 organizzazioni primarie e contava più di 560.000 membri, dei quali il 62,9% erano operai e contadini e un 22,5% ingegneri, agronomi, insegnanti, scienziati, artisti, specialisti. Tra i membri si contavano appartenenze a 86 nazionalità e le donne erano il 24,5%. Il Komsomol aveva 2,6 milioni di membri effettivi mentre la principale organizzazione di massa era rappresentata dai sindacati che contavano 5,2 milioni di persone (praticamente tutti i lavoratori dell'Uzbekistan). Rashidov, *Soviet Uzbekistan*, p. 75-77. Nel 1982 vennero ammessi 25.833 nuovi membri del partito, di cui 18.440 erano lavoratori di kolchoz e sovchoz e 6.518 erano ingegneri, tecnici e agronomi, medici, insegnanti, scienziati, intellettuali e altri specialisti. Tra questi, tre quarti avevano già aderito al Komsomol e il 37,6% erano donne. Al 1° gennaio 1983, il PCUz contava 605.653 aderenti, di cui 578.700 erano membri effettivi e 26.953 candidati ufficiali. RGASPI, f. 17, op. 152, d. 2348, ll. 4-6.

58. RGASPI, f. 17, op. 152, d. 2328, ll. 16, 28-29.

59. RGASPI f. 17, op. 152, d. 2317, ll. 171-172, e RGASPI, f. 17, op. 152, d. 2324, l. 14.

punito con sanzioni interne al partito.[60] Per quanto la portata del fenomeno della corruzione non venisse denunciata nella sua dimensione sistemica, già nella riunione economica degli attivisti del partito (*aktiv*) del 28 luglio 1983, furono denunciati diversi casi di malaffare e di speculazione sul mercato nero:

> Il direttore (Malikov) e il contabile generale (Ravshan) del kolchoz Gulistan del raion Akdar'inskij hanno falsificato documenti finanziari per oltre 100.000 rubli, dichiarando che tali soldi erano stati concessi come premi ai lavoratori [...]. Nei primi sei mesi di quest'anno, gli organi del MVD di Mosca, Sverdlovsk, Novosibirsk, Čeljabinsk, Tjumen e Omsk hanno arrestato 141 persone dell'Uzbekistan con l'accusa di speculazione nella produzione agricola. Di questi, 21 provenivano dall'oblast' di Tashkent, 16 dall'oblast' di Fergana, 16 dall'oblast' di Namangan, 11 dalla città di Tashkent e 78 dall'oblast' di Andijan.[61]

Evidentemente questi fenomeni di corruzione e malaffare avevano molti punti in comune e tendenze simili vennero rilevate anche nel sistema sanitario, nelle università, nei servizi comunali e in altri settori dell'economia.[62] La corruzione, quindi, appariva come un fenomeno evidente nella RSSUz dove «era possibile comprare tutto e pagare tutti»[63] ma non era necessariamente una tipicità uzbeka e anzi manifestava un problema più grande che riguardava l'intero sistema sovietico. Andropov sapeva bene che il settore cotoniero uzbeko soffriva di dati gonfiati e di alti livelli di corruzione e immaginava una possibile "soluzione Mžavanadze" che avrebbe spinto Rashidov alle dimissioni entro la fine dell'anno. Per questo motivo, il leader sovietico incaricò il suo fidato Egor Ligačëv – un "giovane" rampante che aveva sostituito Ivan Kapitonov alla guida del dipartimento organizzativo del PCUS – di gestire "l'affare uzbeko" (*uzbekskoe delo*). All'epoca, Ligačëv fu avvertito da Viktor Smirnov – secondo segretario della Moldavia e capo del dipartimento per l'Asia Centrale del Comitato centrale del PCUS – dell'allarmante situazione in Uzbekistan, ricordando come nel periodo 1980-1983 fossero arrivate al Comitato centrale migliaia di lettere che denunciavano corruzione, ingiustizie, disonestà, arbitrarietà e

60. RGASPI, f. 17, op. 152, d. 2331, l. 12.
61. RGASPI, f. 17, op. 152, d. 2372, ll. 9-10.
62. Ivi, l. 20.
63. Intervista con un ex dirigente del Ministero dell'istruzione della RSSUz alla fine degli anni Settanta che preferisce rimanere anonimo. Mosca, 26 novembre 2014.

abusi di potere di ogni tipo.[64] Il carattere di questi "rapporti privati" era per lo più personale, riguardante piccoli casi di ingiustizia perpetrati da figure locali. Tuttavia, il loro contenuto divenne un punto di partenza per ulteriori indagini su queste figure e su chi avesse responsabilità nel supervisionare a livello repubblicano. Ligačëv doveva quindi chiedere spiegazioni a Rashidov, un personaggio per il quale lui stesso ammetteva di non aver alcun rispetto (per aver imposto quattordici suoi parenti nell'apparato del Comitato centrale del PCUz). Eppure Ligačëv sapeva di non essere nella posizione per affrontare un politico esperto che si percepiva come un "intoccabile" e nelle sue memorie ricorda:

> In ogni caso, avevo la sensazione che Andropov fosse pronto per il mio rapporto. Dopo avermi ascoltato, mi disse immediatamente: «Facciamo così. Incontra Rashidov. Sì, devi incontrarlo. Invitalo a vedervi e a fare due chiacchiere. Non devo insegnarti io a fare le domande».[65]

Appena Ligačëv ottenne il permesso di Andropov di «mettere Rashidov al suo posto» i due si incontrarono a Mosca alla fine di agosto 1983. In quell'occasione, Ligačëv mise sul tavolo una grande pila di lettere e Rashidov iniziò a sfogliarle. Quando Ligačëv espresse le sue preoccupazioni per il Comitato centrale «sommerso di lettere dall'Uzbekistan», Rashidov di fronte ad accuse così audaci e dirette si agitò sulla sedia e cercò di trovare le parole per spiegare la situazione. A quel punto, provò a mettere Ligačëv al suo posto: accigliandosi, senza tanti complimenti, lo guardò negli occhi e chiese: «Con chi pensa di parlare?». Ligačëv freddamente rispose che Andropov era stato informato delle lettere e che stava proferendo su sua richiesta. Rashidov cambiò il tono della conversazione e, cercando di mantenere la calma, disse «quelle lettere sono piene di calunnie. Dobbiamo proteggere i nostri dirigenti e dare loro la possibilità di lavorare in pace. L'Uzbekistan deve dare al paese il cotone e non... le lettere». Ligačëv propose di inviare nella repubblica una commissione autorizzata dal Comitato centrale e cercò di tranquillizzare Rashidov, assicurandogli che non c'era nulla da temere dalla commissione e che le calunnie sarebbero state denunciate pubblicamente e la situazione sarebbe comunque migliorata. Rashidov non ebbe altra scelta che accettare la proposta di istituire la

64. Nel 1989 Gorbačëv annunciò ai membri del Politbjuro che dal 1978 al 1983 il Comitato centrale del PCUS aveva ricevuto in media 736 lettere all'anno dall'Uzbekistan, per un totale di 3.680 lettere in cinque anni. RGANI, f. 89, op. 24, d. 21, l. 1.

65. Ligachev, *Inside Gorbachev's Kremlin*, pp. 210-212, 213.

commissione dopo la stagione del raccolto del cotone (questa poi venne creata in autunno e fu guidata dal vicedirettore del dipartimento Konstantin Mogilničenko).[66] Dopo l'incontro, Ligačëv riferì con Andropov, che gli chiese di «andare a fondo della questione».[67]

In quel momento l'approccio di Mosca fu progressivo e prese inizialmente di mira quelli che apparivano come "obiettivi facili". Già nella primavera del 1983, le prime indagini preliminari furono condotte dal KGB nei confronti dell'establishment regionale di Bukhara e del primo segretario dell'obkom Abduvohid Karimov, famoso per il suo atteggiamento clientelare – e per aver incluso i suoi amici nell'amministrazione dell'oblast', nell'UVD e nella Procura locale – ma oramai inviso allo stesso Rashidov. In quel momento il KGB aveva recuperato un'indagine iniziata nel 1981 sulla corruzione diffusa nei vertici della nomenklatura del partito locale e il 27 aprile 1983 colse in flagrante per corruzione e arrestò Akhat Muzaffarov, direttore del OBKhSS[68] di Bukhara. Nella sua abitazione fu trovato un tesoro del valore di oltre un milione di rubli in contanti, oro, diamanti, orologi e jeans: un eccesso di ricchezza in un paese in cui lo stipendio medio era di 165-190 rubli al mese. Il caso finì per coinvolgere lo stesso Karimov, il direttore del comitato per il commercio industriale di Bukhara Shodi Qudratov, il viceministro degli interni della RSSUz Gennadij Davydov e altri alti funzionari dell'oblast'.[69] Allora il KGB condusse indagini preliminari a Bukhara, inviando più di 150 funzionari coinvolti in circa 40 operazioni: in risposta, diversi personaggi cercarono di nascondere o distruggere i loro tesoretti – nei famosi "falò di banconote da cento rubli" (*kostry iz storublovok*) – e di mettere al sicuro qualsiasi prova che potesse comprometterli.[70] In quelle settimane un altro scandalo di corruzio-

66. Mlečin, *Jurij Andropov*.

67. Ligachev, *Inside Gorbachev's Kremlin*, pp. 214-218; Yegor Ligachev, *Predosterezhenie*, Moskva, Pravda Internėshnl, 1998, p. 238.

68. Dipartimento contro l'appropriazione indebita della proprietà socialista.

69. Tra gli altri grandi nomi figuravano il direttore dell'amministrazione provinciale del Comitato statale per le forniture materiali e tecniche D. Sharipov, il capo dell'UVD di Bukhara A. Dustov, i funzionari dell'OBKhSS B. Gafarov e X. Djumaev, il presidente della cooperativa di consumo distrettuale, M. Bazarov. Si veda Telman Gdljan, Nikolaj Ivanov, *Kremlëvskoe delo*, Moskva, Gramota, 1996, p. 15; Lev Timofeev, *Russia's secret rulers*, New York, Alfred A. Knopf, 1992.

70. Nella casa di Qudratov gli investigatori trovarono più di 4 milioni di rubli in contanti e oro. Gdljan ricorda come con orgoglio l'imputato dichiarasse «la legge sono io, Shodi Qudratov». Gdljan, Ivanov, *Kremlëvskoe delo*, pp. 9-20; Timofeev, *Russia's secret rulers*.

ne coinvolse il governo regionale (oblispolkom) di Chorezm e l'influente primo segretario dell'obkom Madiyor Xudaybergenov, e lo stesso ministro degli interni uzbeko Qudrat Ergashev, che fu rimosso dal suo incarico il 30 giugno 1983.

Nell'estate del 1983, le prime teste stavano rotolando. Rashidov voleva dimostrare il suo impegno per la causa andropoviana, ma comunque minimizzando questi "fenomeni negativi" (*negativnye javlenija*) – come chiamavano genericamente tutte le manifestazioni di corruzione, appropriazione indebita e abuso di potere – definendoli come casi marginali e isolati. Durante la riunione del burò del 27 maggio, il leader uzbeko affermò che:

> Gli organi che dovrebbero far rispettare la legge spesso mancano di senso di responsabilità e ci sono persone che percorrono la strada della corruzione, come i dirigenti dell'OBKhSS di Bukhara, dell'oblispolkom di Chorezm e del gorispolkom di Tashkent. Queste persone dovrebbero essere coinvolte nella lotta contro il furto della proprietà socialista. [... Inoltre] l'MVD, la Procura, il Ministero della giustizia e la Corte suprema non lavorano in modo sufficientemente attivo per rafforzare la lotta contro la corruzione, la speculazione e il furto e devono migliorare la collaborazione con gli organi di controllo dello stato e del popolo, migliorando l'efficacia del lavoro del PCUS che è impegnato nella lotta contro il furto della proprietà socialista.[71]

Rashidov stava probabilmente cercando di giocare la carta della moralizzazione a suo favore, incolpando gli stessi organi investigativi per gli episodi negativi registrati nella repubblica. Il leader uzbeko era ancora abbastanza potente da spingere alla rimozione del secondo segretario del PCUz Leonid Grekov l'8 luglio 1983.[72] Al suo posto arrivò Timofej Osëtrov, un politico esperto che conosceva bene la repubblica e che dal 1970 era stato primo vicepresidente del Consiglio dei ministri della RSSUz.[73] A questa prima vittoria di Pirro per Rashidov seguì un altro licen-

71. RGASPI, f. 17, op. 152, d. 2330. ll. 6, 8.

72. Leonid Grekov era stato il secondo segretario del PCUz dal 1976. Quando le accuse di corruzione furono confermate e il Comitato centrale del PCUS era pronto a lanciare una più ampia campagna anticorruzione sull'Uzbekistan, Grekov fu licenziato dal suo incarico e inviato a Sofia come ambasciatore straordinario e plenipotenziario dell'URSS in Bulgaria. Andrej Gromyko, Anatolij Kovalev, Pavel Sevost'janov, Sergej Tichvinskij, *Grekov, Leonid Ivanovič*, in *Diplomatičeskij Slovar'. Tom 1*, Moskva, Nauka, 1986, p. 271; Carlisle, *Power and Politics in Soviet Uzbekistan*.

73. Nell'era di Rashidov (1959-1983), Osëtrov è stato l'unico secondo segretario del PCUz ad avere avuto precedentemente un ruolo in Uzbekistan. Tutti gli altri secondi segre-

ziamento: il 24 agosto 1983 anche il capo del KGB repubblicano Levon Melkumov fu trasferito come ministro-consigliere presso l'ambasciata sovietica a Praga e il suo vice Valentin Lagunov a Tambov, mentre il resto dell'alto dipartimento investigativo del KGB uzbeko fu sostanzialmente mandato in pensione.[74] Tuttavia il nuovo capo del KGB della repubblica Vladimir Golovin si appellò al procuratore generale dell'URSS affinché prendesse in mano le indagini e non lasciasse che le autorità locali le influenzassero in alcun modo.[75] Pertanto, il 18 agosto 1983, le indagini sul caso penale numero 18/58115-83 (il "caso di Bukhara") passarono dal KGB alla Procura generale dell'URSS, che creò una squadra investigativa speciale – guida da Telman Gdljan e il suo vice Nikolaj Ivanov – che divenne operativa il 1° settembre 1983.

Alla fine dell'estate 1983, la Procura generale dell'URSS informò il Consiglio dei ministri della RSSUz della sparizione di grandi quantità di cotone, nonché del mancato utilizzo di macchinari e defolianti, di sprechi e inefficienze – come la presenza di bestiame nei campi di cotone – e del fatto che diverse persone, in settembre e ottobre, non erano presenti sul posto di lavoro perché stavano prestando servizio nei campi di cotone. Vedendo la punta dell'iceberg, il 7 ottobre la Procura si impegnò ad ampliare l'indagine e, al 14 ottobre 1983, vennero organizzati più di 500 controlli (di cui 110 in kolchoz e sovchoz).[76] Solo un paio di settimane dopo furono prodotti i primi risultati delle indagini.[77] Con queste conclusioni, Rashidov

tari del PCUz che hanno prestato servizio sotto Rashidov avevano svolto la loro carriera nell'apparato del Comitato centrale del PCUS e non avevano avuto alcuna posizione in Uzbekistan. Si tratta di: Roman Melnikov (1949-1959), Fëdor Titov (1959-1962), Vladimir Karlov (1962-1965), Vladimir Lomonosov (1965-1976), Leonid Grekov (1976-1983). Per il dibattito sul ruolo dei secondi segretari si veda Saulius Grybkauskas, *Sovietinis «generalgubernatorius»: Komunistų partijų antrieji sekretoriai Sovietų Sąjungos respublikose*, Vilnius, Lietuvos istorijos institutas, 2016.

74. Secondo Gdljan, le prime vittime dello scandalo del cotone furono proprio gli agenti del KGB della RSSUz, considerando anche che alcuni di loro furono inviati in Afghanistan. Arkadii Vaksberg, *The Soviet Mafia*, New York, St. Martin's Press, 1991, p. 119; Gdljan, Ivanov, *Kremlëvskoe delo*, p. 22.

75. Intervista personale con Telman Gdljan, Mosca, 17 ottobre 2014.

76. In quell'occasione c'erano stati rimproveri verbali e 54 casi erano stati denunciati al partito, 166 persone rimosse dalle loro funzioni, 52 persone accusate di aver commesso errori nel bilancio dello stato, 16 casi penali erano stati aperti, ed erano state presentate denunce ufficiali contro 74 persone. TsGARUz, f. 837, op. 41, d. 6190, ll. 69-73.

77. 137 persone furono ritenute responsabili di cattiva disciplina sul lavoro, 167 colpevoli di violazione della legge, 537 punite con sanzioni amministrative e 23 indagate in 15

sentiva sempre più forte la pressione a dimettersi: una sua buona uscita sembrava improbabile, così come una possibile successione si rivelò altamente problematica quando il suo delfino Xo'jayev morì improvvisamente. Un altro cattivo presagio arrivò il 21 settembre 1983, quando venne a mancare a soli quarantasette anni la famosa macchinista Tursunoy Oxunova del kolchoz di Kirov: questa era stata un simbolo del trionfo del cotone dell'era rashidoviana e la sua morte fu il presagio della fine di un'epoca.[78]

In autunno, come di consueto, Rashidov iniziò il suo periodo di missioni in giro per la repubblica in quanto doveva supervisionare e incoraggiare i raccoglitori di cotone locali: il 1° ottobre tenne un discorso al plenum dell'obkom di Syrdar'ja, il 6 ottobre fece lo stesso a Džizak, e il 13 ottobre a Navoij. Nel frattempo, il 10 ottobre 1983, la segreteria del PCUz fece un bilancio delle perdite dovute alle violazioni scoperte nei kolchoz e nei sovchoz della repubblica, rivelando che solo nell'oblast' di Samarcanda:

> diversi kolchoz e sovchoz hanno acquistato bestiame dalla popolazione a prezzi di mercato, causando perdite per oltre 2 milioni di rubli nel 1981 e circa 4 milioni di rubli nel 1982. In molti kolchoz e sovchoz emergono violazioni dell'attività finanziaria, [...]. Solo negli anni 1981-1983, i Comitati centrali del PCUS e del PCUz e l'obkom di Samarcanda hanno ricevuto 670 rapporti e dichiarazioni [per denunciare questi eventi. Pertanto] il debito dei kolchoz è di 38 milioni di rubli, e il debito dei sovchoz è di 54 milioni. Nel 1981, 1982 e nei primi nove mesi del 1983, nell'oblast' sono stati sostituiti 95 direttori di kolchoz e sovchoz, cioè il 49% del totale.[79]

In sostanza, il PCUz rivelò prove di illeciti nella repubblica e fu condotta un'epurazione contro la direzione rurale della regione di Samarcanda. Il 17 ottobre Rashidov ricevette il segretario del PCUS Kapitonov, giunto a Tashkent probabilmente per convincerlo a non ritardare le proprie dimissioni. Insieme girarono la repubblica, visitarono le regioni di Andijan e Tashkent e il 19 ottobre andarono a visitare quella fabbrica di aerei che

procedimenti penali. Questi casi riguardavano singoli e piccoli quantitativi di cotone rubati o non raccolti. TsGARUz, f. 837, op. 41, d. 6190, l. 74.

78. Tursunoy Oxunova era una sorta di Stachanov uzbeka che divenne famosa alla fine degli anni Cinquanta quando in una sola stagione raccolse da sola 210 tonnellate di cotone. Venne premiata due volte con il titolo di Eroe del Lavoro socialista (1959 e 1978), ricevette tre Ordini di Lenin (1959, 1975 e 1978) e un Premio Lenin (1967). Fëdor Razzakov, *Delo, Vzorvavše SSSR*, Moskva, Algoritm, 2012.

79. RGASPI, f. 17, op. 152, d. 2363, ll. 8-9.

solo un anno prima aveva offerto a Brežnev la peggiore forma di ospitalità uzbeka. In quei giorni, Rashidov appariva visibilmente stanco e depresso. Anche nella riunione del burò del 21 ottobre 1983, una delle ultime riunioni del partito a cui partecipò il leader sempre più nervoso, il tono delle accuse si fece ancora più acceso. In questa occasione il partito riconobbe che erano stati commessi degli errori e che nella repubblica la pratica di gonfiare i bilanci e aggiungere poscritte ai dati ufficiali era dilagante. I dati mostravano un quadro allarmante:

> nella lotta alla contraffazione nel primo semestre del 1983, sono stati verificati i dati di 1.567 aziende, istituzioni e organizzazioni della repubblica. [...] I controlli hanno mostrato che gli episodi di falsificazione sono stati rilevati nel 34% dei casi controllati e di cui solo il 7% sarebbe stato involontario. [...] Nel Surchandar'ja le falsificazioni riguardavano il 12,7% dei controlli, a Namangan l'11,9%, a Fergana il 10,9% e a Samarcanda il 9,5%.[80]

Le circostanze che si stavano delineando e i messaggi dubbiosi provenienti da Mosca preoccupavano il leader uzbeko, che sentiva la pressione psicologica del partito e del KGB, rappresentato in modo più evidente da Andropov e dal suo stretto collaboratore Heydər Əliyev. Una versione dei fatti sostiene che proprio il leader azero avesse avuto un ruolo nell'avvertire Rashidov di una campagna giudiziaria contro di lui. L'impressione che il leader uzbeko fosse depresso, visibilmente preoccupato e intimidito dalla presenza di Əliyev è confermata da un altro collaboratore di Andropov, e futuro presidente del Consiglio dei ministri dell'URSS, Nikolaj Ryžkov, che a fine ottobre si era unito a una delegazione sovietica in viaggio per il Vietnam. La delegazione, guidata da Əliyev, si era fermata a Tashkent per una sosta tecnica:

> Siamo arrivati, siamo stati accolti da Rashidov, senza grandi festeggiamenti. Poi ci hanno portato alla residenza dove c'era un banchetto. C'erano poche persone, circa 10-15 da una parte e noi 5-6 dall'altra. Il pranzo è andato bene. Ero seduto accanto a lui [Rashidov] e di fronte a noi c'era Əliyev. In quel momento ho notato che aveva cambiato umore. Era una persona completamente diversa. Non era più l'uomo allegro, affascinante ed elegante che avevo visto a Mosca [con un] atteggiamento divertente e interessante. Era visibilmente depresso e silenzioso. Avevo la sensazione che ci fosse qualcosa che lo demoralizzasse, come se fosse gravemente malato, o qualcos'altro. Tuttavia, era abbastanza evidente che fosse depresso. La cena finì, passammo la notte, e la

80. RGASPI, f. 17, op. 152, d. 2341, l. 23.

mattina dopo partimmo [per il Vietnam]. [Rashidov] ci accompagnò all'aeroporto e l'atmosfera era la stessa. Non era in sé. Disse che doveva anche fare un viaggio nelle oblast' della repubblica perché era già iniziata la raccolta del cotone. Così siamo partiti. Due giorni dopo, in Vietnam, ci dissero che era morto.[81]

Durante le sue visite ai campi di cotone nel raion di Ellikqala, in Karakalpakstan, Rashidov ebbe un malore. La sua salute sempre più cagionevole, dovuta allo stress del periodo più difficile della sua carriera, gli causò un attacco cardiaco irreversibile. L'uomo che aveva dominato la politica dell'Uzbekistan per un quarto di secolo morì sul posto di lavoro, circondato dal cotone che aveva contribuito a sviluppare nella e per la repubblica. Il referto ufficiale comunicava: «malattia coronarica e ischemia, aterosclerosi dei vasi coronarici, cardiosclerosi post infarto. Il 30 ottobre 1983, alle ore 19, ha avuto un infarto acuto ripetuto ed esteso e, di conseguenza, è avvenuto un evento cardiaco acuto e il 31 ottobre alle 5 del mattino il suo cuore si è fermato».[82] Ventidue anni dopo la rimozione del corpo di Stalin dalla tomba di Lenin, la RSSUz veniva sconvolta dalla tragica scomparsa di un leader che aveva governato la repubblica per quasi un quarto di secolo e che non aveva retto lo stress emotivo in un momento così difficile nella sua lunga carriera politica.

La morte di Rashidov fu da subito segnata da voci di un possibile suicidio (o addirittura di omicidio). In realtà, oltre ai molti testimoni che hanno potuto confermare la teoria del malore improvviso, sono gli stessi che avrebbero potuto beneficiare della versione del suicidio, come Nishonov, a smentire questa ipotesi. Lo stesso Gdljan – che avrebbe potuto sfruttare opportunisticamente l'argomento del suicidio del "khan uzbeko" – confermò che Rashidov fosse «morto per cause naturali [...] probabilmente sapeva che tutto poteva finire male e forse questa preoccupazione ha favorito la sua morte». Inoltre, escluse l'ipotesi dell'omicidio affermando che

> non può essere vero, perché è morto in presenza dei suoi parenti, nelle loro stesse mani. Questo per dire che [è morto] vicino a quelle persone che non erano interessate alla sua dipartita e che sapevano che la fine di Rashidov avrebbe potuto indebolire la loro posizione. Qallibek Komolov, un uomo molto intelligente, ha riso dicendo che queste voci sono prese dalle nuvole e non hanno nulla a che fare con la realtà. Sua figlia, dopo tutto, era sposata con

81. Intervista personale con Nikolaj Ryžkov, Mosca, 22 dicembre 2014.
82. «Pravda Vostoka», 1° novembre 1983, p. 1.

il figlio di Rashidov. È evidente che avevano un buon rapporto. Tutte queste voci sulla morte di Rashidov non hanno nulla a che fare con la verità.[83]

Il 1° novembre 1983 si tenne a Tashkent, nel palazzo dell'amicizia, il funerale di Rashidov. Vi parteciparono migliaia di persone che avevano formato lunghe code dare il loro ultimo saluto al leader uzbeko e avevano occupato per ore il centro della capitale uzbeka.[84] Poi la salma fu sepolta nella piazza centrale di Tashkent, dove si trovava un'enorme statua di Lenin. Subito dopo la scomparsa del leader uzbeko, sembrò che l'intera repubblica avesse perso la sua guida più spirituale, una sorta di semi Dio a cui tutti erano devoti, e si fosse fermata. Da allora, il PCUz perse quell'autorità che aveva caratterizzato la storia politica uzbeka per un quarto di secolo, mentre una serie di lotte interne alimentate dall'alto avrebbero infiammato la repubblica durante lo scandalo del cotone. Rashidov era morto e il sistema rashidoviano rimaneva nell'incertezza.

83. Intervista personale con Telman Gdljan, Mosca, 17 ottobre 2014. Al contrario, il suo ex braccio destro Nikolaj Ivanov – che tra i due era quello che sembrava abbracciare maggiormente le teorie del complotto – non escludeva la possibilità di un suicidio o di un omicidio. Naše Kino, *Kremlëvskie pochorony. Šaraf Rašidov*, Moskva, NTV, 2008.

84. «Pravda Vostoka», 2 novembre 1983, p. 1.

8. Lo "scandalo del cotone" (1983-1989)

> Ho dato tangenti e regali a Rashidov [... e lui] ha dato quei 400.000 rubli a Mosca in quattro tranche da 100.000 rubli. Poi, ho dato 350.000 a sua moglie. In totale, ho dato 750.000 rubli alla famiglia di Rashidov. [... In questo modo,] si può aggiungere il 2%, il 3%, 1 milione... mezzo miliardo all'anno, 5 miliardi in 7-8 anni, e si vive tranquilli e si pensa di essere comunisti!
>
> Qallibek Kamolov[1]

La fine del compromesso cotoniero di epoca rashidoviana generò una crisi imperiale tra Tashkent e Mosca e la lotta alla corruzione determinò il tentativo di quest'ultima di rivedere le autonomie e riprendere il controllo diretto sulla periferia. In Asia Centrale la perestrojka non si mostrò solamente nelle speranze di riforma e negli slogan di cambiamento, ma mostrava un lato ancora autoritario che proseguiva un processo di moralizzazione del paese iniziato da Andropov e degenerato in una serie di lotte interne alla nomenklatura locale. Le conseguenze furono particolarmente visibili in Uzbekistan durante il cosiddetto "scandalo del cotone" (1983-1989); una stagione di inchieste, casi giudiziari e mediatici – originati dalla scoperta di una rete di corruzione e di falsificazione dei dati sulla produzione di cotone – che travolse la classe politica uzbeka e divenne la più grande epurazione nell'Unione Sovietica poststaliniana, coinvolgendo più di 58.000 funzionari – dei quali 20.000 perseguiti penalmente – solo nella repubblica.[2]

Al massimo un "segretario zero!"

La morte di Rashidov rappresentava la fine di un sistema di potere che per un quarto di secolo aveva incluso e coperto un'intera classe dirigente. Al posto di primo segretario del PCUz venne nominato il presidente

1. Il video dell'interrogatorio dell'ex leader del Karakalpakstan appare in Irina Černova, *Zoloto dlja partii. Chlopkovoe delo*, Moskva, Kinokompanija Pigmalion, 2010, min. 9.

2. Già nell'autunno 1988 queste cifre vennero pubblicamente ammesse dal primo segretario Rafiq Nishonov in una serie di interviste apparse sulla stampa. Si veda «Pravda Vostoka», 17 settembre 1988, p. 2.

del Presidium del Soviet supremo repubblicano Inomjon Usmonxo'jayev. Questa figura, dal limitato carisma – allora circolavano molte barzellette sul fatto che fosse al massimo un "segretario zero!" (*sekretar' nol'*) per intendere una nullità politica – appariva più vicina alle istanze di Mosca. Usmonxo'jayev finì per guidare il nuovo corso degli eventi in un periodo che sarebbe stato caratterizzato da dure lotte tra le élite locali, perdendo così quel ruolo di mediazione tra il centro e la periferia che era stato chiaramente rappresentato dal suo predecessore.

Lo scandalo del cotone assunse così una dimensione propriamente politica, mentre le indagini rivelavano la sistematicità di un problema che si espandeva in diverse regioni e raggiungeva anche i centri industriali in Russia – nelle regioni di Mosca, Serpuchov, Vladimir e Ivanovo – dove vennero aperti dei casi paralleli relativi alla consegna di cotone inesistente dall'Uzbekistan. All'inizio del 1984, i controlli congiunti del KGB e della Procura rivelarono che una gran parte di quel compromesso imperiale cotoniero degli anni precedenti era sostanzialmente basato sulla menzogna: tra il 1978 e il 1983 erano stati ufficialmente aggiunti 4,5 milioni di tonnellate di cotone inesistente, registrando un danno erariale complessivo di 3 miliardi di rubli nel periodo 1976-1983.[3] Allora l'investigatore Vladimir Kaliničenko scoprì che di questi 3 miliardi di rubli sottratti, 1,6 miliardi erano nei libri contabili per le infrastrutture del cotone (per canali di irrigazione, ad esempio, che non furono mai costruiti), mentre i restanti 1,4 miliardi vennero messi a bilancio per stipendi «che nessuno aveva ricevuto. [...] Questi fondi furono distribuiti in tangenti dal basso verso l'alto».[4] Le indagini misero in luce un sistema di macchinazioni in cui le tangenti dall'Uzbekistan arrivavano ai dipartimenti ministeriali di Mosca, coinvolgendo indirettamente (o direttamente) gli alti vertici sovietici.[5]

La scoperta di questo sistema di falsificazioni rivelava lo stato di salute del sistema agricolo uzbeko che evidentemente non era in grado di pro-

3. Holmes, *The End of Communist Power*, p. 101; Clark, *Crime and Punishment in Soviet Officialdom*, p. 187.

4. Inoltre Kaliničenko scoprì che per annotare nei registri delle fabbriche tessili la consegna di un vagone vuoto, il prezzo era di circa 10.000 rubli e, per uno mezzo vuoto, tra i 5.000 e i 6.000. Si veda Vladimir Kaliničenko, *Delo o 140 milliardach, ili 7060 dnej iz žizni sledovatelja*, Moskva, Centrpoligraf, 2017.

5. Una parte di questo capitolo riprendere l'articolo Riccardo Mario Cucciolla, *Lo scandalo del cotone. Un'epurazione di massa in nome della perestrojka*, in «Contemporanea», 26/3 (2023), pp. 397-420.

durre le famose “sei milioni di tonnellate” di cotone grezzo senza ricorrere ad aggiustamenti. Il plenum del PCUz del 9 gennaio 1984 riconobbe che malgrado gli ingenti investimenti nel settore cotoniero, i risultati del 1983 erano piuttosto modesti:

> 4 oblast' – Džizak, Syrdar'ja, Namangan e Andijan – e 45 raion non hanno realizzato il piano cotoniero. Negli ultimi tre anni, i terreni irrigati sono stati ampliati per 275.000 ettari, ma l'area dedicata al cotone è stata di soli 10.000 ettari, pari al 3,5%. [...] Solo in Kaškadar'ja sono stati investiti 685 milioni di rubli e sono stati creati 55.000 ettari di terreno irriguo, ma l'aumento del cotone, rispetto al 1980, è stato solo di 37.000 tonnellate. Una situazione simile si è riscontrata anche nelle regioni di Džizak e Syrdar'ja. [...] Per il miglioramento dell'agricoltura in Surchandar'ja, Namangan e Chorezm nell'attuale piano quinquennale sono stati investiti quasi 200 milioni di rubli in ogni oblast'. Nel Surchandar'ja e nel Chorezm la produzione di cotone è aumentata rispettivamente di 16.000 e 24.000 tonnellate, mentre a Namangan è diminuita di 51.000 tonnellate.[6]

Allora lo stesso Politbjuro a Mosca appariva allarmato dalla “situazione anomala” del settore cotoniero uzbeko, riportando che l'aumento della quantità a tutti i costi aveva comportato una riduzione della qualità delle fibre – che passava dal 32,5% della produzione grezza nel 1971-1975 al 28.6% nel 1983, mentre la quota di cotone di quarta categoria (a basso peso e fibre corte) in questo periodo era aumentata al 40% della produzione totale (rispetto ai precedenti 25-30%).[7] Il partito individuava le principali responsabilità di questo peggioramento produttivo nelle attività del Ministero dell'industria della pulizia del cotone della RSSUz (*Ministerstvo chlopkoočistitel'noj promyšlennosti UzSSR*). A febbraio, il burò uzbeko ammise che nell'anno precedente si erano verificate violazioni critiche nella consegna e negli ammassi di cotone in diversi punti di raccolta e nelle stazioni di preparazione nelle regioni di Andijan, Bukhara, Kaškadar'ja, Samarcanda, Surchandar'ja e Fergana, dove funzionari e lavoratori avevano falsificato il peso e camuffato la “qualità atroce” del raccolto. Il burò accusò direttamente il Ministro della pulizia del cotone Vahobjon Usmanov che divenne uno dei grandi imputati dello scandalo del cotone (e finì condannato a morte). Inoltre, vennero aperti dei fronti paralleli in Kaškadar'ja – dove fu incriminato anche il potente primo segretario

6. RGASPI, f. 17, op. 153, d. 2447, ll. 19-20.
7. NSA, Box 25, file R7428, p. 1

Ro'zmet Gaipov, un veterano di guerra che governava l'obkom dal 1968. Nel febbraio 1984, il burò del PCUz lo estromise dalla sua carica in quanto ritenuto:

> responsabile di molte carenze nel dirigere l'organizzazione del partito, lo sviluppo economico e culturale, la selezione e l'educazione dei quadri [...]. Era immodesto, e le ispezioni effettuate dopo molte denunce e dichiarazioni dei lavoratori dell'oblast' hanno rivelato che i dirigenti di alcuni sovchoz e kolchoz incoraggiavano le falsificazioni [*pripiski*] nella lavorazione del cotone e in altre produzioni agricole. Inoltre, [...] le persone affiliate personalmente [a Gaipov] non avevano qualità politiche, morali e manageriali, ma venivano [comunque] nominate a ricoprire importanti incarichi dirigenziali. [...] I lavoratori compromessi venivano protetti da critiche e sanzioni e mantenevano i loro posti nella nomenklatura. [Pertanto,] Gaipov deve essere licenziato dal suo lavoro, espulso dal partito e sanzionato dal PCUS. [Tuttavia,] essendo un veterano della Grande guerra patriottica e un eroe del lavoro socialista, [è più opportuno] attuare questa soluzione procedendo con il pensionamento.[8]

All'indomani di questo licenziamento, nei Comitati centrali di Mosca e Tashkent arrivarono molte lettere che denunciavano Gaipov e i suoi affiliati di clientelismo, falsificazioni, comportamenti immorali e corruzione, in una regione dove apparentemente un posto di primo segretario di raikom poteva essere comprato per 100.000 rubli e la presidenza di un sovchoz per 20.000-40.000 rubli. Le successive ispezioni confermarono molti dei fatti denunciati e portarono a una serie di epurazioni nell'obkom, nei raikom (tra cui cinque primi segretari) e nei comitati esecutivi,[9] mentre il "pensionato d'onore" Gaipov, braccato dal gruppo investigativo di Gdljan, si suicidò per evitare l'arresto.

Dopo aver aperto dei fronti a Bukhara e in Kaškadar'ja, un altro caso locale scoppiò a Džizak, dove già all'inizio dell'anno erano stati rubati dei documenti segreti dall'archivio dell'obkom (probabilmente per eliminare prove compromettenti in vista di imminenti ispezioni),[10] e dove le confessioni di un "pentito" fecero tremare gli alti vertici uzbeki: il 28 febbraio 1984 il KGB arrestò Qayum Shodiyev, direttore dell'industria locale di preparazione del cotone. Il caso, apparentemente minore, era direttamente collegato agli scandali del cotone in Russia e fu un vero e proprio terremo-

8. RGASPI, f. 17, op. 153, d. 2457.
9. RGANI, f. 5, op. 90, d. 49, ll. 39-46.
10. RGANI, f. 5, op. 90, d. 105, l. 31.

to politico. Infatti, dopo il suo arresto, Shodiyev decise di collaborare con la giustizia e confessò che era stato proprio il presidente del Consiglio dei ministri uzbeko Xudoyberdiyev a chiedergli di truccare i dati sul cotone e che a partire dal 1979 ricevette dagli stabilimenti di lavorazione del cotone tangenti annuali per un totale di 730.000 rubli.[11] Queste confessioni finirono per implicare altri grandi nomi[12] e alimentarono un caso che stava assumendo una dimensione sistemica nella repubblica e riguardava anche altri settori dell'economia e del governo.[13]

Allora l'opera moralizzatrice andropoviana era stata portata avanti (per inerzia) dal suo successore Konstantin Černenko e da quella giovane cerchia che proprio l'ex capo del KGB aveva promosso ai più alti vertici del paese. Tra questi, Ligačëv, che continuò a seguire il caso uzbeko e il 23 giugno 1984 era a Tashkent per presiedere il sedicesimo plenum del PCUz. In quella occasione il rappresentante di Mosca chiese ai quadri repubblicani di sradicare i "fenomeni negativi" denunciando i colpevoli e risanando la situazione nell'apparato repubblicano anche grazie al supporto offerto dai comunisti provenienti dalle regioni centrali dell'URSS. A quel punto Usmonxo'jayev mobilitò il partito contro i "fenomeni negativi", ricordando come nella repubblica vigesse:

> un'atmosfera di autocelebrazione, venivano ignorate le norme di collegialità, di critica e di autocritica [...] e dove i principi e gli entusiasmi del partito

11. Nel suo resoconto, Shodiyev elencò le tangenti "passive", citando date, nomi dei direttori e somme di denaro: circa 49.000-150.000 rubli per transazione, a seconda della quantità di cotone, del periodo – prima o dopo la lavorazione – e della fabbrica. Poi ammise di aver speso 225.000 di quei rubli per corrompere funzionari superiori dei ministeri e, di nuovo, elencò tutte le sue "tangenti attive" verso gli alti vertici della repubblica. RGANI, f. 5, op. 90, d. 1067, ll. 3-7.

12. La Procura generale seguì direttamente questo caso e il 29 aprile 1984 confermò al Comitato centrale del PCUS che il ministro della pulizia del cotone Usmanov, il suo vice Normuhamedov, nonché l'ex primo segretario dell'obkom di Džizak Bajmirov e lo stesso Xudoyberdiyev erano tutti complici nella falsificazione dei dati sulle quantità e qualità del cotone lavorato nelle industrie di pulizia del cotone. Inoltre, il segretario dell'obkom di Džizak Shakarov, il direttore del Comitato di controllo del partito Kušakov e il primo segretario del gorkom di Džizak Ubaydulla To'raqulov furono espulsi in quanto parenti di Shodiyev. RGANI, f. 5, op. 90, d. 1067, l. 11.

13. Nell'estate del 1984, le indagini rivelarono che l'impresa edile di Džizak (Djizakstroj) aveva gonfiato le spese per 24,5 milioni di rubli e che, nei precedenti tre anni, di 3,8 milioni di rubli destinati al pagamento di stipendi, circa 2,2 milioni erano stati sottratti illegalmente. «Pravda Vostoka», 5 agosto 1984, p. 2.

> erano stati violati [...]. È importante continuare a lottare, senza compromessi, per sradicare le cause di questi difetti nell'organizzazione del partito della repubblica.[14]

Inoltre nel suo discorso il primo segretario uzbeko offrì una proporzione degli scandali e delle misure che fino ad allora erano state intraprese contro i responsabili:

> Negli ultimi quattro anni, per furti della proprietà socialista, sono stati estromessi più di 900 direttori di imprese statali, organizzazioni, kolchoz e sovchoz, e quasi 4.000 dirigenti d'industria, brigadieri e contabili. [...] Il vicedirettore del tribunale del Kaškadar'ja è stato arrestato per corruzione insieme a molti funzionari dei tribunali regionali di Bukhara e Samarcanda. Solo nell'ultimo anno, la legge sul commercio è stata violata in un terzo delle attività controllate [... e] sono stati scoperti 3000 casi di speculazione sui prodotti agricoli uzbeki venduti sul mercato nero a "prezzi speciali". Solo nell'oblast' di Tashkent, il numero di reati è aumentato del 20% rispetto al 1981. Inoltre, nell'ultimo anno, a causa di questi fenomeni negativi, sono state licenziate quasi 900 persone, di cui 135 perseguite penalmente.[15]

Usmonxo'jayev affermò che per rafforzare la disciplina in Uzbekistan era necessario inviare specialisti dal centro per coprire posti dirigenziali e di controllo: già 1.225 di questi erano arrivati nella repubblica come quadri politici e delle forze dell'ordine. Il leader uzbeko ringraziò per il supporto e affermò che i comunisti della repubblica avevano grande fiducia nel Comitato centrale del PCUS e che il partito repubblicano doveva guadagnarsi il sostegno di Mosca. A conclusione degli interventi, Ligačëv sottolineò che l'Uzbekistan fosse una priorità per lo stato sovietico, che aveva investito più di 43 miliardi di rubli nella repubblica negli precedenti otto anni.[16] Con queste parole, Mosca stava presentando il conto ai vertici uzbeki e dichiarava di voler sostenere un processo di moralizzazione che, nei fatti, indicava un'interferenza più diretta negli affari interni della repubblica.

Il sedicesimo plenum ebbe un impatto profondo. Anche alla successiva riunione con gli attivisti del partito, Usmonxo'jayev invocò le parole di Černenko: «la lotta contro i fenomeni negativi non è una campagna temporanea; questa è una linea che sarà seguita in modo continuo e rigoroso. Non c'è pietà per nessuno [...], e nessuno deve farsi illusioni su questo

14. RGANI, f. 5, op. 90, d. 105, l. 53.
15. RGASPI, f. 17, op. 153, d. 2450, ll. 56-57.
16. Ivi, ll. 102-103, 106, 113.

punto».[17] Il leader uzbeko sembrava così accreditarsi come un giudice imparziale in un processo dove l'intera repubblica era diventata l'imputato e Mosca il pubblico ministero. All'interno della nomenklatura, la campagna anticorruzione infiammò inoltre una serie di lotte interne e fu esasperata da ondate di denunce (*donosy*) che, all'indomani dell'evento, pervenivano in forma di centinaia di lettere – soprattutto anonime e spesso abilmente orchestrate con un chiaro intento diffamatorio – nei Comitati centrali regionali, di Tashkent e a Mosca. Queste lettere accusavano la corruzione (talvolta solo morale) di diversi quadri della repubblica e diventavano l'occasione perfetta per scagliarsi contro la vecchia guardia rashidoviana che era ancora attiva nel Comitato centrale repubblicano e negli obkom. Da allora, le autorità uzbeke iniziarono a considerare le lettere più seriamente,[18] constatando un aumento dei flussi di lettere provenienti da alcune regioni (come Kaškadar'ja, Samarcanda e Fergana) e che la maggior parte di esse proveniva comunque dalla capitale e fosse soprattutto indirizzata agli organi repubblicani.[19]

Il fuoco dello scandalo del cotone era stato appiccato dall'alto, ma veniva chiaramente alimentato dal basso, con il contributo di vari gruppi (o singoli individui) coinvolti nella lotta per il potere o alla ricerca di opportunità politiche e professionali. Infatti, in un contesto di caccia alle streghe, molti avevano ora l'occasione per spostare l'attenzione giudiziaria (e politica) verso i propri concorrenti, avversari o nemici. Inoltre, la stampa

17. RGASPI, f. 17, op. 153, d. 2509, ll. 3-4.

18. Nel 1984, il Comitato centrale del PCUz aveva ricevuto circa 20.000 lettere di cittadini, ovvero 5.400 (o il 37%) in più rispetto all'anno precedente. Circa 7.300 rapporti di organizzazioni di partito avevano discusso le lettere ricevute e circa 5.500 cittadini – 1.800 in più rispetto al 1983 – si erano recati presso gli uffici del partito per fare appello di persona. Alla vigilia del 1985, la segreteria del PCUz diede istruzioni a tutti i Comitati centrali dell'Uzbekistan su come gestire il crescente flusso di lettere ricevute. La segreteria era molto preoccupata per le 4.400 lettere (il 36% in più rispetto al 1983) che denunciavano l'operato delle agenzie governative «sulla diffusione dei crimini e delle violazioni dell'ordine pubblico nella Repubblica, in particolare a Tashkent. Hanno evidenziato le carenze nella lotta contro i furti di beni statali e pubblici, le speculazioni e le frodi. [Hanno criticato] aspramente le attività delle forze dell'ordine e dei loro dipendenti che non dimostrano la giusta perseveranza nella lotta contro i reati e permettono l'abuso d'ufficio». RGASPI, f. 17, op. 154, d. 2535, ll. 9, 23, 27.

19. Nel 1984, il Comitato centrale ricevette 10.350 lettere e istanze dalla regione di Tashkent, 8.330 delle quali da cittadini di Tashkent. Inoltre il Comitato centrale del PCUz riceveva dai residenti della città un numero di lettere otto volte superiore a quello del gorkom e tre volte superiore a quello dell'obkom. Ivi, l. 28.

e i media iniziarono a pubblicare notizie degli scandali, mantenendo l'approccio andropoviano del "terrore dimostrativo" che esponeva singoli casi e punizioni esemplari per giustificare e celebrare un processo di normalizzazione nel paese, ma allo stesso tempo evitava di parlare della portata sistemica del fenomeno.

L'intero establishment dell'Uzbekistan stava affrontando un terremoto politico senza precedenti, con scandali, indagini ed epurazioni nella nomenklatura della RSSUz. Tra le prime amministrazioni a essere completamente travolte dalle purghe del gennaio 1984 vi era l'MVD, con il coinvolgimento di centinaia di ufficiali e gli ex ministri Qudrat Ergashev (che si suicidò in circostanze misteriose) e il suo predecessore Haydar Yahyoyev. Molte storie giravano intorno a quest'ultima figura, che era stata potente, temuta e protetta da Rashidov al punto da riuscire a marginalizzare l'investigatore Aleksej Buturlin (e prossimo procuratore della repubblica) che alla fine degli anni Settanta aveva cercato di indagare sul Ministero degli interni. Nel 1984, Yahyoyev venne accusato di «abuso di potere, violazione della legge socialista» e «stile di vita amorale» e divenne uno dei "grandi imputati" dello scandalo del cotone al centro di una stampa che spesso assumeva toni sensazionalisti.[20] Allora, l'MVD repubblicano fu inoltre rinforzato dall'arrivo di più di 1.600 "comunisti" inviati da Staraja Plošad, che di fatto commissariava gli affari interni della repubblica, e all'inizio del 1985 altri 3.600 ufficiali inviati dal ministero sovietico.[21] Su questo esempio procedevano anche le epurazioni nella Procura,[22] nel ministero della giustizia e nei tribunali in una repubblica dove i risultati rimanevano comunque insoddisfacenti:

> In due anni la criminalità è aumentata del 67%. Le rapine registrate e i furti di beni personali dei cittadini, di beni statali o pubblici sono due volte superiori rispetto al 1982. Il principio dell'inevitabilità della pena è scarsamente garantito. Dal 1982, la denuncia dei reati è diminuita del 16%. La lotta alla corruzione e alla speculazione è debole. Le indagini, il pattugliamento delle

20. Si veda RGASPI, f. 17, op. 153, d. 2447, ll. 98-99 e «Pravda Vostoka», 18 luglio 1984, p. 3. La sua espulsione venne votata all'unanimità dal Comitato centrale del PCUz e nell'agosto 1985 fu arrestato.

21. RGASPI, f. 17, op. 154, d. 2509, ll. 60, 62-63.

22. Nel luglio 1987, il procuratore generale dell'URSS Aleksandr Rekunkov annunciò che nei precedenti anni era stato sostituito il 70% dei procuratori delle città e dei raion dell'Uzbekistan. «Pravda Vostoka», 11 luglio 1987, p. 3.

strade e il mantenimento dell’ordine pubblico non soddisfano i requisiti attuali.[23]

Ad agosto un altro fronte si aprì nei confronti di alcune personalità che erano state vicine a Rashidov, mostrando le peculiarità di un contesto dove il sistema sovietico si era saldato a forme di potere “feudali”. Un caso eclatante fu quello del famigerato Ahmadjon Odilov. Questo direttore del complesso agroindustriale Lenin nel distretto di Pop – uno dei principali complessi cotonieri dell’oblast’ di Namangan – era di fatto diventato una sorta di signore della guerra e ritenuto dal KGB «altamente pericoloso» per aver creato uno «stato nello stato». Odilov godeva di ampia autonomia negli affari e aveva costruito il suo impero privato con circa 30.000 lavoratori asserviti (dal quale tratteneva una percentuale sui salari), una milizia personale, prigioni private sotterranee e una collezione di coltelli, fruste e strumenti di tortura.[24] Il 13 agosto 1984 venne arrestato e pochi giorni dopo il capo del KGB di Namangan, Hikmatulla Mamatov, spiegò le ragioni di questa mossa in un rapporto speciale inviato al primo segretario regionale Rajabov e Černenko, intitolato emblematicamente «Storia di un Kapo». Oltre a elencare corruzione, abusi e furti della proprietà socialista – solo nel 1982, lui e i suoi affiliati avevano guadagnato illecitamente 600.000 rubli con l’allargamento dei terreni – e le atrocità che venivano commesse nei confronti dei lavoratori, il KGB temeva la capacità di Odilov di mobilitare i suoi affiliati, intimidire le autorità locali, organizzare provocazioni e «possibili azioni terroristiche». Il KGB descriveva Odilov e la sua cricca come come criminali organizzati che avevano persino creato un servizio di intelligence, colluso con le autorità giudiziarie e di sicurezza e con il quale redigevano dossier personali «per scopi criminali, ricatti, incitamento a commettere atti illegali, fabbricazione di falsi casi criminali, provocazioni, ecc.».[25]

L’arresto di Odilov rappresentava la fine dell’immunità per un altro grande esponente della generazione politica rashidoviana. Nelle stesse

23. RGASPI, f. 17, op. 154, d. 2546, ll. 4-5.

24. Durante la glasnost’, il suo nome e il nuovo termine *adylovščina* (“alla maniera di Odilov”) si riferivano generalmente a pratiche di crudeltà disumana e corruzione. Si veda Yuri V. Feofanov, Donald D. Barry, *Politics and justice in Russia major trials of the post-Stalin era*, Armonk, M.E. Sharpe, 1996. Recentemente la sua figura è stata riabilitata in Uzbekistan. Si veda Anvar Akhmadzhonov, *Akhmadzhon Odilov: Mardlik konuni*, Toshkent, Bodomzor Invest, 2022.

25. RGANI, f. 5, op. 90, d. 105, ll. 78-90.

ore, il partito inoltre depose il primo segretario del Karakalpakstan dal 1963 (e consuocero di Rashidov) Qallibek Kamolov, e progressivamente marginalizzava la segretaria all'ideologia Ra'no Abdullayeva, che in quelle settimane era stata esposta a una campagna di screditamento attraverso l'invio di lettere anonime dove veniva accusata di essere la principale responsabile della degenerazione della repubblica, di avere (lei e la sua famiglia) uno stile di vita amorale, di essere stata l'amante di Rashidov e di corruzione. Nonostante il rispetto e la fiducia che Mosca le riservava, la sua incriminazione nello scandalo del cotone sarebbe stata solo questione di tempo.[26] Infine, il 19 novembre anche l'ex braccio destro di Rashidov e presidente del Consiglio dei ministri dal 1971 Xudoyberdiyev venne licenziato[27] e sostituito con G'ayrat Qodirov che era stato il responsabile del dipartimento per l'industria pesante del PCUz, e a gennaio 1985 il primo segretario dell'obkom di Tashkent dal 1970, Mirzamahmud Musaxonov, venne estromesso prima di diventare uno dei principali imputati dello scandalo del cotone. L'esclusione di queste personalità rappresentava la fine dell'immunità per un'intera generazione politica che era cresciuta sotto l'ala di Rashidov e che ora aveva perso qualsiasi forma di protezione.

Tra "normalizzazione" e "derashidovizzazione"

In Uzbekistan i risultati delle purghe uzbeke erano evidenti: al gennaio 1985, 40 dei 65 segretari di obkom (inclusi 10 su 13 primi segretari) e 260 segretari di gorkom e raikom erano stati rimossi dai loro incarichi.[28] A livello centrale, il corso andropoviano venne confermato dal

26. RGANI, f. 5, op. 90, d. 49, ll. 115-117; 119-121; 123-126. Si veda anche il fascicolo personale di Ra'no Abduallayeva. TsGARUz, f. 837, op. 41, d. 6396. Nel maggio 1985 Mogilničenko dichiarò che queste accuse anonime contro Abdullayeva fossero false e calunniose e osservò che queste critiche nei suoi confronti non erano mai arrivate prima del sedicesimo plenum e si chiedeva chi potesse essere dietro una simile orchestrazione. RGANI, f. 5, op. 90, d. 49, ll. 141-142.

27. Xudoyberdiyev fu ritenuto un "ideologo" delle falsificazioni, espulso dal partito nel luglio 1986, arrestato nel febbraio 1987 e processato per corruzione, diventando uno dei principali imputati dello scandalo del cotone. Il 6 settembre 1989 fu condannato a nove anni in un campo di lavoro a regime rigido, con confisca dei beni e interdizione dai pubblici uffici. Nel marzo 1991 fu scagionato.

28. Carlisle, *Power and Politics in Soviet Uzbekistan*, p. 141.

nuovo segretario generale del PCUS, Michail Gorbačëv, che sin dalla sua nomina nel marzo 1985 continuò l'opera dei suoi predecessori, seppur sotto una diversa luce, marginalizzando i "dinosauri" brežneviani (come Gennadij Brovin e possibili rivali come Viktor Grišin, Andrej Gromyko e Grigorij Romanov), ed estendendo i fronti della lotta alla corruzione e ai fenomeni negativi in diverse repubbliche. Dall'inizio del suo mandato, Gorbačëv accennò quegli slogan di "accelerazione" (*uskorenie*) e "ricostruzione" (*perestrojka*) che sarebbero stati al centro di una nuova agenda di riforme nei mesi successivi. Ma nei fatti, nel biennio 1985-1986 la sua azione rimase limitata a una continuazione delle campagne di moralizzazione. Ciò fu evidente con l'impopolare politica di parziale proibizionismo, che in Uzbekistan veniva rappresentata come una cura ai fenomeni negativi all'interno della società. L'alcolismo, per quanto più limitato in una popolazione tradizionalmente musulmana, era tristemente presente in alcune regioni ad alta intensità agricola come la Valle di Fergana e dove i risultati delle leggi proibizioniste furono scarsi: sebbene il numero di punti vendita di bevande alcoliche si fosse ridotto a un terzo e il regime avesse promosso una forte propaganda per boicottare l'alcol, in realtà gli spacci clandestini, nelle sale da tè (*choyxona*), nei retrobottega dei negozi e addirittura fuori dalle scuole erano aumentati.[29] Inoltre, il problema rimaneva presente nella repubblica, dove lo stesso partito ammetteva che «un quinto delle violazioni dell'ordine pubblico, la metà dei crimini e un incidente stradale su dodici sono commessi da persone in stato di ubriachezza».[30]

In Uzbekistan, l'idea di "accelerare" lo sviluppo economico doveva fare i conti con la piaga dei fenomeni negativi in una repubblica che mostrava gravi segni di crisi nel settore agricolo. Già a marzo Usmonxo'jayev aveva ammesso pubblicamente che nel 1984 la situazione rimaneva critica sul fronte bianco, considerando che solo le regioni di Tashkent, Andijan, Fergana, Namangan e Syrdar'ja (e solo 53 raion, 382 kolchoz, 155 sovchoz) avevano realizzato i piani cotonieri e solo 25 raion avevano raggiunto una produttività di 35 (o più) quintali di cotone grezzo per ettaro. Nelle sue parole:

> Nel 1984 non abbiamo realizzato il piano per 673.000 tonnellate di cotone, 316.000 tonnellate di cereali, 150.000 tonnellate di frutta e uva, 26.000 ton-

29. RGASPI, f. 17, op. 154, d. 2547, l. 24.
30. RGASPI, f. 17, op. 154, d. 2552, l. 17.

nellate di carne, 100.000 tonnellate di latte e altri prodotti. 82 distretti, 697 aziende agricole collettive e statali non hanno realizzato i piani cotonieri.[31]

Tuttavia, il leader uzbeko voleva sottolineare i significativi miglioramenti nella qualità del cotone e della fibra prodotta, riferendo che, sebbene nel 1984 la repubblica avesse raccolto "soltanto" 5,292 milioni di tonnellate di cotone, aveva prodotto circa 100.000 tonnellate di fibra in più, per un valore aggiuntivo di 528 milioni di rubli rispetto al piano. Lontano dal trionfalismo degli anni precedenti, Usmonxo'jayev inoltre riconosceva di essere riuscito a rinegoziare con Mosca gli impegni della repubblica in materia di cotone:

> Il comitato centrale del PCUS e il governo sovietico hanno risposto alla nostra richiesta, accettando la nostra offerta, dimostrando così ancora una volta grande attenzione alle preoccupazioni dei coltivatori di cotone dell'Uzbekistan. Nel 1985 il piano di produzione di cotone della repubblica è stato fissato a 5,700 milioni di tonnellate, ovvero 300.000 tonnellate in meno rispetto ai cinque anni precedenti. In termini di fibra, si tratta di oltre 100 mila tonnellate. Vorrei che tutti capissero correttamente che questo significa una riduzione del piano. Il cotone è l'orgoglio del nostro paese: la sua inestimabile ricchezza, il benessere delle persone, la bellezza e la prosperità dei nostri villaggi sono tutti legati al cotone.[32]

Ribadendo l'idea leniniana di "meglio meno, ma meglio" (*lučše men'še, da lučše*), Usmonxo'jayev puntava a spostare i doveri socialisti della repubblica sul piano qualitativo, e rilanciava l'idea di "normalizzazione" della repubblica – intesa come la lotta contro speculazione, violazioni della legge e della morale socialista, sprechi e tutti gli altri "fenomeni negativi" – che presupponeva un cambio di mentalità tra i quadri. La normalizzazione diveniva così la precondizione per favorire l'accelerazione dello sviluppo scientifico e tecnologico in tutti i settori economici, compresa l'industria, con lo stato che stanziava circa 74 miliardi di rubli per ricostruire (*perestroit'*) l'economia della repubblica in oltre 1.500 imprese e associazioni industriali.[33]

Nell'autunno del 1985, Usmonxo'jayev confermò la linea moralizzatrice di Mosca e – in intesa con PCUS, KGB e Procura generale – portò avanti la campagna contro i "fenomeni negativi" su altri settori econo-

31. «Pravda Vostoka», 3 marzo 1985, p. 1-2.
32. *Ibidem.*
33. «Pravda Vostoka», 6 luglio 1985, p. 1.

mici e dell'amministrazione della RSSUz, aprendo una serie di fronti locali a Namangan, in Surchandar'ja, e Chorezm, dove il primo segretario Madyar Xudaybergenov era stato oggetto di una campagna diffamatoria già dalla morte di Rashidov e ora veniva accusato di aver creato una corte di «milionari e di veri e propri khan e proprietari terrieri» che gli pagavano tributi in contanti, oro e diamanti.[34] Il gruppo investigativo di Gdljan continuò a raccogliere prove contro di lui e riaprì il caso, spingendo per la sua rimozione.[35]

Al plenum del PCUz del 9 gennaio 1986, Usmonxo'jayev affermò che nel 1985 la repubblica aveva prodotto solo 5,38 milioni di tonnellate di cotone grezzo e che sette oblast' e metà dei raion e dei kolchoz non avevano realizzato il piano,[36] ma rinnovava l'impegno qualitativo a produrre 1,8-1,93 milioni di tonnellate di fibra di cotone all'anno entro il 1990.[37] Allora vennero anche attaccati coloro che dovevano sorvegliare e che spesso venivano ritenuti fin troppo indulgenti – se non complici – verso i fenomeni negativi, tra cui il secondo segretario del PCUz Osëtrov che venne estromesso (e successivamente accusato di corruzione e sottoposto a un vero e proprio calvario giudiziario).[38] Al suo posto venne nominato

34. Una lettera sosteneva che ogni anno in Chorezm venivano raccolte circa 100.000 tonnellate di cotone solo sulla carta e che il prezzo per nominare un direttore di kolchoz o un segretario del Komsomol regionale fosse di 50.000 rubli. L'accusa sosteneva che Xudaybergenov ricevesse ogni anno 100.000 rubli da ciascuno dei primi segretari dei raikom, 50.000 dai direttori delle fabbriche di pulizia del cotone e 25.000 dai massimi dirigenti dell'edilizia e del commercio e dai direttori dei kolchoz della Chorezm. Nel 1984, Osëtrov respinse le accuse come calunnie. Inoltre, i controlli del PCUz, KGB e MVD non confermarono le accuse e il partito difese Xudaybergenov definendolo come un devoto lavoratore socialista. RGANI, f. 5, op. 90, d. 49, ll. 31-32, 35-37 . Ma la sua incriminazione sarebbe stata solo questione di tempo.

35. Xudaybergenov fu estromesso il 13 gennaio 1986. Dopo il suo arresto, ammise di aver dato personalmente tangenti a Rashidov: qualcosa come 1 milione di rubli in denaro e mezzo milione in oro e gioielli. Secondo Nikolaj Ivanov, Xudaybergenov era l'unico vero pentito di tutto lo scandalo del cotone. Naše Kino, *Kremlëvskie pochorony*.

36. Usmonxo'jayev sottolineò che le oblast' di Fergana, Namangan, Tashkent, Syrdar'ja, Andijan e Surchandar'ja – così come 66 raion, 664 kolchoz e sovchoz e più di 16.000 brigate – avessero svolto il loro lavoro e che la qualità del cotone era aumentata. Tuttavia, riferì che nella repubblica ancora 152 aziende fossero in deficit, e la produttività dell'industria agroalimentare non era aumentata. RGASPI, f. 17, op. 155, d. 2298, l. 6.

37. «Pravda Vostoka», 15 gennaio 1986, p. 2.

38. Osëtrov fu arrestato il 13 dicembre 1986 e imprigionato a Mosca nella struttura speciale n. 4 del MVD. Il primo segretario dell'obkom di Bukhara, Karimov aveva

l'ex primo segretario di Voronež, Vladimir Aniščev, un giovane rampante del Comitato centrale che era estraneo ai giochi di potere in Uzbekistan.[39] A questa importante sostituzione seguì, il giorno successivo, l'espulsione dell'ex primo viceprocuratore della RSSUz Dilmuratov per le sue scarse prestazioni.[40]

Dal punto di vista politico, lo scandalo del cotone avrebbe preso un nuovo corso durante il ventunesimo Congresso del PCUz aperto il 30 gennaio 1986. In quella occasione, il PCUS impose la necessità di confessare pubblicamente i fallimenti della repubblica e Usmonxo'jayev promosse dei cambiamenti ancora più evidenti all'interno della nomenklatura repubblicana. Al congresso non mancarono continui riferimenti agli ultimi scandali legati a grandi nomi come Gaipov, Karimov, Yahyoyev e Odilov, ma il vero colpevole fu individuato in una figura che fino a ora era stata riconosciuta come un semi Dio e che ora non poteva parlare. Come Chruščëv aveva denunciato Stalin e il suo culto della personalità tre anni dopo la sua morte, adesso Usmonxo'jayev parlava del defunto Rashidov alla stregua di un boss mafioso e ne faceva il principale responsabile dell'intera panoplia di fallimenti della repubblica. Con una mossa sorprendente, il discorso di apertura del primo segretario contraddiceva in modo minuzioso l'elogio funebre che aveva pronunciato poco più di due anni prima. Nelle sue parole:

> Sharof Rashidov ha imposto uno stile di lavoro vizioso, solennità e autoglorificazione nel comitato centrale del PCUz, negli obkom, nei gorkom e nei raikom. Ha ignorato [i principi di] critica e autocritica, ha mostrato una perdita di modestia – e in alcuni casi di mera decenza – e si è allontanato dalla natura del partito. Tutto ciò ha causato intrighi, formalismo, indifferenza,

testimoniato la sua corruzione e anche Čurbanov dichiarò di aver ricevuto da lui una tangente di 25.000 rubli. Osëtrov negò queste accuse in tutti i quattordici confronti con gli investigatori. Nel maggio 1987 fu accusato di aver passato almeno 52 tangenti per un totale di 1.002.298 rubli. Il 30 maggio 1989 venne rilasciato e il caso archiviato. La Procura generale gli offrì delle scuse formali, ripristinando la sua appartenenza al partito e la pensione. Si veda Viktor Iljuchin, *Voždi i oborotni. Prervannoe rassledovanie*, Moskva, Paleja, 1994; Viktor Iljuchin, *Oborotni: Kak bylo nadumano "Uzbekskoe" delo*, Toshkent, Uzbekiston, 1993.

39. Nelle sue memorie, Aniščev testimoniò il coinvolgimento di una parte dell'establishment uzbeko (soprattutto Nishonov) e degli investigatori della Procura generale (soprattutto i famigerati Gdljan e Ivanov) nel guidare le indagini e le purghe nella repubblica. Vladimir Aniščev, *Vostočnyj Ornament*, Moskva, Izdatel'stvo A2-A4, 2009.

40. RGASPI, f. 17, op. 155, d. 2304, l. 20.

abuso di potere, furti e frodi. I quadri, ovviamente, non sono stati scelti per le loro qualità morali, organizzative e politiche, ma per relazioni familiari, campanilismo [*zemljačestvo*], fedeltà personale e qualsiasi contropartita potessero fornire. Il controllo dei dirigenti era debole e, in alcuni luoghi, soprattutto nella RSSA Karakalpaka e nelle oblast' di Bukhara e Kaškadar'ja, era semplicemente inesistente. Alcuni di questi leader erano autocelebrativi ed erano stati protetti da ispezioni e possibili critiche. In queste condizioni, coloro che prendevano tangenti e rubavano denaro pubblico – i traditori del partito – erano a loro agio.[41]

In quella occasione Rashidov divenne sostanzialmente il capro espiatorio della stagnazione, della corruzione, dei "fenomeni negativi" e del fallimento economico e politico della repubblica e a maggio venne condannato a una forma sovietica di *damnatio memoriae*,[42] mentre la salma fu riesumata e riseppellita nell'antico cimitero di Chigatoy. Da allora, il neologismo *šarafrašidovščina* ("alla maniera di Sharof Rashidov") assunse connotazioni fortemente negative e, come avrebbe ricordato Nishonov, il riferimento al «khan uzbeko con la tessera del partito, le stelle d'oro e i premi» divenne «sinonimo di intrigo e blasfemia, ipocrisia e ambiguità, disgrazia e corruzione, retorica vuota e autoglorificazione».[43]

Il processo di derashidovizzazione non ebbe solo una connotazione simbolica e ideologica ma finì per colpire l'intera nomenklatura e quelle strutture di potere che avevano dominato la scena politica uzbeka nei decenni precedenti. Infatti, al congresso il PCUz promosse un effettivo ricambio generazionale, rieleggendo solo un quinto dei 177 membri del precedente Comitato centrale (in passato, circa due terzi o più venivano riconfermati). Del burò del 1981, sopravvissero solo Usmonxo'jayev e Salimov, e i membri di nazionalità uzbeka persero la maggioranza: se nel 1981 gli uzbeki nel massimo organo del PCUz erano sette su undici membri, ora

41. RGASPI, f. 17, op. 155, d. 2296, ll. 20-21.

42. Il 4 giugno 1986, il burò del PCUz adottò il decreto numero 617 del Comitato centrale del PCUS e del Consiglio dei ministri dell'URSS (22 maggio 1986) «sulla cancellazione del decreto della commemorazione di Sh. R. Rashidov» e approvò il decreto numero 282-21 che aveva in allegato un documento intitolato «Informazioni per le attività del partito su Sh. R. Rashidov» che elencava le atrocità commesse dal defunto leader. Questo provvedimento cancellò ogni commemorazione del suo nome, ripristinò la toponomastica originale e tolse il sostegno finanziario e materiale ai suoi eredi. Si veda RGASPI, f. 17, op. 155, d. 2316, ll. 9-13.

43. Dal discorso di Rafiq Nishonov alla commemorazione del centodiciassettesimo anniversario della nascita di Lenin. «Pravda Vostoka», 24 April 1987, p. 2.

erano sei su tredici.[44] Infine, il congresso estese la lotta contro i "fenomeni negativi" anche sul fronte ideologico, collegandoli alle emergenti forme di nazionalismo, alle tensioni interetniche, al revival religioso e alle rivendicazioni linguistiche di alcune minoranze che iniziavano a riemergere più apertamente nel dibattito politico sovietico.

In questa delicata fase, Usmonxo'jayev ringraziò Mosca per il supporto nella formazione di una nuova e onesta classe dirigente uzbeka, ricordando come:

> Il comitato centrale del PCUS ci sta fornendo un pacchetto di assistenza ampia e internazionalista, inviando lavoratori del partito e del Soviet dagli apparati degli organi centrali e da altre regioni del paese [...]. Hanno portato un nuovo approccio nelle attività del PCUz e hanno contribuito a [...] modificare la situazione morale e psicologica della repubblica, rafforzando la disciplina [negli organi] del partito, dello stato, e di tutte le forze impegnate nella lotta contro falsificazioni, furti, tangenti e altri abusi.[45]

Questa linea venne poi ribadita alla fine di febbraio 1986 nel corso del ventisettesimo Congresso del PCUS, quando lo stesso Gorbačëv, nel lanciare la sua agenda riformista, fece un appello all'autocritica, imponendo così ai comunisti uzbeki di confessare apertamente i fallimenti della repubblica e di farsi assistere dal comitato centrale del PCUS. Questa severa interferenza prefigurava un'epurazione più ampia e generale: un cambio generazionale che, nelle intenzioni della *perestrojka*, metteva in discussione l'intera classe dirigente sovietica. Pertanto, se la "ricostruzione" si presentava in termini di cambiamento, questo fu effettivo, almeno a livello di quadri: il 30 aprile, in un resoconto al comitato centrale del PCUS, Usmonxo'jayev fece il punto sulle epurazioni di quei dirigenti e funzionari che si erano macchiati di falsificazioni, frodi e corruzione:

> Nel 1984-1985, per questi motivi, 172 membri della nomenklatura del Comitato centrale del PCUS e 1.813 – pari al 45,7% – all'interno delle [liste] del comitato centrale del PCUz sono stati rimossi dai loro incarichi. Il partito ha sostituito 52 dei 65 segretari di obkom (tra cui 11 primi segretari); 408 segretari di raikom e gorkom (70% del totale), di cui 149 primi segretari (76,8% del totale); 46 presidenti e vicepresidenti di oblispolkom (56,8% del totale); 29 membri del comitato centrale del PCUz, 232 deputati dei soviet supremi e

44. Si veda Anne Sheehy, *Slav Presence Increased in Uzbek Party Buro and Secretariat. Radio Liberty Research Bulletin 94*, München, RFE/RL, 1986.

45. RGASPI, f. 17, op. 155, d. 2296, l. 22.

locali, e sono stati espulsi dai ranghi del PCUS 6.653 membri [compromessi con questi] fenomeni negativi.[46]

Il nuovo corso gorbačëviano si manifestava nel ricambio generazionale della nomenklatura promosso al congresso e si tradusse in un ulteriore accanimento delle purghe in Uzbekistan e nelle altre repubbliche dell'Asia Centrale, dove nel frattempo venivano rimpiazzati gli ultimi esponenti della classe politica brežneviana.[47] Ma questa "lotta senza compromessi" e "senza un termine" contro la nomenklatura corrotta quanto poteva durare, in assenza di un'effettiva riforma del sistema?

Il disastro di Černobyl' segnò un punto di non ritorno per un regime che non poteva più nascondere la verità dei fatti e che doveva inevitabilmente intraprendere la strada del cambiamento (non solo dei quadri dirigenti). Da allora la trasformazione del sistema sovietico divenne evidente con la riforma della trasparenza (glasnost') che allentava la censura e permetteva nuovi dibattiti in una società che iniziava a fare i conti con un recente passato totalitario e con le sue distorsioni sistemiche e riscopriva le radici critiche di una recente cultura nazionale. In questo periodo di incertezza sulle riforme e di pesanti epurazioni, il PCUz temeva che i fenomeni negativi e la stagnazione dell'economia e della società si manifestassero anche a livello ideologico e stessero rivitalizzando la religione e il nazionalismo, mobilitando alcuni gruppi (come i tatari di Crimea) che chiedevano maggiori diritti (incluso quello di essere riabilitati). Per questo, il dipartimento di propaganda e agitazione del PCUz investì in una feroce campagna "antitradizionalista"

46. NSA, Box 26, file R 10051, pp. 3-4. Un memorandum del PCUS del 5 maggio 1986 includeva in queste statistiche anche la sostituzione di 160 dei 234 presidenti dei comitati esecutivi di città e raion e 269 membri dei comitati centrali di obkom, gorkom e raikom. NSA, Box 26, file R 10052, p. 2.

47. Tutti i vertici delle repubbliche centroasiatiche furono travolti dalle purghe gorbačëviane. Nel novembre 1985, il primo segretario del Partito comunista kirghiso Turdakun Usubaliev (al potere dal 1961) venne rimpiazzato da Absamat Masaliev in base ad accuse di corruzione che riguardavano il settore agricolo e nello specifico l'allevamento di bestiame. A dicembre Qahhor Mahkamov divenne il primo segretario del Partito comunista tagico, rimpiazzando Rahmon Nabiev, mentre Saparmyrat Nyýazow divenne il primo segretario turkmeno sostituendo Muhammetnazar Gapurow che era al potere dal 1963. In Kazakistan, Dinmuchamed Kunaev, al potere dal 1964, venne accusato di corruzone e nepotismo, e sostituito dal russo Gennadij Kolbin nel dicembre 1986. Si veda Dinmuchamed Kunaev, *Ot Stalina do Gorbačeva: v aspekte istorii Kazachstana*, Almaty, Sanat, 1994; Turdakun Usubaliev, *Ja vyzyval ogon' na sebja: dokumental'nyj rasskaz*, Biškek, Ėrkin, 1992; Collins, *Clan Politics and Regime Transition.*

e nella promozione dell'inclusione internazionalista, ma non riuscì a vedere la portata di un nazionalismo che sarebbe riesploso nei mesi successivi.

La derashidovizzazione fu così una resa dei conti per coloro che erano stati epurati all'inizio degli anni Settanta e che ora avevano l'occasione di tornare alla ribalta e spazzare via tutto ciò che restava del rashidovismo. Alla fine dell'anno, il redivivo Rafiq Nishonov, con il sostegno dello stesso segretario generale, riemerse come protagonista del nuovo corso della perestrojka: nel marzo 1985 era tornato in Uzbekistan per ricoprire la carica di ministro degli esteri della RSSUz e il 5 dicembre 1986 divenne finalmente presidente del Presidium della RSSUz e vicepresidente del Soviet supremo dell'URSS, rimpiazzando Salimov che «andava a occupare un'altra carica» (e che fu presto travolto dalle indagini).[48] Il sovietologo Donald Carlisle commentò:

> Per ironia della sorte, Salimov aveva preso il posto di Nishonov nel 1970, quando quest'ultimo era caduto in disgrazia! Nel 1986, le persone coinvolte erano le stesse e la causa del cambiamento identica. Tuttavia, i ruoli di vincitore e vittima si erano invertiti.[49]

Molte cose erano cambiate. Rashidov era morto, Usmonxo'jayev aveva condannato il rashidovismo ma era sempre più solo (e praticamente l'unico sopravvissuto di quella stagione politica) e il ritorno di Nishonov fu per lui un cattivo auspicio: questa divisione mostrava una lotta feroce tra l'ex cricca rashidoviana (oramai marginalizzata ma non del tutto sconfitta), un gruppo postrashidoviano sempre meno influente e un'emergente frangia lealista rappresentata da Nishonov.

L'amministrazione fiduciaria di Mosca

Il 1987 iniziò con l'annuncio di un flop per l'agricoltura uzbeka che non era riuscita nemmeno ad arrivare a quota 5 milioni.[50] Allora, gli slogan di riforma economica, trasparenza e apertura democratica dominavano

48. L'ex rettore dell'Istituto di irrigazione e meccanizzazione agricola di Tashkent rimase candidato membro del Comitato centrale del PCUS. Nell'ottobre 1988 fu arrestato e poi espulso dal partito per "essersi compromesso". Nel giugno 1989 venne rilasciato e riabilitato.

49. Carlisle, *Power and Politics in Soviet Uzbekistan*, p. 127.

50. «Pravda Vostoka», 24 gennaio 1987, p. 1; «Pravda Vostoka», 1 febbraio 1987, p. 2.

la scena politica sovietica, ma per molti versi sembravano esistere solo nei dibattiti a Mosca. Invece in Uzbekistan si assisteva alla più massiccia purga del periodo poststaliniano con la quale finiva quel certo grado di autonomia politica che era alla base del compromesso brežneviano. Questa situazione alimentava un senso di frustrazione, e per molti versi di umiliazione, delle élite locali che dopo aver patito il “fardello dell’oro bianco” dovevano ora pagare il prezzo della moralizzazione. In queste condizioni, l’autorità del PCUz sembrava sempre più svuotata, con Usmonxo‘jayev che appariva come un mero esecutore di ordini e che, incapace di fornire cotone allo stato, finiva per offrire solo i risultati positivi delle epurazioni.

Allora Mosca aveva stabilito una sorta di “amministrazione fiduciaria” di lealisti che promettevano cotone alla patria e di ripulire la corruzione nei ranghi del partito, ponendo i vertici locali sotto un controllo sempre più diretto del centro. Ciò si manifestava, con la complicità della stessa dirigenza uzbeka, nella sostituzione di centinaia di alti dirigenti locali in diversi posti critici del comitato centrale del PCUz, degli obkom, dei soviet, dei ministeri, dei sindacati, del Komsomol, degli organi di polizia e dell’economica dell’Uzbekistan. Al loro posto sarebbero andati “comunisti esperti” che avrebbero aiutato il PCUz a sradicare, o almeno ridurre, il clientelismo e la corruzione nella repubblica. Questi erano per lo più slavi – inviati direttamente dai dipartimenti di Russia, Ucraina e Bielorussia (e non di altre repubbliche centroasiatiche o caucasiche) – che finivano per rafforzare così un legame diretto con il centro piuttosto che tra le periferie. Questo «supporto interrepublicano» venne accelerato all’indomani del sedicesimo plenum e dei congressi del 1986, e fu predisposto nel gennaio 1987 dal burò del PCUz che approvò una «lista di posizioni di supporto al personale proveniente da altre regioni del paese».[51] I risultati erano visibili:

51. L’elenco dettagliava 337 posizioni nella repubblica, delle quali 104 nel Comitato centrale del PCUz, 38 nei soviet; 5 nei sindacati; 60 nel Komsomol; 45 negli organi di polizia; 85 negli organi economici. Nella logica del “supporto interrepublicano”, veniva contemporaneamente approvata un’altra lista di 196 «dipendenti raccomandati per posti di responsabilità nelle organizzazioni centrali e nei dipartimenti dell’URSS» e allo stesso tempo si definiva anche la formazione di studenti e di quadri uzbeki nelle organizzazioni centrali, con tirocini di sei-dodici mesi in diverse organizzazioni centrali. RGASPI, f. 17, op. 156, d. 2067, ll. 1-4, 29-43. Parallelamente, la segreteria del PCUz discuteva la situazione negli affari interni e la nomina di nuovi quadri “ideologicamente solidi” (3.129 di cui 1.023 membri e candidati del PCUS e 1.732 membri del Komsomol) da inviare nell’MVD repubblicano, nonché l’inclusione di circa 115 ufficiali provenienti da altre repubbliche e l’invio di circa 2.500 ufficiali locali da addestrare a Mosca, Leningrado, Kiev, Minsk e altre

tra il 1984 e il 1987 più di trecento alti dirigenti provenienti dalle regioni centrali sovietiche sostituirono i quadri nazionali in diverse posizioni strategiche della repubblica;[52] mentre questa presenza "esogena" era molto meno evidente ai livelli inferiori della nomenklatura.[53] Questa campagna non era infatti destinata a cambiare gli equilibri nazionali in Uzbekistan. Tuttavia, quello che presto venne definito come lo "sbarco rosso" (*krasnij desant*) di comunisti centrali "paracadutati" in Uzbekistan per affiancare (o sostituire) i quadri locali[54] finì per catalizzare un risentimento nazionalista che lo percepì come un'intrusione dal centro e una negazione della *kore-*

città. Le purghe erano state così pesanti che il numero dei quadri epurati era stato maggiore del previsto, lasciando scoperti circa 700 posti che rimanevano vacanti. RGASPI, f. 17, op. 156, d. 2093, ll. 2-3, 10.

52. Tra questi, 55 dirigenti furono inviati direttamente dai Comitati centrali in Russia, Ucraina e Bielorussia. NSA, Box 26, file R 10052, p. 1. Si veda anche Inamžon Usmanchodžaev, *Prodolžaja Delo Oktjabrja Kommunist Uzbekistana. Tom 2*, Taškent, Uzbekistan, 1987, p. 4; Rafik Nišanov, *Derev'â zelenejut do metelej: Rafik Nišanov rasskazyvaet Marine Zavade i Jurij Kulikovu*, Moskva, Molodaja Gvardija, 2012, p. 258; Vaisman, *Regionalism and Clan Loyalty*, p. 117.

53. Gli uzbeki mantennero comunque la maggioranza nei posti primari (nel 1987-1989 più dell'86% dei primi segretari dei raikom erano nativi) mentre molte di queste posizioni di secondo e vice erano già tradizionalmente "riservate" ai non nativi (quasi sempre slavi): tra questi, i vicepresidenti del Consiglio dei ministri, dei soviet supremi, degli oblispolkom, dei gorispolkom e dei raispolkom, nonché i secondi segretari di obkom, gorkom e raikom. Inoltre, i posti nella segreteria repubblicana e i capi dei dipartimenti strategici del Comitato centrale come gli organi amministrativi, l'organizzazione del lavoro e dell'agricoltura, il KGB repubblicano, la giustizia, l'apparato militare e di sicurezza, il Comitato di controllo del popolo, il Gosplan, i sindacati e l'Accademia delle scienze rimanevano sostanzialmente guidati da apparati scelti da Mosca.

54. Tra i casi più evidenti vi furono Boris Satin, proveniente dalla segreteria del Comitato centrale del PCUS, che divenne primo segretario del gorkom di Tashkent (fu il primo non nativo a ricoprire quella carica dal secondo dopoguerra); Vjačeslav Kretov, arrivato dal gorkom di Leningrado per dirigere il dipartimento organizzativo del PCUz; Aleksej Buturlin, dall'ufficio del procuratore generale dell'URSS per dirigere la Procura della RSSUz; Viktor Lobko alla segreteria del PCUz; i giudici Aleksandr Lipatov e Svetlana Mel'čenko alla Corte suprema della RSSUz; Viktor Chaidurov a presiedere il Comitato di controllo del popolo della RSSUz; Valentin Ogorok a diventare il primo vicepresidente del Consiglio dei ministri della RSSUz; e il vicecapo del MVD della RSSUz Eduard Didorenko che nel 1989 venne rimosso a causa delle proteste popolari contro di lui. Robert M. Cutler, *De-authoritarization in Uzbekistan?: Analysis and Prospects*, in *Owards Social Stability and Democratic Governance in Central Eurasia: Challenges to Regional Security*, a cura di Irina Morozova, Amsterdam, IOS Press, 2005, pp. 132-133. Si veda anche Staples, *Soviet Use of Corruption Purges*, p. 43; Carlisle, *Power and Politics in Soviet Uzbekistan*, p. 43.

nizacija. Per questo fu fortemente criticato anche dalle cerchie più lealiste che, in ogni caso, si sentivano estromesse.

A febbraio, durante il quarto plenum del PCUz, la segretaria Ra'no Abdullayeva ammetteva carenze sul piano ideologico (soprattutto per la diffusione della religione), ma difese il suo ufficio da coloro che attribuivano i fenomeni negativi dell'Uzbekistan a queste mancanze e respinse le accuse che da anni le erano state mosse nelle lettere anonime, e ora pubblicamente. Ma non fu abbastanza per salvare quest'ultima sopravvissuta del rashidovismo che nel giro di poche settimane sarebbe stata travolta dalle indagini di Gdljan e Ivanov.[55] I due inquirenti stavano infatti continuando a investigare su altri "pesci grossi" e possibili connessioni tra l'Uzbekistan e il centro moscovita. Il loro gruppo, inizialmente composto da soli 3 investigatori, crebbe a 35 membri dopo il "caso di Bukhara" e nel 1989 arrivò a contarne 209. Erano solo un ingranaggio dell'enorme macchina investigativa della Procura generale coinvolta nello scandalo del cotone[56]

55. Il 23 marzo, Abdullayeva venne licenziata dai suoi incarichi nel burò e nella segreteria per "gravi carenze nel lavoro". RGASPI, f. 17, op. 156, d. 2071, l. 2. Espulsa dal partito, si sentì al centro di un complotto. Il 29 ottobre 1987 fu arrestata e deportata in un edificio del KGB – che lei definì «il quartier generale di Gdljan» – dove fu interrogata dal viceprocuratore generale dell'URSS Katusev e dallo stesso Gdljan. Fu spinta a confessare di aver ricevuto tangenti e dichiarò persino di essere l'amante del defunto Rashidov. In seguito riconsiderò queste sue affermazioni, dichiarando il 22 dicembre 1987 di essere una donna onesta e non l'amante di Rashidov. Tuttavia, ribadì di aver ricevuto tangenti da Xudoyberdiyev (5.000 rubli), Rajabov (7.000), Ajtmuratov (5.000), Kamolov (per tre volte per 10.000 rubli e gioielli, anelli e orecchini con diamanti), Xudoybergenov (5.000), Kanjazov (4.000), Musaxonov (15.000) e Karimov (12.000). Nelle sue memorie ricorda diversi scontri con gli inquirenti che hanno esercitato pressioni psicologiche su di lei e minacciato di arrestare i suoi figli per estorcerle prove autoincriminanti. Lei e Xudoybergenov si accusarono a vicenda e poi negarono le accuse. Dopo aver parlato con il colonnello del KGB Duchanin – che probabilmente era stato incaricato di chiudere il caso – ritrattò tutte le accuse. Infine il 15 gennaio 1990 la Corte suprema dell'URSS ritirò le accuse contro di lei per mancanza di prove e fu rilasciata. Il suo caso fu controverso perché, secondo l'investigatore Viktor Iljuchin (futuro avversario di Gdljan), Abdullayeva fu costretta a fare quelle confessioni per accusare altre persone. RGASPI, f. 17, op. 156, d. 2065, l. 91. Si veda anche Gdljan, Ivanov, *Kremlëvskoe delo*; Iljuchin, *Oborotni*; Rano Abdullaeva, *Preodolenie Ada*, Moskva, Monolit, 2009.

56. Tra gli altri famosi investigatori che operavano in Uzbekistan vi erano Konstantin Majdanjuk (che aveva già lavorato al caso Soči-Krasnodar); Vladimir Kaliničenko (che lavorò sui casi russi dello scandalo del cotone e sul caso Kunaev); German Karakozov (protagonista del caso del caviale, del Soči-Krasnodar, e dell'arresto di alti funzionari del MVD); il veterano Julij Ljubimov e altri investigatori di alto rango per casi particolarmente importanti come Boris Sviderskij, Konstantin Mavrin e Vitalij Laptev. Si veda Timofeev,

e – a giudicare dalle cifre – i loro risultati furono relativamente modesti, in quanto tra il 1983 e il 1989 riuscirono a incriminare soltanto 69 sospetti, mandare a processo 19 casi distinti e condannare 40 imputati. Tuttavia Gdljan e Ivanov divennero famosi nello scandalo del cotone per aver incastrato dei "pesci grossi" dell'establishment uzbeko, arrestando 11 membri del burò del PCUz, 8 primi segretari di obkom, 9 alti funzionari del MVD e altre figure di spicco del partito, tra cui Karimov, Gaipov, Xudoyberdiyev, Abdullayeva, Davydov, Ergashev, Osëtrov, Kamolov e alla fine lo stesso Usmonxo'jayev. Questi nomi altisonanti nel panorama uzbeko costruirono la reputazione del loro gruppo investigativo. Ma la vera fama arrivò in relazione a un nome che finiva per raffigurare, nelle sue bassezze, l'era della stagnazione. Infatti tra i grandi imputati vi fu anche Jurij Čurbanov, genero di Brežnev ed ex viceministro degli interni sovietico, che il 14 gennaio 1987 venne arrestato e confessò di aver ricevuto una serie di regali costosi – anche in denaro – dai vertici del partito e del MVD dell'Uzbekistan.[57] Allora Gdljan e Ivanov furono eletti dalla stampa come i veri "eroi della perestrojka" e già dall'estate del 1987 annunciarono di voler svelare le connessioni tra la "*mafija* uzbeka"[58] e il comitato centrale e quindi aprire un fronte contro la "grande corruzione" a Mosca.[59] I due investigatori seppero sfruttare bene le nuove opportunità offerte dalla glasnost' e divennero dei talenti della comunicazione, organizzando conferenze stampa dove venivano esibite montagne di contanti, oro, diamanti e altri oggetti di valore che erano stati sequestrati durante le indagini in Uzbekistan. Al loro successo contribuì anche Boris El'cin, il leader radical-populista sempre più in aperto scontro con Gorbačëv, che alimentò la reputazione pubblica e politica della loro causa anticorruzione e ne fece un pilastro della campagna dei "democratici" contro il PCUS. Ma questa è un'altra storia.

In Uzbekistan, le timide riforme economiche della perestrojka – che dall'estate 1987 avevano parzialmente liberalizzato l'economia e si basavano sui principi di autosufficienza delle imprese statali – avevano posto delle sfide alle repubbliche: ora queste dovevano riadattare la produzione

Russia's secret rulers, p. 41; Nina Selina, *Ob «Uzbekskom Dele», Razvale Strany i sovremennoj bor'be s korrupciej*, in «Krasnojarskij Rabočnyj», 12 ottobre 2013.

57. Si veda Vaksberg, *The Soviet Mafia*; Jurij Čurbanov, *Ja rasskažu vse, kak bylo*, Moskva, Liana sovmestno s izd-vot «Nezavisimaja gazeta», 1993.

58. Questa terminologia divenne presente nel dibattito pubblico sovietico grazie alla popolare serie tv italiana *La Piovra* (in russo *Sprut*) trasmessa in URSS dal 1986.

59. «Pravda Vostoka», 20 giugno 1987, p. 3.

e il loro ruolo nell'economia sovietica, senza più contare su quella intermediazione del partito che, per molti versi, aveva retto in piedi l'impero. Esse erano ora libere di stabilire le proprie quote di produzione in base alla domanda, di smaltire le eccedenze e di negoziare i prezzi. Ma soprattutto, le imprese statali dovevano anche autofinanziarsi, coprendo i propri costi attraverso le vendite e non più attraverso i trasferimenti statali. Il freno alla redistribuzione verso le repubbliche attuato sin dal 1987 e la sostanziale imposizione di prezzi competitivi al cotone uzbeko misero in crisi una repubblica che, oltre a essere vincolata a una monocoltura economicamente insostenibile, non era in grado di produrre beni di consumo e non aveva altri mezzi per importarne.

Un punto di rottura tra Mosca e la dirigenza uzbeka postrashidoviana si ebbe con i deludenti dati sul raccolto del 1987, quando la produzione di oro bianco ufficialmente diminuì di 700.000 tonnellate. La repubblica del cotone, che per anni aveva gonfiato i bilanci, doveva nuovamente fare i conti con i fattori atmosferici e aveva sostanzialmente fallito la realizzazione del piano, producendo solo 4,858 milioni di tonnellate (in gran parte di qualità scadente).[60] Allora Usmonxo'jayev riconobbe l'insuccesso e cercò di rivendicare un buon risultato a livello qualitativo – ricordando che la resa in fibre era salita dal 26,5% del 1984 al 33% del 1987 – e sul fronte delle purghe, ricordando che, durante il suo breve regno, il 90% dei direttori di kolchoz e sovchoz della repubblica erano stati rimossi, e che a partire dal 1984 il 90,4% della nomenklatura del PCUS e il 76,6% del comitato centrale del PCUz fosse cambiato.[61] Evidentemente questi dati rivelavano la profonda crisi di una repubblica (e di un paese) incapace di riformarsi e di andare oltre le logiche primitive della moralizzazione della classe dirigente. Ciò non fu abbastanza per proteggersi dalle critiche avanzate dal comitato centrale, dagli attacchi degli investigatori, e dalle maldicenze di una parte della nomenklatura uzbeka che non vedeva l'ora di sbarazzarsi di un personaggio considerato asservito al centro e per questo spregiatamente definito dai suoi avversari «una marionetta di Mosca» (*marionetka Moskvy*).

60. Nel 1986 il cotone di quarta qualità rappresentava il 9,4% della produzione totale e nel 1987 il 16,7%. TsGARUz, f. 837, op. 41, d. 7412, ll. 7-8.

61. Si veda Usmanchodžaev, *Prodolžaja Delo Oktjabrja*; Yaacov Ro'i, *Muslim Eurasia: conflicting legacies*, London-Portland, F. Cass, 1995, p. 117. Si veda anche Carlisle, *Power and Politics in Soviet Uzbekistan*, p. 136; Clark, *Crime and Punishment in Soviet Officialdom*, pp. 188-189.

Fu così che all'ottavo plenum del PCUz del 12 gennaio 1988 venne annunciata «la sua intenzione di ritirarsi per motivi di salute».[62] Usmonxo'jayev ringraziò il partito e ricordò come «in tutti i posti che ho ricoperto, ho cercato di lavorare bene e onestamente», gestendo questi "difficili" quattro anni in Uzbekistan. Ma questo era solo l'inizio di un incubo. Come Pavel Postyšev, sostenitore delle grandi purghe mezzo secolo prima, anche Usmonxo'jayev era ora diventato una vittima di quello stesso sistema di sospetti e calunnie che lui stesso aveva contribuito a creare. Al suo posto venne nominato Nishonov, un comunista leale, vicino a Gorbačëv, che aveva dichiarato il proprio appoggio al nuovo corso della perestrojka. Ma era, per molti versi, in continuità con il suo predecessore e ne proseguì l'opera di moralizzazione, apparendo come un "viceré" (sostenuto dai "paracadutisti rossi") che operava nell'interesse di Mosca. Già nel febbraio 1988 lanciò una campagna contro quelle forme di "resistenze" alle purghe come la pratica di "riposizionamento" – di quadri compromessi che venivano semplicemente spostati altrove a ricoprire differenti posizioni di prestigio – che era particolarmente diffusa nelle oblast' di Bukhara, Navoij, Tashkent e Karakalpakstan.[63] Lui stesso sembrò scommettere sugli scandali e agire contro i suoi avversari, ma finì per alimentare un clima di disaffezione tra le élite nazionali ancora legate al vecchio establishment rashidoviano.

A differenza di Usmonxo'jayev, Nishonov era un realista che cercò apertamente di rinegoziare gli impegni cotonieri dell'Uzbekistan, evitando di fare promesse impossibili, e rivedendo i termini di un sistema per il quale tanto Mosca quanto Tashkent erano stati responsabili. Nel corso della diciannovesima conferenza straordinaria del PCUS nel giugno 1988, durante la quale circolarono voci sulla collusione tra diversi vertici sovietici con la "mafia uzbeka" (e molti sembravano simpatizzare per la causa di Gdljan), Nishonov confermò gli impegni cotonieri chiedendo però di rivedere i termini di una politica agricola che aveva «formato un groviglio di problemi che devono essere risolti, in cui ci sono anche questioni ecologiche, preoccupazioni sull'uso delle risorse idriche e problemi con l'educazione dei quadri».[64] Il realista Nishonov indicava così che la repubblica non era più disposta ad assecondare a ogni costo gli eccessi dei pianificatori.

62. RGASPI, f. 17, op. 157, d. 2007, ll. 3-4.
63. RGASPI, f. 17, op. 157, d. 2016, l. 12.
64. «Pravda Vostoka», 2 luglio 1988, p. 3.

A settembre iniziò il "processo del secolo" contro "Čurbanov e gli altri". In un evento seguitissimo dai media, che di fatto lo trasformarono in un processo al brežnevismo, vennero accusati di corruzione su vasta scala e di abuso di posizione ufficiale per fini personali (artt. 173 e 170 del codice penale della RSFSR) Čurbanov, Yahyoyev e i suoi vice (Toshtemir Qahramonov e Petr Begel'man) e gli ex capi dei dipartimenti regionali dell'UVD di Chorezm (Salim Sabirov), Tashkent (Jalol Jamalov), Kaškadar'ja (Xushvaqt Norbo'taev), Namangan (Yoqub Maxamadjonov) e Bukhara (Muin Norov). Dopo aver sentito oltre 200 testimoni e rivisto parte delle prove, il 30 dicembre il tribunale emise un verdetto che condannava Čurbanov a dodici anni in una colonia di lavoro correttivo di stretta osservanza e gli altri imputati a pene da otto a dieci anni.[65] Il caso fu importantissimo non tanto sul piano giudiziario quanto su quello legale e politico perché per la prima volta rivedeva, condannava, ed esponeva all'opinione pubblica il modo con cui venivano istruiti i processi in Unione Sovietica. Per decenni questi si erano basati sulle sole confessioni e testimonianze di persone che venivano portate alla delazione o all'autoincriminazione da parte degli inquirenti. Invece, in quel momento furono gli investigatori ad essere accusati di aver estorto molte prove, ricorrendo a violenza psicologica, minacce, ricatti, forme di patteggiamento e lunghe e illegali detenzioni preventive che coinvolgevano anche i familiari degli imputati. Tutto ciò indignava una parte dell'opinione pubblica che aveva creduto nella buona fede di Gdljan e Ivanov e che ora si trovava davanti all'ennesimo rigurgito di cekismo.[66]

Nell'autunno del 1988 in Uzbekistan il raccolto di cotone procedeva insieme all'ultima ondata di purghe e arresti di molti di quegli ex funzionari del comitato centrale del PCUz che erano stati precedentemente licenziati per carenze nel lavoro. In un gioco a somma negativa, tutti dovevano obbedire agli investigatori, alcuni ne trassero un relativo beneficio, altri ne divennero vittime, e tutti videro la propria vita finita. Il 19 ottobre gli inquirenti arrestarono Salimov (che in quel momento era rettore dell'Istituto per l'irrigazione e la meccanizzazione agricola di Tashkent), Abdullayeva

65. Qahramonov fu assolto e il caso di Yahyoyev – accusato di aver arrestato persone illegalmente, di aver fatto internare sospetti in un ospedale psichiatrico senza motivo e altri abusi – venne rinviato per ulteriori indagini. Feofanov, Barry, *Politics and justice in Russia*, p. 123.

66. Olga Čajkovskaja, *Mif*, in «Literaturnaya Gazeta», 24 maggio 1989; Andrei Sakharov, *Moscow and beyond, 1986-1989*, New York, Knopf, 1991, p. 111.

e Usmonxo'jayev.[67] Nelle stesse ore gli inquirenti arrestarono anche l'ex primo segretario dell'obkom di Tashkent Mirzamahmud Musaxonov, il primo segretario dell'obkom di Samarcanda Nazir Rajabov e di Bukhara Ismoil Jabborov. Il 22 ottobre, anche Hamdam Umarov, uno degli ultimi sopravvissuti allo scandalo del cotone che ricopriva il ruolo di primo segretario dell'obkom di Fergana dal 1978, venne sostituito dall'ex secondo segretario dell'obkom di Syrdar'ja, Shavkat Yo'ldoshev. Questa ultima, massiccia ondata di epurazioni e arresti di alti funzionari del partito aveva rappresentato un passo positivo nel programma di Nishonov di consolidamento del potere e di eliminazione dei suoi possibili rivali ma alimentava il malcontento di una nomenklatura stanca di anni di epurazioni.

In questa fase di critica aperta, maggiore libertà di stampa e crisi di un partito che si manifestava con evidenti fratture interne, la glasnost' esponeva la società sovietica a un numero sempre maggiore di dibattiti pubblici, rafforzati da decine di nuovi articoli, libri sensazionalistici e storie romanzate sullo scandalo del cotone. Nel frattempo, Gdljan e Ivanov spostarono il "caso uzbeko" (*uzbekskoe delo*) su Mosca trasformandolo nel cosiddetto "caso cremlinese" (*kremlëvskoe delo*). I loro metodi investigativi furono duramente criticati anche da una parte delle istituzioni e dello stesso sistema giudiziario sovietico che finì per smontare diversi capi di imputazione: già dall'ottobre 1988 la Procura generale dell'URSS pose dei veti sull'apertura di nuovi casi e affiancò agli investigatori una serie di ufficiali del KGB, guidati dal colonnello Aleksandr Duchanin, che si occuparono degli interrogatori. Allora il KGB trasferì diversi sospetti dai centri di detenzione del MVD alle sue strutture di Lefortovo (alle quali Gdljan e Ivanov non avevano accesso) e da quel momento molti degli imputati iniziarono a ritrattare le proprie ammissioni.[68] Ciò smontava molti capi di accusa che

67. L'ex primo segretario ammise di aver corrotto Ligačev e altri funzionari del Comitato centrale del PCUS. Ma dopo un paio di settimane, ritrattò le sue confessioni e accusò gli inquirenti di averle estorte con la forza. L'8 marzo 1989, Usmonxo'jayev inviò una petizione alla Procura generale in cui ritrattò le sue prime affermazioni e l'8 aprile, di fronte al procuratore generale Aleksandr Sucharev, ammise di essere stato indotto da Gdljan e Ivanov a rendere falsa testimonianza. GARF, f. 10147, op. 1, d. 466, l. 3 e GARF, f. R9654, op. 4, d. 90, l. 12. Alla fine Usmonxo'jayev venne comunque condannato a dodici anni di reclusione per corruzione e fu rilasciato nel 1990. La piena riabilitazione la ebbe solo nel 2016, dopo la morte di Karimov. Si veda anche Ligachev, *Inside Gorbachev's Kremlin*, p. 243; Aleksandr Melenberg, *Na Dmitrovke, 15 – Bez peremen. Poslednee delo Prokuratury SSSR*, in «Novaja Gazeta», 3 novembre 2003.

68. Ciò è indirettamente confermato in Abdullaeva, *Preodolenie Ada*, p. 116.

si basavano solo su confessioni e testimonianze, e di conseguenza gli inquirenti iniziarono a ritirare gradualmente tutte le accuse che non avevano prove a sostegno.

Estromessi dalle indagini, Gdljan e Ivanov divennero politici professionisti: nella primavera del 1989 furono eletti nel Congresso dei deputati del popolo dell'URSS dove denunciarono il tentativo del regime di sabotare il "caso cremlinese". A quel punto si appellarono direttamente all'opinione pubblica e si misero contro le istituzioni più potenti dell'URSS. Finirono così per accusare importanti membri di spicco del PCUS – come Ligačëv, Romanov, Solomencev, Terebilov e lo stesso Gorbačëv – di collusione con la mafia uzbeka. In un periodo di libertà di informazione, di dibattiti aperti e di importanti cambiamenti, il caso Gdljan-Ivanov minacciava la credibilità del segretario generale, e diede luogo a differenti letture politiche a riformisti, conservatori, reazionari, nazionalisti (russi e uzbeki) e indipendentisti, offrendo argomenti per i loro discorsi che declinavano ideologicamente su temi come la corruzione, l'ineguaglianza, la redistribuzione, lo sfruttamento e la criminalità organizzata. Inoltre, il caso polarizzò l'opinione pubblica tra coloro che erano cresciuti nel mito della legalità socialista e mal tolleravano una repubblica (e forse l'intero sistema sovietico) rappresentata come un buco nero di malaffare, arretratezza e corruzione, e altri che invece vedevano i due come demagoghi assetati di notorietà.[69] Nel caos politico-istituzionale del tardo periodo sovietico, Gdljan e Ivanov furono i perfetti protagonisti di un populismo antiestablishment che non produsse prove solide per argomentare le accuse ma che si esprimeva su temi forti, all'interno del congresso, nelle manifestazioni di piazza, nelle campagne elettorali per le votazioni locali, nelle petizioni, nei dibattiti televisivi e nelle speranze di migliaia di cittadini mobilitati nel sostenere gli "eroi della *perestoijka*". Sull'onda della mobilitazione pubblica, vennero formate tre commissioni (all'interno del partito, del Presidium e del Congresso dei deputati del popolo)[70] per giudicare i metodi di un gruppo che ora sembrava dover espiare le colpe di un sistema fondato su decenni di repressioni. Come avrebbe ricordato il futuro sindaco di San Pietroburgo

69. Si veda Gdljan, Ivanov, *Kremlëvskoe delo*; Sergej Plechanov, *Delo Gdljana. Anatomija političeskogo skandala*, Kaunas, Klub "Olimpas", 1991.

70. GARF, f. R9654, op. 4, d. 90, l. 2. Si veda anche SNDSS, *Pervyj S"ezd Narodnyh Deputatov SSSR. 25 Maja - 9 Ijunja 1989 g. Stenografičeskij Otčet. Tom 2*, Moskva, Izdanie Verhovnogo Soveta SSSR, 1989, pp. 251-252.

(e mentore di Putin) Anatolij Sobčak, quando al congresso Gdljan ebbe l'occasione di mostrare le prove ma non rispose «si passò dalla tragedia alla farsa».[71] Allora finì la speranza di tanti cittadini sovietici che, in buona fede, avevano creduto nel loro mito, mentre per molti uzbeki questa storia divenne l'ennesima prova di un regime che – malgrado gli slogan di *uskorenie*, *perestrojka*, *glasnost'* e *demokratizacija* – non aveva rinunciato alla sua natura autoritaria e coloniale.

In Uzbekistan la perestrojka non era riuscita a riformare l'economia e lo stile di lavoro su criteri manageriali e di efficienza, ma era arrivata come una caccia alle streghe contro i leader locali. Il cambiamento invece fu effettivo in termini di sostituzione dei quadri dirigenti e di sistema di potere. Questo tentativo di riforma aveva effettivamente sfidato quel neopatrimonialismo che, dopo il terrore staliniano, aveva retto il sistema sovietico in una condizione più pacifica, seppure inefficiente sul piano economico, e garantiva la lealtà della periferia nei confronti del centro. Questo tipo di compromesso era oramai saltato e ritrovare un nuovo equilibrio tra Mosca e Tashkent non sarebbe stato un compito facile.

71. Anatolij Sobčak, *Choždenie vo vlast': rasskaz o roždenii parlamenta*, Moskva, Novosti, 1991, p. 118.

9. Svelare una pesante eredità (1988-1989)

Nel 1988 Nishonov si trovò a dover gestire una situazione alquanto complessa. L'URSS entrava in una profonda crisi economica, politica e istituzionale e l'Uzbekistan – che fino a quel momento aveva pagato il proprio tributo alla causa sovietica in termini di cotone (e durante lo "scandalo" anche in termini di purghe) – si trovava a dover ridefinire i propri rapporti con Mosca. Anche in mezzo a questa calamità, Nishonov poteva accreditarsi come un leader onesto e capace, che era riuscito a estromettere i suoi principali rivali e rinegoziare la domanda di cotone mentre portava avanti le ultime purghe. Tuttavia, anche questo leader uzbeko finì per rappresentare l'interferenza di Mosca e un distacco fin troppo marcato dalla politica locale. La stessa nomenklatura repubblicana non sembrava nascondere la propria insofferenza per un leader mal sopportato ed era pronta a rivoltarsi contro di lui al momento giusto.

Rinegoziare gli impegni cotonieri

Il 12 novembre 1988 la stampa uzbeka annunciò la realizzazione del piano, con un raccolto finale di 5,25 milioni di tonnellate di cotone grezzo. In viaggio verso l'India, Gorbačëv si fermò a Tashkent, si congratulò con il burò per i risultati positivi e confermò il proprio apprezzamento per l'operato di Nishonov. Tuttavia, la popolarità del leader uzbeko all'interno della repubblica stava drammaticamente calando, e il malcontento della nomenklatura per un'ondata di moralizzazione che non accennava a fermarsi rese il contesto più incerto.[1] Infatti, il 7 dicembre, il dodicesimo plenum del PCUz formalizzò l'espulsione dal partito degli ultimi "criminali" e lo stesso primo segretario ebbe l'occasione di inveire contro il suo predecessore:

> La Procura generale dell'URSS ha presentato materiali ai Comitati centrali del PCUS e del PCUz, [evidenziando] come Usmonxo'jayev Inomjon Buzrukovič sia stato arrestato e condannato con l'accusa di corruzione. [...] Usmonxo'jayev ha ammesso la sua colpevolezza e ha testimoniato contro sé stesso riguardo alla reale portata delle sue attività criminali.[2]

Al plenum Nishonov espose i colpi di scena del "processo del secolo" – che, come abbiamo visto, vedeva imputati a Mosca diversi vertici del MVD uzbeko insieme al genero di Brežnev – mentre riportava notizie generiche sulle ultime estromissioni. Nonostante le aperture della glasnost', anche la stampa tendeva ancora a minimizzare l'espulsione degli ex primi segretari dell'obkom di Bukhara Ismoil Jabborov e di Samarcanda Nazir Rajabov, dell'ex presidente del Presidium del Soviet supremo della RSSUz Salimov e lo stesso Usmonxo'jayev in quanto "compromessi".[3] Le vecchie pratiche autoritarie di filtraggio delle informazioni erano ancora vive, e la portata democratica della glasnost' sembrava ancora modesta in una periferia sovietica dove le riforme erano apparse sostanzialmente in termini di slogan per giustificare l'ondata di purghe.

Alla fine del 1988 la situazione era ancora lontana dall'essere "normalizzata". Un memorandum della Procura generale dell'URSS al comitato centrale illustrava l'intera portata delle indagini penali, riferendo che erano state coinvolte in totale 18.000 persone. Di queste, 4.500 persone erano già state processate. Tra i colpevoli vi erano 69 alti funzionari del partito e dello stato, 84 direttori di industrie cotoniere, 1.640 esperti e specialisti e 430 direttori di kolchoz e sovchoz. I restanti 13.000 erano capisquadra e contabili, capi di uffici e dipartimenti che furono esenti da responsabilità penali e vennero puniti con sanzioni amministrative e di partito.[4] Rispetto ai suoi "ansiosi" predecessori, Nishonov rimaneva

1. A dicembre il piano fu ufficialmente superato di 100.000 tonnellate. «Pravda Vostoka», 13 novembre 1988, p. 1; «Pravda Vostoka», 18 novembre 1988, p. 1; «Pravda Vostoka», 1° dicembre 1988, p. 2; RGASPI, f. 17, op. 157, d. 2033, ll. 20-21.
2. RGASPI, f. 17, op. 157, d. 2011, ll. 14-15.
3. «Pravda Vostoka», 8 dicembre 1988, p. 1.
4. Si veda anche Černova, *Zoloto dlja partii*.

un realista e ricollegava la normalizzazione della repubblica con la produzione di cotone di qualità superiore (soprattutto in termini di fibre) piuttosto che con quantità maggiori di cotone grezzo e così fissava come obiettivo la consegna annuale allo stato di 1,5 milioni di tonnellate di fibre di cotone. Considerando il degrado delle terre e il timore di non realizzare il piano, il regime prevedeva di aumentare di altri 40.000 ettari i terreni nei quali sarebbe stato piantato il cotone e ciò avrebbe parzialmente sanato le migliaia di ettari di campi illegali che erano stati scoperti durante lo scandalo del cotone.[5]

L'anno nuovo iniziò con la notizia di rimpasto di alcuni vertici repubblicani e la condanna per corruzione dell'ex capo del governo del karakalpako Yerejep Ajtmuratov.[6] Sulla stampa Nishonov presentò questi risultati come il primo passo di una campagna più profonda e prolungata contro i "fenomeni negativi". Tuttavia, probabilmente ignorava l'irrequietezza dei gruppi più nazionalisti che non avrebbero sopportato un'altra ondata di epurazioni. Così, il 18 gennaio, il procuratore uzbeko Dmitrij Usatov e il vicepresidente dell'Accademia delle scienze Erkin Yusupov rivelarono pubblicamente un aumento dei reati e della criminalità organizzata e annunciarono che il sostegno di "specialisti" provenienti da altre regioni fosse fondamentale per risanare la repubblica:

> L'Uzbekistan è stato il principale – praticamente l'unico – laboratorio in cui sono stati studiati tutti i tipi di fenomeni negativi del periodo della stagnazione. Sono state tratte conclusioni ben fondate [... che] hanno contribuito ad accelerare il risanamento della repubblica e del paese. Tuttavia, è apparsa anche un'altra estrema [conseguenza]. I giornali avvelenano [i lettori] con i termini "caso uzbeko" e "mafia uzbeka". Questo è, naturalmente, avvilente per i sentimenti, l'onore e la dignità di persone che hanno creato ricchezze materiali e spirituali necessarie per il paese.[7]

5. «Pravda Vostoka», 3 gennaio 1989, p. 1; «Pravda Vostoka», 13 gennaio 1989, p. 2; «Pravda Vostoka», 30 dicembre 1988, p. 3.

6. Gli inquirenti accusarono Ajtmuratov di aver ricevuto tangenti per un totale di circa 80.500 rubli. Nella sua testimonianza del 27 novembre 1987, Abdullayeva rivelò che nel 1980 gli consegnò una tangente di 5.000 rubli da dare a Rashidov in quanto voleva entrare nella segreteria del Comitato centrale del PCUz al posto di Qurbonov. Si veda Gdljan, Ivanov, *Kremlëvskoe delo.*

7. Inoltre, l'intervista riportò che «più di 20 gruppi di banditi sono stati recentemente scoperti. Uno di questi, la banda di Yoqubov e Bološin (a cui appartenevano in totale 33 criminali), ha commesso 76 crimini all'interno della repubblica dal 1981 al 1985. Complessivamente, i gruppi di banditi hanno commesso 49 omicidi, nove tentativi di omicidio,

Dopo le continue epurazioni e le critiche incessanti sulla stampa, la nomenklatura repubblicana era esausta da un moralismo onnipresente (e per molti versi insopportabile) e senza fine che stava ora compromettendo l'onore nazionale della repubblica. Durante una riunione del burò del 20 gennaio, il vicesegretario del comitato dell'Università statale di Tashkent Marat Zaxidov denunciò apertamente lo scienziato e presidente del Presidium del Soviet supremo della RSSUz Po'lat Habibullayev per aver approfittato dei suoi legami con ex dirigenti compromessi, per aver sostenuto il genero di Rashidov nel diventare il primo vicedirettore dell'Accademia e per aver assunto la moglie di Usmonxo'jayev nell'istituto di fisica nucleare: il 6 marzo fu definitivamente estromesso «per gravi difetti nel suo lavoro» e il suo posto venne preso da Mirzaolim Ibrohimov. Allora, numerosi colleghi difesero Habibullayev come uno studioso onesto e condannarono il suo licenziamento come un atto politico.[8] Apparentemente, Nishonov stava abbandonando i suoi ex alleati, infiammando le proteste della comunità intellettuale uzbeka e lasciando intorno a sé terra bruciata.

L'onda lunga dello scandalo del cotone non sembrava arrestarsi e l'atmosfera di moralizzazione della politica rimaneva pesante nella repubblica. Allo stesso tempo, la perestrojka mostrava i suoi effetti e costringeva Tashkent a rivedere i suoi impegni sul fronte economico. Sebbene nel 1988 il volume della produzione industriale fosse nominalmente aumentato del 3,3% rispetto all'anno precedente (e il reddito nazionale del 5,1%), il dodicesimo piano quinquennale (1986-1990) prevedeva ancora una produzione annua di cotone grezzo di 6,25 milioni di tonnellate. A quel punto Nishonov ammise apertamente che l'Uzbekistan non era in grado di produrre più di 5 milioni di tonnellate di cotone grezzo e che i kolchoz e i sovchoz repubblicani erano già allo stremo. Dovette anche riconoscere che le soglie precedentemente rinegoziate con Mosca – che avevano fissato la produzione a 5,75 nel 1985 e a 5,25 nel 1987 – erano

337 rapine e circa 2.000 furti di beni personali e statali». FBIS, *JPRS-UPA-89-031. 19 May 1989 - Soviet Union. Political Affairs*, 1989, pp. 31-32,

8. RGASPI, f. 17, op. 158, d. 1513, ll. 2-3. «Pravda Vostoka» riferisce addirittura che Habibullayev avesse aiutato il figlio di Xudoyberdiyev a entrare in accademia e Axtam Mo'minov, figlio del famoso accademico Ibrohim e marito della figlia di Rashidov, che nel 1983 divenne il primo vicedirettore dell'Istituto di fisica nucleare dell'Accademia delle scienze della RSSUz. «Pravda Vostoka», 22 gennaio 1989, p. 1; «Pravda Vostoka», 7 marzo 1989, p. 1.

state comunque troppo alte. Chiese quindi ai pianificatori centrali di ridurre ulteriormente le soglie produttive di altre 250-300.000 tonnellate.[9] Inoltre, con la glasnost', la stampa aveva iniziato a pubblicare appelli sempre più pressanti da parte dell'Accademia delle scienze uzbeka affinché si tenesse conto dei costi ambientali della monocoltura, ammettendo così che «l'oro bianco è sia l'orgoglio che il dolore del popolo uzbeko».[10] Allo stesso modo, altri articoli sottolineavano gli svantaggi economici della produzione di cotone rispetto a produzioni più remunerative (come cereali e allevamento) e la necessità di diversificare al più presto l'agricoltura della repubblica.

Senza rinunciare allo sviluppo del socialismo attraverso l'economia pianificata – ma pretendendo di renderla efficiente – Mosca voleva trovare un compromesso con la repubblica del cotone e durante un incontro con dei lavoratori il 14 febbraio, Gorbačëv espresse chiaramente le sue perplessità per l'iperspecializzazione dell'economia sovietica:

> L'Uzbekistan fornisce cotone all'industria sovietica. In cambio, riceve carne dall'Ucraina e dalla RSFSR. Ma gli uzbeki potrebbero dire: perché abbiamo bisogno di carne dalle altre repubbliche? Produciamo "tre raccolti" in un anno e possiamo produrre la nostra carne! E non avremmo bisogno di maneggiare così tanto cotone da esportare![11]

Mosca sapeva che la repubblica poteva ora ridefinire i rapporti "imperiali" e rivedere quella (costosa e poco redditizia)[12] produzione cotoniera che aveva rafforzato un modello agricolo estrattivo e una pericolosa dipendenza della periferia dal centro.[13] Infatti la lavorazione delle fibre continuava a non rientrare nei compiti della repubblica e veniva effettuata altrove, con l'Uzbekistan che rappresentava solo il 6,5% della produzione

9. Per raggiungere l'obiettivo produttivo del cotone, il piano aveva stabilito la coltivazione su una superficie di 1,97 milioni di ettari, ma questo sembrava insufficiente. «Pravda Vostoka», 24 gennaio 1989, p. 1.

10. «Pravda Vostoka», 26 gennaio 1989, p. 2.

11. Gorbačev Fond, *V Politbjuro CK KPSS...*, Moskva, Gorbačev Fond, 2008, p. 457.

12. Gli economisti Khan e Ghai mostrano come nel 1976 le ore di lavoro necessarie per un ettaro di cotone coltivato in Uzbekistan fossero 1.089 per i kolchoz e 666 per i sovchoz, mentre per il grano le ore erano rispettivamente 181 e 58. Allo stesso tempo, la produzione di una tonnellata di cotone in Uzbekistan richiedeva mediamente 330 ore uomo nei kolchoz e 260 nei sovchoz contro 74 e 43 per una tonnellata di grano. Khan, Ghai, *Collective agriculture and rural development*, p. 27.

13. Rumer, *Central Asia's Cotton Economy*, p. 79.

tessile sovietica, e la maggior parte del cotone dell'Asia Centrale veniva solo sgranato in loco per poi essere trasferito nei centri industriali europei dell'URSS che lo trasformavano in filati e tessuti.[14] L'Uzbekistan estraeva anche altre materie prime – come oro, uranio e gas naturale – da esportare al centro, reimportando poi prodotti alimentari, macchinari, manufatti e persino tessili a più alto valore aggiunto.[15]

Le incertezze per un'economia pianificata e iperspecializzata che era entrata in crisi erano comprensibili e mettevano in discussione il nuovo corso di Gorbačëv e l'essenza stessa del sistema sovietico. Il problema dell'interdipendenza dei settori economici delle repubbliche riemerse durante la sessione del Politbjuro del 16 febbraio 1989. Dopo aver parlato del separatismo in Lituania, il segretario generale discusse della reimpostazione delle economie nazionali e del loro rapporto con il centro. Nelle sue parole,

> L'Uzbekistan rimane una "Repubblica del cotone". Così è stata definita la sua storia e il nostro complesso nazionale. Ma c'è un dibattito [...] su come irrigare le terre fertili, che ora sono seminate con il cotone, per coltivare cibo, frutta e verdura, e ottenere di più con meno sforzo. Ma l'Uzbekistan finirà per perdere molto se sceglierà la strada dell'autosufficienza. Ogni repubblica ha la sua forza. Stiamo individuando un problema dopo l'altro, grandi e piccoli.

14. L'Uzbekistan aveva una quota trascurabile di produzione tessile – 2,7% nel 1940, 3,7% nel 1960, 2,8% nel 1980 e circa il 4% nel 1984. Solo il 5-6% del cotone uzbeko rimaneva nella repubblica, mentre il resto veniva spedito ai complessi industriali della parte europea dell'URSS, soprattutto nelle oblast' di Mosca, Ivanovo e Vladimir. Questa situazione era dovuta all'idea dei pianificatori sovietici che fosse più economico inviare il cotone grezzo piuttosto che i tessuti e che fosse più conveniente produrre i tessuti nei pressi dei principali luoghi di consumo. Tuttavia non c'erano prove a sostegno di questa teoria e la mancanza di dati in termini di costi di spedizione rendeva difficile un calcolo accurato. Inoltre, se si considera che il cotone – in termini di tessuti prodotti – doveva essere rispedito in Asia Centrale per vestire più di cinquanta milioni di persone, tale teoria non sembra convincente, come spesso è stato sottolineato da alcuni economisti dell'Asia Centrale. Si veda Fierman, *The Soviet «Transformation» of Central Asia*, p. 21; Leslie Dienes, *Soviet Asia: Economic Development and National policy choices*, Boulder, Westview Press, 1987, p. 123; Rumer, *Central Asia's Cotton Economy*, pp. 83-84; Ibragimžan Iskanderov, *Ešče raz o vtoroj tekstil'noj baze strany*, in «Ekonomika i žizn», 3 (1966), p. 25; Ibragimžan Iskanderov, *Ekonomika respubliki v ramkach edinogo narodno-choziaistvennogo kompkleksa strany*, in «Ekonomika i žizn», 2 (1986), p. 9.

15. Dienes, *Soviet Asia*, pp. 123-125.

Così da unire il generale e il particolare nella nostra grande federazione, per servirsi l'uno all'altro. E viceversa.[16]

Gorbačëv comprese i problemi di diversificazione economica ma non rinunciava a dare priorità agli interessi dell'Unione rispetto a quelli della repubblica e, anzi, non aveva immaginato una soluzione più di tanto lontana dalla monocoltura bianca. Il presidente del Consiglio dei ministri della RSSUz Qodirov rispose con argomenti diretti:

> Il nostro cotone dà al paese [un asset che vale] 70 miliardi di rubli, ma dal centro riceviamo [solo] 1 miliardo. Prima venivano impiegati 1 milione di bambini per lavorare nel raccolto, ora solo 53 mila. Ciononostante, gli attacchi della stampa contro di noi continuano.[17]

Qodirov stava essenzialmente sostenendo che il PCUz aveva adempiuto i propri doveri socialisti ma era stato costantemente biasimato dal PCUS e dall'opinione pubblica, che con la glasnost' aveva esasperato le storie dello scandalo del cotone, ampliando la portata delle critiche negative, anche in riferimento a una repubblica che veniva descritta come sussidiata, e quindi come una "zavorra" per Mosca.[18] Allora la leadership uzbeka poteva riaffermare il proprio impegno a sanare la situazione della repubblica, ma non aveva una chiara prospettiva degli obiettivi: il 30 marzo, la «Pravda» pubblicò un'intervista a Nishonov in cui si congratulava con la repubblica per aver raggiunto e superato il piano cotoniero per la prima volta negli ultimi cinque anni. Grazie al miglioramento dell'organizzazione e della disciplina e all'introduzione di tecnologie intensive, era stato possibile raccogliere 5,36 milioni di tonnellate di cotone grezzo, principalmente di prima e seconda qualità, e migliorare la qualità delle fibre. Tuttavia, per Nishonov, la repubblica doveva comunque rivedere i propri impegni cotonieri e annunciava di fatto un'intesa con Mosca:

> Dovremmo diminuire l'area di semina di 200.000 ettari e il volume della produzione di materia prima grezza di altre 300-350.000 tonnellate in modo da avere una produzione grezza annuale di 5 milioni di tonnellate. Su questo problema, troviamo comprensione e sostegno nel Comitato centrale del partito e nel governo del paese.[19]

16. Gorbačev Fond, *V Politbjuro CK KPSS...*, p. 463.
17. *Ibidem.*
18. Rizaev, *Šaraf Rašidov*, pp. 78-79.
19. FBIS, *JPRS-UPA-89-031*, pp. 89-91.

Sulla possibilità di diversificare l'agricoltura e di superare il dilemma "cotone o cibo", il leader uzbeko rispose che non si trattava di una scelta per l'una o l'altra variante: era necessario limitare gli impegni cotonieri per 2,5 milioni di tonnellate di fibra (quindi non cotone grezzo) all'anno, di cui 700-800 mila tonnellate sarebbero state disponibili per l'esportazione. Nella primavera del 1989, gli indici economici della repubblica apparivano nominalmente positivi: la produzione industriale era cresciuta del 7,2% e il reddito nazionale del 5,4%. Tuttavia, non potevano nascondere la crisi in atto nell'industria leggera, e nella produzione e distribuzione di beni di consumo, che si manifestava nelle lunghe code fuori dai negozi e nella scarsità di beni di prima necessità.

I costi della monocoltura

In Uzbekistan i piani di modernizzazione economica, legati allo sfruttamento della terra e all'imposizione di una monocoltura cotoniera (sempre più in perdita),[20] ebbero dei costi altissimi sul piano ambientale e sociale. In una repubblica dove nel 1977 più del 61% della popolazione viveva nelle campagne (contro il 38% della media sovietica) e dove il tasso di crescita naturale era 2,82 rispetto allo 0,89 dell'URSS,[21] la monocoltura di cotone servì a ruralizzare la società uzbeka, separando le masse di contadini autoctoni da quei "russi" che sostanzialmente erano concentrati nelle città.[22] Nel 1970 la maggioranza (89,1%) dei russi della RSSUz era insediata nelle città, mentre il 77,2% degli uzbeki era nelle

20. Askar Djumashev ricorda come il settore cotoniero in Karakalpakstan si fosse rivelato in perdita già dagli anni Sessanta. Secondo i risultati del 1963, il deficit ammontava a 1.425.000 rubli, mentre il piano ipotizzava un profitto di 1.467.000 rubli. Dei 21 sovchoz impegnati nella coltivazione del cotone, solo 5 erano stati profittevoli per 425.000 rubli. Le perdite di questo settore si spiegavano con l'aumento delle spese per realizzare la coltivazione estensiva. Askar Djumashev, *Sel'skoe Chozjajstvo Karakalpakstana (1960-1980-ch gg.): Problemy i Posledstvija*, in *International conference «Soil degradation and shifting agrarian orders in Central Asia» (University of Naples L'Orientale, Italy)*, 2024.

21. Khan, Ghai, *Collective agriculture and rural development*, p. 8.

22. Nel 1979, quando Tashkent era la quarta città dell'URSS (dietro solo a Mosca, Leningrado e Kiev), il 45% della sua popolazione era composta da "europei", mentre solo il 41% era propriamente "uzbeka". Nel 1987 solo il 53% dei posti di lavoro industriali in Uzbekistan erano occupati da uzbeki. Khalid, *Central Asia: A New History*, pp. 324, 345.

campagne (dove risiedeva solo il 10,9% dei russi).[23] La popolazione uzbeka era quindi prevalentemente rurale, e ciò finì per rafforzare un'identità nazionale (con minori livelli di russificazione e di matrimoni misti) che passava attraverso l'uso della lingua, tradizioni comuni e religione e di conseguenza catalizzava delle particolari forme di nazionalismo. Non sorprende che le comunità più tradizionali (e nazionaliste) si trovassero proprio in quelle aree, come la Valle di Fergana, dove era stata imposta l'agricoltura intensiva e dove le comunità collettivizzate erano meno russificate rispetto alle loro controparti urbane.

La popolazione rurale dell'Uzbekistan era divenuta parte integrante del sistema produttivo sovietico e fu gradualmente assorbita nelle sue grandi strutture agricole collettive che erano soprattutto impegnate nella produzione di cotone.[24] Tuttavia, oltre all'estensione della previdenza per i contadini (che ad esempio abbassava l'età pensionabile a sessanta anni per gli uomini e a cinquantacinque anni per le donne e aumentava le pensioni complessive e minime),[25] l'eccessiva dipendenza dal settore cotoniero ebbe effetti drammatici sulla società rurale uzbeka. Considerando la natura "stagionale" della cotonicoltura, la maggior parte della forza lavoro che ne veniva assorbita rischiava la disoccupazione (o la sottoccupazione) nei restanti mesi dell'anno,[26] in una repubblica dove il salario annuo di un contadino era inferiore alla media sovietica.[27]

Allo stesso tempo questa monocoltura che aveva avuto un ruolo fondamentale nel ruralizzare e proletarizzare la società uzbeka ebbe anche

23. Robert J. Kaiser, *Nations and Homelands in Soviet Central Asia*, in *Geographic Perspectives on Soviet Central Asia*, a cura di Robert Lewis, London & New York, Routledge, 1992, p. 285.

24. In Uzbekistan il numero medio di famiglie per kolchoz era di 866 e la media dei lavoratori di 1.110. Khan, Ghai, *Collective agriculture and rural development*, p. 96.

25. Ivi, pp. 19-20.

26. Nel periodo 1979-1986, il tasso di disoccupazione (per quanto non ufficiale) era stimato tra il 16 e il 29%, con picchi del 35,5% nel 1970, del 46,7% nel 1979 e del 50% nel 1986. Uzbekiston Fanlar akademiyasi Tarix instituti, *Uzbekiston Respublikasi Fan va Texnika davlat qummitasi. Tarix shohidligi va saboqlari*, Toshkent, Sharq, 2001, p. 98.

27. In Uzbekistan, nel 1976, il costo di un uomo-giorno in un kolchoz era mediamente di 4,96 rubli (con valori che oscillavano da un minimo di 3,50 a un massimo di 11 rubli). Nel 1986, il salario medio annuo di un contadino della RSSUz era di 1297 rubli, di gran lunga inferiore ai livelli sovietici (1630) e russi (1796). Khan, Ghai, *Collective agriculture and rural development*, p. 82. Si veda anche Abdullaev, *Uzbekistonda paxta yakkahokimligi*, p. 205.

delle drammatiche implicazioni sociali in quanto ogni anno esponeva milioni di lavoratori dei campi (tra cui migliaia di bambini) ad agenti tossici – come fertilizzanti, pesticidi e defolianti – con conseguenze catastrofiche per la salute pubblica e l'ambiente. Il disseccamento del Mare d'Aral divenne la conseguenza più evidente della febbre del cotone in Uzbekistan, ma non l'unica. Inoltre questo risultato, per quanto inintenzionale, non era imprevedibile: negli anni Settanta l'Accademia delle scienze della RSSUz aveva inviato al partito molti rapporti dove emergevano le preoccupazioni della comunità scientifica sullo stato ecologico della repubblica causato dalla coltivazione estensiva del cotone. Ma questi vennero ignorati, probabilmente perché allora non era possibile deviare dal percorso trionfalistico di dare oro bianco alla patria; e gli stessi vertici uzbeki furono responsabili di aver omesso, sminuito e mentito al partito, alla popolazione e forse a loro stessi sulle condizioni ambientali della repubblica.

Dopo il disastro di Černobyl', la sensibilità per i temi ecologici era cresciuta in tutta l'URSS, soprattutto a livello locale, e il regime non poteva più ignorare certe questioni. Nel luglio 1987 il comitato centrale del PCUS approvò una risoluzione sulla protezione dell'ambiente che richiamava l'attenzione su diverse situazioni critiche in alcuni distretti e centri industriali del paese, tra cui l'Uzbekistan. La situazione era critica: l'inquinamento atmosferico nelle città e nei centri industriali della repubblica superava di 3-5 volte le concentrazioni massime consentite.[28] Inoltre,

> la situazione ambientale in alcune regioni continua a essere allarmante. Ogni anno, quasi 1,5 milioni di tonnellate di sostanze pericolose provenienti da fonti industriali e 2,5 milioni di tonnellate provenienti da veicoli a motore vengono scaricate nell'atmosfera e più di 400 milioni di metri cubi di acque reflue inquinate entrano nei bacini idrici. Queste contengono elementi e composti pericolosi per la salute umana, come piombo, mercurio, fluoro, cloro, fenolo, solfuro di carbonio, idrogeno solforato e altre sostanze nocive. La situazione rimane complicata nelle zone industriali di Olmaliq-

28. Ad Andijan, Guliston, Namangan, Nukus e Kokand il livello di anidride solforosa nell'atmosfera era 1,5-2,5 volte superiore alla norma; a Fergana, Chirchiq e Andijan l'ammoniaca era 2-4 volte superiore. A causa delle esorbitanti emissioni dell'impianto minerario e metallurgico e del complesso chimico, l'atmosfera della zona industriale di Olmaliq-Ohangaron conteneva una quantità di gas solforoso e di acidi fluoridrico 6-8 volte superiore alla concentrazione massima consentita. RGASPI, f. 17, op. 156, d. 2086, ll. 26-27.

Ohangaron, Fergana-Margilan, Chirchiq e Navoij, nelle città di Samarcanda, Bekobod, Andijan, Angren e altre. I bacini idrici e l'atmosfera sono intensamente inquinati dalle industrie che producono fertilizzanti minerali, dalla metallurgia ferrosa e non ferrosa, dall'energia, dal settore del gas, dall'ingegneria meccanica, dall'edilizia, dal trasporto automobilistico, dal complesso agroindustriale.[29]

In Uzbekistan la questione degli scarichi era stata gestita in maniera agghiacciante: gli effluenti industriali e agricoli, l'inefficiente trattamento delle acque reflue e i liquami degli ospedali (per la cura della tubercolosi, delle malattie dermatologiche e veneree) venivano smaltiti direttamente nelle acque superficiali e sotterranee. Inoltre, la contaminazione dell'acqua proveniente dal complesso elettrochimico di Chirchiq aveva creato «una reale minaccia per le fonti di approvvigionamento idrico delle città di Tashkent, Chirchiq, Yangiyol e altri insediamenti».[30]

L'immissione di agenti chimici nei campi di cotone aveva avuto ripercussioni dirette sulla salute di milioni di lavoratori, e con i nuovi media aperti che iniziavano a coprire queste storie, il regime poteva solo ammettere i difetti di un settore economicamente e ambientalmente insostenibile e cercare di giocare a proprio favore la carta del disimpegno. La glasnost' aveva infatti istituzionalizzato un discorso critico che aveva rivelato segreti che tutti conoscevano e di cui nessuno aveva parlato per decenni. A livello ambientale, le drammatiche eredità del regime sovietico erano misurabili nel cambiamento degli ecosistemi, nel deterioramento dei terreni (dovuto agli alti livelli di salinizzazione dei terreni irrigati,[31] al cattivo drenaggio e a diversi fenomeni di impaludimento) e in uno dei peggiori disastri ecologici

29. Ivi, l. 6.

30. Ivi, l. 28.

31. Negli anni Ottanta un terzo delle terre dell'Uzbekistan era interessato dalla salinizzazione secondaria (cioè la salinizzazione avvenuta come risultato delle attività umane) e i raccolti in tutta l'Asia Centrale erano diminuiti dal 20 al 25%.Philip Micklin, *Aral Sea Basin Water Resources and the Changing Aral Water Balance*, in *The Aral Sea. The Devastation and Partial Rehabilitation of a Great Lake*, a cura di Philip Micklin, N. V. Aladin e Igor Plotnikov, Heidelberg, Springer Berlin, 2014, p. 123. In alcune regioni "a valle" questo problema era ancor più evidente. In Karakalpakstan, nella seconda metà degli anni Settanta, il cotone rappresentava già circa il 70% della superficie totale seminata, ovvero circa 120.000 ettari, e l'aumento dell'agricoltura estensiva aveva incrementato il livello di salinizzazione dei terreni: nel 1975 il 43% dei terreni irrigati del Karakalpakstan era salinizzato, nel 1985 l'80%, nel 1997 il 94%. Djumashev, *Sel'skoe Chozjajstvo Karakalpakstana*.

(o "ecocidio") della storia umana: il disseccamento dell'Aral e la creazione di un deserto (chiamato così Aralkum) sul suo fondale.

Nel 1960 il Mare d'Aral aveva un livello assoluto di 53,40 metri, con un afflusso di acqua da Syr Darya e Amu Darya di 56,0 chilometri cubi di acqua e un tasso di mineralizzazione di 7,2 grammi per litro. Sino ad allora, aveva una fiorente industria della pesca. A causa della corsa all'oro bianco e l'apertura dei canali Qaraqum e quello meridionale della Steppa della Fame che deviavano l'acqua di Amu Darya e Syr Darya verso i campi di cotone, nel 1970 il livello era sceso a 51,4 metri e l'afflusso a 40 chilometri cubi e nel 1985 rispettivamente a 41,9 e 0,9. La salinità dell'acqua iniziò a crescere pericolosamente, uccidendo gran parte della vita marina, mentre la riduzione della superficie del mare aveva alterato il clima regionale, rendendo l'escursione termica più estrema e le precipitazioni meno abbondanti, oltre a scatenare tempeste di polvere di intensità senza precedenti.[32] Nel 1988-1990 l'Aral si trasformò in due mari isolati con una lingua di terra tra di loro.[33] L'umanesimo bolscevico aveva creato un ambiente inospitale per la vita e un tragico monumento all'antropocene.

Oltre a questi problemi ambientali, il regime uzbeko propose riforme per affrontare la piaga del lavoro minorile, un problema sociale legato principalmente alla monocoltura del cotone. Infatti il tanto acclamato uso dei macchinari agricoli si era rivelato particolarmente costoso (soprattutto dopo il 1958, quando kolchoz e sovchoz dovevano acquistare le proprie attrezzature) e difficile da mantenere, poiché i meccanici qualificati scarseggiavano e i pezzi di ricambio spesso non erano reperibili. Inoltre la resa del raccolto con le macchine comprometteva la qualità del cotone raccolto in quanto rompeva le fibre e lasciava un prodotto grezzo più sporco. Per molti dirigenti colcosiani era quindi più facile ed economico utilizzare il lavoro manuale, e a farne le spese erano spesso donne[34] e minori che ogni anno spendevano mesi nei campi di cotone.[35]

32. Khalid, *Central Asia: A New History*, p. 327.

33. Il livello del Mare d'Aral continuò a diminuire e nel 1990 raggiunse i 38,2 m, con una superficie di 32.000 chilometri quadrati, un volume di 350 chilometri cubi e un tasso di mineralizzazione di 28-30 grammi per litro. Zonn, Glantz, Kostianoy, Kosarev, *The Aral Sea Encyclopedia*, pp. 260-282.

34. Alla fine degli anni Settanta, le donne rappresentavano il 42,2% della forza lavoro della repubblica, 48% dei lavoratori dell'industria, più del 70% degli operatori nei servizi sanitari e il 54,9% in educazione e cultura. Rashidov, *Soviet Uzbekistan*, pp. 67-68.

35. Rumer, *Central Asia's Cotton Economy*, p. 83.

Questa pratica era relativamente diffusa in un paese che era stato costruito sui "lavoratori volontari del sabato" (*subbotniki*) e su molte forme di lavoro forzato e veniva limitatamente tollerata come *extrema ratio* per salvare i raccolti. Nonostante i divieti ufficiali del 1986, le autorità uzbeke tolleravano ancora il lavoro minorile come ultima risorsa per il raccolto di cotone (stimato nel 1987 in 250.000 tonnellate). Nel 1988 la stampa riportò la notizia che numerosi bambini erano stati sfruttati, si erano ammalati o fossero addirittura morti nei campi di cotone[36] mentre nel frattempo faceva scalpore il cosiddetto "caso Minkin" relativo a un critico teatrale che si era accidentalmente dato al giornalismo investigativo e che raccontò al pubblico sovietico il lato brutale della monocoltura del cotone in Uzbekistan. Aleksandr Minkin raccontava l'avvelenamento di milioni di lavoratori esposti ad agenti patogeni nelle aree rurali, riferendo questi eventi come un problema sistemico. Nell'ottobre 1988 la rivista illustrata «Ogonëk» pubblicò il suo pezzo intitolato *Chlopkorab*, il cui titolo era un gioco di parole provocatorio che partiva dalla parola russa *chlopkorob* ("coltivatore di cotone") e senza cambiare la pronuncia, ma semplicemente sostituendo la vocale finale, trasformava il significato in "schiavo del cotone".[37] Qui Minkin denunciò il massiccio sfruttamento del lavoro minorile nei campi di cotone dell'Uzbekistan, descrivendo la povertà e la fame di bambini che lavoravano senza ricevere un'adeguata educazione e che sostanzialmente non avevano alcuna speranza. All'indomani di *Chlopkorab*, la stampa uzbeka non ufficiale pubblicò le prime statistiche pubbliche sul lavoro minorile nei campi di cotone, rivelando tra l'altro che circa un milione di giovani lavoratori trascorrevano comunemente più di sessanta giorni dell'anno scolastico nei campi di cotone. In altri articoli, Minkin documentò le conseguenze dell'uso intensivo di agenti biochimici – come fertilizzanti, erbicidi, pesticidi e defolianti, tra cui il pericoloso "butifos" (un componente simile a quel "agente arancio" che le forze americane avevano usato in Vietnam) il cui uso era ufficialmente bandito dal 1987, ma che veniva ancora ampliamente usato in molti campi di cotone dove lavoravano milioni di uzbeki.[38]

Il "morbo del cotone" – come venivano così raggruppate tutte le conseguenze inintenzionali della monocultura bianca sulla salute uma-

36. «Pravda Vostoka», 19 gennaio 1988, p. 2; «Pravda Vostoka», 6 ottobre 1988, p. 1; «Pravda Vostoka», 15 ottobre 1988, p. 4.

37. Aleksandr Treplev (Minkin), *Chlopkorab*, in «Ogonëk», 43 (1988).

38. Cucciolla, *Aleksandr Minkin*.

na – derivava dal fatto che in media in Asia Centrale erano presenti 20-25 chilogrammi di sostanze chimiche velenose per ettaro (la media sovietica era di 3 chilogrammi), corrispondenti a circa 7-8 chilogrammi di veleni per lavoratore. Queste cifre erano ancora più alte in alcune aree rurali, intensamente agricole e a maggiore densità di popolazione: ad esempio nella Valle di Fergana, con una media di 308 abitanti per chilometro quadrato nel 1979, erano presenti più di 570 chilogrammi di fertilizzanti per ettaro, con un utilizzo di pesticidi che superava di 40-50 volte il livello legale di sicurezza (1,3 chilogrammi per ettaro) ed eccedeva di 26 volte la media sovietica. Il "morbo del cotone" stava silenziosamente mietendo vittime, evidenti nell'alta incidenza di malformazioni, tumori e disabilità congenite, ed era particolarmente diffuso in aree rurali dove si registravano alti tassi di anemia, epatite e diarrea, malattie polmonari, endocrine e gastrointestinali, disfunzioni ormonali, malattie croniche e infettive. Inoltre, la mortalità materna e infantile era più di quattro volte superiore in Uzbekistan, dove mancavano ancora 87.000 letti pediatrici e ostetrici, e dove nel 1985 si registravano 46,5 decessi per 1.000 nascite. Circa il 70% dei bambini che morivano entro l'anno di vita si trovava proprio nelle aree rurali, e il tasso di mortalità infantile più alto, a livello regionale, riguardava una regione fortemente inquinata dalla cotonicoltura come il Karakalpakstan (61,9).[39] Questi dati – statisticamente comparabili ad alcune realtà del "terzo mondo" – erano particolarmente allarmanti in alcuni distretti dove, alla fine degli anni Ottanta, la mortalità infantile raggiunse la soglia di 118 decessi per 1.000 nascite (contro una media sovietica di 25,4).[40]

Gli articoli di Minkin sulle terribili conseguenze della monocoltura del cotone e sul loro impatto sulla vita degli abitanti dell'Uzbekistan innescarono un dibattito politico che appassionò i lettori sovietici e spaventò il Partito comunista locale. La stampa e le autorità uzbeke accusarono il giornalista di diffamare la repubblica e di fare un «uso improprio della glasnost'». Lo stesso Nishonov espresse il proprio disappunto sugli articoli di Minkin durante la sessione speciale del Soviet supremo dell'URSS del 29 novembre 1988:

> Ci sono cambiamenti rassicuranti nella nostra industria del cotone. Il raccolto è stato buono, e senza l'applicazione del butifos [... ma] fondamentalmente

39. RGASPI, f. 17, op. 154, d. 2557, l. 24.
40. Cucciolla, *Aleksandr Minkin*.

con le macchine. I nostri coltivatori di cotone ne sono orgogliosi. Tuttavia, si sono sentiti insultati quando la rivista «Ogonëk» [che in russo vuol dire "fiamma", *n.d.a.*] ha definito un coltivatore come uno "schiavo del cotone". I [nostri] coltivatori di cotone non sono mai stati e non saranno mai schiavi. «Ogonëk» dovrebbe bruciare con una fiamma ardente e confortare il popolo con il suo calore, inducendolo a compiere imprese lavorative in nome della [perestrojka], non emettere esalazioni e avvelenare il popolo con il suo fumo tossico (Applausi).[41]

Nishonov si lamentò con Gorbačëv, che rimproverò il capo redattore di «Ogonëk» Vitalij Korotič, mentre la stampa ufficiale uzbeka produsse delle controstorie per screditare il lavoro di Minkin. Tuttavia queste contromisure non riuscirono a coprire gli scandali, e centinaia di lettere arrivarono nella redazione di «Ogonëk» per confermare i fatti raccontati negli articoli e aggiungere ulteriori dettagli. Allora si vedeva inoltre l'insofferenza di un'élite nazionale sempre più critica nei confronti delle politiche sovietiche. Nel 1988 anche lo scrittore dissidente Muhammad Solih scrisse un articolo intitolato *Date la salute alle donne* (*Ayollarga sog'liq bering*) dove, pur non usando la parola "cotone", affermava chiaramente che i problemi della regione dell'Aral erano stati causati dalle politiche discriminatorie emanate da Mosca. Secondo Solih, anche se gli amministratori centrali sostenevano di aver cambiato strada e parlavano di "apertura", non volevano ammettere che la salute del popolo era stata vittima dei piani cotonieri ordinati da Mosca.[42]

Oltre al "morbo del cotone", c'erano diverse questioni legate alla vita umana. Il primo ciclo di riforme della perestrojka avrebbe dovuto affrontare le crisi alimentari, abitative e di tossicodipendenza. In primo luogo il governo repubblicano aumentò di 250 milioni di rubli il bilancio per l'alimentazione e i beni di consumo primari ma non prevedeva un effettivo rilancio della produzione interna. Alla fine del 1987 questa riforma finì per peggiorare la situazione in Uzbekistan, che era sempre più dipendente dalle importazioni di cibo e beni di consumo, e dove 192 imprese non riuscivano a produrre merci per un valore complessivo di 262 milioni di rubli (compresi i beni non alimentari per 114 milioni di

41. FBIS, *JPRS-UPA-89-022 - 6 APRIL 1989 - Soviet Union. Political Affairs*, 1989.
42. Peterson, *Pipe Dreams*, p. 331; Muhammad Solih, *Ayollarga sog'liq bering*, in *Iqror (Maqolalar), II*, Istanbul, Ihlas Gazetecilik, 2013, p. 125.

rubli).[43] Dal 1988 la repubblica registrava casi sempre più frequenti di carenza di cibo, speculazioni sul mercato nero dei beni deficitari e lunghe file fuori dai negozi che alimentavano non poche inquietudini nella popolazione.

La situazione era critica anche sul fronte abitativo. Il 9 dicembre 1987 il burò registrava «gravi violazioni nella distribuzione degli alloggi» nelle regioni di Andijan, Bukhara, Kaškadar'ja, Samarcanda, Syrdar'ja, Surchandar'ja, a Tashkent e in diverse città della repubblica: centinaia di appartamenti erano stati assegnati illegalmente a persone che non ne avevano diritto o non venivano utilizzati per lo scopo previsto. Nel frattempo una parte significativa della popolazione viveva al di sotto di livelli abitativi minimamente decenti. Durante la perestrojka il piano abitativo prevedeva di fornire a ogni famiglia uzbeka un appartamento indipendente (o una casa individuale) entro il 2000, costruendo nuovi edifici o riparando quelli esistenti.[44] Tuttavia, l'obiettivo sembrava lontano. In Uzbekistan la media dei metri quadrati per singolo abitante era di 11 – in alcuni distretti 6,5, mentre la media sovietica era di 14,7 – e 240.000 famiglie erano in lista d'attesa, mentre il 40% della popolazione urbana (e più della metà di quella rurale) viveva in case fatiscenti, prive di servizi igienici e di comfort di base. La situazione era potenzialmente esplosiva e il partito era preoccupato per il malcontento che serpeggiava intorno a queste condizioni – e alle storie a esse collegate – che avrebbero potuto «minare il principio della giustizia sociale e screditare la politica di democratizzazione».[45]

Un'altra grave sfida per un partito alle prese con un mondo che cambiava era rappresentata dalla lotta alla tossicodipendenza e al traffico di stupefacenti nelle regioni periferiche dell'Uzbekistan. Alla luce dello scandalo del cotone, gli investigatori avevano monitorato più da vicino queste dinamiche nella repubblica e solo in Karakalpakstan, nel 1984, furono scoperte 460 coltivazioni clandestine di papaveri da oppio su una superficie complessiva di 215,8 ettari. Nel 1986 la cifra salì

43. RGASPI, f. 17, op. 156, d. 2088, l. 11.

44. Alcuni miglioramenti furono immediati: «Nel 1986 e nei primi nove mesi del 1987 sono stati costruiti 6.544.000 metri quadrati di alloggi pubblici e cooperativi nelle città e nei villaggi. Più di 95.000 famiglie hanno ricevuto nuovi appartamenti o hanno migliorato le loro condizioni di vita. Inoltre, più di 3.500.000 metri quadrati di alloggi sono stati costruiti da singoli costruttori». RGASPI, f. 17, op. 156, d. 2090, l. 33.

45. Ivi, ll. 33, 3.

a 546 ettari e il numero di tossicodipendenti aumentò del 150%, includendo sempre più membri del partito e insegnanti di scuola.[46] Nel 1987 il PCUz si pose inoltre l'obiettivo di concentrare tutti gli sforzi per eliminare la dipendenza e le importazioni di droga.[47] Tuttavia la situazione sembrava peggiorare, con le ricadute dall'Afghanistan che aumentavano il traffico tra la valle di Fergana, Bukhara, Chorezm e il Turkmenistan.[48] A settembre il partito espresse particolare preoccupazione per questi fenomeni:

> Le misure per sradicare questo male sociale rimangono insufficienti e inefficaci. La tossicodipendenza e i crimini correlati sono in aumento. Le autorità locali continuano a essere negligenti; non esiste un approccio globale per sradicare la produzione, la vendita e il consumo di droga e la prevenzione è indebolita.[49]

In Uzbekistan, a giugno, il Consiglio dei ministri aveva formato una commissione speciale per affrontare l'emergenza del consumo di droga, che aveva rilevato un aumento del 28% dei consumatori (quasi 12.000 persone) nella prima metà del 1987, anche tra i giovani (il 26% di questi aveva meno di trenta anni)[50] e un aumento del 40% dei crimini

46. Allora gli investigatori scoprirono più di mille casi di coltivazione illegale di droga su circa 330 ettari nei precedenti tre anni. Per questo furono accusati 40 comunisti, 15 brigadieri di kolchoz e sovchoz e 15 insegnanti di aver tollerato queste coltivazioni. Gli investigatori avevano anche scoperto 170 coltivazioni di papavero su una superficie di cinque ettari e sequestrato oltre 420 chilogrammi di narcotici. RGASPI, f. 17, op. 155, d. 2350, l. 27.

47. GARF, f. R-7523, op. 145, d. 2160, ll. 190-194.

48. Solo nel febbraio 1987, la polizia di Bukhara sequestrò quasi 100 chilogrammi di oppiacei e *ko'knor* (una sorta di tè oppiaceo derivato dai semi di papavero) e tre chilogrammi di hashish charas (*nasha*) ad alcuni passeggeri della ferrovia Bukhara-1. La notizia aveva lanciato un allarme sulla diffusione delle tossicodipendenze in Chorezm. FBIS, *JPRS-UPA-87-013. 14 July 1987 - 275098. Soviet Union. Political Affairs*, 1987, p. 109; Frank Shanty, *The nexus: international terrorism and drug trafficking from Afghanistan*, Santa Barbara, Praeger Security International, 2011.

49. RGASPI, f. 17, op. 156, d. 2084, l. 7.

50. Nel 1986 e nella prima metà del 1987, «il numero dei consumatori minorenni di droga è più che raddoppiato e ha raggiunto il numero di 510 persone. [...] 19 scolari, 98 studenti di scuole professionali e 66 studenti universitari sono stati incriminati per reati legati alla tossicodipendenza. La diffusione dell'abuso di sostanze tra i giovani è fonte di grave preoccupazione. Dei 240 consumatori registrati di sostanze fortemente tossiche, 206 sono minorenni. [...] Quest'anno, 82 membri del Komsomol sono stati condannati per coltivazione, vendita e uso di droghe – il 50% in più rispetto allo stesso periodo dell'anno scorso.

legati alla droga (circa 1.400 casi). In quel periodo le autorità avevano scoperto e distrutto circa 2.000 coltivazioni clandestine di droga, soprattutto di papavero da oppio, su una superficie di 49 ettari (di cui 20 nella regione di Samarcanda e 19 in quella di Surchandar'ja) in aziende agricole collettive e statali o in riserve naturali, soprattutto nelle zone di Tashkent, Samarcanda, Surchandar'ja e Chorezm, ma non riuscirono a eliminare la cannabis che invece cresceva spontaneamente. Il buro sottolineava il fallimento di molte organizzazioni della repubblica nel gestire il problema:

> Dall'inizio dell'anno, solo la metà dei tossicodipendenti che si sottraggono al trattamento volontario sono stati inviati al trattamento obbligatorio e alla rieducazione attraverso il lavoro, anche se il centro preventivo terapeutico da 700 posti letto creato a gennaio di quest'anno lavora per un terzo delle proprie capacità.[51]

I quadri repubblicani vedevano così una popolazione giovane non sufficientemente informata sui pericoli della tossicodipendenza e proponevano una soluzione clinica, pianificando un maggior numero di istituzioni focalizzate sulle droghe. Ma i loro stessi dati dimostrano che solo un centro (dei sette previsti) era operativo e che solo un terzo dei medici narcologi della repubblica aveva seguito una formazione avanzata:

> Il numero di specialisti nel trattamento delle droghe nella repubblica è due volte inferiore alla media nazionale (1,4 per 100.000 persone), e questa cifra è ancora più bassa nelle province di Fergana, Namangan, Navoij e Bukhara. [...] Non esiste una vera e propria legge che regoli la sicurezza dei farmaci contenenti stupefacenti. [...] Di conseguenza nel 1986 il numero di furti di farmaci è triplicato. Molti di questi farmaci vengono rubati dagli stessi operatori sanitari a causa della mancanza di controllo sulla loro contabilità e sul loro smaltimento.[52]

La tossicodipendenza era una piaga sociale nella patria del progresso umano e del socialismo reale, e le autorità non sapevano cosa effettivamente fare di fronte a un fenomeno che rischiava di dilagare pericolosamente in contesti particolarmente sensibili.

Dei 2.800 consumatori di droga registrati sotto i trenta anni, uno su novanta è membro del Komsomol». Ivi, ll. 7, 10.

51. Ivi, l. 8.
52. Ivi, l. 9.

L'inimicizia dei popoli

Tra le questioni sociali che rischiavano di far esplodere la polveriera uzbeka sotto Nishonov, stava riemergendo in modo marcato nei dibattiti pubblici anche la questione della nazionalità. In questo contesto di apertura, speranza e disillusione, i revival nazionali spaventavano la dirigenza di una repubblica che rappresentava le complessità e le peculiarità dell'Unione Sovietica su scala minore, compreso il problema delle minoranze e della loro rappresentanza politica.[53] Dalla metà del 1987 il partito dovette affrontare le prime mobilitazioni organizzate di alcuni gruppi nazionali che rivendicavano i loro diritti e la piena riabilitazione di coloro che vivevano ancora in una condizione di esilio forzato in Asia Centrale. Un chiaro esempio furono le massicce manifestazioni dei tatari di Crimea a Mosca e in Uzbekistan il 6 luglio 1987, che chiedevano il diritto di tornare alle loro case originarie. Subito dopo, il Politbjuro discusse del loro rimpatrio e la possibile reintegrazione della penisola di Crimea nella RSFSR.[54] La questione rimase in sospeso e sarebbe riemersa con maggior forza negli anni successivi.

In un'intervista rilasciata a «Pravda Vostoka» nel settembre 1988, Nishonov riconosceva l'aumento del nazionalismo e delle tensioni etniche in Kazakistan e nel Nagorno Karabakh e affermava che anche l'Uzbekistan correva dei rischi simili. Allora il primo segretario incolpava ancora una volta la politica corrotta dei quadri che aveva «ostacolato il rafforzamento delle relazioni intra-nazionali» e attribuiva la responsabilità a Rashidov:

53. In Uzbekistan i tagiki erano uno dei gruppi nazionali più numerosi, con circa 700.000 persone ufficialmente registrate (nel 1989 circa il 4,7% della popolazione della RSSUz) ed erano rappresentati da 12 deputati nel Soviet supremo della repubblica. Ma erano politicamente sottorappresentati come minoranza tra i membri del partito (3,1%) con 44 membri del Comitato centrale PCUz (1,3%), 438 negli obkom (3%) e 1.686 nei gorkom e raikom (3%). Inoltre il quotidiano ufficiale del Comitato centrale del PCUz in lingua tagica – *Xakikati Uzbekiston* – aveva una tiratura limitata a tre uscite settimanali. RGASPI, f. 17, op. 157, d. 2025, ll. 15-17. Si veda anche Nancy Lubin, *Implications of Ethnic and Demographic Trends*, in *Soviet Central Asia. The failed transformation*, a cura di William Fierman, Boulder, Westview Press, 1991, p. 43.

54. NSA, Box 27, File 2934. Si veda anche Jack F. Matlock, *Autopsy on an Empire: the American Ambassador's account of the collapse of the Soviet Union*, New York, Random House, 1995, p. 748; Pikhoia, *URSS, histoire du pouvoir*, p. 139.

> È ormai chiaro a tutti che tipo di scrittore e dirigente fosse Rashidov. Per quanto riguarda l'educazione internazionale e la coltivazione del cotone, ci sono state molte falsificazioni, esibendo il piombo come se fosse oro, e molto rumore per nulla [...] nascondendo i momenti negativi [anche in altri settori come] le forze dell'ordine, la scienza, la cultura, i quadri di partito e i premi.[55]

Secondo Nishonov, era necessario definire la situazione attuale e i rischi reali, fissare le priorità economiche e bilanciare le esigenze culturali delle minoranze etniche – di tagiki, kirghisi, kazaki, turkmeni e tatari di Crimea – con quelle delle altre nazionalità che vivevano in Uzbekistan. Questo appello alla "critica oggettiva" pretendeva di essere la risposta ai problemi sovietici e metteva in guardia contro i sabotatori della perestrojka:

> I sostenitori mascherati del passato stanno usando vari trucchi demagogici per combattere la perestrojka, cercando di scommettere sui sentimenti nazionali e sul localismo. Ma è indubbio che i comunisti e i lavoratori vedranno chi combatte davvero per la perestrojka e chi, con il pretesto della glasnost' e del sostegno alla democrazia, cerca di invertire questa tendenza.[56]

Il problema dei gruppi organizzati che avanzavano rivendicazioni nazionaliste assunse una dimensione istituzionale nel novembre 1988, quando diversi dissidenti e rappresentanti dell'intellighenzia e della società civile uzbeka fondarono il movimento Birlik ("unità"), un gruppo di opposizione nazionalista moderato che si era formato all'interno dell'Accademia delle scienze e dell'Università statale di Tashkent. Birlik era guidato dallo scienziato cibernetico Abdurahim Po'latov, affrontava questioni sociali, economiche ed ecologiche, chiedeva di migliorare la posizione dell'Uzbekistan nell'Unione Sovietica e che l'uzbeko diventasse la lingua ufficiale della repubblica. Mostrava inoltre un certo scetticismo nei confronti del corso riformista gorbačëviano e sosteneva che la piena indipendenza fosse un prerequisito per la transizione democratica dell'Uzbekistan. In effetti, come nelle altre repubbliche sovietiche, anche nella RSSUz la questione della lingua ufficiale iniziò a essere molto più discussa, anche a livello accademico,[57] ma venne percepita come un catalizzatrice di pericoloso

55. «Pravda Vostoka», 17 settembre 1988, p. 2.

56. *Ibidem.*

57. Nel dicembre 1988 l'Università statale di Tashkent aveva organizzato diverse conferenze sull'uso ufficiale della lingua uzbeka. Hiro, *Inside Central Asia*, p. 135.

nazionalismo. Sebbene il PCUz avesse permesso a Birlik di organizzare comizi, finì comunque per attaccare il «clima morale-psicologico malsano» dell'opposizione e chiese «un'alta vigilanza politica» contro le sue possibili «azioni estremiste».[58] Nel settembre 1989 Birlik si riorganizzò in un partito non riconosciuto, ma ben presto attraversò una crisi interna: il 20 febbraio 1990 Muhammad Solih criticò Birlik per aver organizzato manifestazioni pubbliche che potevano sfociare nella violenza e fondò il partito democratico Erk.[59]

Come nelle altre repubbliche dell'Unione, la questione linguistica diventava centrale in una lotta tra i fronti popolari e gruppi di nazionalisti contro i comunisti locali. Facendo propria la causa, questi ultimi speravano di disarmare le opposizioni: fu così che il PCUz iniziò a valutare il riconoscimento dell'uzbeko come lingua ufficiale della repubblica, ammettendo che, nell'era della stagnazione, le scuole non avevano insegnato efficacemente la lingua nazionale in inosservanza dell'articolo 36 della Costituzione sovietica del 1977 (secondo il quale i cittadini sovietici a prescindere da razza e nazionalità godevano di uguali diritti). Come nel resto dell'URSS, anche in Uzbekistan il partito aveva di fatto promosso il bilinguismo come parte integrante della perestrojka, costituendo una notevole svolta ideologica in chiave nazionalista.

Nishonov aveva anche sottolineato alla stampa le credenziali della perestrojka per il «miglioramento delle relazioni tra le nazioni dell'Uz-

58. William Fierman, *Political Development in Uzbekistan. Democratization?*, in *Conflict, Cleavage and Change in Central Asia and the Caucasus*, a cura di Karen Dawisha e Bruce Parrot, Cambridge, Cambridge University Press, 1997, pp. 367-368.

59. Questa nuova formazione si proponeva come partito sistemico in grado di guidare la transizione dell'Uzbekistan. Il suo programma chiedeva l'indipendenza a medio termine, un sistema democratico multipartitico, un'economia di mercato liberale, la privatizzazione delle imprese statali e il miglioramento della situazione dei diritti umani in Uzbekistan. Erk ha anche cavalcato l'onda dell'ecologismo, chiedendo la fine della monocoltura del cotone e un nuovo afflusso di acqua al Mare d'Aral, e chiedendo l'autonomia della RSSUz all'interno dell'URSS nel breve termine. Poco prima della sua elezione alla presidenza dell'Uzbekistan, Karimov aveva rivelato a Matlock di non voler registrare Birlik «in quanto era stata presa in mano da elementi irresponsabili che organizzavano manifestazioni che potevano sfociare in sommosse». Si veda Daria Fane, *Ethnicity and Regionalism in Uzbekistan. Maintaining Stability through Authoritarian Control*, in *Ethnic conflict in Post-Soviet world. Case Studies and Analysis*, a cura di Leokadia Drobizheva, Rose Gottemoeller, Catherine McArdle Kellcher e Lee Walker, New York, M.E. Sharpe, 1996, p. 283; Fierman, *Political Development in Uzbekistan*, p. 372; Matlock, *Autopsy on an Empire*, pp. 394-395.

bekistan con le condizioni della democrazia e della perestrojka economica e sociale», ricordando come la repubblica fosse stata integrata nel sistema sovietico fornendo alla patria due terzi del suo fabbisogno di cotone. La situazione di tensione tra gli uzbeki e le minoranze nazionali veniva quindi discussa dal partito e Nishonov la imputò alle precedenti leadership:

> La stagnazione degli ultimi decenni ha avuto un impatto diffuso in tutto il paese, ma nella RSSUz era più forte e in condizioni peggiori. [...] I funzionari con cariche [formali] erano amorali e danneggiavano fortemente la repubblica. [...] Rashidov e i rashidoviani [*rašidovcy*] proclamavano i principi dell'internazionalismo e dell'uguaglianza, ma in realtà coltivavano il localismo, il protezionismo e gli usi e costumi dei signori del Medioevo [...]. Non tenevano conto delle esigenze dei gruppi etnici che vivevano in Uzbekistan, tra cui tagiki, coreani, uiguri, tatari di Crimea e altri.[60]

Nonostante le speranze della perestrojka, numerosi eventi drammatici minacciarono la legittimità delle riforme e furono sintomi di un sistema che stava entrando in una fase terminale. Episodi di intolleranza interetnica – e di relativa repressione – si diffusero in tutta l'URSS, rievocando i duri metodi del passato. Il 9 aprile 1989 a Tbilisi l'esercito aveva aperto il fuoco sui manifestanti; la crisi umanitaria nel Nagorno Karabakh era esplosa mentre i militari sovietici iniziavano a ritirarsi pacificamente dall'Ungheria. Questi fatti dimostrano che il "nuovo pensiero" di Gorbačëv era molto più orientato verso l'"impero esterno", mentre Mosca era ancora pronta a mantenere l'integrità del paese utilizzando ogni mezzo.

In questo quadro, anche l'Uzbekistan era una polveriera. Il PCUz cercò di calmare le proteste etniche e qualsiasi manifestazione di intolleranza che potesse minacciare la sicurezza pubblica. Il partito aveva discusso una serie di misure per rivitalizzare il sentimento nazionale uzbeko e l'uso della lingua uzbeka. Per quanto riguarda le minoranze, aveva sottolineato l'importanza di migliorare l'insegnamento nelle lingue native delle comunità locali – per cui in 259 scuole si insegnava o si tenevano corsi di lingua tagica, in 491 di kazako, in 52 di turkmeno, in 40 di kirghiso, in 12 di greco e in alcune anche corsi di coreano – e di utilizzare altre lingue nelle università, nella stampa, nella letteratura

60. «Pravda Vostoka», 24 febbraio 1989, p. 1.

e nei mass media.[61] Allora Tashkent ammetteva un aumento degli episodi di intolleranza e proponeva di modificare il diritto penale per punire più duramente le violazioni dei diritti relativi all'uguaglianza dei diversi gruppi nazionali.

Durante il plenum del 19 maggio 1989 Nishonov riconobbe «l'aumento dell'insoddisfazione della popolazione per la risoluzione dei problemi legati alla sfera sociale, ecologica e delle relazioni etniche»[62] e, ancora una volta, aveva fatto riferimento alla necessità di combattere i fenomeni negativi per ripristinare l'ordine sociale repubblicano. Tuttavia, la RSSUz stava entrando in una crisi segnata dalla mancanza di beni primari e dal ritorno del baratto a qualsiasi livello,[63] nonché dalle inquietudini per una crisi alimentare (per non parlare di carestia) che, anche a Mosca, non sembrava del tutto improbabile. In questo contesto fortemente compromesso dal punto di vista economico, la pace tra i diversi gruppi nazionali sarebbe degenerata nel giro di settimane, destabilizzando la repubblica e delegittimando la sua leadership.

L'aumento del nazionalismo, le tensioni interetniche, le ideologie alternative, i movimenti di opposizione, la ricomparsa dei valori tradizionali e le ricadute involontarie dai paesi vicini avevano ulteriormente aggravato la crisi socioeconomica. Allo stesso tempo, il regime aveva smesso di insistere sull'ateismo e aveva riconosciuto alla dimensione religiosa nuove opportunità di organizzazione. Allora anche l'Islam radicale (con la sua dimensione politica) aveva iniziato a diffondersi più ampiamente nella società uzbeka e soprattutto nella Valle di Fergana, dove emergevano sempre più circoli informali che avevano formato moschee clandestine, e si riunivano in spazi comuni, magazzini o in garage.[64] In quel momento molti contatti

61. «Pravda Vostoka», 7 aprile 1989, p. 3; «Pravda Vostoka», 25 aprile 1989, p. 1. Poi, il 21 ottobre 1989, la lingua uzbeka venne finalmente riconosciuta come lingua ufficiale, insieme al russo, della RSSUz.

62. RGASPI, f. 17, op. 158, d. 1507, l. 5; «Pravda Vostoka», 16 aprile 1989, p. 2.

63. Ligačev ha ricordato che, nonostante la scarsità di cibo, nel maggio 1989 gli uzbeki barattavano frutta con cemento con le imprese siberiane. Ligachev, *Inside Gorbachev's Kremlin*, p. 204.

64. Martha Brill Olcott, *Roots of Radical Islam in Central Asia*, in «Carnegie Papers - Carnegie Endowment for International Peace», 77 (2007); Johan Rasanayagam, *Islam in Post-Soviet Uzbekistan: The Morality of Experience*, Cambridge, Cambridge University Press, 2011; Bachtiar Babadžanov, *Islam v Uzbekistan: ot repressii k bor'be identičnosteil*, in *Rossija-Srednjaja Azia Politika i Islam v XX - načale XXI v.*, a cura di Andrej Kokošin, Moskva, Iz. MGU, 2013; Ro'i, *Islam in the Soviet Union*; Sarah Kendzior, *Redefining Reli-*

con il mondo islamico erano stati ripristinati, la procedura per partecipare all'*hajj* per i pellegrini sovietici fu semplificata, la guerra in Afghanistan aveva alimentato una presunta solidarietà centroasiatica nei confronti dei "connazionali" afghani. Eppure, secondo Khalid, non bisogna esagerare sulla portata di un possibile fattore islamico che abbia accelerato la disaffezione dell'Asia Centrale dal sistema sovietico:

> L'interesse per l'islam è aumentato, poiché la glasnost' ha permesso una rivalutazione generale dell'esperimento sovietico. Le moschee che avevano operato clandestinamente sono uscite allo scoperto, quelle in disuso sono state riparate e hanno ripreso a funzionare, e molte altre sono state costruite. L'istruzione islamica è risorta e l'osservanza dei riti islamici è diventata più comune. Tutto ciò, tuttavia, non aveva necessariamente [una connotazione] antisovietica. Per la maggior parte delle persone, il ritorno all'osservanza dell'islam faceva parte del recupero dei valori nazionali.[65]

Un tema più complesso riguarda invece i rapporti con i "russi". Nonostante non si siano verificati episodi significativi di violenza contro questi "europei", le tensioni e i pregiudizi nei confronti delle minoranze non locali erano percepibili[66] e le stesse tendenze demografiche potevano facilmente sconvolgere i fragili equilibri tra le comunità coesistenti. Nel periodo 1979-1989 la popolazione della RSSUz era generalmente aumentata del 29% e aveva raggiunto i 19,906 milioni di abitanti. Ma questa crescita aveva ulteriormente acutizzato i divari demografici tra russi e uzbeki e tra città sovietizzate (e russificate) e aree rurali con forti connotazioni tradizionali (e nazionali). La percentuale di coloro che si definivano "uzbeki" era passata dal 68,7% al 71,4% della popolazione della repubblica, mentre i tassi di natalità più bassi e le prime emigrazioni di massa verso le regioni centrali sovietiche avevano fatto scendere la popolazione "russa" dal 10,8% del 1979 all'8,3% del 1989.

gion: Uzbek Atheist Propaganda in Gorbachev-Era Uzbekistan, in «Nationalities Papers», 34/5 (2006).

65. Ivi, pp. 412-413.

66. Nel 1985 l'etnografo Ronald Wixman intervistò in Uzbekistan diverse madri russe che incoraggiavano i loro figli a non frequentare gli uzbeki in quanto «sporchi e selvaggi». Inoltre presentavano gli autoctoni come una popolazione di bugiardi che rimanevano «violenti, non onesti, maltrattano le loro mogli e non imparano bene il russo», caratterizzando questo fatto come un segno della loro arretratezza e inferiorità. Ronald Wixman, *Ethnic attitudes and Relations in Modern Uzbek Cities*, in *Soviet Central Asia. The failed transformation*, a cura di William Fierman, Boulder, Westview Press, 1991, pp. 161-163.

Tabella 5. La composizione nazionale dell'Uzbekistan nel 1989

	Popolazione (in migliaia)		Variazione %	In percentuale sul totale	
Nazionalità	**1979**	**1989**	**1979-1989**	**1979**	**1989**
Uzbeki	10.569	14.142	+33,8	68,7	71,4
Russi	1.666	1.653	-0,7	10,8	8,3
Tagiki	595	934	+57	3,9	4,7
Kazaki	620	808	+30,3	4,0	4,1
Karakalpaki	298	412	+38,3	1,9	2,1
Tatari	531	468	-11,9	3,5	2,4
Tatari di Crimea	118	189	+60,6	0,8	1,0
Kirghisi	142	175	+23	0,9	0,9
Coreani	163	183	+12,3	1,1	0,9
Ucraini	114	153	+34,6	0,7	0,8
Turkmeni	92	122	+31,7	0,6	0,6
Turchi	49	106	+116,3	0,3	0,5
Ebrei	74	65	-11,4	0,5	0,3
Armeni	42	51	+19,3	0,3	0,3
Uiguri	29	36	+22,9	0,2	0,2
Tedeschi	40	40	+0,7	0,3	0,2
Azeri	60	44	-25,7	0,4	0,2
Baškiri	26	35	+34,6	0,2	0,2
Altro	161	194	+20,5	1,1	1,0
Totale	15.389	19.810	+28,7	100	100

Fonte: Lubin, *Implications of Ethnic and Demographic Trends*, pp. 49-50

In Uzbekistan i russi erano generalmente inseriti in una dimensione urbana, concentrati principalmente nello strato medio della struttura sociale (in quanto impiegati soprattutto nei settori industriale e amministrativo): di conseguenza godevano di servizi sociali migliori (sanità, istruzione, cultura, alloggi, ecc.) e di salari più alti rispetto alla maggior parte degli uzbeki.[67] Marco Buttino aggiunge che queste comunità non

67. La percentuale di abitanti delle aree urbane e rurali sul totale della popolazione russa in Uzbekistan era rispettivamente dell'89,1 e del 10,9 nel 1970, del 93,4 e del 6,6 nel

erano fondamentalmente integrate nella società uzbeka per ragioni culturali e soprattutto linguistiche e mostravano atteggiamenti diversi nelle preferenze lavorative, nelle strategie familiari e riproduttive, nelle scelte abitative e nei consumi. Il loro radicamento sociale (relativamente debole) le rendeva prive di una forte solidarietà esterna o trasversale verso lo stato.[68] Di fatto queste comunità erano isolate e scollegate dal quadro sociale della repubblica e, in un contesto di crisi, non avrebbero avuto altra scelta che emigrare in Russia.[69]

A queste diverse tendenze demografiche si aggiungeva un clima di maggiore diffidenza alimentato dalle storie sensazionalistiche che ruotavano intorno allo scandalo del cotone. Allora, infatti, una parte della comunità intellettuale uzbeka denunciava apertamente lo scandalo come un'umiliazione nazionale e alcuni scrittori come Solih e O'tkir Hoshimov giustificarono la corruzione come una risposta naturale della popolazione contro la negazione della *korenizacija* o come un modo per sopravvivere e ribellarsi al giogo di Mosca. Timur Pulatov ricordava inoltre le battute e le discriminazioni subite dai giovani uzbeki nei campi dei pionieri, quando venivano definiti «figli di ladri e di corruttori».[70] Altri accusavano direttamente i russi di essere "schiavisti" e "colonizzatori", che usurpavano risorse, opportunità e migliori standard di vita. Questo tipo di accuse emerse anche nei dibattiti politici centrali: nel Congresso dei deputati del popolo dell'URSS il presidente dell'Unione degli scrittori dell'Uzbekistan, Odil Yoqubov, paragonò direttamente il regime sovietico agli Stati Uniti del diciannovesimo secolo, suggerendo che lì, almeno, gli schiavisti

1979 e del 94,8 e del 5,2 nel 1989. Sergei Nikolaev, *Russians in Uzbekistan*, in *The New Russian Diaspora: Russian Minorities in the Former Soviet Republics*, a cura di Vladimir Shlapentokh, Munir Sendich e Emil Payin, Armonk, M.E. Sharpe, 1994, p. 112.

68. Buttino, *Samarcanda*, p. 35.

69. Pericoli, discriminazioni e difficoltà di integrazione sociale hanno portato all'emigrazione di massa degli slavi: dal 1991 al 2008, 900.000 russi hanno lasciato l'Uzbekistan, portando i russi a rappresentare attualmente il 2,1% della popolazione uzbeka. Si veda Ljudmila Maksakova, *Uzbekistan v Sisteme Meždunarodnych Migracij*, in *Postsovetskie transformacii: otraženie v migracijach*, a cura di Žanna Zajončkovskaja e Galina Vitkovskaja, Moskva, Centr migracionnych issledovanij, Institut narodnochozjajstvennogo prognozirovanija RAN-Adamant, 2009, p. 328.

70. Lo scrittore Fëdor Razzakov ha ricordato gli episodi di derisione degli uzbeki in eventi pubblici e in partite di calcio per lo scandalo del cotone. Razzakov, *Delo, Vzorvavšee SSSR*. Si veda anche James Critchlow, *Nationalism in Uzbekistan: A Soviet Republic's Road to Independence*, Boulder, Westview Press, 1991.

«erano abbastanza intelligenti da assicurarsi che i loro schiavi fossero forti e ben nutriti».[71]

Questo tipo di ostilità e di pregiudizi era allarmante. Un sondaggio di allora stimava che gli uzbeki percepissero generalmente i russi come il secondo gruppo più ostile della repubblica (i primi erano gli armeni), soprattutto nelle regioni in cui la competizione interetnica per i posti di lavoro era particolarmente accesa come Tashkent (dove il 14,3% degli uzbeki manifestava atteggiamenti negativi nei confronti dei russi), Samarcanda (13,7%), Nukus (2,6%), Andijan (12,8%), Fergana (7,6%), Karshi (33,3%) e Urgench (10,2%). Per quanto riguarda la prospettiva delle comunità russe sugli uzbeki, il sociologo Sergej Nikolaev ha osservato che nel 1991

> L'88,9% degli intervistati russi aveva sperimentato tensioni interetniche nel [proprio] luogo di residenza, il 55,6% nel luogo di lavoro o di studio e il 27,8% con gli amici più stretti. Tra le cause della tensione interetnica erano citate la violazione dei diritti delle nazionalità non uzbeke, l'avversione degli uzbeki per la cultura di altri popoli, l'aggressività dei membri di alcune nazionalità (50%) e la conseguenza della lotta per il potere.[72]

Nonostante la presenza di tensioni tra queste versioni sovietiche di "colonizzatori" e "colonizzati", le prime vittime della violenza interetnica in Uzbekistan non furono i russi ma i turchi meskheti. Questo gruppo turcofono, musulmano e non autoctono viveva nella Valle di Fergana fin dalla sua deportazione nel novembre 1944. Nella zona più agricola e densamente popolata dell'Asia Centrale, il nuovo clima di intolleranza esplose, apparentemente, per il prezzo delle fragole. A metà maggio 1989, a Quvasoy, dove vivevano quasi 3.000 meskheti, scoppiarono disordini tra gruppi di giovani. Le autorità cercarono alternativamente di disperdere la folla con la forza e di persuaderla con le buone, ma il ritorno alla calma e all'ordine erano solo temporanei. Infatti il 3 giugno i disordini tra le due comunità ripresero a Toshloq: allora alcuni gruppi di uzbeki si diedero agli incendi dolosi, agli omicidi di turchi, e alla devastazione delle loro proprietà e da lì la violenza si estese a Margilan, Fergana e Oltiariq. Il Consiglio dei ministri

71. Solih affermò che nella Russia prerivoluzionaria, per un chilogrammo di cotone, un contadino poteva ricevere un pagamento sufficiente per acquistare una mucca, mentre ora riceveva soltanto l'equivalente di quindici scatole di fiammiferi. Rumer, *Central Asia's Cotton Economy*, pp. 83-86.

72. Nikolaev, *Russians in Uzbekistan*, pp. 114, 113.

della RSSUz immediatamente adottò misure per arginare il fenomeno, istituendo una commissione guidata da Qodirov, mentre il Presidium decretò il coprifuoco nell'oblast'. La situazione rimase tesa ma sembrava essersi stabilizzata. Eppure i pogrom ripresero il 7 giugno e si estesero successivamente alla vicina città di Kokand e ai distretti di Rishton, Uzbekistanskij e Kirovskij, coinvolgendo poi la città di Namangan l'11 giugno, l'oblast' di Osh in Kirghizistan e continuando anche contro i meskheti evacuati a Tashkent, nei distretti di Bo'ka e Parkent.

Gli scontri interetnici nella Valle di Fergana durarono quasi tre settimane e la situazione rimase fuori controllo. Allora per sedare le rivolte e ristabilire l'ordine il governo sovietico dispiegò nella Valle di Fergana circa 12.000 truppe del MVD sotto il comando di Jurij Šatalin.[73] Eppure l'uso del pugno duro aumentò il bilancio delle vittime civili. Il 13 giugno Nishonov, il primo ministro sovietico Nikolaj Ryžkov e il capo del KGB Čebrikov arrivarono da Mosca per parlare con i rappresentanti delle comunità locali, sperando di calmare la popolazione ed evitare ulteriori violenze.[74] Ryžkov racconta quell'episodio:

> Quando ero lì, ho incontrato i rappresentanti dei turchi meskheti. L'incontro è durato circa tre, quattro ore, ho cercato di convincerli che dovevano andare nelle regioni centrali della Russia, dove avremmo dato loro un alloggio e la possibilità di agire legalmente [sui fatti di violenza]. All'inizio non volevano andarsene, ma poi li ho convinti che non potevano rimanere lì e che non potevamo mettere un soldato intorno a ogni persona per sorvegliarla. Nessuno poteva garantire che cose del genere non sarebbero più accadute.[75]

Il governo sovietico evacuò gli sfollati meskheti in altre regioni, realizzando quello che il famoso dissidente sovietico Andrej Sacharov definì un "secondo esilio".[76] Dei 117.600 turchi meskheti registrati nella repubblica, in soli due mesi le autorità sovietiche scortarono 52.875 persone fuori dall'Uzbekistan e le dislocarono nelle regioni di Krasnodar, Stavropol, Mosca, Orel-Kursk, Voronež, Belgorod, Smolensk e in altre repubbliche come Tagikistan, Azerbaigian, Kazakistan e Kirghizistan.[77]

73. RGASPI, f. 17, op. 158, d. 1509, l. 67.
74. «Pravda Vostoka», 15 giugno 1989, p. 1.
75. Intervista personale con Nikolaj Ryžkov, Mosca, 22 dicembre 2014.
76. Sacharov credeva che i pogrom fossero stati ben organizzati da qualcuno che voleva quel massacro per incolpare altri gruppi. Sakharov, *Moscow and beyond*, pp. 137-140.
77. RGASPI, f. 17, op. 158, d. 1525, l. 20.

La classe politica comunista non aveva compresa la portata degli eventi, considerando le tensioni etniche e le successive violenze come episodi di "teppismo" o "piccola criminalità".[78] Il 15 giugno 1989, alla riunione economica degli attivisti del PCUz, Nishonov offrì un primo, vago, resoconto degli eventi come il frutto di un'iniziativa

> intenzionalmente distorta e abilmente utilizzata da elementi corrotti e criminali per raggiungere i propri sporchi obiettivi politici. Un'esasperazione artificiale delle differenze interetniche, disordini di massa appositamente organizzati ed eccessi da parte di giovani teppisti senza vergogna, accompagnati da pogrom, incendi dolosi, omicidi, violenze e atti di vandalismo hanno preso piede in vaste regioni e città dell'oblast' di Fergana.[79]

Nishonov stava ricollegando gli eventi allo scandalo del cotone, alludendo ai contraccolpi dei quadri corrotti, per poi invece incolpare i nazionalisti, gli estremisti e soprattutto Birlik di aver fomentato la frustrazione della gente e di aver pianificato questi atti di violenza. Tra gli argomenti enunciati, il leader uzbeko menzionò:

> Fatti come la comparsa di striscioni verdi tra le colonne di coloro che commettevano questi eccessi, la distribuzione di volantini contenenti simbolismi religiosi e firmati da un'organizzazione finora sconosciuta chiamata "i santi uzbeki" [*Svjaščennye uzbeki*], la violazione delle leggi sovietiche, i tentativi di violenza fisica contro i lavoratori del partito e del soviet, gli [...] appelli a proseguire le tradizioni dei leader basmači, ecc., richiedono una profonda considerazione e valutazione. In una parola, vi sono seri motivi per supporre che si tratti di un'azione provocatoria precedentemente e accuratamente pianificata e preparata, forse anche appositamente programmata per coincidere con [i lavori del] Congresso dei deputati del popolo dell'URSS.[80]

Nishonov cercò ancora una volta di affermarsi come un leader fermo e fedele alla causa sovietica. Tuttavia il fatto di trovarsi a Mosca durante i pogrom e di non essere tornato immediatamente per assumere il controllo della situazione pesò gravemente sulla sua credibilità politica. Infatti gli scontri interetnici nella Valle di Fergana minarono inesorabilmente la sua posizione, mostrandolo come un funzionario orientato al centro, poco attento e ignaro della reale situazione della repubblica. Gorbačëv era al-

78. RGASPI, f. 17, op. 158, d. 1509, l. 65.
79. FBIS, *JPRS-UPA-89-053 - Soviet Union. Political Affairs - 29 AUGUST 1989*, 1989, pp. 21-22.
80. Ivi, p. 24.

larmato per i potenziali rischi di ulteriori scontri nel paese,[81] e inquadrò gli eventi di Fergana «come prova dell'isolamento del partito dalla società e della sua incapacità di eliminare la corruzione e di fermare l'ascesa di nuovi oppositori come il movimento Birlik».[82] Ma il leader sovietico cercò comunque di salvare il suo fidato alleato Nishonov e lo richiamò nella capitale sovietica. Nelle sue memorie ricordò:

> Mi piaceva Rafiq Nishonovič. Mi piacevano la sua immutata compostezza, il suo umorismo e una certa distanza filosofica dai piccoli capricci della vita, in altre parole tutto ciò che di solito viene associato alla "saggezza orientale". La sua capacità di andare d'accordo con le persone e di risolvere i conflitti gli giovò nella posizione di presidente del Consiglio delle nazionalità. Direi addirittura che Nishonov era un oratore naturale, se non fosse stato per una qualità che gli mancava: si trattava della risolutezza, della capacità di tagliare il nodo gordiano al momento giusto.[83]

Nishonov stava uscendo dalla scena politica uzbeka e Gorbačëv dovette accettare le rivendicazioni nazionali e le istanze autonomiste delle repubbliche, Uzbekistan compresa.

81. Parallelamente a Fergana, nel giugno 1989 si verificarono scontri tra kazaki e ceceni nella città petrolifera di Novyj Uzen' (oggi nota Jañaözen) sul Mar Caspio, e anche ad Ashgabat e Nebitdag in Turkmenistan contro gruppi di armeni.

82. Gill, Pitty, *Power in the Party*, p. 79.

83. Mikhail Gorbachev, *Memoirs*, London, Doubleday, 1996, pp. 393-394.

10. «Che non sia un burattino!» (1989-1991)

Il massacro di Fergana segnò la fine politica del mal sopportato Nishonov. Il presidente del Presidium, Mirzaolim Ibrohimov, era atteso come naturale successore alla carica di primo segretario; ma gli eventi presero una piega inaspettata al quattordicesimo plenum del PCUz del 23 giugno 1989, guidato dal primo vicedirettore dell'Orgotdel del comitato centrale del PCUS Evgenij Razumov. Dopo aver ringraziato Nishonov per il suo «lavoro politicamente maturo e degno», il plenum propose la candidatura di Islom Karimov. Quest'ultimo non era un politico di spicco: non aveva mai ricoperto una posizione nel burò o nella segreteria del partito, né era stato presidente del Presidium del Soviet supremo della RSSUz (una carica che sembrava essere un prerequisito sin dall'elezione di Niyozov nel 1953), ma aveva un profilo tecnico-economico. Originario di Samarcanda, si era formato all'istituto politecnico dell'Asia Centrale, dal 1966 aveva risalito i ranghi del Gosplan locale e nel 1983 era diventato ministro delle finanze della repubblica e vicepresidente del Consiglio dei ministri. Dopo aver guidato il Gosplan della RSSUz, ebbe il primo vero incarico di spicco nel partito soltanto nel 1986 quando divenne primo segretario dell'obkom di Kaškadar'ja.[1] La sua nomina alla guida del partito comunista uzbeko non era affatto un'operazione scontata.

1. «Pravda Vostoka», 24 giugno 1989, p. 1. Sull'esperienza di Karimov come primo segretario dell'obkom di Kaškadar'ja si veda Poyon Ravshanov, *Qashqadaryo: istiqlol arafasida 1986 - 1989 yillar*, Toshkent, Ma'naviyat, 2003.

Il pacificatore

Al plenum, diversi partecipanti lamentarono il fatto che Karimov e la sua famiglia avessero un passato oscuro, e alcuni denunciarono che il padre nel 1950 era stato accusato di furto di proprietà socialista e suo fratello Xurshid – già vicedirettore del complesso alimentare Uzkooptbakaleja a Džizak – era stato condannato nel 1986 a dieci anni per le stesse ragioni.[2] Questa storia gettò un'ombra sul nuovo candidato e attirò molte critiche in un partito che negli anni precedenti era stato forgiato nel moralismo e nella caccia alle streghe (per questo Karimov ovviò successivamente il problema creando una racconto ufficiale che parlava della sua infanzia da orfano).[3] Come avrebbe ricordato il presidente della Corte suprema della RSSUz, Muhammed-Babur Malikov (che inoltre ebbe un ruolo nella revisione dei "casi del cotone" per poi divenire un dissidente):

> Ligačev si oppose alla candidatura perché i due fratelli di Karimov avevano precedenti penali. Solo grazie al sostegno di Nishonov e di personalità

2. RGASPI, f. 17, op. 158, d. 1508, ll. 4-6.

3. Nel dicembre 2004 un memorandum diplomatico statunitense riportava voci sul primo matrimonio di Karimov con una donna russa di nome Natal'ja Kučma e il loro figlio Pëtr e su come la storia del leader "orfano" fosse stata costruita per evitare scandali legati al suo nome. Il documento riporta la testimonianza di Muslima, moglie di un fratello di Karimov chiamato Arslan, che confermò che Islom non era orfano, ma aveva sei fratelli e una sorella, ed era cresciuto in una "normale famiglia" a Samarcanda. Karimov iniziò a prendere le distanze dalla sua famiglia alla fine del 1985, quando suo fratello Xurshid, distributore di prodotti alimentari al dettaglio (soprattutto tè), venne coinvolto in un piccolo scandalo di corruzione. «All'epoca [Karimov] era vicepresidente di Gosplan e si aspettava una promozione. Karimov chiamò suo fratello Arslan [...] e gli chiese di ripudiare Xurshid, sostenendo che le loro carriere erano in pericolo. Arslan, Presidente del tribunale della città di Džizak, rifiutò. Da quel momento in poi non ci furono quasi più contatti». Karimov fu presto nominato primo segretario di Kaškadar'ja e passò quasi tutto il suo tempo a fare la spola tra Tashkent e Karshi. È stato allora che iniziò a sostenere di essere rimasto orfano. La rottura definitiva avvenne nel 1989, anno in cui Karimov fu nominato primo segretario del PCUz. Arslan morì allora, in quello che Muslima descrisse come uno scontro "sospetto" con un autobus. Una strada di Džizak venne a lui intitolata ma Karimov ordinò di riportarla al nome originale. Quell'anno morì anche il fratello maggiore di Karimov. Secondo Muslima, Karimov fece una breve apparizione al funerale, dove offrì 350 rubli alla famiglia (una somma non piccola a quei tempi). Da quel momento, non ci sono più stati contatti diretti. Si veda Jon R. Purnell, *President Karimov not an orphan, and other family secrets, 04TASHKENT3519_a, classified by Amb. Jon R. Purnell for reasons 1.4 (B, D)*, 2004, https://wikileaks.org/plusd/cables/04TASHKENT3519_a.html.

come Solijan Mamarasulov, Shukrullo Mirsaidov, Erkin Yusupov, Ahmadjon Muxtorov e il mufti Muhammad Sodiq Muhammad Yusuf (deputato dell'ultimo Soviet supremo dell'URSS), la candidatura di Karimov venne approvata.[4]

Ciononostante, la maggior parte dei vertici del PCUz aveva accolto con favore la nomina di Karimov, sperando che questo potesse finalmente rappresentare gli interessi della repubblica. Il primo segretario del Surchandar'ja Solijan Mamarasulov espresse chiaramente questo desiderio: «chiedo una cosa: che Islom Abdug'aniyevich non sia un burattino come Usmonxo'jayev». Altri salirono sul podio per fare gli auguri per un primo segretario che veniva chiamato a svolgere un delicato lavoro. Karimov ringraziò il partito per la fiducia accordatagli e affermò che «una persona che ricopre il ruolo di primo segretario deve conoscere la repubblica, il suo popolo e la vita della gente».[5] Questo impegno nei confronti dei "nostri" era un chiaro segnale per l'élite repubblicana – e forse per Mosca – che da allora molte cose sarebbero cambiate.

Il "consenso" su Karimov appariva quindi come un compromesso che bilanciava interessi e poteri tra élite nazionale, la vecchia classe dirigente (precedente allo scandalo del cotone) e le esigenze di partito. La politologa Kathleen Collins ha descritto la dimensione "clanistica" della nomina di un candidato che era:

> sia un locale, inserito nel clan Rashidov, sia un *apparatchik* comunista, [e] un tecnocrate che difficilmente Mosca avrebbe contrastato [...]. La [sua] candidatura è stata il frutto di un'abile manovra politica da parte di alcune élite claniche uzbeke – in particolare da parte di Jurabekov, che voleva ripristinare la posizione di potere della rete di Rashidov e che vedeva Karimov legato per nascita a un potente gruppo di Samarcanda, ma non al clan dell'ex primo segretario Rashidov.[6]

In effetti Karimov dovette da subito bilanciare gli interessi locali e di élite claniche a base regionale, alcune delle quali erano tradizionali rivali della sua base di potere a Samarcanda.[7] Anche Idil Tunçer-Kılavuz osserva che all'epoca vi fosse più di un gruppo d'élite potente, e che quindi nessuno avesse la chiara percezione che il proprio potere fosse superiore a quello

4. Mukhammed-Babur Malikov, *Uzbekistan: A view from the opposition*, in «Problems of Post-Communism», 42/2 (1995), p. 21.
5. RGASPI, f. 17, op. 158, d. 1508, ll. 7, 25.
6. Collins, *Clan Politics*, p. 123.
7. Ivi, p. 128.

degli altri.[8] In questo circostanza Karimov era un compromesso che ottenne il consenso di importanti membri del partito, tra cui Mirsaidov, Ismoil Jurabekov e Qudrat Ahmetov, allora a capo del Gosplan, che aveva buoni rapporti con il ministro delle finanze (e futuro primo ministro) dell'URSS, Valentin Pavlov.

Il nuovo primo segretario poteva proteggere gli interessi uzbeki, ma inizialmente non sostenne gli animi nazionalisti o una possibile svolta indipendentista della repubblica. Si presentò come un leader del popolo, un pacificatore che poteva unire e scongiurare i rischi di caos e di conflitto etnico. La sua prima misura per ripristinare la pace e la normalizzazione fu quella di proseguire le indagini del MVD e di revocare il coprifuoco nella Valle di Fergana.[9] Durante il plenum del 29 luglio, il presidente del Presidium e capo della commissione del partito sui fatti di Fergana, Mirzaolim Ibrohimov, riportò il bilancio del massacro che riecheggiava come un bollettino di guerra: 103 morti di cui 52 turchi meskheti e 36 uzbeki, 1.011 feriti di cui 137 soldati del MVD e 110 poliziotti (uno dei quali morto); oltre mille strutture bruciate di cui 757 case, 27 edifici pubblici e 276 veicoli e danni materiali per centinaia di migliaia di rubli. Ibrohimov affermò che l'origine della tensione era stata la sottorappresentazione dei turchi meskheti all'interno dell'apparato di partito, in un contesto già socialmente teso, con più di 70.000 disoccupati e il 64% dell'agricoltura dedicata alla monocoltura del cotone.[10]

Adesso Karimov accusava il precedente establishment di non aver preso tutte le misure appropriate per risolvere i problemi intranazionali. Il 20 luglio 1989 il burò del PCUz chiese di applicare severe sanzioni contro i leader locali del partito, del MVD e del KGB per gli eventi di Fergana,[11] offrendo così a Karimov l'occasione per consolidare il suo potere, emarginare possibili oppositori e promuovere altri fedelissimi in una regione instabile e potenzialmente invisa al nuovo regime. Di conseguenza il 2 agosto Vjačeslav Kamalov divenne il nuovo capo del MVD della RSSUz e il 3 agosto Mirsaidov il presidente del Gosplan repubblicano e vicepresidente del Consiglio dei ministri.

8. Tunçer-Kılavuz, *Power, Networks and Violent Conflict*, p. 48.
9. «Pravda Vostoka», 6 luglio 1989, p. 4.
10. RGASPI, f. 17, op. 158, d. 1509, ll. 65-71.
11. RGASPI, f. 17, op. 158, d. 1523, l. 18.

All'inizio del suo mandato Karimov era ancora piuttosto cauto nel prendere le distanze da Mosca ed esitò a condannare i "paracadutisti rossi".[12] In effetti, anche Karimov era considerato un comunista devoto, che portava avanti onestamente le politiche di Gorbačëv nella repubblica, rievocando la via delle riforme e denunciando la stagnazione – in termini di bassa produttività, carenza di beni di consumo, aumento dell'inflazione, tensioni sociali e interetniche e la complessa crisi demografica – come il principale problema dell'Uzbekistan. Questa crisi era legata a un aumento demografico di 4,5 milioni di persone (il 30% della popolazione totale della RSSUz) nei precedenti dieci anni – tre volte superiore alla media sovietica – che la repubblica non era riuscita ad assorbire. Il partito inoltre criticava apertamente l'inadeguatezza della sicurezza e delle infrastrutture sociali: nel 1989 solo il 5% della popolazione rurale dell'Uzbekistan aveva accesso all'acqua corrente, il 50% all'acqua potabile e solo il 17% al gas, e nessun governo era riuscito a migliorare la disponibilità di alloggi, scuole, ospedali, centri culturali, ecc. Tuttavia la sua visione era quella di bilanciare i tenui argomenti nazionalisti come chiave per "ricostruire" (*perestroit'*) il partito.

Il 20 settembre 1989, durante il famoso plenum del comitato centrale del PCUS dedicato alla questione nazionale, il leader uzbeko elogiò le relazioni positive con la Russia.[13] Riferendosi ai fatti di Fergana, Karimov dichiarò che il partito aveva generalmente sottovalutato i pericoli della «tesa situazione sociale e politica causata da elementi corrotti e nazionalisti anti perestrojka per complicare la situazione socio-economica e morale della repubblica [e] per fomentare tensioni interetniche». Con questo linguaggio velato, aveva di fatto accollato le responsabilità del massacro alle opposizioni nazionaliste e ribadiva inoltre che l'Uzbekistan avrebbe rotto con il passato e, seguendo lo "spirito della perestrojka", avrebbe realizzato l'autonomia in un quadro sovietico riformato.[14] A quel tempo qualsiasi at-

12. Allora diversi "russi" furono promossi a cariche primarie nella RSSUz: il 29 luglio Anatolij Efimov divenne il secondo segretario del PCUz, il 15 agosto Dmitrij Berkov il primo vicepresidente del Consiglio dei ministri e Boris Satin presidente della Commissione di controllo del popolo. Si veda «Pravda Vostoka», 16 agosto 1989, p. 1; «Pravda Vostoka», 20 agosto 1989, p. 1.

13. Si veda Carolina De Stefano, *The last party plenum: Preparations, discussions, and the failure to reform Soviet nationalities policy in 1989*, in «Cahiers du monde russe», 65/2 (2023), pp. 477-500.

14. «Pravda Vostoka», 23 agosto 1989, p. 1; «Pravda», 22 settembre 1989, p. 2; «Pravda Vostoka», 23 settembre 1989, p. 1.

teggiamento separatista sembrava impraticabile, e di fatto indesiderabile, e per questo scommetteva su un nuovo status della repubblica in un'Unione rinnovata:

> Non vediamo alcun motivo per cercare un'alternativa alla struttura federale del nostro stato [...]. La proposta di singole repubbliche di formare le nostre relazioni sui principi della confederazione è inaccettabile. Nella nostra profonda convinzione, questo porterà inevitabilmente al rafforzamento del localismo, allo sviluppo di atteggiamenti e di forze centrifughe e infine al collasso del nostro stato.[15]

A livello locale i toni erano ancora più duri. Al plenum del PCUz del 30 settembre 1989 Karimov si lamentò delle difficoltà di approvvigionamento di beni di prima necessità come zucchero, sapone e farina e affermò che l'interruzione della catena di rifornimento dal centro avesse messo in crisi una repubblica che aveva i livelli di consumo tra i più bassi di tutta l'URSS.[16] Allora un gruppo di deputati del popolo dell'Uzbekistan inviò un memorandum a Ryžkov dove lamentavano l'impossibilità della repubblica di produrre beni essenziali per sfamare la popolazione, sostenendo che per soddisfare una domanda di 3.320.000 tonnellate di farina, l'Uzbekistan doveva importare circa 3.220.000 (il 97%) di quel prodotto da altre repubbliche. Tuttavia per il 1990 la repubblica avrebbe ricevuto solo 600.000 tonnellate di farina (il 19,1% di quanto richiesto). In questo scenario caotico, le fabbriche uzbeke ricevevano materie prime insufficienti dal centro e non potevano rispettare i piani. Inoltre l'inflazione e la crisi del reddito reale – sostanzialmente sceso del 25% in Asia Centrale – finivano per determinare le prime significative carenze di beni primari. Nel frattempo il mercato nero fioriva e diventava un importante punto di approvvigionamento per il consumo interno.[17] A quell'epoca la repubblica sembrava sopravvivere grazie ai mercati colcosiani e alle coltivazioni clandestine congiunte da abili venditori che contrabbandavano cibo dalle campagne (o da altre repubbliche) verso le città.

15. «Pravda», 22 settembre 1989, p. 2.

16. RGASPI, f. 17, op. 158, d. 1511, l. 53. In URSS il consumo medio annuo di carne per persona era di 64,1 chilogrammi, in Uzbekistan solo di 29; così come i prodotti caseari, rispettivamente 341 chilogrammi contro 190. Rumer, *Central Asia's Cotton Economy*, pp. 86-87.

17. GARF, f. 9654, op. 4, d. 52, ll. 1-4; e Graziosi, *L'Urss dal trionfo al degrado*, p. 635.

La crisi socioeconomica della RSSUz divenne un teatro perfetto per mettere in scena discorsi nazionalisti che pervenivano sia dalle autorità comuniste che dalle opposizioni. Allora Karimov voleva disarmare Birlik e per farlo si appropriò di uno dei suoi argomenti più cruciali: il 20 ottobre 1989 la RSSUz adottò una legge che dichiarava l'uzbeko lingua ufficiale della repubblica.[18] Con questa mossa Karimov poteva accontentare i nazionalisti più insofferenti (anche all'interno del partito) e sgonfiare le opposizioni. Inoltre, grazie alle significative libertà della glasnost', la repubblica stava anche riscoprendo quei valori culturali e religiosi tradizionali che per anni erano stati censurati dalle autorità: emblematicamente, nel febbraio 1990, fu pubblicata la prima traduzione del Corano in uzbeko, a marzo fu celebrato il Nowruz e a maggio «Islam Nuri» («Il raggio dell'Islam») divenne il primo periodico musulmano ufficialmente riconosciuto in URSS.[19]

Donald Carlisle commentò che i leader locali erano così potenti ed efficaci nell'assistere la candidatura di Karimov che «pensavano a lui come a un loro burattino».[20] In realtà, seguendo l'esempio di Rashidov, anche Karimov riuscì strategicamente a giocare il ruolo del "trasformista", negoziando coalizioni di governo flessibili, cooptando le élite locali, dividendo gli oppositori e isolando i potenziali rivali. All'inizio del suo mandato, questa impostazione era necessaria: il nuovo leader uzbeko era fin troppo debole per combattere contro i suoi numerosi antagonisti e per questo bilanciò i poteri nella nomenklatura facendo in modo che nessuno potesse imporsi sugli altri. Inoltre la nuova leadership uzbeka appoggiò il corso autonomista già intrapreso a Mosca. Il 15 marzo 1990, dopo aver abolito l'articolo 6 della Costituzione sovietica (che smantellava il monopolio del PCUS sul sistema sovietico), il Congresso dei deputati del popolo dell'URSS elesse Gorbačëv come presidente dell'Unione Sovietica e approvò la proposta del leader kazako Nursultan Nazarbaev di istituire dei presidenti nazionali, eletti su base popolare, in ogni repubblica; una mossa che legittimava ulteriormente il ruolo sovrano di questi leader "periferici" investiti democraticamente rispetto a quello sovietico che, evidentemente, non era stato eletto da nessuno.

18. Fierman, *Language planning and national development.*

19. «Pravda Vostoka», 13 febbraio 1990, p. 4; «Pravda Vostoka», 24 maggio 1990, p. 4.

20. Donald S. Carlisle, *Islam Karimov and Uzbekistan. Back to the Future?*, in *Patterns in Post-Soviet leadership*, a cura di Timothy Colton e Robert Tucker, Boulder, Westview Press, 1995, p. 196.

Cercando legittimazione sia da Mosca che dalle reti locali, Karimov mantenne un approccio ambiguo nei confronti del centro; da un lato, continuava a ripetere un discorso di "amicizia" tra i popoli sovietici e, dall'altro, avanzava un discorso più nazionalista per un Uzbekistan più autonomo. A quel punto Mirsaidov cercò di accreditarsi come possibile alternativa meno moderata rispetto a Karimov, criticando le manipolazioni di Mosca sull'economia uzbeka e chiedendo che la repubblica riconoscesse la propria sovranità sulle sue risorse più preziose.[21] Ma in realtà la ricetta politica del pacificatore sembrava essere vincente e maggiormente sostenuta dalla stessa classe dirigente nazionale che non avrebbe sopportato un ennesimo cambio di rotta dopo anni di purghe. Fu così che il 24 marzo 1990 il Soviet supremo uzbeko elesse Karimov come presidente della RSSUz, mentre Mirsaidov divenne temporaneamente vicepresidente (prima di essere estromesso dalla scena politica).

Durante questi primi mesi al potere, il regime di Karimov non aveva ancora indurito il proprio controllo sulle opposizioni, e concedeva ai gruppi antagonisti la libertà di promuovere i propri programmi. Successivamente, riproponendo una versione centroasiatica della rákosiana "tattica del salame", eliminò progressivamente i suoi rivali dall'establishment di governo. A tal riguardo, Malikov commentò:

> Alla fine, Karimov eliminò i [suoi] primi sostenitori. Nishonov fu di fatto esiliato; non gli fu permesso di tornare in Uzbekistan e gli fu tolto l'appartamento a Tashkent. Mirsaidov fu condannato e malmenato fisicamente in strada. Il Muftì [Muhammad Sodiq Muhammad Yusuf] fu costretto a emigrare e contro di lui venne aperto un procedimento penale. Mamarasulov, Yusupov e Muxtorov vennero perseguiti e allontanati dalla scena politica.[22]

Karimov mantenne un doppio atteggiamento, che rispettava formalmente il ruolo sovietico e allo stesso tempo scaricava su di esso le colpe della crisi che la repubblica stava vivendo. Nel suo primo discorso da presidente, ricordò la necessità di unità, lanciando la proposta di un progetto federale fatto di repubbliche sovrane con una chiara separazione dei poteri con l'Unione. L'obiettivo finale – e il compito più delicato – di questo progetto era quello di rafforzare l'autonomia economica di ciascuna repubbli-

21. Ben Fowkes, *The Disintegration of the Soviet Union. A Study in the Rise and Triumph of Nationalism*, London, Palgrave-Macmillan, 1997, p. 168; Graziosi, *L'Urss dal trionfo al degrado*, p. 635.

22. Malikov, *Uzbekistan*, pp. 19-20.

ca, portandola all'autogoverno e all'autofinanziamento. Il Soviet supremo della RSSUz elaborò i concetti generali dello sviluppo socio-economico e culturale dell'Uzbekistan e della sua "indipendenza", stabilendo quelle che dovevano essere le priorità strategiche come alloggi, fornitura di cibo e beni primari, ecologia, sicurezza nazionale, patrimonio culturale e realizzazione della democrazia e della stabilità.[23] Tuttavia anche questa linea nascondeva una velata critica nei confronti di Mosca, in un momento in cui il governo sovietico stava discutendo l'organizzazione di un referendum sui termini della separazione delle repubbliche e sulla preservazione dell'Unione. Ma gli appelli di Gorbačëv a preservare l'internazionalismo all'interno dell'URSS e a dissuadere le giovani generazioni dal seguire pericolose tentazioni nazionalistiche caddero nel vuoto: il paese era fondamentalmente cambiato, le questioni nazionali erano ormai inevitabilmente al centro del dibattito politico e le leadership locali dovevano affrontarle. A quel punto l'Uzbekistan, come ogni altra repubblica sovietica, cercò di salvarsi come poteva.

Ripensare il passato e riabilitare le "vittime"

Prima della glasnost' la stampa aveva seguito le storie dello scandalo del cotone condannando i fenomeni negativi e la debolezza del partito nel contrastarli. Poi aveva acclamato Gdljan e Ivanov come "eroi della perestrojka" mentre dal 1988 pubblicava testimonianze e interviste a favore o contro di loro. Nel settembre 1989 «Pravda Vostoka» pubblicò un'intervista al viceprocuratore generale dell'URSS Vladimir Kravcev, che per la prima volta raccontava la storia di Usmonxo'jayev (del suo licenziamento e della sua implicazione nello scandalo del cotone per una presunta tangente offerta a Ligačev) e denunciava i due famosi investigatori alla stregua di inquisitori che estorcevano confessioni, anche attraverso la tortura.[24] Da quel momento i media, la stampa e le riviste ufficiali uzbeke – come «Pozicija», «Dialog», «Narod i Demokratija» – iniziarono a seguire da vicino le vicende giudiziarie legate allo scandalo, confrontando le versioni espresse dalla stampa centrale sovietica con quelle che potevano essere contro-testimonianze e interpretazioni alternative.

23. «Pravda Vostoka», 25 marzo 1990, p. 1; «Pravda Vostoka», 7 aprile 1990, p. 1; «Pravda Vostoka», 11 aprile 1990, p. 1.
24. «Pravda Vostoka», 13 settembre 1989, p. 3.

Questo tipo di dibattito fu determinante anche per far emergere dubbi all'interno della procura e dell'opinione pubblica sulla validità di questi casi penali. Allora anche la stampa ufficiale uzbeka iniziò a riconoscere che dal centro si erano diffuse disinformazioni e fatti imprecisi sui "casi del cotone" (in uzbeko *paxta ishi*) – una dicitura che riconosce una pluralità dei fenomeni nello scandalo del cotone – e sul processo a Čurbanov e gli altri. Influenzando l'opinione pubblica nazionale verso una posizione di scetticismo nei confronti degli "eroi del popolo", dall'autunno del 1989 i media repubblicani iniziarono a presentare Gdljan e Ivanov come "nemici" del popolo uzbeko. Il 12 settembre 1989 lo stesso Consiglio dei ministri della RSSUz istituì una commissione superiore sui "casi del cotone" per indagare sui danni morali e sostanziali che procuratori e tribunali avevano inflitto agli imputati: in pochi mesi, la commissione analizzò più di 40.000 documenti e collaborò con la Corte suprema della RSSUz per la riabilitazione di circa 3.500 condannati.[25]

Durante il plenum del PCUz del 14 novembre 1989, Karimov entrò nel merito della questione e a sua volta condannò i "casi del cotone" come azioni irragionevoli che «causarono tensioni nelle relazioni interetniche e la frustrazione dei lavoratori».[26] Poi uno dei più fedeli alleati di Karimov, il capo del MVD repubblicano Vjačeslav Kamalov, diede la sua versione sulle accuse di "mafia" (*mafija*): secondo lui si trattava di un «gioco di parole» e «un'esagerazione» da non prendere sul serio: «possiamo tranquillamente affermare che qui, per fortuna, non c'è nessuna "mafia" [...] questo termine implica un'enorme unità criminale che monopolizza l'azione in molte sfere» della vita pubblica. In Uzbekistan «non ci sono prove che questi fenomeni [negativi] siano frutto della criminalità organizzata».[27] Così il capo degli interni sconfessò completamente quella campagna politica che Gdljan e Ivanov stavano portando avanti da Mosca e che oramai aveva limitate ripercussioni sulla vita politica dell'Uzbekistan. Durante il plenum del PCUz del 23 marzo 1990, la delegata Xosiyat Yoqubjonova dichiarò che il prossimo dodicesimo Congresso del partito repubblicano dovesse essere il «congresso della pulizia, della giustizia e dell'indipendenza» e attaccando i due giudici affermò che:

25. Abdullaev, *Uzbekistonda paxta yakkahokimligi*, p. 233.
26. RGASPI, f. 17, op. 158, d. 1512, l. 10.
27. «Pravda Vostoka», 8 luglio 1990, p. 3.

quelle due, tre persone che hanno fatto discorsi nel Soviet supremo non risparmieranno mai Gdljan e Ivanov: questa è una forza terribile, questa è la mafia, la mafia contro il nostro popolo, sono catene per i nostri comunisti. [...] La lotta contro Gdljan e Ivanov è un dovere sacro del PCUz e del Soviet supremo della RSSUz. Vinceremo contro Gdljan e Ivanov, assolvendo il popolo uzbeko, o saremo sconfitti e disonorati.[28]

Durante l'estate del 1990 la politica uzbeka ebbe un atteggiamento ancor più ambiguo nei confronti del potere sovietico. La dichiarazione di sovranità della Repubblica dell'Uzbekistan del 20 giugno 1990 – che affermava la primazia del diritto repubblicano rispetto a quello dell'Unione – fu seguita da una retorica vittimizzante sullo scandalo del cotone che era stata lanciata durante la prima fase del dodicesimo Congresso del PCUz (4-6 giugno 1990). A seguito di questo, il partito rimpiazzò il precedente burò, la segreteria e il 76% dei membri del comitato centrale,[29] raccontando una nuova versione di quello scandalo del cotone che negli anni precedenti era stato al centro della politica di moralizzazione voluta da Mosca (e realizzata dagli stessi quadri uzbeki). Ora il caso veniva narrato come «una distorsione della realtà», «una stagione di terrore e repressione di massa», «un'umiliazione» e diventava l'ennesima prova della presenza di un regime di sfruttamento che "l'impero sovietico" aveva imposto in Uzbekistan. Al congresso, lo stesso Karimov definì gli ostacoli nell'attuazione della perestrojka e gli effetti contraddittori della lotta contro i fenomeni negativi. Nelle sue parole:

> le difficoltà in Uzbekistan finirono per diventare una sorta di colpa. Ne è un esempio il cosiddetto "affare del cotone uzbeko" [*Uzbekskoe chlopkovoe delo*]. La repubblica e i suoi lavoratori non hanno avuto il tempo di raddrizzare la schiena dal giogo del cotone, delle distorsioni e delle violazioni delle regole del partito e dello stato e della legge, e poi è arrivata un'ondata di illegalità e di umiliazione in relazione al cotone stesso. L'insulto infondato al [nostro] popolo è stato esasperato dai media, dal terrore morale contro alcuni lavoratori onesti, dalle repressioni di massa che si sono estese non solo contro gli organizzatori delle falsificazioni ma anche a migliaia di lavoratori, diventando un pesante fardello aggiunto sulle spalle del [nostro] popolo.[30]

28. RGASPI, f. 17, op. 159, d. 1799, l. 56.

29. Dei 261 membri del Comitato centrale nominati nel 1986, solo 62 furono rieletti dal congresso del 1990. Carlisle, *Power and Politics in Soviet Uzbekistan*, p. 118.

30. RGASPI, f. 17, op. 159, d. 1796, l. 32. Si veda anche Cucciolla, *Lo scandalo del cotone*.

Ribaltando la retorica di moralizzazione della repubblica portata avanti dai suoi predecessori pochi mesi prima, Karimov finì per riabilitare apertamente Rashidov:

> Se c'è la giustizia suprema – e a nostro avviso questa è l'opinione del popolo – non possiamo negare i grandi e importanti cambiamenti legati al nome di questa persona. Sì, in questo periodo fiorirono i bilanci truccati e le falsificazioni, la frode e la magnificenza, il protezionismo e l'intrigo. Tuttavia, era Rashidov stesso l'unico artefice di questi fenomeni, e ciò che giudichiamo ora era inerente solo a lui? C'erano fatti come questi anche nelle altre repubbliche e regioni del paese? Non dobbiamo dimenticare la responsabilità di persone come Brežnev e la sua cricca. Noi giudichiamo tutti i fenomeni negativi legati al nome di Rashidov. Per noi, questo è inaccettabile. Dobbiamo ripulirci dalle pratiche del passato e senza questo [passaggio] non possiamo andare avanti. Parallelamente, non possiamo concludere che tutto ciò che è accaduto in quel periodo si è svolto intorno a una personalità defunta. Soprattutto, non è accettabile speculare sul nome di uno con cui molti dei suoi accusatori di oggi hanno lavorato insieme quando avevano incarichi non secondari. La cosa più importante che è stata omessa è che il popolo [uzbeko] era, è e sarà un grande lavoratore.[31]

Numerosi delegati del partito salirono sul palco del congresso per sostenere la riabilitazione dell'integrità morale del popolo uzbeko e della repubblica contro le calunnie e le ingiustizie delle campagne di Gdljan e Ivanov. Alcuni accusarono addirittura il comitato centrale del PCUS e i suoi funzionari, imputando loro la mancanza di unità o l'inefficienza del sistema di pianificazione.[32] Questo eccesso di critiche nei confronti di Mosca faceva pensare che il sistema sovietico fosse in evidente crisi, soprattutto ora che il centro aveva drammaticamente interrotto la catena di approvvigionamento e l'élite repubblicana cercava di rinegoziare il proprio ruolo con il centro.

Karimov faceva il nazionalista di fronte all'élite repubblicana, ma con Mosca aveva un atteggiamento più morbido e collaborativo. Infatti, durante il ventottesimo Congresso del PCUS (2-13 luglio 1990), il presidente uzbeko rimarcò l'importanza dell'unione politica nell'URSS, pur sottolineando che la repubblica durante lo scandalo del cotone, per le repressioni illegali e le misure degradanti contro la dignità nazionale del popolo uzbeko, era diventata un banco di prova o addirittura un "poligono" (*poligon*). Karimov ribadì

31. Ivi, l. 38.
32. Ivi, ll. 92-104.

l'importanza dell'armonia all'interno del partito – constatando che questa era stata messa seriamente in discussione dalle lotte interne – e propose la democratizzazione dell'organizzazione e dell'intero sistema di relazioni interne al PCUS. Proponeva così una maggiore autonomia uzbeka all'interno dell'Unione, incentrata sull'inammissibilità di un nuovo ritorno al rigido centralismo burocratico che avrebbe finito per «castrare le idee leniniste».[33]

Karimov stava portando avanti un programma autonomista che sarebbe stato limitato fintanto che fosse esistito all'interno del quadro costituzionale sovietico. Il congresso di Mosca fu però il canto del cigno del PCUS. Qui Gorbačëv fu riconfermato alla guida del partito e propose un nuovo trattato di unione. Tuttavia, le divisioni interne – tra centristi, democratici, marxisti conservatori e autonomisti locali – mostrarono le debolezze del regime sovietico e allo stesso tempo la lotta tra le fazioni offrì il fianco a quei conservatori che avrebbero tentato un ultimo tentativo di salvare l'impero a ogni costo.[34]

In Uzbekistan, tra toni critici e incertezze sul futuro dell'URSS, continuava l'atteggiamento revisionista nei confronti dello scandalo del cotone. Il 20 luglio 1990 la Corte suprema della RSSUz adottò la decisione numero 4 che rivedeva la responsabilità penale per quegli imputati che, nei casi legati alle truffe del cotone, avevano dovuto obbedire agli ordini dei loro superiori.[35] Poi, durante la seconda fase del ventiduesimo Congresso del PCUz (7-8 dicembre 1990), il partito apparve più unito di quanto non fosse stato nei mesi precedenti. Con un senso di sdegno Karimov dichiarò che la repubblica aveva onorato i suoi impegni con i pianificatori centrali – superando il piano cotoniero di oltre 225.000 tonnellate – mentre le risposte del PCUS sulla risoluzione delle relazioni intranazionali non erano state soddisfacenti. Inoltre Solijon Mamarasulov, allora primo segretario dell'obkom di Tashkent, fece un duro discorso accusando la perestrojka e lo stesso Gorbačëv (con la complicità della vecchia dirigenza uzbeka) per la difficile situazione socio-economica nella quale si trovava la repubblica. In questo emblematico intervento, Mamarasulov osservò che:

33. «Pravda Vostoka», 19 luglio 1990, p. 1.

34. Si veda Vladislav Zubok, *Collapse: The Fall of the Soviet Union*, New Haven, Yale University Press, 2021.

35. Questa decisione venne contestata dalla Corte suprema dell'URSS (n. 1-16/62-90 del 26 ottobre 1990), ma fu nuovamente riconfermata dalla risoluzione del plenum della Corte suprema della RSSUz (n. 5-9-90 del 28 dicembre 1990). Materiali esposti al Museo in memoria delle vittime della repressione di Tashkent, consultati il 29 maggio 2015.

La giusta valutazione del passato è essenziale per l'autorità del partito. Mi riferisco ai cosiddetti "casi del cotone" che, illegalmente per tutti noi, sono stati chiamati da parte di speculatori politici irresponsabili con la tacita approvazione delle autorità centrali "casi uzbeki". Ma come è successo? Credo che l'errore principale sia stato commesso al ventisettesimo Congresso del PCUS nel discorso di M. S. Gorbačëv, quando ha accusato l'organizzazione di partito della repubblica di corruzione e decadenza di massa. In seguito a ciò, Usmonxo'jayev e il suo gruppo vollero salvare la testa e lasciarono l'Uzbekistan in balia del comitato centrale del PCUS, mandando una lettera con la richiesta di inviare rinforzi dal nord [*severny desant*]. E sappiamo bene cosa stavano facendo con l'aiuto di Gdljan e Ivanov. Quindi, dobbiamo dire che si è trattato di un piccolo genocidio, un 1937 nel periodo della perestrojka. E ora che la verità è stata rivelata, il centro fa finta che non sia successo nulla di speciale; solo uno tra tanti errori.[36]

Questo discorso al vetriolo esprimeva la fatica imperiale provata dalle élite locali e registrava quel senso di umiliazione che avevano subito per una stagione sofferta come lo scandalo del cotone: pertanto, era necessario riabilitare l'onore e quei simboli uzbeki che ne erano usciti distrutti. La ricostituzione dell'oblast' di Džizak fu altamente simbolica e finì per ristabilire e riconoscere una base istituzionale per quella che era stata la rete di potere di Rashidov. La fine della sua *damnatio memoriae* e la sua riabilitazione avevano una grande portata politica in quanto legittimavano un'élite al potere formatasi negli anni Settanta, descritta ora come un'epoca di splendore. In un'intervista pubblicata su «Izvestija» e riportata su «Pravda Vostoka», Karimov disse che Rashidov era diventato un capro espiatorio del periodo di stagnazione e dell'intero sistema sovietico:

L'atteggiamento di simpatia nei confronti di Rashidov è stato definito durante il dodicesimo Congresso del PCUz e nella terza sessione del Soviet supremo della repubblica. Sono d'accordo con i giudizi che sono stati fatti in quelle sedi. Il [loro] significato è che la personalità di Rashidov non può essere decontestualizzata dal periodo in cui ha vissuto e lavorato. Devo dire che la crisi più dura che ci ha colpito non è stata quella economica, ma quella morale. Le conseguenze della distruzione di antiche tradizioni morali per motivi ideologici saranno molto più difficili da superare rispetto ai problemi economici.[37]

36. RGASPI, f. 17, op. 159, d. 1798, l. 42.
37. «Pravda Vostoka», 30 gennaio 1991, p. 2.

Allora Karimov affermò che, malgrado tutto, la repubblica era ancora devota alla causa comunista ma non poteva più sacrificare le proprie tradizioni e credenze:

> Non molto tempo fa, un comunista che ricopriva una posizione importante non poté recarsi al cimitero per onorare i propri cari defunti. La partecipazione alla sepoltura fu associata a un peccato mortale, e la persona fu espulsa dal partito e rimossa dalla sua posizione. Per riconciliarsi con la propria coscienza e per non perdere quanto ottenuto in tanti anni, quando moriva un parente addirittura si preferiva [giustificarsi dicendo di] "andare in ospedale" o partire per "urgenti" viaggi di lavoro. E dopo tutto questo, si dice alla gente che non è rimasto nulla della dimensione spirituale [...]. La doppia morale nei confronti della religione ha assunto la sua forma più brutta. Un milione e mezzo di abitanti della repubblica che hanno avuto l'opportunità di guardare la televisione afghana hanno visto che in quel paese l'esercito sovietico stava costruendo e restaurando moschee. Nel frattempo, qui le moschee venivano distrutte.[38]

In quella occasione il presidente uzbeko ricollegò il clima repressivo nei confronti degli uzbeki con lo scandalo del cotone:

> Questo atteggiamento è durato fino al 1988 [...] quando tra quei 24.000 procedimenti penali legati allo scandalo del cotone, sono iniziati ad apparire dietro le sbarre i cattivi e persino le loro vittime. Questa ondata di arresti ha minato la fiducia del popolo nella giustizia. Nel frattempo, i nostri dirigenti riferivano regolarmente a Mosca di quelle migliaia di persone arrestate o espulse dal partito per casi legati al cotone. Non tutti sono stati condannati invano, ma questa non è una giustificazione per le migliaia di innocenti perseguitati ingiustamente. Solo di recente abbiamo risarcito con 1,5 milioni di rubli coloro che sono stati condannati ingiustamente e che ora sono stati rilasciati e riabilitati. [A proposito degli anni di stagnazione] perché, nelle file dei brežneviani, si ricorda solo Rashidov, mentre gli altri suoi compagni vivono serenamente la loro vita privata o sono tornati all'attività politica? In questa differenza possiamo vedere ingiustizia.[39]

Il nome di Rashidov fu il primo a essere riabilitato e rilanciato positivamente. Poi, nel 1990, la «riabilitazione legale e morale delle vittime» divenne uno dei punti principali del programma politico di Karimov che promosse un'agenda di perdono verso quei colpevoli dei «fenomeni ne-

38. *Ibidem.*
39. *Ibidem.*

gativi» che da un giorno all'altro erano diventati «vittime» del sistema repressivo sovietico. Durante l'intervista, il giornalista gli chiese perché i suoi oppositori collegassero la sua moderazione nei confronti di Rashidov con il fatto che egli avesse concentrato tanto potere nelle proprie mani – diventando presidente dell'RSSUz, capo del Gabinetto (l'ex Consiglio dei ministri) e primo segretario del PCUz. Karimov rispose che questa circostanza era necessaria «per il momento di transizione per affrontare la situazione esplosiva del paese e della repubblica».[40] Come spesso accade nella storia, anche stavolta nulla sarebbe stato più stabile del "provvisorio".

La retorica vittimizzante, la necessità di riabilitare le "vittime" della repressione e il continuo richiamo all'emergenza furono tutti elementi che il presidente uzbeko continuò a utilizzare per legittimare un potere sempre più accentrato. Per Karimov, gli stessi «fenomeni negativi» dello scandalo del cotone erano la conseguenza naturale delle politiche di monocoltura che Mosca aveva imposto con tanta rigidità alla repubblica. In quel contesto non c'era scelta e gli uzbeki erano costretti a fare del loro meglio (e in caso anche raggirare lo stato) per onorare a ogni costo i propri doveri cotonieri:

> Chi non era d'accordo veniva rimosso o sostituito. [Mosca] scelse coloro che erano obbedienti, che dichiaravano che avrebbero raggiunto il piano quinquennale in soli due anni. Non ci restava che seminare il cotone sui davanzali o sui tetti. Abbiamo garantito l'indipendenza cotoniera [al paese] ma, in cambio, abbiamo ricevuto la dipendenza economica. Tutto era fatto per il solo obiettivo finale del cotone. Ora dobbiamo importare più della metà dei nostri beni di consumo.[41]

Questo tipo di discorso sosteneva che lo stesso Rashidov non avesse avuto scelta e avesse fatto tutto il possibile per proteggere il suo popolo dallo sfruttamento di Mosca. Per questo la sua memoria, le sue opere letterarie, la sua famiglia e persino la sua rete di potere furono riabilitati dalla politica e dalla storiografia.[42] Se nel resto dell'Unione Sovietica il suo nome rimaneva controverso e continuava a essere associato con un'idea di assolutismo, nepotismo, patrimonialismo, stagnazione e corruzione, in Uzbekistan la storia di Rashidov fu riproposta come quella

40. *Ibidem*.
41. «Pravda Vostoka», 8 marzo 1991, p. 1.
42. Rizaev, *Šaraf Rašidov*.

di un patriota, un eroe nazionale, che si era preso cura del popolo della repubblica, condividendo con esso potere e ricchezza, divenendo così un simbolo di vendetta e resistenza contro il "dominio coloniale" sovietico. Si trattava di un curioso paradosso, se si considera che Rashidov era stato il più longevo leader dell'epoca sovietica e che egli stesso aveva contribuito in modo determinante a dare una forma ancor più sovietizzata alla repubblica.[43]

Dal 1991 Karimov iniziò a dedicare alla memoria di Rashidov monumenti e strade a Tashkent[44] e in altre regioni dell'Uzbekistan.[45] A Džizak il governo uzbeko appoggiò numerose iniziative in suo nome, organizzando per il settantacinquesimo anniversario della nascita dello statista uzbeko manifestazioni, rinominando diversi luoghi in suo onore e aprendo un complesso monumentale con il suo busto, una madrasa e un museo dedicato «all'importante statista e figura pubblica, poeta e scrittore, due volte eroe del lavoro».[46] Addirittura la storiografia nazionale tentò di riabilitare Rashidov alla stregua di un *jadid*, un riformista modernista, un «partigiano con la penna» che ha lottato pacificamente contro il potere coloniale. Questa interpretazione appare paradossale se riferita a un leader sovietico, che pur promuovendo un modello di progresso e sviluppo per l'Uzbekistan ha

43. Birlik si oppose a queste riabilitazioni e utilizzò gran parte della narrazione dello scandalo del cotone contro Karimov, accusandolo di aver fatto rinascere «la *rašidovšina*, la corruzione e la fortificazione dei sistemi amministrativi e di pianificazione». Si veda *Birlik. Gazeta narodnogo dviženija Uzbekistana, Spetsvypusk "Za našu i vašu svobodu"*, Hoover Institution Archives, Inventory of the Soviet and post-Soviet independent publications collection, box 465, pp. 5-6.

44. Dopo la rimozione della statua di Lenin dal centro di Tashkent (7 giugno 1992), la via intitolata al leader bolscevico venne rinominata in Sharof Rashidov Shoh Ko'chasi e, vicino alla sua vecchia tomba, venne costruito un complesso commemorativo dopo aver distrutto una chiesa e rimosso un chiosco di *pelmeny*, un teatro di marionette e una gelateria. In seguito il complesso commemorativo fu ampliato a forma di labirinto e al centro venne collocato un busto monumentale. Si veda Clark, *Crime and Punishment in Soviet Officialdom*, p. 191.

45. Nel maggio 1992 il Parlamento uzbeko rinominò il raion Ilyičevskij in Sharof-Rashidov. Tuttavia, nel 2004, venne nuovamente rinominato Sardoba.

46. Un decreto del presidente Karimov ha istituito ufficialmente il Museo monumentale Sh. Rashidov per celebrare «uno dei migliori figli della patria» e un simbolo della modernizzazione e dell'indipendenza uzbeka. Come si legge nel museo, «con l'indipendenza della nostra madrepatria, il buon nome dell'indimenticabile Sh. Rashidov viene restituito». La dichiarazione ufficiale espressa nella brochure del Museo monumentale Sh. Rashidov di Jizzax, donata dal curatore del museo. Intervista a Jizzax, 13 giugno 2015.

rappresentato la profonda sovietizzazione di un sistema che ha compresso cultura e tradizione nazionale.[47] Questa riabilitazione fu altamente politica e per molti versi era funzionale a ripristinare la precedente classe dirigente, ristabilendo una rete di potere vicina a Karimov.

Un'inauspicata indipendenza

Karimov cercò di rinegoziare l'accordo cotoniero con Mosca, proponendo la costruzione di nuove fabbriche e il ripristino, l'ammodernamento e il miglioramento dell'efficienza produttiva dei complessi esistenti. Inoltre venivano approvati programmi e proposte per rendere il settore cotoniero autonomo dal sistema di pianificazione sovietico, limitando la quota produttiva di cotone grezzo e ridefinendo l'accordo di interscambio tra le repubbliche.[48] In ogni caso, il governo uzbeko confermò l'impegno della repubblica a rifornire l'URSS di "oro bianco", ed esportare fibre che nel 1991 ammontavano a 1,334 milioni di tonnellate. I negoziati per definire il ruolo dell'Uzbekistan all'interno del sistema sovietico seguirono anche nel Soviet delle nazionalità, dove Karimov nel giugno 1990 chiese di ripensare l'URSS come una nuova confederazione tra "repubbliche libere".[49] Poi, il 19 settembre, propose a Gorbačëv un progetto di riforma del paese sulla base di un

> vero accordo dell'Unione per riaffermare l'ordine socialista basato sulla democrazia, sulle libertà personali e sugli obiettivi sociali, sul benessere delle persone, sull'arricchimento reciproco delle culture nazionali, sui vantaggi

47. Interviste con dirigenti della FATi, Tashkent, 23 maggio-19 giugno 2015.
48. Nell'agosto 1989 il numero di cotonifici nella RSSUz era di 119, di cui 93 dovevano essere rinnovati. A livello regionale erano rispettivamente: Karakalpakstan 9/6, Andijan 13/13, Bukhara 9/8; Džizak 8/2; Kaškadar'ja 12/7; Navoij 0/0; Namangan 9/9; Samarcanda 10/7; Surchandar'ja 10/9; Syrdar'ja 10/7; Tashkent 11/7; Fergana 8/8; Chorezm 10/10 (TsGARUz, f. 837, op. 41, d. 7616, l. 46). In seguito il Consiglio dei ministri della RSSUz propose al governo sovietico di organizzare una nuova classificazione dei tipi di cotone in Uzbekistan (e non a Mosca), al fine di raggiungere almeno sulle questioni del cotone la stessa autonomia che avevano Russia, Bielorussia e Ucraina (TsGARUz, f. 837, op. 41, d. 7824, ll. 59-60). Ma il problema rimaneva soprattutto in termini di approvvigionamento. Nel dicembre 1990 il governo uzbeko propose al Consiglio dei ministri dell'URSS di scambiare per il 1991 circa 50.000 tonnellate di fibre di cotone con foraggio per il bestiame (TsGARUz, f. 837, op. 41, d. 7990, ll. 30, 96).
49. Gorbačev Fond, *V Politbjuro CK KPSS...*, p. 628.

di un mercato interno dell'Unione, sulla divisione regionale del lavoro e sull'integrazione di un'economia nazionale basata sulla necessità di mantenere l'attuale equilibrio delle forze in pace, insieme alle minacce ambientali e ad altre minacce globali per l'umanità, esprimendo gli interessi e i bisogni dei loro popoli.[50]

Il progetto di Karimov era quello di sostituire il trattato dell'Unione del 1922 con una sorta di confederazione tra repubbliche sovrane «volontariamente» integrate «all'interno e all'esterno dell'URSS», riconoscendo il rispetto reciproco di tutte le nazioni. Il trattato riconosceva la sovranità, la cultura, le tradizioni e le lingue di ogni repubblica (articolo 1) e la piena indipendenza delle repubbliche, a eccezione delle prerogative che esse delegavano all'Unione (articolo 3). L'accordo prevedeva inoltre la piena proprietà delle risorse, compreso l'oro (articolo 4), e che le repubbliche avrebbero fissato i prezzi delle risorse in base agli indici mondiali, pagati in valuta liberamente convertibile, mentre l'Uzbekistan avrebbe ceduto il cotone al centro (anche se non più del 40% della sua produzione) in cambio di carne, latte, zucchero e altri prodotti. Karimov stimava che l'Uzbekistan avesse bisogno di circa 5-10 anni per riprendersi dalla crisi economica e chiedeva dal centro un budget annuale di 55-60 miliardi di rubli per realizzare, nello spirito della perestrojka, quella che sarebbe stata una vera e propria "ricostruzione". Parallelamente chiedeva che una parte del bilancio sovietico fosse destinata ad affrontare il disastro ecologico dell'Aral e a costruire infrastrutture per soddisfare la domanda di risorse idriche.[51] Evidentemente Tashkent spingeva per riformare l'accordo dell'Unione nel quadro del diritto internazionale, rivendicando per l'Uzbekistan significative possibilità di gestione delle proprie risorse e ribadendo addirittura la

50. GARF, f. 9654, op. 7, d. 1097, l. 3.

51. Inoltre il progetto proponeva che la repubblica raggiungesse liberamente l'accesso al mercato globale e uno status equo nelle relazioni internazionali e nel commercio estero (art. 6) e stabilisse un accordo pacifico e comune per definire i confini tra le repubbliche (art. 7). Questo "trasferimento volontario di sovranità" – così come la definizione dei confini e del regime economico e politico – sarebbe stato confermato da referendum e avrebbe fissato un obiettivo di convergenza che prevedeva che il divario degli standard delle repubbliche non superasse il 25%. Quindi le prerogative dell'Unione sarebbero state in questioni specifiche come la ricerca scientifica nei settori più importanti, la difesa, i sistemi energetici, le ferrovie, le infrastrutture idriche e l'energia atomica, la cosmonautica, le comunicazioni, l'informazione e l'informatica, la gestione delle emergenze. I cittadini dell'URSS sarebbero stati uguali e liberi di vivere in qualsiasi parte dell'Unione (art. 8). Ivi, ll. 3-9.

possibilità di secessione.[52] Questa proposta appariva come una strategia di contrattazione per attirare quante più energie possibili verso la repubblica. Evidentemente anche in URSS ognuno provava a tirare l'acqua al proprio mulino.

Durante la seconda fase del dodicesimo Congresso del PCUz nel dicembre 1990, Karimov parlò nuovamente della necessità di ridefinire l'accordo dell'Unione – e l'interazione tra partito, soviet e organizzazioni sociali – e di tracciare una tabella di marcia per la transizione all'economia di mercato che tenesse conto delle responsabilità per il disastro ecologico nel bacino d'Aral, nei distretti adiacenti e in generale nel Karakalpakstan. Infatti la condanna delle politiche sovietiche di sfruttamento agricolo e della monocoltura del cotone come causa dei problemi ecologici divenne un'ulteriore occasione per incolpare Mosca della crisi della repubblica e rinegoziare ulteriori concessioni per l'Uzbekistan. Ribadendo che «ora siamo un partito indipendente, e noi stessi abbiamo una responsabilità nei confronti del nostro popolo», Karimov spinse per l'autonomia economica e politica della repubblica e sottolineò i principi di autodeterminazione del partito.[53] Allora anche l'appello all'unità fu centrale in quanto alcuni delegati avevano definito gli ultimi scontri a Osh e Namangan non come incidenti, ma come il risultato di una strategia della tensione innescata da forze criminali. Un altro appello all'unità venne da Nabijon Xatamov, membro della Commissione di controllo del PCUS, che avvertì che lo stato rischiava di esplodere:

> Dobbiamo preservare la federazione. Se il Trattato sull'Unione non verrà firmato, i disordini continueranno e la situazione socioeconomica e le relazioni interetniche peggioreranno. L'Uzbekistan non lascerà l'Unione: questa è la ferma opinione dei nostri lavoratori.[54]

In questa continua rinegoziazione tra centro e periferia, nei primi mesi del 1991 Karimov continuò a professare la sua fedeltà alla causa sovietica e a seguire le iniziative di Gorbačëv. Infatti, durante il quarto plenum del PCUz del 12 marzo, spiegò che la repubblica non era pronta per un'improvvisa indipendenza e invitò l'elettorato a votare favorevolmente

52. Secondo l'articolo 22, l'autodeterminazione di qualsiasi repubblica poteva essere definita da un referendum per l'indipendenza che doveva passare con i 2/3 dei voti ed essere proposto dal 10% dei cittadini aventi diritto di voto. Ivi, l. 15.

53. RGASPI, f. 17, op. 159, d. 1798, l. 34.

54. «Pravda», 18 dicembre 1990, p. 4.

nel referendum per preservare l'Unione Sovietica. Nel sostenere la causa unionista, affermò che il disfacimento del paese

> minacciava un caos giuridico, di cui sentiamo già le prime manifestazioni a causa delle aspirazioni separatiste, delle violazioni delle relazioni economiche e produttive [...]. Solo una rinnovata unione di repubbliche sovrane e indipendenti sarà la garanzia e la condizione per il libero sviluppo di ciascuna repubblica.[55]

Il referendum si svolse regolarmente il 17 marzo 1991 e in Uzbekistan ebbe una partecipazione straordinaria con 95,42% degli aventi diritto al voto. Di questi, 9.196.848 (cioè il 94,73% dei votanti) scelsero di rimanere nell'Unione, registrando così una delle percentuali più alte di tutta l'URSS. Tuttavia la stampa repubblicana continuò a lanciare accuse contro la «democrazia della perestrojka», ricordando all'opinione pubblica che il recente scandalo del cotone – paragonato ancora una volta agli anni dello stalinismo – fosse l'ultima dose di umiliazioni, violenze e repressioni che il regime sovietico aveva somministrato alla repubblica.[56] Karimov prese parte alla diatriba, e al Soviet supremo della RSSUz rispose a quelle che aveva definito «invenzioni calunniose» dei giornali centrali. Ironizzando su sé stesso in terza persona, confermò: «Il Presidente Karimov, violando la legge, libera dal carcere persone condannate per i "casi del cotone"».[57] In quel momento il leader uzbeko si stava assumendo la responsabilità politica e morale della riabilitazione delle vittime dello scandalo, negando il corso promosso da Mosca negli anni precedenti e rivelando come l'Uzbekistan fosse davvero sovrano e le sue leggi e istituzioni superiori a quelle dell'Unione. Tuttavia, nessuno credeva che l'indipendenza sarebbe stata davvero possibile nel breve termine e tali questioni rimasero nell'ambito del discorso politico.

Nonostante il plebiscito a favore della preservazione dell'URSS, Karimov mantenne un rapporto ambivalente con Mosca e continuò a negoziare migliori opportunità per la repubblica. Il 9 aprile, al Consiglio della federazione dell'URSS, incalzò i colleghi, dicendo:

> Cosa facciamo se non riceviamo 7 miliardi di rubli dal bilancio dell'Unione? Non solo il bilancio federale, ma anche quello repubblicano è sull'orlo del

55. «Pravda Vostoka», 13 marzo 1991, p. 2.
56. «Pravda Vostoka», 21 marzo 1991, p. 3. «Soviet Uzbekistoni», 17 aprile 1991, p. 2.
57. «Pravda Vostoka», 15 giugno 1991, p. 2.

collasso. La divisione in repubbliche positive e negative [è inaccettabile]. L'Unione genera il 40% del bilancio dell'Uzbekistan. La repubblica potrebbe provvedere a sé stessa, ma deve chiedere l'elemosina. Solo per l'oro è in perdita di 2 miliardi di rubli. Una delle misure potrebbe essere quella di consentire il baratto sulla produzione in eccesso con altre repubbliche.[58]

La questione federale continuò a essere discussa anche a livello interrepubblicano. Mentre Gorbačëv era in visita di stato in Giappone, il 18 aprile i rappresentanti di Russia, Bielorussia, Ucraina, Kazakistan e Uzbekistan – che avrebbero dovuto essere "le cinque Repubbliche centrali" – si riunirono a Kiev per proporre un nuovo Trattato di Unione formato da stati sovrani. Da questo format (sostanzialmente confederale) escludevano le Repubbliche autonome (RSSA), rifiutando la proposta di Gorbačëv di conferire loro poteri repubblicani perché avrebbe potuto destabilizzare la posizione di El'cin in Russia. Il passo successivo fu compiuto il 23 aprile, quando a Novo-Ogaryovo venne firmato un accordo tra il governo centrale sovietico e le nove repubbliche aderenti (in un format "9+1"). Infine, a giugno, Karimov approvò la versione finale del Trattato dell'Unione e la questione sulla nuova forma dello stato era solo questione di tempo.[59]

Il 12 luglio 1991 il Soviet supremo dell'URSS approvò in linea di principio il progetto del nuovo Trattato dell'Unione e il successivo plenum del PCUS fissò la firma dell'accordo per il 20 agosto. I democratici russi chiedevano a El'cin di non firmare fino a quando Bielorussia, Kazakistan, Ucraina e Russia non fossero stati tutti pronti ad aderire (stavolta escludendo l'Uzbekistan da questa cerchia).[60] Allora proponevano un'idea di Unione che avrebbe mantenuto insieme quei territori «storicamente legati» a Mosca: i leader repubblicani accettarono di firmare l'accordo dell'Unione e il 10 agosto El'cin confermò la partecipazione dell'Uzbekistan – insieme a Russia, Kazakistan, Tagikistan e Bielorussia – al nuovo trattato.[61] Il progetto di rilanciare un accordo prendeva quindi forma e Tashkent (che trattava sia con Gorbačëv che con El'cin) ne faceva parte.

Nella calda estate del 1991 i preparativi per ufficializzare l'accordo che avrebbe rifondato l'URSS procedevano velocemente. Ma tutto sa-

58. Gorbačev Fond, *V Politbjuro CK KPSS…*, p. 684.
59. GF, f. 5, d. 18049.
60. Matlock, *Autopsy on an Empire*, pp. 573-574.
61. GF, f. 5, d. 21428.

rebbe cambiato nel momento in cui una gran parte del governo sovietico voltò le spalle a Gorbačëv e formò il Comitato statale per lo stato di emergenza (GKChP). In quel momento i leader centroasiatici sostennero apertamente il putsch conservatore, e lo stesso Karimov mantenne un atteggiamento enigmatico: dall'India, dove si trovava in visita ufficiale, si astenne dal condannare o elogiare il colpo di stato e sostanzialmente prese tempo, seguendo le evoluzioni della crisi.[62] Il 20 agosto Karimov fece un appello al popolo dell'Uzbekistan, dichiarando che: «a prescindere dalle forze che ci hanno osteggiato e che hanno definito la nostra attività una dittatura, siamo sempre stati sostenitori di una forte disciplina e dell'ordine, e nessuno può negarlo».[63] In questa incerta formulazione, sembrava ribadire che la repubblica sarebbe rimasta fedele a Mosca, indipendentemente da chi avesse vinto.

Tuttavia il fallito golpe aveva definitivamente e irreversibilmente minato la credibilità del progetto sovietico, anche in una repubblica che era stata tra le più fedeli all'URSS e che vedeva ora lo stato sgretolarsi e le repubbliche pronte a dichiarare la secessione. A quel punto l'unica opzione disponibile per Karimov era quella di compiere il passo definitivo verso un'inevitabile (anche se inauspicata) indipendenza. Il 23 agosto il presidente uzbeko si dimise dal partito comunista e il 26 nazionalizzò il Ministero degli interni e il KGB. Nel suo discorso al plenum del 28 agosto condannò il «tentativo criminale del colpo di stato del 19-21 agosto» e protestò contro la decisione di Gorbačëv di dimettersi dalla carica di segretario generale. A quel punto però definiva la liquidazione di quell'entità che per quasi settanta anni aveva monopolizzato la vita politica della repubblica, dichiarando «il plenum o il congresso del partito dovrebbero decidere lo scioglimento del partito e il destino delle sue proprietà».[64] Infine, il 30 agosto, le proprietà del PCUz vennero nazionalizzate e il partito tagliò i suoi legami con il PCUS.[65]

62. Karimov «ha dato il suo personale contributo arrestando il suo rivale, il presidente del Fronte popolare uzbeko [Birlik], Abdurahim Po'latov, il 19 agosto». Fowkes, *The Disintegration of the Soviet Union*, p. 191.

63. American Association for the Advancement of Slavic Studies, *The Current Digest of Soviet Press*, 37, 1991, p. 14, traducendo un articolo di «Izvestija», 13 settembre 1991.

64. «Pravda Vostoka», 29 agosto 1991, p. 1.

65. Il PCUz venne formalmente ribattezzato Partito democratico del popolo dell'Uzbekistan (O'zbekiston Xalq Demokratik Partiyasi - O'zXDP).

Il 31 agosto 1991 il Soviet supremo della RSSUz sancì ufficialmente la rinominata Repubblica dell'Uzbekistan come stato sovrano e indipendente a partire dal 1° settembre 1991. Sebbene Karimov fosse stato cauto nei suoi discorsi di inizio mandato, con la proclamazione di indipendenza assunse toni drasticamente critici nei confronti di Mosca. Nel suo discorso alla sesta sessione straordinaria del Soviet supremo, il presidente insistette sulla natura "estrattiva" dell'URSS:

> Tutto quello che veniva fatto a noi, al nostro popolo, all'Uzbekistan, differiva poco dalla politica del periodo prerivoluzionario, e la repubblica non era molto più che una fonte di materie prime. Era nella mente di tutti gli organi dell'Unione, che pensavano soltanto che questa regione dovesse fornire cotone e materie prime, mentre il resto delle nostre necessità rimaneva un nostro problema da risolvere. Hanno promesso molto, ma non hanno onorato niente di tutto ciò. Per l'indipendenza cotoniera dello stato, la repubblica ha dovuto fare molti sacrifici, mettendo il popolo dell'Uzbekistan in totale dipendenza dall'importazione di carne, latte e la maggior parte dei beni essenziali [...]. Dobbiamo dire che questa politica ha portato l'Uzbekistan sull'orlo del collasso, con il più basso reddito pro capite e un bilancio che aveva il carattere di una sovvenzione. E noi dovevamo essere "grati" per ogni misera razione che ricevevamo dal centro. A questo punto, avevamo finalmente capito chi erano i nostri amici e chi i nostri nemici, chi voleva il [nostro] benessere e la pace e chi nascondeva una pietra dietro la schiena.[66]

Questa riformulazione postcoloniale indicava che l'URSS era essenzialmente finita. Nella stessa occasione, il Soviet supremo promulgò un decreto di amnistia che graziava molti di coloro che erano stati condannati durante lo scandalo del cotone, e che entrava così in vigore il giorno dell'indipendenza della repubblica dell'Uzbekistan.[67] Da allora la stessa parola *Mustaqillik* (indipendenza) divenne il principale riferimento ideologico dell'Uzbekistan postsovietico che sostituì i canoni marxisti-leninisti con una nuova narrazione che incoraggiava un sentimento di disaffezione

66. «Pravda Vostoka», 1 settembre 1991, p. 2.

67. Nello specifico, questa amnistia graziava gli uomini di oltre sessanta anni e le donne di oltre sessantacinque; gli invalidi di primo e secondo tipo, le donne con figli minori o incinte, i veterani della Seconda guerra mondiale e di altre guerre, le donne con condanne fino a cinque anni (reati minori), gli esiliati. Questa amnistia non era direttamente rivolta a coloro che erano stati criminalizzati per questioni relative allo scandalo del cotone ma, indirettamente, ne beneficiarono una gran parte di quelli che avevano riempito le carceri negli anni precedenti. *Ibidem*.

dall'URSS (definendo una sorta di trauma postcoloniale) ed era finalizzata a giustificare una transizione necessaria e inevitabile.

L'uso (e abuso) di un discorso politico postcoloniale fu un'esperienza inedita che coinvolgeva una classe politica che si era formata all'interno del partito e che ora agiva emotivamente contro il potere centrale di Mosca. Allora Karimov si affermò come il padre di un nuovo Uzbekistan indipendente che da solo aveva spezzato i legami con Mosca e il suo perverso sistema coloniale. Eppure nella sostanza stava ancora cercando di mantenere con la Russia molti di quei legami economici che, a livello retorico, aveva rifiutato. Il 18 ottobre firmò un accordo sullo stabilimento di una comunità economica con il presidente sovietico e i leader di Armenia, Bielorussia, Kazakistan, Kirghizistan, Tagikistan, Turkmenistan e Russia. Il 4 novembre i leader repubblicani si riunirono per abolire i ministeri dell'Unione – con le significative eccezioni di difesa, esteri, ferrovie, energia elettrica e nucleare – ma non riuscirono a trovare un accordo sul debito sovietico. Il 5 novembre il consigliere di Gorbačëv sulla politica estera, Anatolij Černjaev, annotò nel suo diario:

> Mütallibov e Karimov hanno dichiarato che non sono loro a dover pagare, è il centro che deve farlo [...]. E per quanto potesse, Javlinskij non è riuscito a convincerli a non seguire [il precedente de]i bolscevichi del 1917, che affermavano che lo zar aveva fatto i debiti e quindi doveva pagarli lui. Non hanno ascoltato.[68]

Il 14 novembre fu raggiunto un altro accordo preliminare sulla forma di confederazione e il 25, durante una riunione del Consiglio di stato, Karimov confermò che oltre agli impegni che venivano assunti con il processo di Novo-Ogaryovo, l'Uzbekistan fosse una repubblica sovrana e il parlamento dovesse comunque dare il via libera a procedere.[69] Tuttavia, dopo che il referendum sull'indipendenza ucraina del 1° dicembre passò a larga maggioranza,[70] nessun altro progetto di rifederazione dell'Unio-

68. Svetlana Savranskaya, *The Diary of Anatoly S. Chernyaev. 1991. Donated by A.S. Chernyaev to The National Security Archive*, 2011, p. 157.

69. Gorbačev Fond, *V Politbjuro CK KPSS...*, pp. 749, 779; Matlock, *Autopsy on an Empire*, p. 758.

70. Si veda Simone Attilio Bellezza, *Identità ucraina: Storia del movimento nazionale dal 1800 a oggi*, Bari-Roma, Laterza, 2024; Simona Merlo, *La costruzione dell'Ucraina contemporanea*, Bologna, il Mulino, 2023; Yaroslav Hrytsak, *Storia dell'Ucraina. Dal Medioevo a oggi*, Bologna, il Mulino, 2023; Serhii Plokhy, *The Gates of Europe: A History of*

ne sembrò credibile e lo stesso presidente uzbeko si limitò a seguire il corso degli eventi, giustificando la liquidazione dell'URSS con argomenti postcoloniali. Durante la campagna per le elezioni presidenziali uzbeke, Karimov tenne un discorso rivolto «a tutti i cittadini dell'Uzbekistan» in cui dichiarava che:

> La situazione in Uzbekistan è stata esasperante anche perché siamo stati vittima dell'espansione coloniale della Russia zarista e della politica miope dei leader delle epoche successive, che ci hanno condannato a uno sviluppo distorto e a un'economia unilaterale. La nostra regione è stata trasformata in un'appendice di materie prime per le altre regioni industriali.[71]

In questo modo Karimov ribaltava la precedente narrazione di una repubblica integrata nel progetto socialista, rivedendola in un'ottica di sfruttamento, e rimettendo i problemi della monocoltura e lo stesso scandalo del cotone come conseguenze di un sistema coloniale. Questa mossa ebbe anche implicazioni giudiziarie. Dopo l'istituzione della Commissione superiore per gli affari del cotone, nel settembre 1989, il processo di riabilitazione delle vittime delle "repressioni" del 1983-1989 avvenne così a livello giudiziario con già nel 1990 il riesame di 800 condanne, la revisione e l'assoluzione di altri 241 casi e la conseguente riabilitazione da parte della Corte suprema uzbeka di altri 1.600 condannati nel febbraio 1991 e la compensazione di oltre 1,5 milioni di rubli di risarcimento. Inoltre, il 25 luglio 1991, i ministeri della giustizia di Uzbekistan e Russia avevano firmato un accordo di cooperazione giudiziaria (il primo di questo tipo e prima del crollo sovietico) che era diventato effettivamente la base legale per il trasferimento dei casi che erano ancora sotto la giurisdizione della Corte suprema dell'URSS a Mosca. Per questo, nell'autunno del 1991, Karimov ordinò di trasferire in Uzbekistan gli ultimi grandi processi e i grandi imputati Odilov,[72] Usmonxo'jayev e Xu-

Ukraine, London, Penguin Books, 2015; Andrea Graziosi, *L'Ucraina e Putin tra storia e ideologia*, Bari-Roma, Laterza, 2022.

71. «Pravda Vostoka», 3 dicembre 1991, p. 1.

72. Dopo l'indipendenza dell'Uzbekistan, il Congresso degli scrittori uzbeki, presieduto da Odil Yoqubov e Muhammad Solih, dichiarò all'unanimità Odilov "eroe nazionale", e nel febbraio 1992 fu finalmente riabilitato con una decisione speciale del governo uzbeko. Ciononostante venne nuovamente arrestato e trascorse sedici anni in carcere. Il 5 giugno 2008, all'età di ottantatré anni, Odilov venne finalmente rilasciato.

doyberdiyev.[73] Poi il quarto punto del programma politico presentato da Karimov al Soviet supremo nel novembre 1991 era il piano per un'amnistia generale delle persone che erano state condannate durante i "casi del cotone".[74] Questo punto venne attuato quattro giorni prima delle elezioni presidenziali del 25 dicembre, nello stesso giorno in cui Gorbačëv rassegnò le sue dimissioni da capo di uno stato che oramai non esisteva più.

73. Si veda «Komsomolskaya Pravda», 2 aprile 1991, p. 1; e George Ginsburgs, *The Soviet Union and International Cooperation in Legal Matters - Part III: Criminal Law*, Dordrecht, Martinus Nijhoff Publishers, 1994, pp. 298-299.
74. «Pravda Vostoka», 19 novembre 1991, p. 1.

Conclusione. Una vita indipendente da Mosca?

Il 29 dicembre 1991 le prime elezioni presidenziali postsovietiche confermarono Karimov con l'87,1% dei voti contro l'unico candidato ammesso Muhammad Solih, che correva per Erk. Da allora Karimov continuò a promuovere *mustaqillik* e un discorso di rinascita della nazione uzbeka per legittimare il nuovo corso indipendente da lui rappresentato. A differenza della decolonizzazione in Asia e Africa, la separazione dell'Asia Centrale da Mosca fu un evento alquanto inaspettato. Queste repubbliche non erano pronte a essere indipendenti, e dovettero accettare il crollo dell'URSS e le sue conseguenze, ricostruendosi e reinventandosi come nazioni postsovietiche con un proprio mito fondativo e definendo una rottura radicale con il recente passato.

In Uzbekistan *mustaqillik* promosse una narrazione postcoloniale che dal 1991 delineava il discorso nazionale in termini vittimisti – fondendo «la memoria delle sofferenze causate dalle politiche coloniali dell'era zarista con la memoria delle repressioni staliniane e di altre avversità dell'epoca sovietica per formare un unico senso generale di trauma»[1] – e orientava la storiografia, la museologia e la letteratura, reinterpretando i fatti e riabilitando le vittime e i simboli locali. La politicizzazione della memoria delle "vittime"[2] e la definizione di "postcoloniale" e "postsovie-

1. Sergey Abashin, *Nations and Post-Colonialism in Central Asia: Twenty Years Later*, in *Development in Central Asia and the Caucasus. Migration, Democratisation and Inequality in the Post-Soviet Era*, a cura di Sophie Hohmann, Claire Mouradian, Silvia Serrano e Julien Thorez, London & New York, I.B. Tauris, 2014, p. 87.

2. Nella sua narrazione dei valori dell'indipendenza, nel maggio 1999, Karimov creò la Commissione per la promozione della memoria delle vittime, per indagare sulle violazioni e le repressioni politiche durante il periodo coloniale e sovietico. Nel 2001

tico" divennero così elementi essenziali della narrazione nazionale e del dibattito politico uzbeko. Inoltre, *mustaqillik* promosse una mitizzazione nazionale che "uzbekizzava" i grandi eroi del passato e recuperava selettivamente una dimensione tradizionale – come l'istituzione del quartiere locale (*mahalla*)[3] – limitando quella religiosa per la quale Karimov assunse un atteggiamento alquanto ostile.[4] Questo nazionalismo moderato non prendeva di mira eventuali nemici interni – o gli stessi russi – e cercava di prevenire ulteriori tensioni, recuperando alcuni aspetti discorsivi ereditati dall'esperienza sovietica. Infatti, nella repubblica dell'amicizia dei popoli, con "più di cento gruppi nazionali ed etnici", la retorica dell'"armonia multietnica" divenne un pilastro fondamentale di questa ideologia civica, ambiguamente inclusiva, che legittimava la rivendicazione nazionale degli uzbeki senza escludere formalmente i non uzbeki dalla partecipazione civile e politica.[5]

Karimov dichiarò il 31 agosto Giornata della memoria delle vittime delle repressioni, e nel 2002 istituì a Tashkent il Museo in memoria delle vittime della repressione, funzionale alla riabilitazione morale dell'onore delle vittime. Brian K. Grodsky, *The Costs of Justice: How new leaders respond to previous rights abuses*, Notre Dame, University of Notre Dame Press, 2010, pp. 173-182; Cucciolla, *Legitimation through Self-Victimization.*

3. Si veda Tommaso Trevisani, Elise Massicard, *The Uzbek Mahalla: Between state and society*, in *Central Asia: Aspects of Transition*, a cura di Tom Everett-Heath, London, Routledge-Curzon, 2003, pp. 205-218.

4. Karimov inizialmente abbracciò alcuni aspetti dell'islam come pilastri di *mustaqillik.* Tuttavia finì presto per rivedere questa tendenza, quando stabilì che l'islamismo minacciava (e non legittimava) il nuovo ordine. In effetti l'islam divenne un fattore di mobilitazione per una parte dell'opposizione politica in Uzbekistan e anche per una piccola parte di Birlik. Durante i successivi periodi di conflitti interetnici – come le tensioni nella Valle di Fergana, la guerra civile in Tagikistan (1992-1997), la guerra contro il terrorismo e l'Imu (Movimento islamico dell'Uzbekistan), soprattutto dopo gli attentati del 1999, gli sconfinamenti dell'Imu del 2000-2001 e gli attacchi terroristici di Tashkent del marzo e luglio 2004 – l'anti islamismo del regime di Karimov venne ulteriormente rafforzato. Così l'iniziale atteggiamento liberale nei confronti dell'Islam fu gradualmente rinnegato, reprimendo quelle libertà (soprattutto in termini di abitudini e pratiche religiose) che la perestrojka aveva reso possibili. L'islam, quindi, rimase un riferimento ideologico molto attenuato di un'ideologia come *mustaqillik* che bilancia tradizione, modernizzazione e secolarizzazione. Si veda Adeeb Khalid, *Islam after Communism: Religion and Politics in Central Asia*, Berkeley, University of California Press, 2007; Galina M. Yemelianova, *Radical Islam in the former Soviet Union*, London, Routledge, 2010.

5. Islam Karimov, *Uzbekistan on the Threshold of the Twenty-First Century: Tradition and Survival*, Surrey, Curzon Press, 1997, pp. 41-51.

Mustaqillik si evolveva, secondo una dialettica baconiana, tra una *pars costruens* – che in sostanza celebrava il "glorioso passato" e le meraviglie dell'Uzbekistan per coltivare un forte senso di appartenenza – e una *pars destruens* che rigettava lo scellerato trascorso sovietico che diveniva l'origine di tutti i problemi del presente. In questa narrazione l'Uzbekistan veniva rappresentato come vittima delle scelte imposte dai "colonizzatori" centrali: la politica della nazionalità come causa degli scontri interetnici; la pianificazione economica come motivo della carenza di cibo e di beni di consumo nella repubblica; la divisione del lavoro come origine della monocoltura del cotone e della totale dipendenza economica dell'Uzbekistan da questa; le politiche idriche e agricole come motivo dei disastri ecologici (salinizzazione, inquinamento e prosciugamento del Mare d'Aral). Con l'emergere del risentimento nazionalista nei confronti del potere centrale e di dibattiti più significativi a causa della glasnost', l'opinione pubblica uzbeka fu esposta a maggiori critiche nei confronti della precedente stagione dello scandalo del cotone. Pertanto, questa narrazione ha criticato come "imprudenti" le aperture dell'URSS verso l'islam durante la perestrojka, mentre lo scandalo del cotone veniva interpretato alla stregua di una "repressione del popolo uzbeko" e una riedizione del 1937, condotta dai due "inquisitori" Gdljan e Ivanov.

Mustaqillik legittimava il nuovo corso karimoviano attraverso una narrazione postcoloniale. Tuttavia, queste categorie analitiche possono portare a conclusioni fuorvianti, considerando il livello di coinvolgimento della RSSUz all'interno del sistema sovietico e il fatto che la maggior parte degli uzbeki – soprattutto i gruppi d'élite – non si considerasse allora (e nemmeno oggi) in una dimensione postcoloniale. Questa mancanza di consenso sul giudizio storico dell'esperienza sovietica deriva inoltre dalla frammentazione della società uzbeka – divisa tra classi sociali, gruppi nazionali, reti di potere (clan), religione e dimensioni regionali, spesso sovrapposte – e al generale coinvolgimento della stessa élite uzbeka nella precedente nomenklatura sovietica. In effetti il "sistema coloniale" sovietico è stato per molti versi attuato da quella classe politica locale che, qualche anno dopo, avrebbe guidato il paese verso l'indipendenza. Ciò sottolinea l'assenza delle tipiche tensioni sociali tra colonizzatori e indigeni in una repubblica dove le comunità russe erano meno numerose che in altre parti dell'ex "impero" sovietico. Per questo motivo i processi di desovietizzazione e nazionalizzazione culturale dell'Uzbekistan furono sostanzialmente pacifici rispetto alle repubbliche baltiche o a quelle caucasiche (per non parlare del vicino Tagikistan).[6] Inoltre il passaggio a *mustaqillik* rispondeva alla necessità di compensare il trauma identitario dovuto alla perdita di status. Durante l'epoca sovietica l'identità nazionale uzbeka era inestricabilmente legata alla sua dimensione sovietica, internazionalista e di superpotenza. In questo senso si manifesta anche una sorta di nostalgia per l'URSS e per ciò che aveva rappresentato nella storia del Novecento. Anche se è inutile confrontare la storia di contesti così diversi come l'Asia Centrale sovietica e i paesi decolonizzati, l'uso retorico di una narrazione postcoloniale è comunque efficace per legittimare l'attuale regime a livello interno e internazionale, come avrebbero dimostrato le successive relazioni dell'Uzbekistan con il terzo mondo. In questo campo la narrazione della decolonizzazione in qualche modo avrebbe funzionato.

Per Karimov *mustaqillik* serviva a proporre, almeno sul piano ideologico, l'Uzbekistan come un'entità "postsovietica". Ma nel breve periodo la transizione dal precedente regime fu soprattutto cosmetica: a livello politico, il pluralismo e l'opposizione esistettero in forma ornamentale e il servizio di sicurezza rimase fondamentale per governare e controllare lo stato. Inoltre l'élite al potere della Repubblica dell'Uzbekistan proveniva direttamente dalla nomenklatura della RSSUz e lo stesso Karimov finiva per restaurare un establishment che aveva le sue origini nel periodo rashidoviano,[7] riproponendo un regime autoritario che comprimeva fortemente le libertà individuali, cooptava le élite fedeli al regime e sostituiva quelle minacciose, soprattutto a livello regionale. Sebbene il paese si fosse lentamente avviato sulla strada delle privatizzazioni e della "decollettivizzazione" (che avrebbe comunque preservato molti rapporti di potere all'interno della società rurale),[8] l'economia rimase fortemente estrattiva e ancora legata alla sua dimensione cotoniera. Gli stessi servizi pubblici,

6. Sulle tensioni socio-economiche del periodo tardosovietico e le origini della guerra civile in Tagikistan si veda Isaac Mckean Scarborough, *Moscow's Heavy Shadow: The Violent Collapse of the USSR*, Ithaca, Cornell University Press, 2023.

7. Si veda Ilkhamov, *Neopatrimonialism, factionalism and patronage*, pp. 191-192; Pamela Blackmon, *In the shadow of Russia: reform in Kazakhstan and Uzbekistan*, East Lansing, Michigan State University Press, 2011, p. 33.

8. Su questo importante aspetto di trasformazione della società rurale negli anni Novanta si veda Paolo Sartori, Tommaso Trevisani, *Patterns of transformation in and around Uzbekistan*, Reggio Emilia, Diabasis, 2007; Tommaso Trevisani, *After the Kolkhoz: rural elites in competition*, in «Central Asian Survey», 26/1 (2007), pp. 85-104; Tommaso Trevisani, *The reshaping of inequality in Uzbekistan: Reforms, land and rural incomes*, in *The Political Economy of Rural Livelihoods in Transition Economies*, a cura di Max

le pensioni, lo stato sociale, l'istruzione e l'assistenza sanitaria della Repubblica dell'Uzbekistan erano forgiati sui modelli sovietici, così come l'Accademia delle scienze, il KGB (rinominato SNB), i sindacati, le organizzazioni giovanili, le istituzioni e i poteri governativi, ecc., mentre modernizzazione, secolarismo e una diversa formulazione dell'internazionalismo sovietico rimasero pilastri ideologici dell'Uzbekistan indipendente.[9] Allo stesso tempo il russo e la cultura russa mantennero una propria influenza, soprattutto tra le élite, e le opinioni tendenzialmente positive sul periodo sovietico rimasero evidenti, rivelando come, per molti aspetti, il 1991 fosse una data più formale che sostanziale. E lo sarebbe stata per diversi anni.[10]

Dal punto di vista geopolitico, si videro da subito le trasformazioni di un paese che, finito l'internazionalismo unitarista sovietico, si sarebbe trovato a reinventarsi una propria diplomazia e confrontarsi su questioni cruciali, come si sarebbe visto nel corso delle dispute tra Tashkent, Biškek e Dušanbe per le questioni idriche e con un'esposizione diretta alle instabilità afghane. Tuttavia, a differenza dei suoi vicini orientali, l'Uzbekistan mantenne un atteggiamento di sostanziale scetticismo diplomatico (per non parlare di isolamento) e non delegò la propria sicurezza alla Russia. Infatti *mustaqillik* ebbe anche una forte influenza nel ridefinire le relazioni della Repubblica dell'Uzbekistan con la Federazione Russa e il mondo. Sebbene, in termini culturali, l'influenza russa in Uzbekistan venisse ufficialmente minimizzata (definendo la superiorità della cultura nazionale), le relazioni con Mosca rimasero cordiali e la Russia divenne un'importante destinazione di emigrazione per migliaia di lavoratori uzbeki (soprattutto stagionali) che ogni anno si recavano nelle principali città russe per svolgere le più diverse mansioni. Ma nonostante l'adesione alla CSI e alla sua area di libero scambio, l'Uzbekistan non partecipò alle iniziative più strategicamente rilevanti promosse da Mosca, dalle quali Karimov rimase profondamente diffidente. Temendo l'usurpazione politica da parte della Russia e l'intrusione economica da parte della Cina, si tenne a debita distanza sia da Mosca che da Pechino e optò per un approccio multilaterale

Spoor, London, Routledge, 2008; Tommaso Trevisani, *Riforme agrarie e mutamenti sociali nell'Uzbekistan dell'Indipendenza*, in «Eurasiatica», 13 (2019), pp. 121-135.

9. Sébastien Peyrouse, *La gestion du fait religieux en Asie centrale: poursuite du cadre conceptuel soviétique et renouveau factice*, in «Cahiers d'Asie centrale», 13-14 (2004), pp. 77-120.

10. Abashin, *Nations and Post-Colonialism in Central Asia*, p. 97.

alle relazioni internazionali che cercava una sponda anche all'interno del Movimento dei paesi non allineati.

Questo atteggiamento ambivalente nei confronti della ridefinizione di un "mondo russo" divenne sempre più evidente con l'adesione dell'Uzbekistan al trattato di sicurezza collettiva nel 1994 e il suo ritiro nel 1999, quando Tashkent optò per l'Organizzazione regionale per la democrazia e lo sviluppo economico (riconosciuta con l'acronimo GUUAM) e avviò una più stretta cooperazione con gli Stati Uniti. Questa venne ulteriormente rafforzata all'indomani dell'11 settembre, durante le operazioni militari americane in Afghanistan, ma subì una battuta di arresto dopo che diversi paesi occidentali mossero aspre critiche al regime di Karimov per i massacri di Andijan nel 2005. Il peggioramento delle relazioni con gli Stati Uniti determinò un ripensamento strategico per la repubblica centroasiatica. In quel periodo Tashkent chiese a Washington di lasciare la base di Qarshi-Xonobod, ritirò la sua partecipazione al GUUAM, e firmò un accordo di cooperazione reciproca con la Russia, divenendo membro della Comunità economica eurasiatica (EurAsEc) e nel 2006 rientrando nell'Organizzazione del trattato di sicurezza collettiva (CSTO) come membro a pieno titolo. Tuttavia anche questa partecipazione non si consolidò, e Tashkent lasciò l'EurAsEc nel 2008 e la CSTO nel 2012.

Karimov mantenne una linea isolazionista e di cordiale distacco da Mosca. All'indomani della crisi ucraina del 2014, il governo uzbeko – preoccupato anche per le possibili tensioni in Karakalpakstan – espresse le proprie inquietudini per un'iniziativa che poteva destabilizzare la regione ed evitò di schierarsi. In quel periodo Mosca cercò di recuperare le relazioni con Tashkent e a dicembre cancellò 890 milioni di dollari di debito uzbeko verso la Russia. Tuttavia, le cose sarebbero cambiate rapidamente nel settembre 2016, con la morte di Karimov e l'ascesa dell'ex primo ministro Shavkat Mirziyoyev. Il nuovo presidente promosse un percorso riformista chiamato *Yangi O'zbekiston* (Nuovo Uzbekistan), nel quale mantenne simili narrazioni e rivendicazioni postcoloniali, rafforzando inoltre un discorso sempre più etnonazionalista nel promuovere l'uso pubblico della lingua uzbeka. Allo stesso tempo questo nuovo corso politico iniziò ad aprire il paese a nuove opportunità di riforme e cooperazione con Mosca e altri partner regionali, terminando il periodo di isolazionismo, normalizzando le tese relazioni con i vicini e riaffermando la volontà di far parte di un processo di integrazione regionale come la Shanghai Cooperation Organization (SCO). Questa "politica della porta aperta" riguardava anche la Russia, con la quale Tashkent riprendeva a organizzare esercitazioni militari congiunte e rilanciava un piano di cooperazione più ampio per migliaia di imprese a capitale russo in Uzbekistan e ulteriori cooperazioni nei settori del commercio, dei trasporti, del turismo, della cultura, dell'istruzione, della finanza, degli investimenti, dell'energia, dell'automotive e persino del settore atomico (prevedendo la costruzione di una centrale nucleare nella regione di Jizzax). Di conseguenza, nel periodo 2015-2020 il fatturato commerciale Russia-Uzbekistan era raddoppiato e nel dicembre 2020 l'Uzbekistan era diventato un osservatore dell'Unione eurasiatica e aveva iniziato a espandere la cooperazione energetica sul gas uzbeko con le aziende russe. Tuttavia, l'invasione russa dell'Ucraina nel febbraio 2022 finì per ridefinire in modo determinante la politica estera uzbeka. Tashkent espresse profonda preoccupazione per la guerra e non riconobbe le rivendicazioni russe delle quattro regioni contese nel sud-est dell'Ucraina, ribadendo che l'Uzbekistan riconosceva l'indipendenza e la sovranità di Kiev all'interno dei confini del 1991. Da quel momento in poi il governo uzbeko ha sempre più investito in altri format diplomatici, compresi quelli promossi da Pechino, che da anni stava aumentando la propria presenza commerciale nella regione e che divenne il principale partner commerciale dell'Uzbekistan.[11]

Anche dopo il crollo dell'URSS, l'Uzbekistan – come altre repubbliche ex sovietiche con discorsi nazionali e condizioni geopolitiche diverse – aveva soprattutto ragioni di opportunità per mantenere viva una solida partnership con Mosca. Ma il discorso politico ufficiale divenne sempre più nazionalista, postcoloniale e critico nei confronti dell'esperienza sovietica. Pur mantenendo relazioni cordiali con Mosca, soprattutto sul fronte commerciale, questa prospettiva sembrava temporanea e dovuta

11. Il riavvicinamento tra Tashkent e Pechino era evidente da qualche anno. Già nell'agosto 2019 il primo ministro uzbeko Abdulla Aripov aveva definito la Repubblica popolare cinese il «più stretto partner» dell'Uzbekistan, riconoscendola come una destinazione essenziale per le importazioni e le esportazioni, nonché per gli investimenti e il credito allo sviluppo del paese. E la stessa Cina aveva iniziato a investire maggiormente nelle relazioni con un paese che in Asia Centrale rappresentava un mercato significativo – oltre che un hub logistico per il progetto ferroviario Cina-Kirghizistan-Uzbekistan – nonché una parte strategica della Belt and Road Initiative. A differenza dell'atteggiamento "neutrale" sul conflitto russo-ucraino, Tashkent ha sostenuto più apertamente la posizione cinese riguardo le sue rivendicazioni su Taiwan, ribadendo il principio di "una sola Cina" e definendo così una politica regionale nella quale Mosca ha un ruolo decisamente ridimensionato. Si veda Cucciolla, *Forced marriages and unintentional divorces*.

alla contingenza. In Uzbekistan, come nel resto dell'ex Unione Sovietica, assistiamo a una fisiologica riduzione dell'influenza politica, economica e culturale di Mosca, con le generazioni più giovani che parlano meno il russo e sembrano più attratte da un mondo globalizzato, nelle sue diverse visioni. Evidentemente con la guerra in Ucraina il cosiddetto "mondo russo" sembra aver perso la propria credibilità e ormai l'Uzbekistan sembra aver affrontato il trauma da "divorzio involontario" dall'URSS e trovato un equilibrio indipendente. Se continuerà a perseguire una politica di apertura verso i partner regionali, potrà controbilanciare i rischi di un'influenza esclusiva (soprattutto cinese) e superare una pesante eredità sovietica che per qualche decennio sarà ancora evidente ma che è storicamente destinata a scomparire.

Bibliografia

Abashin, Sergey, *Empire and demography in Turkestan: numbers and the politics of counting*, in *Asiatic Russia: Imperial Power in Regional and International Contexts*, a cura di Tomohiko Uyama, London & New York, Routledge, 2012, pp. 129-149.

— *Nations and Post-Colonialism in Central Asia: Twenty Years Later*, in *Development in Central Asia and the Caucasus. Migration, Democratisation and Inequality in the Post-Soviet Era*, a cura di Sophie Hohmann, Claire Mouradian, Silvia Serrano e Julien Thorez, London & New York, I.B. Tauris, 2014.

— *Soviet Central Asia on the Periphery*, in «Kritika: Explorations in Russian and Eurasian History», 16/2 (2015), pp. 359-374.

Abashin, Sergey, Abdullaev, Kamoludin, Abdullaev, Ravshan, Koichiev, Arslan, *Soviet Rule and the Delineation of Borders in the Ferghana Valley*, in *Ferghana Valley: The Heart of Central Asia*, a cura di S. Frederick Starr, New York, M.E. Sharpe, 2011.

Abašin, Sergej, *Sovetskij kišlak: Meždu kolonializmom i modernizaciej*, Moskva, Novoe literaturnoe obozrenie, 2015 (ed. it. *Qishloq. Il secolo sovietico in una valle dell'Asia Centrale*, Roma, Viella, 2022).

Abdullaev, Asat, *Uzbekistonda paxta yakkahokimligi va uning oqibatlari (1917-1991 y.y.)*, Toshkent, Tarix fanlari doktori ilmiy darajasini olish uchun taqdim etilgan dissertasiya, 2010.

Abdullaev, Ravshan, *Nacional'nye političeskie organizacii Turkestana v 1917-1918 gody*, Taškent, Izdatel'stvo Navro'z, 2014.

Abdullaev, Ravshan, Khotamov, Namoz, Kenensariev, Tashmanbet, *Colonial Rule and Indigenous Responses, 1860-1917*, in *Ferghana Valley: The Heart of Central Asia*, a cura di S. Friederick Starr, New York, M.E. Sharpe, 2011.

Abdullaeva, Rano, *Preodolenie Ada*, Moskva, Monolit, 2009.

Abramson, David, *Identity Counts: The Soviet Legacy and the Census in Uzbekistan*, in *Census and identity the politics of race, ethnicity, and language in national census*, a cura di David Kertzer e Dominique Arel, Cambridge-New York, Cambridge University Press, 2001.

Achmatova, Anna, *Poesie*, Parma, Guanda, 1962.

Achunov, M., Zijaev, Ch., Džuraev, T., *Uzbekskaja SSR v gody Velikoj Otečestvennoj Vojny. V trech tomach. Tom 1. Uzbekistan v pervyj period Velikoj Otečestvennoj vojny (1941 - nojabr' 1942 gg.)*, Taškent, Fan, 1981.

— *Uzbekskaja SSR v gody Velikoj Otečestvennoj Vojny. V trech tomach. Tom 2. Korennoj perelom (nojabr' 1942 - 1943 gg.)*, Taškent, Fan, 1983.

— *Uzbekskaja SSR v gody Velikoj Otečestvennoj Vojny. V trech tomach. Tom 3. Pobedonosnoe zaveršenie vojny*, Taškent, Fan, 1985.

Adams, Laura, *Can We Apply a Post-colonial Theory to Central Asia?*, in «Central Eurasia Studies Review», 7/1 (2008), pp. 2-8.

Agrawal, Premendra, *Silent Assassins Jan11, 1966*, Ramsagarpara, Agrawal Overseas, 2012.

Akhmadzhonov, Anvar, *Akhmadzhon Odilov: Mardlik konuni*, Toshkent, Bodomzor Invest, 2022.

Al'bats, Evgeniya, *KGB: State Within a State*, London-New York, I.B. Tauris, 1995.

Alimov, Arif, *Uzbekistan. Another Big Leap Forward*, London, Soviet Booklets, 1960.

Alimova, Dilorom, Golovanov, Aleksandr, *Uzbekistan*, in *History of Civilizations of Central Asia. Volume VI. Towards the contemporary period: from the mid-nineteenth to the end of the twentieth century*, a cura di Chahryar Adle, Madhavan K. Palat e Anara Tabyshalieva, Paris, Unesco Publishing, 2005.

Alimova, Dilorom, Filanovich, Margarita, *Toshkent tarihi: kadim davrlardan bugungi kungacha: Kajta ishlangan va tuldirilgan ikkinchi nashri*, Toshkent, Art Flex, 2009.

Allworth, Edward, *Central Asia. 130 years of Russian dominance: a historical overview*, Durham, Duke University Press, 1994

— *The Modern Uzbeks: From the Fourteenth Century to the Present: a Cultural History*, Stanford, Hoover Press, 1990.

— *The New Central Asians*, in *Central Asia: One Hundred Thirty Years of Russian Dominance, A Historical Overview*, Durham, Duke University Press, 1995.

American Association for the Advancement of Slavic Studies, *The Current Digest of Soviet Press*, 37, 1991.

Amin, A. Rasul, *A general reflection on the stealthy Sovietisation of Afghanistan*, in «Central Asian Survey», 3/1 (1984), pp. 47-61.

Aminova, Rakhima, *O'zbekiston SSR kolkhoz va sovkhozlari tarixi zhamoatchilik instituti*, Toshkent, Fan, 1983.

Anders, Władysław, *Un'armata in esilio*, Rocca San Casciano, Cappelli, 1950.

Aniščev, Vladimir, *Vostočnyj Ornament*, Moskva, Izdatel'stvo A2-A4, 2009.

Applebaum, Anna, *Red Famine: Stalin's War on Ukraine*, New York, Doubleday, 2017.

Atran, Scott, *The surrogate colonization of Palestine, 1917-1939*, in «American ethnologist», 16/4 (1989), pp. 719-744.

Babadjanov, Xasan, *Ikkinchi jahon urushi yillarida O'zbekiston iqtisodiyotidagi transformatsion jarayonlar*, Toshkent, O'zbekiston Respublikasi Fanlar Akademiyasi Tarix Instituti Huzuridagi Ilmiy Darajalar Beruvchi, 2018.

Babadžanov, Bachtiar, *Islam v Uzbekistan: ot repressii k bor'be identičnosteil*, in *Rossija-Srednjaja Azia Politika i Islam v XX - nachale XXI v.*, a cura di Andrej Kokošin, Moskva, Iz. MGU, 2013.

Bacon, Elizabeth Emaline, *Central-Asians under Russian rule*, Ithaca, Cornell University Press, 1966.

Baldouf, Ingeborg, *Some thoughts on the making of the Uzbek nation*, in «Cahiers du Monde russe et sovietique», 32 (1991), pp. 79-96.

Baumer, Christoph, *The History of Central Asia: The Age of the Silk Roads*, London, I.B. Tauris, 2014.

Bazarbaev, Akmal, *XIX asr oxiri-XX asr boshlarida Turkistonda er egaligi an'analari va transformatsiya jarayonlari*, in *O'zbekiston Qishloq xo'jaligi masalalari: tarix va Taraqqiyot*, Samarqand, O'zReFATi, 2016, pp. 85-95.

Becker, Seymour, *Russia's Protectorates in Central Asia: Bukhara and Khiva, 1865-1924*, London & New York, Routledge, 2009.

Beckert, Sven, *Emancipation and Empire: Reconstructing the Worldwide Web of Cotton Production in the Age of the American Civil War*, in «The American Historical Review», 109/5 (2004), pp. 1405-1438.

— *Empire of Cotton: a New History of Global Capitalism*, New York, Alfred A. Knopf, 2014.

Beisembiev, Timur, *Kokandskaja istoriografija: Issledovanie po istočnikovedeniju Srednej Azii XVIII-XX vekov*, Almaty, Print-S, 2009.

— *The life of Alimqul: A Native Chronicle of Nineteenth Century Central Asia*, London, Routledge, 2015.

Bellezza, Simone Attilio, *Identità ucraina: Storia del movimento nazionale dal 1800 a oggi*, Bari-Roma, Laterza, 2024.

Bennigsen, Alexandre, *Soviet strategy and Islam*, New York, St. Martin's Press, 1989.

Bennigsen, Alexandre, Broxup, Marie, *The Islamic threat to the Soviet State*, New York, Taylor & Francis, 1983.

Bergne, Paul, *The Birth of Tajikistan*, London, I.B. Tauris, 2007.

— *The Kokand Autonomy 1917-18: political background, aims and reasons for failure*, in *Central Asia: Aspects of Transition*, a cura di Tom Everett-Heath, London, Routledge, 2003.

Bernardini, Michele, *Tamerlano. Il conquistatore delle steppe che assoggettò l'Asia dando vita a una nuova civiltà*, Roma, Salerno editrice, 2022.
Bichsel, Christine, Mukhabbatov, Kholnazar, Sherfedinov, Lenzi, *Land, Water, and Ecology*, in *Ferghana Valley: The Heart of Central Asia*, a cura di Frederick S. Starr, Armonk, M.E. Sharpe, 2011.
Bilinsky, Yaroslav, *Expanding the Use of Russian or Russification? Some Critical Thoughts on Russian as a Lingua Franca and the «Language of Friendship and Cooperation of the Peoples of the USSR»*, in «The Russian Review», 40/3 (1981), pp. 317-332.
Blackmon, Pamela, *In the shadow of Russia: reform in Kazakhstan and Uzbekistan*, East Lansing, Michigan State University Press, 2011.
Blasier, Cole, *The Giant's Rival. The USSR and Latin America*, Pittsburgh, University of Pittsburgh Press, 1989.
Blauner, Robert, *Internal Colonialism and Ghetto Revolt*, in «Social Problems», 16/4 (1969), pp. 393-408.
Brain, Stephen, *The Great Stalin Plan for the Transformation of Nature*, in «Environmental History», 15/4 (2010), pp. 670-700.
Bregel, Yuri, *The New Uzbek States: Bukhara, Khiva and Khoqand: c. 1750-1886*, in *The Cambridge History of Inner Asia. Vol. 2 The Chinggisid Age*, a cura di Nicola Di Cosmo, Allen J. Frank e Peter B. Golden, Cambridge, Cambridge University Press, 2009.
Brezhnev, Leonid, *Following Lenin's course: speeches and articles, 1972-1975*, Moscow, Progress Publishers, 1975.
Brower, Daniel, *Turkestan and the fate of the Russian Empire*, London, RoutledgeCurzon, 2003.
Broxup, Marie, *The soviets in Afghanistan: The anatomy of a takeover*, in «Central Asian Survey», 1/4 (1983), pp. 83-108.
Brunstedt, Jonathan, *The Soviet Myth of World War II. Patriotic Memory and the Russian Question in the USSR*, Cambridge, Cambridge University Press, 2021.
Buttar, Prit, *Russia's Last Gasp: The Eastern Front 1916-17*, New York, Osprey, 2016.
Buttino, Marco, *Ethnicité et politique dans la guerre civile: à propos du basmacestvo au Fergana*, in «Cahiers du Monde Russe et Soviétique», 38/1-2 (1997).
— *Minorities in the Urban Territory of Samarkand for the Soviet Years to the Present*, in *Changing Urban Landscapes: Eastern European and Post-Soviet Cities, since 1989*, a cura di Marco Buttino, Roma, Viella, 2012.
— *Politics and Social Conflict during a Famine: Turkestan Immediately after the Revolution*, in *In a Collapsing Empire: Underdevelopment, Ethnic Conflicts and Nationalisms in the Soviet Union*, a cura di Marco Buttino, Milano, Fondazione Giangiacomo Feltrinelli, 1993.

— *La Rivoluzione Capovolta. L'Asia Centrale tra il crollo dell'impero zarista e la formazione dell'URSS*, Napoli, L'Ancora del Mediterraneo, 2003.
— *Samarcanda. Storie in una città dal 1945 a oggi*, Roma, Viella, 2015.
— *Study on the Economic Crisis and Depopulation in Turkestan 1917-1920*, in «Central Asian Survey», 9/4 (1990).

Caglioti, Daniela Luigia, *War and citizenship: Enemy aliens and national belonging from the French Revolution to the First World War*, Cambridge, Cambridge University Press, 2021.
Caglioti, Daniela Luigia, Masoero, Alberto, *Cittadinanze, appartenenze e diritti tra colonizzazioni e decolonizzazioni*, in «Contemporanea», 19/2 (2016).
Čajkovskaja, Olga, *Mif*, in «Literaturnaja Gazeta», 24 maggio 1989.
The Cambridge History of Inner Asia. Vol. 1 Early Inner Asia, a cura di Denis Sinor, Cambridge, Cambridge University Press, 1990.
The Cambridge History of Inner Asia. Vol. 2 The Chinggisid Age, a cura di Nicola Di Cosmo, Allen J. Frank e Peter B. Golden, Cambridge, Cambridge University Press, 2009.
Cameron, Sarah I., *The Hungry Steppe: famine, violence, and the making of Soviet Kazakhstan*, Ithaca, Cornell University Press, 2018.
Capaev, Dmitrij, *et al.*, *Velikaja Otečestvennaja: Komdivy. Voennyj biografičeskij slovar'. Tom 5*, Moskva, Kučkovo Pole, 2014.
Carlisle, Donald S., *Islam Karimov and Uzbekistan. Back to the Future?*, in *Patterns in Post-Soviet leadership*, a cura di Timothy Colton e Robert Tucker, Boulder, Westview Press, 1995.
— *Power and Politics in Soviet Uzbekistan: From Stalin to Gorbachev*, in *Soviet Central Asia. The failed transformation*, a cura di William Fierman, Boulder, Westview Press, 1991.
— *The Uzbek power elite: Politburo and secretariat (1938-83)*, in «Central Asian Survey», 5/3-4 (1986).
Cattell, David Tredwell, *Local government and the Sovnarkhoz in the USSR, 1957-1962*, in «Soviet studies», 15 (1964).
Cavanaugh, Cassandra, *Acclimatization, the shifting science of settlement*, in *Peopling the Russian Periphery: Borderland Colonization in Eurasian History*, a cura di Nicholas Breyfogle, Abby Schrader e Willard Sunderland, London, Routledge, 2007.
Čazov, Evgenij, *Zdorov'e i vlast'. Vospominanija «kremlëvskogo vrača»*, Moskva, Novosti, 1992.
Černova, Irina, *Zoloto dlja partii. Chlopkovoe delo*, Moskva, Kinokompanija Pigmalion, 2010.
Chaustov, Vladimir, Samuelson, Lennart, *Stalin, NKVD i repressii 1936-1938 gg.*, Moskva, Rosspen, 2009.

Chida, Tetsuro, *"Trust in Cadres" and the Party-Based Control in Central Asia during the Brezhnev era*, in *Development in Central Asia and the Caucasus. Migration, Democratisation and Inequality in the Post-Soviet Era*, a cura di Sophie Hohmann, Claire Mouradian, Silvia Serrano e Julien Thorez, London & New York, I.B. Tauris, 2014.

Chlevnjuk, Oleg, *Sistema centr-regiony v 1930-1950-e gody. Predposylki politizacii nomenklatury*, in «Cahiers du monde russe: Russie, Empire russe, Union soviétique, États indépendants», 44/2-3 (2003), pp. 253-268.

Chokay-ogly, Mustafa, *Turkestan pod vlast'ju Sovetov*, Alma-Ata, Aykap, 1993.

Chokobaeva, Aminat, Drieu, Cloé, Morrison, Alexander, *The Central Asian revolt of 1916: a collapsing empire in the age of war and revolution*, Manchester, Manchester University Press, 2019.

CIA, *CIA/SC/RR94 - Soviet Cotton Production in the Postwar Period*, 1955.

— *Directorate of Intelligence Report. Policy and Politics in the CPSU Politburo: October 1964 to September 1967 (Reference Title: CAESAR XXX). 31 August 1967. RSS No. 0021/67*, 1967.

Cienciala, Anna M., Lebedeva, Natalia, Materski, Wojchech, *Katyn. A Crime Without Punishment*, New Haven, Yale University Press, 2008.

Clark, William A., *Crime and Punishment in Soviet Officialdom. Combating Corruption in the Political Elite, 1965-1990*, Armonk, M.E. Sharpe, 1993.

Cobban, Albert, *National Self-Determination*, Chicago, University of Chicago Press, 1947.

Collins, Kathleen, *Clan Politics and Regime Transition in Central Asia*, Cambridge, Cambridge University Press, 2006.

Connell, Raewyn, *Periphery and Metropole in the History of Sociology*, in «Sociologisk Forskning», 47/1 (2010), pp. 72-86.

Conquest, Robert, *The great terror: a reassessment*, New York, Oxford University Press, 1990.

— *The Harvest of Sorrow: Soviet Collectivization and the Terror-Famine*, Oxford, Oxford University Press, 1986.

— *The Nation Killers: The Soviet Deportation of Nationalities*, London, Macmillan, 1970.

Craumer, Peter R., *Agricultural Change, Labor Supply, and Rural Out- Migration in Soviet Central Asia*, in *Geographic Perspectives on Soviet Central Asia*, a cura di Robert A.Lewis, London, Routledge, 1992.

Critchlow, James, *Corruption, Nationalism and the Native Elites in Soviet Central Asia*, in «The Journal of Communist Studies», 4 (1988).

— *Nationalism in Uzbekistan: A Soviet Republic's Road to Independence*, Boulder, Westview Press, 1991.

— *Prelude to «Independence»: How the Uzbek Party apparatus broke Moscow's Grip on Elite recruitment*, in *Soviet Central Asia. The failed tran-*

sformation, a cura di William Fierman, Boulder, Westview Press, 1991, pp. 131-156.

Crosby, Alfred W., *Ecological Imperialism: the biological expansion of Europe, 900-1900*, Cambridge, Cambridge University Press, 1986.

Cucciolla, Riccardo Mario, *Aleksandr Minkin: A pioneer of investigative journalism in Soviet Central Asia (1979-1991)*, in «Journalism: Theory, Practice & Criticism», 21/11 (2020), pp. 1727-1742.

— *Forced marriages and unintentional divorces: The national attitudes in Armenia and Uzbekistan towards the 'Russian World'*, in «Philosophy & Social Criticism», 50/4 (2024), pp. 688-714.

— *Legitimation through Self-Victimization. The «Uzbek cotton affair» and its repression narrative (1989-1991)*, in «Cahiers du monde russe», 58/3 (2017), 3, pp. 639-668.

— *Lo scandalo del cotone. Un'epurazione di massa in nome della perestrojka*, in «Contemporanea», 26/3 (2023), pp. 397-420.

— *Sharaf Rashidov and the International Dimensions of Soviet Uzbekistan*, in «Central Asian Survey», 39/1 (2020), pp. 185-201.

— *The Transformist: The evolution and adaptability of Sharaf Rashidov's regime in Soviet Uzbekistan*, in *Moscow and the Non-Russian Republics in the Soviet Union. Nomenklatura, Intelligentsia, and Centre-Periphery Relations*, a cura di Saulius Grybkauskas e Li Bennich-Björkman, London and New York, Routledge, 2021, pp. 92-121.

Čurbanov, Jurij, *Ja rasskažu vse, kak bylo*, Moskva, Liana sovmestno s izd-vot «Nezavisimaja gazeta», 1993.

Cutler, Robert M., *De-authoritarization in Uzbekistan?: Analysis and Prospects*, in *Owards Social Stability and Democratic Governance in Central Eurasia: Challenges to Regional Security*, a cura di Irina Morozova, Amsterdam, IOS Press, 2005.

Dadabaev, Timur, *Identity and Memory in Post-Soviet Central Asia: Uzbekistan's Soviet Past*, London & New York, Routledge, 2015.

David-Fox, Michael, *Crossing borders: Modernity, ideology, and culture in Russia and the Soviet Union*, Pittsburgh, University of Pittsburgh Press, 2015.

Davies, Norman, *Trail of Hope. The Anders Army, an Odyssey Across Three Continents*, Oxford, Osprey Publishing, 2015.

Dejevsky, Mary, *Glasnost' and the Soviet Press*, in *Culture and the media in the USSR today*, a cura di Julian Graffy e Geoffrey A Hosking, New York, Palgrave Macmillan, 1989.

Dempsey, Timothy Andrew, *Russian Rule in Turkestan: A Comparison with British India through the Lens of World-Systems Analysis*, Columbus, The Ohio State University, 2010.

De Stefano, Carolina, *The last party plenum: Preparations, discussions, and the failure to reform Soviet nationalities policy in 1989*, in «Cahiers du monde russe», 65/2 (2023), pp. 477-500.

Diamond, Jared M., *Guns, germs, and steel: the fates of human societies*, New York, Norton & Company, 2005.

Dienes, Leslie, *Soviet Asia: Economic Development and National policy choices*, Boulder, Westview Press, 1987.

Djumashev, Askar, *Sel'skoe Chozjajstvo Karakalpakstana (1960-1980-ch gg.): Problemy i Posledstvija*, in *International conference «Soil degradation and shifting agrarian orders in Central Asia» (University of Naples L'Orientale, Italy)*, 2024.

Dooley, Kathryn Amelia, *Stalinist Policies, Indigenous Agents, and Peasant Actors: Negotiating Collectivization in Uzbekistan, 1929-1932*, Eugene, University of Oregon, 2009.

Dowling, Timothy C., *The Brusilov Offensive*, Bloomington, Indiana University Press, 2008.

Drieu, Cloe, *Cinema, Nation, and Empire in Uzbekistan, 1919-1937*, Bloomington, Indiana University Press, 2019.

Dudoignon, Stéphane A., Georgeon, François, *Le Réformisme Musulman en Asie Centrale. Du 'premier renouveau' à la Soviétisation 1788-1937*, in «Cahiers du Monde Russe», 37/1-2 (1996).

Duhamel, Luc, *The KGB campaign against corruption in Moscow*, Pittsburgh, University of Pittsburgh Press, 2010.

Ebon, Martin, *The Andropov file: the life and ideas of Yuri V. Andropov, General Secretary of the Communist Party of the Soviet Union*, New York, McGraw-Hill, 1983.

Eden, Jeff, *God Save the USSR: Soviet Muslims and the Second World War*, Oxford, Oxford University Press, 2021.

Edgar, Adrienne L., *Genealogy, Class, and «Tribal Policy» in Soviet Turkmenistan, 1924-1934*, in «Slavic Review», 60/2 (2001), 2, pp. 266-288.

— *Tribal nation: The making of Soviet Turkmenistan*, Princeton, Princeton University Press, 2004.

Eklof, Ben, Bushnell, John, Zakharova, Larisa Georgievna, *Russia's Great Reforms, 1855-1881*, Bloomington, Indiana University Press, 1994.

Engerman, David C., *The Price of Aid: The Economic Cold War in India*, Cambridge, Harvard University Press, 2018.

Etkind, Aleksandr, *Internal colonization: Russia's imperial experience*, Cambridge, Polity Press, 2011.

Fane, Daria, *Ethnicity and Regionalism in Uzbekistan. Maintaining Stability through Authoritarian Control*, in *Ethnic conflict in Post-Soviet world.*

Case Studies and Analysis, a cura di Leokadia Drobizheva, Rose Gottemoeller, Catherine McArdle Kellcher e Lee Walker, New York, M.E. Sharpe, 1996.

FBIS, *JPRS-UPA-87-013. 14 July 1987 - 275098. Soviet Union. Political Affairs*, 1987.

— *JPRS-UPA-89-022 - 6 APRIL 1989 - Soviet Union. Political Affairs*, 1989.

— *JPRS-UPA-89-031. 19 May 1989 - Soviet Union. Political Affairs*, 1989.

— *JPRS-UPA-89-053 - Soviet Union. Political Affairs - 29 AUGUST 1989*, 1989.

Fedtke, Gero, *Jadids, Young Bukharans, Communists and the Bukharan Revolution: from an ideological debate in the early Soviet Union*, in *Muslim culture in Russia and Central Asia from the 18th to the early 20th centuries. Vol. 2, Inter-regional and inter-ethnic relations*, a cura di Michael Kemper, Anke von Kügelgen e Allen J Frank, Berlin, Schwarz, 1998.

Feofanov, Yuri V., Barry, Donald D., *Politics and justice in Russia major trials of the post-Stalin era*, Armonk, M.E. Sharpe, 1996.

Ferrara, Antonio, Pianciola, Niccolò, *L'età delle migrazioni forzate: esodi e deportazioni in Europa, 1853-1953*, Bologna, il Mulino, 2012.

Fierman, William, *Language planning and national development the Uzbek experience*, Berlin-New York, Mouton de Gruyter, 1991.

— *Political Development in Uzbekistan. Democratization?*, in *Conflict, Cleavage and Change in Central Asia and the Caucasus*, a cura di Kate Dawisha e Bruce Parrot, Cambridge, Cambridge University Press, 1997.

— *The Soviet «Transformation» of Central Asia*, in *Soviet Central Asia. The failed transformation*, a cura di William Fierman, Boulder, Westview Press, 1991.

Filtzer, Donald A., *The Khrushchev Era: De-Stalinization and the Limits of Reform in the USSR, 1953-1964*, London, Palgrave Macmillan, 1993.

Fitrat, Abdurauf, *Tanlangan asarlar*, vol. 1, Toshkent, Sharq, 2000.

Florin, Moritz, *Beyond Colonialism?: Agency, Power, and the Making of Soviet Central Asia*, in «Kritika: Explorations in Russian and Eurasian History», 18/4 (2017), pp. 827-838.

Fowkes, Ben, *The Disintegration of the Soviet Union. A Study in the Rise and Triumph of Nationalism*, London, Palgrave-Macmillan, 1997.

FRD, *Federal Research Division - Summary of Commentary in Pravda on Sub-Saharian Africa, Report 19960827/018, December 1981*, 1981.

Froese, Paul, *"I Am an Atheist and a Muslim": Islam, Communism, and Ideological Competition*, in «Journal of Church and State», 47/3 (2005), pp. 473-501.

Fursenko, Aleksandr, *Archivi Kremlja, Prezidium CK KPSS 1954-1964. Černovye protokol'nye zapisi zasedanii. Stenogrammy. Tom 1*, Moskva, Rosspen, 2015.

— *Archivi Kremlja, Prezidium CK KPSS 1954-1964. Postanovlenija 1959-1964. Tom 3*, Moskva, Rosspen, 2015.

Gatrell, Peter, *A Whole Empire Walking: Refugees in Russia During World War I*, Bloomington, Indiana University Press, 2000.

Gdljan, Telman, Ivanov, Nikolaj, *Kremlëvskoe delo*, Moskva, Gramota, 1996.

Genis, Vladimir, *Deportacija russkich iz Turkestana v 1921 godu ("Delo Safarova")*, in «Voprosy istorii», 1 (1998), pp. 44-58.

Gerace, Michael P., *Military Power, Conflict and Trade*, London, Frank Cass, 2004.

Getty, John Arch, *Origins of the great purges: the Soviet Communist Party reconsidered, 1933-1938*, Cambridge, Cambridge University Press, 1985.

Gill, Graeme, Pitty, Roderic, *Power in the Party. The Organization of Power and Central-Republican Relations in the CPSU*, Houndmills & New York, Palgrave Macmillan, 1997.

Ginsburgs, George, *The Soviet Union and International Cooperation in Legal Matters - Part III: Criminal Law*, Dordrecht, Martinus Nijhoff Publishers, 1994.

Glantz, Michael H., *Creeping environmental problems and sustainable development in the Aral Sea basin*, Cambridge-New York, Cambridge University Press, 1999.

Gleason, Gregory, *The political elite in the Muslim republics of Soviet Central Asia: the dual-criterion of power*, in «Institute of Muslim Minority Affairs. Journal», 10/1 (1989), pp. 246-263.

— *Sharaf Rashidov and the dilemmas of national leadership*, in «Central Asian Survey», 5/3-4 (1986), pp. 133-160.

Golan, Galia, *Yom Kippur and after: the Soviet Union and the Middle East crisis*, Cambridge, Cambridge University Press, 2010.

Goldman, Wendy, Filtzer, Donald, *Fortress Dark and Stern. The Soviet Home Front during World War II*, Oxford, Oxford University Press, 2021.

— *Hunger and war: food provisioning in the Soviet Union during World War II*, Bloomington, Indiana University Press, 2015.

Golovanov, Aleksandr, Saidov, Il'chomžon, *Vklad Uzbekistana v pobedu nad fašizmom*, Samarkand, SamGU, 2006.

Gorbačev Fond, *V Politbjuro CK KPSS...*, Moskva, Gorbačev Fond, 2008.

Gorbachev, Mikhail, *Memoirs*, London, Doubleday, 1996.

Gordijew, Ihor, *Soviet Agriculture and the March, 1965, Plenum of the C.P.S.U.*, in «The Australian Quarterly», 39/1 (1967).

Gorlizki, Yoram, Khlevniuk, Oleg, *Cold peace: Stalin and the Soviet ruling circle, 1945-1953*, Oxford-New York, Oxford University Press, 2004.

Goršenina, Svetlana, *Izvečna li marginal'nost' russkogo kolonial'nogo Turkestana, ili vojdet li post-sovetskaja Srednjaja Azija v oblast' Post-issledovanij*, in «Ab Imperio», 2 (2007), pp. 209-258.

Graziosi, Andrea, *A Century of 1917s: Ideas, Representations, and Interpretations of the October Revolution, 1917-2017*, in «Harvard Ukrainian Studies», 36/1-2 (2019), pp. 9-44.

— *La grande guerra contadina in URSS. Bolscevichi e contadini, 1918-1933*, Napoli, Edizioni scientifiche italiane, 1998.

— *The Kazakh Famine, the Holodomor, and the Soviet Famines of 1930-1933: Starvation and National Un-building in the Soviet Union*, in *Genocide. The Power and Problems of a Legal and Ethical-Political Concept*, Toronto, McGill-Queen's University Press, 2022, pp. 126-144.

— *Political Famines in the USSR and China. A Comparative Analysis*, in «Journal of Cold War Studies», 19/3 (2017), pp. 42-103.

— *Stalin and the Soviet theory of nationality and nationalism: Intellectual and political roots, implementation, and post-1991 legacies*, in «Philosophy & Social Criticism», 50/4 (2024), pp. 638-650.

— *L'Ucraina e Putin tra storia e ideologia*, Bari-Roma, Laterza, 2022.

— *L'Urss dal trionfo al degrado. Storia dell'Unione Sovietica, 1945-1991*, Bologna, il Mulino, 2008.

— *L'Urss di Lenin e Stalin. Storia dell'Unione Sovietica, 1914-1945*, Bologna, il Mulino, 2007.

Gregory, Paul R., *The political economy of Stalinism: Evidence from the Soviet secret archives*, Cambridge-New York, Cambridge University Press, 2004.

Grodsky, Brian K., *The Costs of Justice: How new leaders respond to previous rights abuses*, Notre Dame, University of Notre Dame Press, 2010.

Gromyko, Andrej, Kovalev, Anatolij, Sevost'janov, Pavel, Tichvinskij, Sergej, *Diplomatičeskij Slovar'. Tom 1*, Moskva, Nauka, 1986.

Grybkauskas, Saulius, *The Role of the Second Party Secretary in the "Election" of the First: The Political Mechanism for the Appointment of the Head of Soviet Lithuania in 1974*, in «Kritika: Explorations in Russian and Eurasian History», 14/2 (2013), pp. 343-366.

— *Sovietinis «generalgubernatorius»: Komunistų partijų antrieji sekretoriai Sovietų Sąjungos respublikose*, Vilnius, Lietuvos istorijos institutas, 2016.

Henze, Paul B., *The economic development of Soviet Central Asia to the eve of World War II: An examination of Soviet methods as applied to a semi-colonial area*, in «Journal of the Royal Central Asian Society», 36/3-4 (1949), pp. 278-296.

Hilger, Andreas, *Sowjetisch-indische Beziehungen 1941 - 1966. Imperiale Agenda und nationale Identität in der Ära von Dekolonisierung und Kaltem Krieg*, Köln, Böhlau Verlag, 2018.

Hiro, Dilip, *Inside Central Asia: A Political and Cultural History of Uzbekistan, Turkmenistan, Kazakhstan, Kyrgyzstan, Tajikistan, Turkey, and Iran*, London & New York, Overlook TP, 2011.

Hirsch, Francine, *Empire of Nations: Ethnographic Knowledge and the Making of the Soviet Union*, Ithaca, Cornell University Press, 2005.

Hodnett, Grey, *Technology and Social Change in Soviet Central Asia: The Politics of Cotton Growing*, in *Soviet Politics and Society in the 1970's*, a cura di Henry W. Morton, Rudolf L Tökés e John N Hazard, New York, The Free Press, 1974.

Holdsworth, Mary, *Turkestan in the nineteenth century: A brief history of the khanates of Bukhara, Kokand, and Khiva*, London-Oxford, Central Asian Research Centre and St. Antony's College, 1959.

Holmes, Leslie, *The End of Communist Power. Anti-corruption campaigns and legitimation crisis*, Oxford-New York, Oxford University Press, 1993.

Hopkirk, Peter, *The great game: the struggle for empire in Central Asia*, New York, Kodansha International, 1992.

Hosking, Geoffrey A., *Russia and the Russians: A History*, Cambridge, Harvard University Press, 2001.

Houbert, Jean, *Russia in the geopolitics of settler colonization and decolonization*, in «The Round Table. The Commonwealth Journal of International Affairs», 86/344 (1997), pp. 549-561.

Hough, Jerry F., *The Brezhnev Era: The Man and the System*, in «Problems of Communism», 25/2 (1976).

— *The Soviet Prefects. Local Party organs in industrial decision-making*, Cambridge, Harvard University Press, 1969.

Hrytsak, Yaroslav, *Storia dell'Ucraina. Dal Medioevo a oggi*, Bologna, il Mulino, 2023.

Hubbard, Charles M., *The Burden of Confederate Diplomacy*, Knoxville, University of Tennessee Press, 2000.

Ibragimov, Ju. I., *Iz istorii bor'by Kommunističeskoj partii Uzbekistana za razvitie chlopkovodstva*, Taškgosunt im. V. I. Lenina, 1968.

Ignatyev, Nikolay, *Mission of N.P. Ignat'ev to Khiva and Bukhara in 1858*, a cura di John L. Evans, Newtownville, Oriental Research Partners, 1984.

Ilkhamov, Alisher, *Neopatrimonialism, factionalism and patronage in post-Soviet Uzbekistan*, in *Neopatrimonialism in Africa and Beyond*, a cura di Daniel C. Bach e Mamoudou Gazibo, London & New York, Routledge, 2012.

— *Neopatrimonialism, interest groups and patronage networks: the impasses of the governance system in Uzbekistan*, in «Central Asian Survey», 26/1 (2007).

Iljuchin, Viktor, *Oborotni: Kak bylo nadumano "Uzbekskoe" delo*, Toshkent, Uzbekiston, 1993.
— *Voždi i oborotni. Prervannoe rassledovanie*, Moskva, Paleja, 1994.
Inojatov, Chamid, *et al.*, *Istorija graždanskogo vojny v Uzbekistane*, Taškent, Nauka-Fan, 1970.
— *Turkestan v rasčetach anglo-amerikanskich imperialistov*, Taškent, Uzbekistan, 1987.
Isaacs, Rico, *Party System Formation in Kazakhstan: Between Formal and Informal Politics*, London & New York, Routledge, 2011.
Iskanderov, Ibragimžan, *Ekonomika respubliki v ramkach edinogo narodno-choziaistvennogo kompkleksa strany*, in «Ekonomika i žizn», 2 (1986).
— *Ešče raz o vtoroj tekstil'noj baze strany*, in «Ekonomika i žizn», 3 (1966).

Jack, Homer Alexander, *Cairo: The Afro-Asian Peoples' Solidarity Conference. A Critical Political Analysis*, Chicago, Toward freedom pamphlet, 1958.
Jakubovskij, Aleksandr, *K voprosu ob etnogeneze uzbekskogo naroda*, Taškent, UzFAN, 1941.
Jo'raev, M., Nurullin, R., Kamolov, S., *O'zbekistonning yangi tarixi. 2-kitob. O'zbekiston sovet mustamlakachiligi davrida*, Toshkent, Sharq, 2000.
Joffe, Muriel, *Autocracy, Capitalism and Empire: The Politics of Irrigation*, in «Russian Review», 54/3 (1995), pp. 365-388.
Jolluck, Katherine R., *Exile and identity: Polish women in the Soviet Union during World War II*, Pittsburgh, University of Pittsburgh Press, 2002.
Jones, Polly, *The Dilemmas of De-Stalinization: Negotiating Cultural and Social Change in the Khrushchev Era*, London & New York, Routledge, 2006.

Kaiser, Robert J., *Nations and Homelands in Soviet Central Asia*, in *Geographic Perspectives on Soviet Central Asia*, a cura di Robert Lewis, London & New York, Routledge, 1992.
Kaliničenko, Vladimir, *Delo o 140 milliardach, ili 7060 dnej iz žizni sledovatelja*, Moskva, Centrpoligraf, 2017.
Kalinovsky, Artemy, *Central Asia and the Global Cold War: A View from Russian and Tajikistani Archives*, 2018, https://www.wilsoncenter.org/blogpost/central-asia-and-the-global-cold-war.
— *Laboratory of socialist development: Cold War politics and decolonization in Soviet Tajikistan*, Ithaca, Cornell University Press, 2018.
— *Not some British colony in Africa: The Politics of Decolonization and Modernization in Soviet Central Asia, 1955-1964*, in «Ab Imperio», 2 (2013).
Kamp, Marianne, *The New Woman in Uzbekistan: Islam, Modernity and Unveiling under Communism*, Seattle, University of Washington Press, 2006.

Kamp, Marianne, Zanca, Russell, *Recollections of collectivization in Uzbekistan: Stalinism and local activism*, in «Central Asian Survey», 36/1 (2017), pp. 55-72.

Kandiyoti, Deniz, *Post-Colonialism Compared: Potentials and Limitations in the Middle East and Central Asia*, in «International Journal of Middle East Studies», 34/2 (2002), pp. 279-297.

Karimov, Islam, *Uzbekistan on the Threshold of the Twenty-First Century: Tradition and Survival*, Surrey, Curzon Press, 1997.

Keller, Shoshana, *The Central Asian Bureau, an essential tool in governing Soviet Turkestan*, in «Central Asian Survey», 22/2-3 (2003), pp. 281-297.

— *To Moscow, Not Mecca: The Soviet Campaign Against Islam in Central Asia, 1917-1941*, Westport, Praeger, 2001.

Kendzior, Sarah, *Redefining Religion: Uzbek Atheist Propaganda in Gorbachev-Era Uzbekistan*, in «Nationalities Papers», 34/5 (2006).

Khalid, Adeeb, *Backwardness and the Quest for Civilization: Early Soviet Central Asia in Comparative Perspective*, in «Slavic Review», 65/2 (2006), pp. 231-251.

— *Being Muslim in Soviet Central Asia, or an Alternative History of Muslim Modernity*, in «Journal of the Canadian Historical Association», 18/2 (2007).

— *Central Asia: A New History from the Imperial Conquests to the Present*, Princeton, Princeton University Press, 2021.

— *Communism on the Frontier: The Sovietization of Central Asia and Mongolia*, in *The Cambridge History of Communism*, a cura di Silvio Pons e Stephen A. Smith, Cambridge, Cambridge University Press, 2017, pp. 616-636.

— *Introduction: Locating the (Post)Colonial in Soviet History*, in «Central Asian Survey», 26/4 (2007), pp. 465-473.

— *Islam after Communism: Religion and Politics in Central Asia*, Berkeley, University of California Press, 2007.

— *Making Uzbekistan. Nation, Empire, and Revolution in the Early USSR*, Ithaca, Cornell University Press, 2015.

— *Nationalizing the Revolution in Central Asia: The Transformation of Jadidism, 1917-1920*, in *A State of Nations. Empire and Nation Making in the Age of Lenin and Stalin*, a cura di Ronald Grigor Suny e Terry Martin, Oxford, Oxford University Press, 2001.

— *The Politics of Muslim Cultural Reform: Jadidism in Central Asia*, Berkeley, University of California Press, 1998.

— *Tashkent 1917: Muslim Politics in Revolutionary Turkestan*, in «Slavic Review», 55/2 (1996).

Khan, Azizur Rahman, Ghai, Dharam P., *Collective agriculture and rural development in Soviet Central Asia*, London, Macmillan Press & ILO, 1979.

Khazanov, Anatoly, *Meskhetian Turks in search of self-identity*, in «Central Asian Survey», 11/4 (1992), pp. 1-16.

Khazanov, Anatoly M., *After the USSR: Ethnicity, Nationalism and Politics in the Commonwealth of Independent States*, Madison, The University of Wisconsin Press, 1995.

Khlevniuk, Oleg, *The Economy of Illusions: The Phenomenon of Data Inflation in the Khrushchev Era*, in *Khrushchev in the Kremlin: Policy and Government in the Soviet Union, 1956-1964*, a cura di Jeremy Smith e Melanie Ilic, London, Routledge, 2011.

Kholbazarov, Tolkin, *The Second World War and Uzbekistan*, in «SSRN», (2023), pp. 1-6.

Khrushchev, Nikita, *Report on the Program of the Communist Party of the Soviet Union*, in *Documents of the 22nd Congress of the CPSU. Vol II*, New York, Crosscurrents Press, 1961.

Kim, Alexander, *The Repression of Soviet Koreans during the 1930s*, in «The Historian», 74/2 (2012), pp. 267-285.

Kim, Daniel, *Formulating missiological approaches through the analysis of the Korean minority identity in Uzbekistan*, Deerfield, Trinity International University, 2008.

Kim, German Nikolaevich, *Koreans in Kazakhstan, Uzbekistan, and Russia*, in *Encyclopedia of Diasporas. Immigrant and Refugee Cultures Around the World*, a cura di Melvin Ember, Carol R. Ember e Ian Skoggard, Boston, Springer, 2005, pp. 983-992.

— *Koryo Saram, or Koreans of the Former Soviet Union: In the Past and Present*, in «Amerasia Journal», 29/3 (2004), pp. 23-29.

Kim, Hodong, *Holy War in China: The Muslim Rebellion and State in Chinese Central Asia, 1864-1877*, Stanford, Stanford University Press, 2004.

Kim, Pëtr, Dmitriev, Gelij, Dmitrieva, Svetlana, *Očerki istočnikovedenija istorii Kommunističeskoj partii Uzbekistana*, Taškent, Uzbekistan, 1986.

Kirasirova, Masha, *Building Anti-Colonial Utopia. The politics of space in Soviet Tashkent in the "long 1960s"*, in *The Routledge Handbook of the Global Sixties. Between Protest and Nation-Building*, a cura di Chen Jian, Martin Klimke, Masha Kirasirova, Mary Nolan, Marilyn Young e Joanna Waley-Cohen, London-New York, Routledge, 2018.

Koichiev, Arslan, *Ethno-Territorial Claims in the Ferghana Valley During the Process of National Delimitation, 1924-7*, in *Central Asia: Aspects of Transition*, a cura di Tom Everett-Heath, London, RoutledgeCurzon, 2003.

Kotkin, Stephen, *Magnetic mountain: Stalinism as a civilization*, Berkeley, University of California Press, 1997.

Kozlov, Viktor, *The peoples of the Soviet Union*, London-Bloomington, Hutchinson, 1988.

KPUz, *Očerki Istorii Kommunističeskoj Partii Uzbekistana*, Tashkent, Uzbekistan, 1964.

— *Vernost' Velikomu Sojuzu Bratskich Respublik*, Taškent, Uzbekistan, 1973.

Kramer, Mark, *The Role of the CSPU International Department in Soviet Foreign Relations and National Security Policy*, in «Soviet Studies», 42/3 (1990), pp. 429-446.

Kudaibergenova, Diana T., *The Use and Abuse of Postcolonial Discourses in Post-independent Kazakhstan*, in «Europe-Asia Studies», 68/5 (2016).

Kunaev, Dinmuchamed, *Ot Stalina do Gorbačeva: v aspekte istorii Kazachstana*, Almaty, Sanat, 1994.

Laruelle, Marlene, *Russian Eurasianism: an ideology of empire*, Washington D.C., Johns Hopkins University Press, 2012.

— *Russian nationalism: Imaginaries, doctrines, and political battlefields*, Milton, Routledge, 2018.

— *The "Russian World": Russia's Soft Power and Geopolitical Imagination*, in «The Center on Global Interests (CGI)», 5 (2015).

Lee, Vladimir, Woong, Kim Young, *Belaja Kniga O Deportacii Korejskogo Naselenija Rossii V 30-40ch Godach*, Moskva, Interpraks, 1992.

Lenin, Vladimir, *To the Comrades Communists of Azerbaijan, Georgia, Armenia, Daghestan, and the Mountaineer Republic*, in *Collected Works, Vol. 32*, Moscow, Progress Publishers, 1965.

Lewis, Robert A., *The Irrigation Potential of Soviet Central Asia*, in «Annals of the Association of American Geographers», 52/1 (1962).

Ligačev, Egor, *Predosterezhenie*, Moskva, Pravda Internėšnl, 1998.

Ligachev, Yegor, *Inside Gorbachev's Kremlin: The Memoirs Of Yegor Ligachev*, Boulder, Westview Press, 1996.

Lipovsky, Igor, *The Central Asian cotton epic*, in «Central Asian Survey», 14/4 (1995), pp. 529-542.

Loader, Michael, *Purging in the Khrushchev era: «Red Cardinals» and nationalism in the Soviet Republics*, in *Moscow and the Non-Russian Republics in the Soviet Union: Nomenklatura, Intelligentsia, and Centre-Periphery Relations*, Oxford, Routledge, 2021, pp. 16-47.

Lohr, Eric, *Nationalizing the Russian Empire: The Campaign against Enemy Aliens during World War I*, London, Harvard University Press, 2003.

Lubin, Nancy, *Implications of Ethnic and Demographic Trends*, in *Soviet Central Asia. The failed transformation*, a cura di William Fierman, Boulder, Westview Press, 1991.

— *Labour and nationality in Soviet Central Asia: An Uneasy compromise*, Princeton, Princeton University Press, 1984.

Lunin, Boris, *Istorija Uzbekistana v istočnikach*, Taškent, Fan, 1984.

Luong, Pauline Jones, *Institutional Change and Political continuity in Post-Soviet Central Asia. Power, Perceptions, and Pacts*, Cambridge, Cambridge University Press, 2008.

MacKenzie, David, *Kaufman of Turkestan: An Assessment of His Administration 1867-1881*, in «Slavic Review», 26/2 (1967), pp. 265-285.

— *Turkestan's Significance to Russia (1850-1917)*, in «Russian Review», 33/2 (1974), p. 167.

Maksakova, Ljudmila, *Uzbekistan v Sisteme Meždunarodnych Migracij*, in *Postsovetskie transformacii: otraženie v migracijach*, a cura di Žanna Zajončkovskaja e Galina Vitkovskaja, Moskva, Centr migracionnych issledovanij, Institut narodnochozjajstvennogo prognozirovanija RAN-Adamant, 2009.

Malikov, A.M., *The Russian conquest of the Bukharan Emirate: military and diplomatic aspects*, in «Central Asian Survey», 33/2 (2014), pp. 180-198.

Malikov, Mukhammed-Babur, *Uzbekistan: A view from the opposition*, in «Problems of Post-Communism», 42/2 (1995).

Manley, Rebecca, *To the Tashkent station evacuation and survival in the Soviet Union at war*, Ithaca, Cornell University Press, 2009.

Markowitz, Lawrence P., *Local elites, Prokurators and extraction in rural Uzbekistan*, in «Central Asian Survey», 27/1 (2008), pp. 1-14.

— *State Erosion. Unlootable Resources and Unruly Elites in Central Asia*, Ithaca, Cornell University Press, 2013.

Marshall, Alexander, *Turkfront: Frunze and the Development of Soviet Counterinsurgency in Central Asia*, in *Central Asia. Aspects of Transition*, a cura di Tom Everett-Heath, London, Routledge-Curzon, 2003.

Martin, Terry, *The Affirmative Action Empire and Nationalism in the Soviet Union, 1923-1939*, Ithaca, Cornell University Press, 2001.

Masoero, Alberto, *Territorial Colonization in Late Imperial Russia: Stages in the Development of a Concept*, in «Kritika: Explorations in Russian and Eurasian History», 14/1 (2013), pp. 59-91.

Masov, Rahim, *Istorija topornogo razdelenija*, Dušanbe, Irfon, 1991.

Matley, Ian Murray, *The Golodnaya Steppe: A Russian Irrigation Venture in Central Asia*, in «Geographical Review», 60/3 (1970), pp. 328-346.

— *Industrialization (1865-1964)*, in *Central Asia. 130 years of Russian dominance: a historical overview*, a cura di Edward A. Allworth, Durham, Duke University Press, 1994.

Matlock, Jack F, *Autopsy on an Empire: the American Ambassador's account of the collapse of the Soviet Union*, New York, Random House, 1995.

Medvedev, Roy, *Andropov*, Moskva, Molodaja Gvardija, 2006.

Megoran, Nick, *Nationalism in Central Asia. A Biography of the Uzbekistan-Kyrgyzstan Boundary*, Pittsburgh, University of Pittsburgh Press, 2017.

Meienberger, Alexander, *The Concept of the "Russkiy Mir": History of the Concept and Ukraine*, in «Euxeinos», 13/35 (2023), pp. 15-29.

Melenberg, Aleksandr, *Na Dmitrovke, 15 — Bez peremen. Poslednee delo Prokuratury SSSR*, in «Novaja Gazeta», 3 novembre 2003.

Merlo, Simona, *La costruzione dell'Ucraina contemporanea*, Bologna, il Mulino, 2023.

Meuser, Philipp, *Seismic Modernism: Architecture and Housing in Soviet Tashkent*, Berlin, DOM Publishers, 2016.

Micklin, Philip, *Aral Sea Basin Water Resources and the Changing Aral Water Balance*, in *The Aral Sea. The Devastation and Partial Rehabilitation of a Great Lake*, a cura di Philip Micklin, N. V. Aladin e Igor Plotnikov, Heidelberg, Springer Berlin, 2014, pp. 111-135.

Miller, John, *Cadres policy in nationality areas. Recruitment of CPSU First and Second secretaries in Non-Russian republics of the USSR*, in «Soviet Studies», 29/1 (1977).

Mlečin, Leonid, *Jurij Andropov. Poslednjaja nadežda režima*, Moskva, Centrpoligraf, 2008.

Morozov, Viatcheslav, *Russia's postcolonial identity: a subaltern empire in a Eurocentric world*, London, Palgrave Macmillan, 2015.

Morrison, Alexander, *Camels and Colonial Armies: The Logistics of Warfare in Central Asia in the Early 19th Century*, in «Journal of the Economic and Social History of the Orient», 57 (2014), pp. 443-485.

— *Peasant Settlers and the 'Civilising Mission' in Russian Turkestan, 1865-1917*, in «The Journal of Imperial and Commonwealth History», 43/3 (2015), pp. 387-417.

— *Russia's Colonial Allergy*, in «Eurasianet», 19 dicembre 2016.

— *The Russian Conquest of Central Asia. A Study in Imperial Expansion, 1814-1914*, Cambridge, Cambridge University Press, 2020.

— *Russian Rule in Samarkand, 1868-1910: a comparison with British India*, Oxford, Oxford University Press, 2008.

— *Russian Rule in Turkestan and the Example of British India, c. 1860-1917*, in «The Slavonic and East European Review», 84/4 (2006), pp. 666-707.

— *Russian Settler Colonialism*, in *The Routledge Handbook of the History of Settler Colonialism*, a cura di Lorenzo Veracini e Ed Cavanagh, Abingdon, Routledge, 2016, pp. 313-326.

Motadel, David, *Islam and Nazi Germany's War*, Cambridge MA, Harvard University Press, 2014.

Mouradian, Claire, *The Origins of a Colonial Vision of Southern Russia From the Tsars to the Soviets: About Some Imperial Practices in the Caucasus*, in *Development in Central Asia and the Caucasus. Migration, Democratisation and Inequality in the Post-Soviet Era*, a cura di Sophie Hohmann, Claire

Mouradian, Silvia Serrano e Julien Thorez, London & New York, I.B. Tauris, 2014.
Muchitdinov, Nuritdin, *Gody provedennye v Kremle*, Taškent, Kadyri, 1994.
Mūnis, Ḫwārizmī, *Firdaws al-iqbāl: history of Khorezm*, Leiden, E.J. Brill, 1999.
Myer, Will, *Islam and colonialism: Western Perspectives on Soviet Asia*, London-New York, RoutledgeCurzon, 2002.

Naimark, Norman M., *Stalin's genocides*, Princeton, Princeton University Press, 2010.
Nalivkin, Vladimir, *Kratkaja istorija Kokandskogo chanstva*, Kazan', tip. Un-ta, 1886.
Naše Kino, *Kremlëvskie pochorony. Šaraf Rašidov*, Moskva, NTV, 2008.
Naumov, Aleksandr, *Gafur Guljam. Ajbek. Chamid Alimdžan. Stichotvorenija i poèmy*, Leningrad, Izdatel'stvo Sovetskij pisatel', 1980.
Nazarov, Ravshan, Shozimov, Pulat, *The Ferghana Valley in the Eras of Khrushchev and Brezhnev*, in *Ferghana Valley: The Heart of Central Asia*, a cura di S. Frederick Starr, Armonk, M.E. Sharpe, 2011.
Nekrich, Aleksandr, *The punished peoples: the deportation and fate of Soviet minorities at the end of the Second World War*, New York, Norton, 1978.
Nikolaev, Sergei, *Russians in Uzbekistan*, in *The New Russian Diaspora: Russian Minorities in the Former Soviet Republics*, a cura di Vladimir Shlapentokh, Munir Sendich e Emil Payin, Armonk, M.E. Sharpe, 1994.
Nišanov, Rafik, *Derev'â zelenejut do metelej: Rafik Nišanov rasskazyvaet Marine Zavade i Jurij Kulikovu*, Moskva, Molodaja Gvardija, 2012.
Norling, Nicklas, *Myth and Reality: Politics in Soviet Uzbekistan*, Baltimore, Johns Hopkins University, 2014.
Northrop, Douglas, *Veiled empire: Gender & Power in Stalinist Central Asia*, Ithaca, Cornell University Press, 2004.
Nourzhanov, Kirill, *Bandits, warlords, national heroes: interpretations of the Basmachi movement in Tajikistan*, in «Central Asian Survey», 34/2 (2015), pp. 177-189.
Nove, Alec, *An Economic History of the USSR*, London, Penguin Books, 1989.

O'Neill, Gerard, *Land and water "reform" in the 1920s. Agrarian revolution or social engineering?*, in *Central Asia: Aspects of Transition*, a cura di Tom Everett-Heath, London, Routledge, 2003.
Obertreis, Julia, *Imperial Desert Dreams: Cotton Growing and Irrigation in Central Asia, 1860-1991*, Göttingen, V&R unipress, 2017.
Ohayon, Isabelle, *La déportation des peuples vers l'Asie centrale*, in *Le XXe siècle des guerres*, a cura di Pietro Causarano, Valeria Galimi, François Guedj, Romain Huret, Isabelle Lespinet-Muret, Jérôme Martin, Michel Pinault, Xavier Vigna e Mercedes Yusta, Paris, Éditions de l'Atelier, 2004, pp. 171-178.

Ohayon, Isabelle, Uyama, Tomohiko, *Médiateurs d'empire en Asie Centrale (1820-1928)*, in «Cahiers du Monde Russe», 56/4 (2015).
Olcott, Martha Brill, *The Basmachi or Freemen's Revolt in Turkestan, 1918-24*, in «Soviet Studies», 33/3 (1981).
— *Roots of Radical Islam in Central Asia*, in «Carnegie Papers - Carnegie Endowment for International Peace», 77 (2007).
Osterhammel, Jürgen, *Colonialism: A Theoretical Overview*, Princeton, Markus Wiener Publishers, 2005.

Park, Alexander Garland, *Bolshevism in Turkestan, 1917-1927*, New York, Columbia University Press, 1957.
Penati, Beatrice, *Collectivisation, resettlement, and new irrigation in Central Asia: the Dal'verzin steppe in the late 1920s*, in *BASEES conference*, 2018.
— *The Cotton Boom and the Land Tax in Russian Turkestan (1880s-1915)*, in «Kritika: Explorations in Russian and Eurasian History», 14/4 (2013), pp. 741-774.
— *Rural History of Soviet Central Asia*, Leiden-Boston, Brill, 2024.
Pervyšev, I., *Irrigacija i ee značenie v Turkestane*, Taškent, Turkestansk. gos. izd-vo, 1923.
Peterson, Maya K., *Pipe Dreams: Water and Empire in Central Asia's Aral Sea Basin*, Cambridge, Cambridge University Press, 2019.
Peyrouse, Sébastien, *La gestion du fait religieux en Asie centrale: poursuite du cadre conceptuel soviétique et renouveau factice*, in «Cahiers d'Asie centrale», 13-14 (2004), pp. 77-120.
Pianciola, Niccolò, *Décoloniser l'Asie centrale? Bolcheviks et colons au Semireč'e (1920-1922)*, in «Cahiers du Monde russe», 49/1 (2008), pp. 101-143.
— *Sacrificing the Qazaqs: The Stalinist Hierarchy of Consumption and the Great Famine of 1931-33 in Kazakhstan*, in «Journal of Central Asian History», 1 (2022), pp. 225-272.
— *Stalinismo di frontiera. Colonizzazione agricola, sterminio dei nomadi e costruzione statale in Asia Centrale (1905-1936)*, Roma, Viella, 2009.
Pierce, Richard A., *Toward Soviet Power in Tashkent, February-October 1917*, in «Canadian Slavonic Papers / Revue Canadienne des Slavistes», 17/2-3 (1975), pp. 261-270.
Pierce, Richard A, *Russian Central Asia, 1867-1917: A Study in Colonial Rule*, Berkeley, University of California Press, 1960.
Pikhoia, Rudolf G., *URSS, Histoire du Pouvoir. Tome 1, Quarante ans d'après-guerre*, Longueuil, Éditions Kéruss, 2007.
— *URSS, Histoire du Pouvoir. Tome 2, Le retour de l'aigle bicéphale*, Longueuil, Éditions Kéruss, 2007.

Plechanov, Sergej, *Delo Gdljana. Anatomija političeskogo skandala*, Kaunas, Klub "Olimpas", 1991.

Plokhy, Serhii, *The Gates of Europe: A History of Ukraine*, London, Penguin Books, 2015.

Pohl, Jonathan Otto, *Ethnic cleansing in the USSR, 1937-1949*, Westport, Greenwood Press, 1999.

Polian, Pavel, *Against their Will: The History and Geography of Forced Migrations in the USSR*, Budapest, Central European University Press, 2004.

Pomfret, Richard, *The economies of Central Asia*, Princeton, Princeton University Press, 1995.

— *State-Directed Diffusion of Technology: The Mechanization of Cotton Harvesting in Soviet Central Asia*, in «The Journal of Economic History», 62/1 (2002).

Pons, Silvio, *The Global Revolution. A History of International Communism 1917-1991*, Oxford, Oxford University Press, 2014.

Pospielovsky, Dimitry V., *Soviet Antireligious Campaigns and Persecutions: Volume 2 of a History of Soviet Atheism in Theory and Practice and the Believer*, London, Palgrave Macmillan, 1988.

Poujol, Catherine, Fourniau, Vincent, *Trade and the Economy*, in *History of Civilizations of Central Asia: Volume VI Towards the contemporary period: from mid-nineteenth to the end of the twentieth century*, a cura di Chahryar Adle, Paris, UNESCO Publishing, 2005.

Purnell, Jon R., *President Karimov not an orphan, and other family secrets, 04TASHKENT3519_a, classified by Amb. Jon R. Purnell for reasons 1.4 (B, D)*, 2004, https://wikileaks.org/plusd/cables/04TASHKENT3519_a.html.

Rasanayagam, Johan, *Islam in Post-Soviet Uzbekistan; The Morality of Experience*, Cambridge, Cambridge University Press, 2011.

Rashid, Ahmed, *The Resurgence of Central Asia, Islam or Nationalism?*, London, Zed Books, 1995.

Rashidov, Sharaf, *The banner of friendship*, Moscow, Progress Publishers, 1969.

— *Speech of Congress Delegate*, in *Building a new society: the 25th Congress of the Communist Party of the Soviet Union*, a cura di Jessica Smith, David Laibman e Bechtel Marilyn, New York, NWR Publications, 1977.

— *Soviet Uzbekistan*, Moscow, Progress Publishers, 1982.

Rašidov, Šaraf, *Sobranie sočinenij v 5 tomach*, Moskva, Chudožestvennaja literatura, 1979.

Rasulov, Bakhtiyor M., *Complete Collectivization and Resistance of Farmers in Uzbek Villages in the early 30s*, in «Eastern European Scientific Journal», 1 (2017), pp. 67-73.

Ravshanov, Poyon, *Qashqadaryo: istiqlol arafasida 1986 - 1989 yillar*, Toshkent, Ma'naviyat, 2003.

Razzakov, Fëdor, *Delo, Vzorvavšee SSSR*, Moskva, Algoritm, 2012.
— *Korrupcija v Politbjuro: Delo «Krasnogo Uzbeka»*, Moskva, Eksmo, 2009.
Reddaway, Peter, *Uncensored Russia. The Human Rights Movement. The Annotated Text of the Unofficial Moscow Journal. A Chronicle of Current Events*, New York, American Heritage Press, 1972.
Reskov, Boris, Sedov, Gennadij, *Usman Jusupov*, Moskva, Molodaja Gvardija, 1976.
Riera, Pepita, *Servicio de Inteligencia de Cuba Comunista*, Miami, Service Offset Printers, 1966.
Rigby, Thomas Henry, *Political Elites in the USSR: Central Leaders and local cadres from Lenin to Gorbachev*, Worcester, Billing & Sons, 1990.
Rizaev, Saidakbar, *Šaraf Rašidov. Štrichi k portretu*, Toshkent, Yozuvchi, 1992.
Ro'i, Yaacov, *Islam in the Soviet Union: From the Second World War to Gorbachev*, New York, Columbia University Press, 2000.
— *Muslim Eurasia: conflicting legacies*, London-Portland, F. Cass, 1995.
— *The Role of Islam and the Soviet Muslims in Soviet Arab Policy*, in «Asian and African Studies», 10/2 (1975), pp. 157-189.
Roberts, Flora, *A time for feasting? Autarky in the Tajik Ferghana Valley at war, 1941-45*, in «Central Asian Survey», 36/1 (2017), pp. 37-54.
Roccucci, Adriano, *Stalin e il patriarca. La Chiesa ortodossa e potere sovietico 1917-1958*, Torino, Einaudi, 2011.
Roudik, Peter L., *The History of the Central Asian Republics*, Westport, Greenwood Press, 2007.
Roy, Olivier, *The New Central Asia. The creation of Nations*, New York, New York University Press, 2000.
Rumer, Boris Z., *Central Asia's Cotton Economy and Its Costs*, in *Soviet Central Asia. The failed transformation*, a cura di William Fierman, Boulder, Westview Press, 1991.
Rutland, Peter, *The Politics of Economic Stagnation in the Soviet Union: The Role of Local Party Organs in Economic Management*, Cambridge, Cambridge University Press, 2009.
Rywkin, Michael, *Russia in Central Asia. How Soviet colonial policy operates and what it portends*, New York, Collier Books, 1963.
— *Russian Party Apparatus in a Muslim Republic. The case of Uzbekistan*, in «Journal Institute of Muslim Minority Affairs», 2 (1987).

Sabbatucci, Giovanni, *Il trasformismo come sistema. Saggio sulla storia politica dell'Italia unita*, Bari-Roma, Laterza, 2003.
Sabol, Steven, *The creation of Soviet Central Asia: The 1924 national delimitation*, in «Central Asian Survey», 14/2 (1995), pp. 225-241.
Sadikov, Abid, *et al.*, *Taškent Geografičeskij Atlas*, Moskva, GUGK, 1984.

Safarov, Georgij, *Kolonial'naja revoljucija: Opyt Turkestana*, Moskva, Gosizdat RSFSR, 1921.

Sahadeo, Jeff, *Progress or peril. Migrants and locals in Russian Tashkent, 1906-14*, in *Peopling the Russian Periphery: Borderland Colonization in Eurasian History*, a cura di Nicholas Breyfogle, Abby Schrader e Willard Sunderland, London-New York, Routledge, 2007, pp. 148-165.

— *Russian colonial society in Tashkent: 1865-1923*, Bloomington, Indiana University Press, 2007.

Sakharov, Andrei, *Moscow and beyond, 1986-1989*, New York, Knopf, 1991.

Sartori, Paolo, *Constructing Colonial Legality in Russian Central Asia: On Guardianship*, in «Comparative Studies in Society and History», 56/2 (2014), pp. 419-447.

— *A Soviet Sultanate. Islam in Socialist Uzbekistan (1943-1991)*, Wien, Austrian Academy of Sciences Press, 2024.

Sartori, Paolo, Trevisani, Tommaso, *Patterns of transformation in and around Uzbekistan*, Reggio Emilia, Diabasis, 2007.

Saunders, David, *La Russia nell'età della reazione e delle riforme 1801-1881*, Bologna, il Mulino, 1997.

Savranskaya, Svetlana, *The Diary of Anatoly S. Chernyaev. 1991. Donated by A.S. Chernyaev to The National Security Archive*, 2011.

Scarborough, Isaac Mckean, *Moscow's Heavy Shadow: The Violent Collapse of the USSR*, Ithaca, Cornell University Press, 2023.

— *An unwanted dependence: Chechen and Ingush deportees and the development of state-citizen relations in late-Stalinist Kazakhstan (1944-1953)*, in «Central Asian Survey», 36/1 (2017), pp. 93-112.

Schattenberg, Susanne, *Brezhnev: The Making of a Statesman*, London, I.B. Tauris, 2021.

Schyuler, Eugene, *Turkistan: Notes of a Journey in Russian Turkistan, Khokand, Buchara, and Khuldja*, New York, Scribner, Armstrong and Co, 1876.

Selina, Nina, *Ob «Uzbekskom Dele», Razvale Strany i sovremennoj bor'be s korrupciej*, in «Krasnojarskij Računyj», 12 ottobre 2013.

Semanov, Sergej, *Predsedatel' KGB Jurij Andropov*, Moskva, Algoritm, 2008.

Sergeev, Evgeny, *The Great Game 1856-1907: Russo-British relations in Central and East Asia*, Washington D.C., Woodrow Wilson Center/Johns Hopkins University Press, 2013.

Shanty, Frank, *The nexus: international terrorism and drug trafficking from Afghanistan*, Santa Barbara, Praeger Security International, 2011.

Sheehy, Anne, *Slav Presence Increased in Uzbek Party Buro and Secretariat. Radio Liberty Research Bulletin 94*, München, RFE/RL, 1986.

Shubin, Vladimir, *The hot «cold war»: the USSR in Southern Africa*, Scottsville, UKZN Press, 2009.

Simis, Konstantin, *USSR - The Corrupt Society. The Secret World of Soviet Capitalism*, New York, Simon and Schuster, 1982.

Sirodžon, Akil, *Promyšlennost' Uzbekistana v gody vojny*, Taškent, Uzbekistan, 1981.

Smele, Jonathan, *Civil War in Siberia: The Anti-Bolshevik Government of Admiral Kolchak, 1918-1920*, Cambridge, Cambridge University Press, 1996.

Smith, Jeremy, *Leadership and Nationalism in the Soviet Republics, 1951-1959*, in *Khrushchev in the Kremlin: Policy and Government in the Soviet Union, 1956-1964*, a cura di Jeremy Smith e Melanie Ilic, London, Routledge, 2011.

SNDSS, *Pervyj S"ezd Narodnyh Deputatov SSSR. 25 Maja — 9 Ijunja 1989 g. Stenografičeskij Otčet. Tom 2*, Moskva, Izdanie Verhovnogo Soveta SSSR, 1989.

Sobčak, Anatolij, *Choždenie vo vlast': rasskaz o roždenii parlamenta*, Moskva, Novosti, 1991.

Sokol, Edward D., *The revolt of 1916 in Russian Central Asia*, Baltimore, Johns Hopkins University Press, 2016.

Solchanyk, Roman, *Russian Language and Soviet Politics*, in «Soviet Studies», 34/1 (1982), pp. 23-42.

— *Russification to be Stepped Up*, in «Soviet Analyst», 9 (1980).

Solih, Muhammad, *Ayollarga sog'liq bering*, in *Iqror (Maqolalar), II*, Istanbul, Ihlas Gazetecilik, 2013.

Solovyov, Vladimir, Klepikova, Elena, *Yuri Andropov, a secret passage into the Kremlin*, New York-London, Macmillan, 1983.

Spechler, Martin C., *The Political Economy of Reform in Central Asia: Uzbekistan under Authoritarianism*, London & New York, Routledge, 2008.

Stalin, Joseph, *The Nation*, in *Nationalism*, a cura di John Hutchinson e Anthony Smith, Oxford, Oxford University Press, 1994.

Staples, John, *Soviet Use of Corruption Purges as a Control Mechanism: The Uzbekistan Case*, in «Past Imperfect», 2 (1993), pp. 29-48.

Starr, S. Frederick, *Lost Enlightenment: Central Asia's Golden Age from the Arab Conquest to Tamerlane*, Princeton, Princeton University Press, 2015.

A state of nations: Empire and Nation-making in the age of Lenin and Stalin, a cura di Ronald Grigor Suny e Terry Martin, Oxford, Oxford University Press, 2001.

Stone, David R., *The Russian Army in the Great War: The Eastern Front, 1914-1917*, Lawrence, University Press of Kansas, 2015.

Stronski, Paul, *Tashkent: Forging a Soviet City, 1930-1966*, Pittsburgh, University of Pittsburgh Press, 2010.

Suchareva, Ol'ga, *Islam v Uzbekistane*, Taškent, AN UzSSR, 1960.

Suny, Ronald Grigor, *Frames and Narratives: How the Fates of the Ottoman Armenians, Stalin-Era Ukrainians and Kazakhs Illuminate the Concept of*

Genocide, in *Genocide. The Power and Problems of a Legal and Ethical-Political Concept*, Toronto, McGill-Queen's University Press, 2022, pp. 87-106.

Surdam, David G., *King Cotton: Monarch or Pretender? The State of the Market for Raw Cotton on the Eve of the American Civil War*, in «Economic History Review», 51/1 (1998), pp. 113-132.

Swanson, John R., *The Soviet Union and the Arab World*, in «The Western Political Quarterly», 27/4 (1974).

Tasar, Eren, *The Central Asian muftiate in occupied Afghanistan, 1979-87*, in «Central Asian Survey», 30/2 (2011), pp. 213-226.

— *Soviet and Muslim: The Institutionalization of Islam in Central Asia, 1943-1991*, Oxford, Oxford University Press, 2017.

Tatur, Sergei, *From the Great Fergana to the Kara-Kum Canal*, Moscow, Novosti, 1976.

Taubman, William, *Khrushchev: The Man and His Era*, New York, W. W. Norton & Company, Simon & Schuster, 2003.

Teichmann, Christian, *Canals, cotton, and the limits of de-colonization in Soviet Uzbekistan, 1924-1941*, in «Central Asian Survey», 26/4 (2007), pp. 499-519.

Tillett, Lowell Ray, *The Great Friendship: Soviet historians on the non-Russian nationalities*, Chapel Hill, University of North Carolina Press, 1969.

Timofeev, Lev, *Russia's secret rulers*, New York, Alfred A. Knopf, 1992.

Timoškov, Sergej, *Bor'ba s anglijskoj intervenciej v Turkestane*, Moskva, Voenizdat, 1941.

Tompson, William J., *Chrushchev: A Political Life*, New York, St. Martin's Press, 1997.

Treplev (Minkin), Aleksandr, *Chlopkorab*, in «Ogonëk», 43, ottobre 1988, p. 3.

Trevisani, Tommaso, *After the Kolkhoz: rural elites in competition*, in «Central Asian Survey», 26/1 (2007), pp. 85-104.

— *The reshaping of inequality in Uzbekistan: Reforms, land and rural incomes*, in *The Political Economy of Rural Livelihoods in Transition Economies*, a cura di Max Spoor, London, Routledge, 2008.

— *Riforme agrarie e mutamenti sociali nell'Uzbekistan dell'Indipendenza*, in «Eurasiatica», 13 (2019), pp. 121-135.

Trevisani, Tommaso, Massicard, Elise, *The Uzbek Mahalla: Between state and society*, in *Central Asia: Aspects of Transition*, a cura di Tom Everett-Heath, London, Routledge-Curzon, 2003, pp. 205-218.

Trier, Tom, Khanzhin, Andrei, *The Meskhetian Turks at a crossroads: integration, repatriation or resettlement?*, Münster & London, Lit, 2007.

Trojnickij, Nikolaj, *Raspredelenie naselenija po rodnomu jazyku, in Pervaja Vseobščaja perepis' naselenija Rossijskoj Imperii 1897 g. Tom 2*, S. Peterburg, 1905.

Tunçer-Kılavuz, Idil, *Power, Networks and Violent Conflict in Central Asia: A Comparison of Tajikistan and Uzbekistan*, London & New York, Routledge, 2014.

Ubiria, Grigol, *Soviet Nation-Building in Central Asia: The Making of the Kazakh and Uzbek Nations*, London & New York, Routledge, 2015.

USDA Foreign Agriculture Service, *U.S. Team Reports on Soviet Cotton Production and Trade*, 1977.

Usmanchodžaev, Inamžon, *Prodolžaja Delo Oktjabrja Kommunist Uzbekistana. Tom 2*, Taškent, Uzbekistan, 1987.

Usubaliev, Turdakun, *Ja vyzyval ogon' na sebja: dokumental'nyj rasskaz*, Biškek, Èrkin, 1992.

Uzbekiston Fanlar akademiyasi Tarix instituti, *Uzbekiston Respublikasi Fan va Texnika davlat qummitasi. Tarix shohidligi va saboqlari*, Toshkent, Sharq, 2001.

Vaisman, Demian, *Regionalism and Clan Loyalty in the Political Life of Uzbekistan*, in *Muslim Eurasia Conflicting Legacies*, a cura di Yaacov Ro'i, London, Frank Cass, 1995.

Vaksberg, Arkadii, *The Soviet Mafia*, New York, St. Martin's Press, 1991.

Van Gorder, Christian, *Muslim–Christian Relations in Central Asia*, London-New York, Routledge, 2008.

Verchovskoj, Nikolaj, *Chlopkovodstvo v Turkestane i perevozka chlopka po Taškentskoj i Sredne-Aziatskoj železnym dorogam*, S. Peterburg, Tip. I.N. Kušnerev i K., 1910.

Viola, Lynne, *Peasant rebels under Stalin: Collectivization and the culture of peasant resistance*, Oxford, Oxford University Press, 1996.

Vishinski, Andrei, *The Treason Case Summed Up (11 March 1938)*, in «Soviet Russia Today», 7/2 (1938).

Voskobojnikov, Emmanuel, Zevelev, Aleksandr, *Turkkomissija VCIK i Sovnarkoma RSFSR i Turkbjuro CK RKP(v) v bor'be za ukreplenie sovetskoj vlasti v Turkestane: M.V. Frunze, V.V. Kujbyšev, L.M. Kaganovič v Turkestane*, Taškent, Gos. izd-vo UzSSR, 1951.

Wegerich, Kai, Soliev, Ilkhom, Akramova, Indire, *Dynamics of water reallocation and cost implications in the transboundary setting of Ferghana Province*, in «Central Asian Survey», 35/1 (2016), pp. 38-60.

Weiner, Douglas R., *A Little Corner of Freedom: Russian Nature Protection from Stalin to Gorbachev*, Berkeley, University of California Press, 1999.

Weinthal, Erika, *State Making and Environmental Cooperation: Linking Domestic and International Politics in Central Asia*, Cambridge, The MIT Press, 2002.

Werth, Nicolas, *A State against Its People: Violence, Repression, and Terror in the Soviet Union*, in *The Black Book of Communism: Crimes, Terror, Repression*, a cura di Stéphane Courtois, Cambridge-London, Harvard University Press, 1999.

Westad, Odd Arne, *The global Cold War: Third World interventions and the making of our times*, Cambridge-New York, Cambridge University Press, 2005.

White, Stephen, *Communism and the East: The Baku Congress, 1920*, in «Slavic Review», 33/3 (1974), pp. 492-514.

Whitman, John, *Turkestan Cotton in Imperial Russia*, in «American Slavic and East European Review», 15/2 (1956), pp. 190-205.

Willerton, John P., *Patronage and Politics in the USSR*, Cambridge, Cambridge University Press, 1991.

Williams, Brian, *The Crimean Tatars: from Soviet genocide to Putin's conquest*, London, Hurst & Company, 2015.

Williams, D.S.M., *Land Reform in Turkestan*, in «The Slavonic and East European Review», 51/124 (1973), pp. 428-438.

Wixman, Ronald, *Ethnic attitudes and Relations in Modern Uzbek Cities*, in *Soviet Central Asia. The failed transformation*, a cura di William Fierman, Boulder, Westview Press, 1991.

Yemelianova, Galina M., *Radical Islam in the former Soviet Union*, London, Routledge, 2010.

Yusupov, Erkin, *Očerki istorii Kommunističeskoj partii Uzbekistana*, Taškent, Partija tarichi instituty UzSSR, 1974.

Zajcev, Boris, *Uzbekistancy na zaščite Rodiny*, Taškent, O-vo «Znanie» UzSSR, 1989.

Zartman, I. William, *Soviet-Maghribi Relations in the 1980s*, in *The limits of Soviet power in the developing world: thermidor in the revolutionary struggle*, a cura di Edward A. Kolodziej e Roger E. Kanet, Basingstoke, Macmillan, 1989.

Zaslavsky, Victor, *Pulizia di classe. Il massacro di Katyn*, Bologna, il Mulino, 2011.

Zawodny, Janusz K., *Morte nella foresta. La vera storia del massacro di Katyn*, Milano, Mursia, 1989.

Zonn, Igor S., Glantz, Michael H., Kostianoy, Andrey G., Kosarev, Aleksey N., *The Aral Sea Encyclopedia*, Berlin, Springer, 2009.

Zubok, Vladislav, *Collapse: The Fall of the Soviet Union*, New Haven, Yale University Press, 2021.

— *A Failed Empire. The Soviet Union in the Cold War from Stalin to Gorbachev*, Chapel Hill, The University of North Carolina Press, 2007.

Indice dei nomi

Abašin, Sergej, 17
Abdullaev, Ravshan, 281
Abdullayeva, Ra‘no, 196 e n, 207 e n, 208, 217n
Abdullaziz Khan, 155
Abdurahmonov, Abdujabbor, 83, 125
Abdurazakov, Malik, 119, 126n
Abukin, Qanat, 43n
Achmatova, Anna, 92
Ahmed, Fakhruddin Ali, 150n
Ahmetov, Qudrat, 248
Ajtmuratov, Yerejep, 207, 217 e n
al-Azm, Khalid, 143
Alekseev, Aleksandr, 145
Alessandro II, zar, 25
Alimov, Arif, 119 e n, 123
Alimova, Dilorom, 82, 96, 107
Anand, Mulk Raj, 151
Anders, Władysław, 90 e n
Andreev, Andrej, 81
Andropov, Jurij, 125n, 174-180, 184, 187
Aniščev, Vladimir, 200 e n
Aripov, Abdulla, 279

Babadjanov, Bakhtiyar, 281
Babadjanov, Hasan, 100
Babur (Zahiruddin), 117, 155
Baghdadi, Abd al-Latif, 142-143
Bajmirov, To‘xtamish, 191n
Barabašev, Aleksej, 281
Begel’man, Petr, 211
Ben Bella, Ahmed, 147
Benaglia, Enrico, 281
Bendjedid, Chadli, 147
Berkov, Dmitrij, 249
Birjuzov, Sergej, 145
Boboxon, Ziyovuddinxon ibn Eshon, 144, 153, 157
Boboxon ibn Abdulmajidxon, Eshon, 98
Boumédiène, Houari, 147
Brežnev, Leonid, 120-122, 123n, 124 e n, 125n, 126, 129-130, 146, 162, 165 e n, 166-167, 169-170, 172-173, 174n, 175, 184, 208, 256
Brežneva, Galina, 174n
Brovin, Gennadij, 197
Bucharin, Nikolaj, 81
Budnitskij, Oleg, 281
Bulganin, Nikolaj, 140 e n
Buttino, Marco, 16, 51, 76n, 239, 281
Buturlin, Aleksej, 170, 194, 206n

Caglioti, Daniela Luigia, 281
Carlisle, Donald, 204, 251
Castro, Fidel Alejandro, 145 e n
Čazov, Evgenij, 124
Čebrikov, Viktor, 242
Čerkes, Leontij, 46n
Černenko, Konstantin, 124, 191, 192, 195
Černjaev, Anatolij, 269
Černjaev, Michail, 28
Chaidurov, Viktor, 206n

Chlevnjuk, Oleg, 109n, 113n, 281
Cho'lpon (Abdulhamid Sulaymon o'g'li Yunusov), 55, 82, 108
Chruščëv, Nikita, 107-113, 113n, 119, 121, 123-124, 134, 138-140, 140n, 146-147, 149 e n, 150, 160-162, 175, 200
Collins, Kathleen, 81n, 247
Continiello, Maria Sole, 281
Critchlow, James, 131 e n
Cucciolla, Leonida, 281
Čukovskaja, Lidija, 91
Čukovskij, Kornej, 91
Čurbanov, Jurij, 200n, 208, 211, 254

Davis, Angela, 148
Davydov, Gennadij, 180, 208
Didorenko, Eduard, 206n
Dilmuratov, Joldasbai, 200
Djumashev, Askar, 222n
Dooley, Kathryn, 66
Du Bois, William Edward Burghardt, 151
Duchanin, Aleksandr, 207n, 212
Dutov, Aleksandr, 48n

Efimov, Anatolij, 249n
El'cin, Boris 14, 208, 266
Əliyev, Heydər, 184
Enver, Ismail (Pascià), 49
Ergashbai, 49
Ergashev, Qudrat, 181, 194, 208

Faiz, Faiz Ahamd, 151
Fitrat, Abdurauf, 55, 82, 108n
Frunze, Michail, 50 e n

Gabrieliants, Gayk, 126
Gaipov, Ro'zmet, 190, 200, 208
Gandhi, Indira, 150n
Gapurow, Muhammetnazar, 203n
Gdljan, Telman, 180n, 182 e n, 185, 190, 199, 200n, 207 e n, 208, 210-211, 212 e n, 213-214, 253-256, 258, 275
Ghai, Dharam, 219n
Gikalo, Nikolaj, 58n, 82
Golovanov, Aleksandr, 82, 96, 107
Golovin, Vladimir, 182
Gorbačëv, Michail, 170n, 171 e n, 179n, 197, 202, 208, 210, 213, 215, 219-221, 229, 236, 243-244, 249, 251, 253, 257-258, 262, 264, 266-267, 269, 271
Gorčakov, Aleksandr, 27
Graziosi, Andrea, 281
Grekov, Leonid, 181 e n, 182n
Grišin, Viktor, 197
Gromyko, Andrej, 197
Grybkauskas, Saulius, 281

Habibullayev, Po'lat, 218 e n
Hikmet, Nazım, 151
Ho Chi Minh, 141
Hoshimov, O'tkir, 240

Ibrahim Bek, 49
Ibrohimov, Mirzaolim, 218, 245, 248
Ikromov, Akmal, 58, 81 e n, 125
Iljuchin, Viktor, 207n
Ivanov, Nikolaj, 182, 186n,199n, 200n, 207-208, 211, 212 e n, 213, 253-256, 258, 275
Ivanov, Vladimir, 58n, 81

Jabborov, Ismoil, 212, 216
Jakubovskij, Aleksandr, 97
Jamalov, Jalol, 211
Javlinskij, Grigorij, 269
Jemilev, Reshat, 128n
Jurabekov, Ismoil, 247-248

Kaliničenko, Vladimir, 188 e n, 207n
Kalinin, Michail, 98
Kamalov, Vjačeslav, 248, 254
Kamolov, Qallibek, 120n, 133, 187, 196, 207n, 208
Kamolov, Sobir, 110n, 119
Kamp, Marianne, 60
Kapitonov, Ivan, 134, 178, 183
Karakozov, German, 207n
Karimov, Abdug'ani, 246

Karimov, Abduvohid, 180, 199n, 200, 207n, 208
Karimov, Arslan, 246n
Karimov, Islom, 116, 132n, 212n, 235n, 245 e n, 246 e n, 247-252, 254-260, 261 e n, 262-266, 267 e n, 268-271, 273 e n, 274 e n, 276-278
Karimov, Xurshid, 246 e n
Karimova, Muslima, 246n
Karmal, Babrak, 156
Katusev, Aleksandr, 207n
Kaufman, Konstantin von, 28-29, 34-35
Keller, Shoshana, 97
Khalid, Adeeb, 16, 20n, 43n, 45, 56, 60-61, 82, 152n, 153, 268
Khan, Azizur Rahman, 219n
Khan, Muhammad Ayyub, 150
Kirasirova, Masha, 150n
Kirkiž, Kuprijan, 58n
Kolbin, Gennadij, 203n
Kornilov, Lavr, 47
Korotič, Vitalij, 229
Kosygin, Aleksej, 126, 150, 162
Kozlov, Viktor, 76
Kramer, Mark, 281
Kravcev, Vladimir, 253
Kretov, Vjačeslav, 206n
Krivošein, Aleksandr, 36n
Kučma, Natal'ja, 246n
Kučma, Pëtr (Karimov), 246n
Kunaev, Dinmuchamed, 124n, 203n, 207n
Kuropatkin, Aleksej, 43, 46

Lagunov, Valentin, 182
Laptev, Vitalij, 207n
Larionov, Aleksej, 113n
Laruelle, Marlene, 281
Lenin (Vladimir Ul'janov), 53, 63-65, 149, 185-186, 261
Ligačev, Egor, 124n, 178-180, 191-192, 212n, 213, 237n, 246, 253
Lipatov, Aleksandr, 206n
Liu Shaoqi, 140
Ljubimov, Julij, 207n
Lobko, Viktor, 206n
Lubin, Nancy, 128n

Magnusdottir, Rosa, 281
Mahkamov, Qahhor, 203n
Mahmudov, Nosir, 120n
Majdanjuk, Konstantin, 207n
Malikov, Muhammed-Babur, 206, 252
Mamarasulov, Solijan, 247, 252, 257
Mamatov, Hikmatulla, 195
Mandelstam, Nadežda, 92
Mao Dun, 151
Mao Zedong, 140
Markowitz, Lawrence, 71, 109
Martin, Terry, 16, 55
Masaliev, Absamat, 203n
Mašerov, Pëtr, 124n
Masoero, Alberto, 281
Matchonov, Nazar, 120n, 129, 133
Mavrin, Konstantin, 207n
Maxamadjonov, Yoqub, 211
Medunov, Sergej, 174
Mel'čenko, Svetlana, 206
Melkumov, Levon, 120n, 182
Menghistu, Hailé Mariàm, 149
Mikojan, Anastas, 140 e n
Minkin, Aleksandr, 173, 227-229
Mirsaidov, Shukrullo, 247-248, 252
Mirzaahmedov, Mansur, 110n, 119
Mirziyoyev, Shavkat, 278
Mogilničenko, Konstantin, 180, 196n
Molotov, Vjačeslav, 137
Mo'minov, Axtam, 129, 218n
Mo'minov, Ibrohim, 133, 218n
Morrison, Alexander, 31
Mudaminbek, 49
Mugabe, Robert, 148
Muhammad Rahim II, 29
Muhammad Yusuf, Muhammad Sodiq, 247, 252
Muhiddinov, Nuriddin, 109, 110 e n, 119, 129, 138-139, 144, 152
Murtazoev, Qayum, 120
Musaxonov, Mirzamahmud, 120n, 126n, 132n, 196, 207n, 212
Mütallibov, Ayaz, 269

Muxtorov, Ahmadjon, 247, 252
Muzaffarov, Akhat, 180
Mžavanadze, Vasilij, 178

Nabiev, Rahmon, 203n
Nasriddinova, Yodgor, 110n, 120, 128 e n
Nasser, Gamal Abd el-, 142-144, 157
Nava'i, Ali-Shir, 97
Nazarbaev, Nursultan, 251
Nehru, Jawaharlal, 139
Nicola I, zar, 25
Nicola II, zar, 41-43
Nikolaev, Sergej, 241
Nikolaj Konstantinovič, 34
Nishonov, Rafiq, 120, 128, 129 e n, 132n, 185, 187n, 200n, 201 e n, 204, 210, 212, 215-218, 221, 228-229, 233-237, 242-246, 252
Niyozov, Amin, 106, 109, 245
Norbo'taev, Xushvaqt, 211
Norling, Nicklas, 132n
Norov, Muin, 2011
Novikova, Ljudmila, 281
Nuriddinov, Siroj, 110n
Nuriev, Zija, 170n
Nyýazow, Saparmyrat, 203n

Odilov, Ahmadjon, 195 e n, 200, 270 e n
Ogorok, Valentin, 206n
Okhunboboyev, Yoldosh, 81n
Olimjon, Hamid, 95
Orsina, Giovanni, 281
Osëtrov, Timofej, 181 e n, 199 e n, 200n, 208
Oxunova, Tursunoy, 183 e n

Palombelli, Cecilia, 281
Pavlov, Valentin, 248
Penati, Beatrice, 36
Perovskij, Vasilij, 24
Pianciola, Niccolò, 281
Podgornyj, Nikolaj, 124
Pohl, Jonathan Otto, 88, 89n
Po'latov, Abdurahim, 234, 267n
Pompidou, Georges, 144n
Pons, Silvio, 281
Postyšev, Pavel, 210
Pulatov, Timur, 240
Putin, Vladimir, 13n, 214

Qahramonov, Toshtemir, 211 e n
Qodiriy, Abdulla, 55, 82, 108n
Qodirov, Ahmad, 124
Qodirov, G'ayrat, 196, 211, 242
Qudratov, Shodi, 180 e n
Qurbonov, Rahmonqul, 120, 128-129

Rahimbabeva, Zuhra, 119n
Rahimov, Bektosh, 120n
Rahimov, Mirzo, 77n
Rahimov, Sobir, 96 e n
Rajabov, Nazir, 195, 207n, 212, 216
Rakhmatov, Ibragim, 78n
Rashidov, Hamid, 116
Rashidov, Sahib, 129
Rashidov, Sharof, 110, 115-119, 119n, 120 e n, 121-123, 123n, 124 e n, 125-132, 132n, 133 e n, 134 e n, 135, 139-140, 140n, 141-144, 144n, 145 e n, 146-150, 150n, 151-152, 154-156, 156n, 157-158, 162-163, 165 e n, 166-168, 170 e n, 171 e n, 172 e n, 173, 175-181, 181n, 182 e n,183-187, 194-196, 199 e n, 200, 201 e n, 204, 207n, 217n, 218 e n, 233-234, 236, 247, 251, 256, 258-260, 261 e n
Rasulev, Gabdurahman, 98
Razumov, Evgenij, 245
Razzakov, Fëdor, 240n
Rekunkov, Aleksandr, 194n
Rizenkampf, Georgij, 64 e n, 68, 73n, 112
Roccucci, Adriano, 281
Romanov, Grigorij, 197, 213
Roy, Olivier, 133
Rywkin, Michael, 39, 83, 108n
Ryžkov, Nikolaj, 184, 242, 250

Sabirov, Salim, 211
Sacharov, Andrej, 242
Sadat, Anwar al-, 142-143

Salimov, Oqil, 132n, 201, 204, 211, 216
Šatalin, Jurij, 242
Satin, Boris, 206n, 249n
Scarborough, Isaac, 281
Ščëlokov, Nikolaj, 174
Sembène, Ousmane, 151
Sessa, Alida Maria, 281
Shastri, Lal Bahadur, 150
Shigabdinov, Rinat, 281
Shodiyev, Qayum, 190, 191 e n
Shokay, Mustafa, 48
Sikorski, Władysław, 90
Skobelev, Michail, 30
Smirnov, Viktor, 178
Sobčak, Anatolij, 214
Sokolov, Jurij, 174n
Solih, Muhammad, 229, 235, 240, 241n, 270, 273
Solomencev, Michail, 213
Spechler, Martin, 117
Stalin (Iosif Džugašvili), 20, 53-54, 57, 69-70, 79-80, 88-90, 93-94, 98, 102-103, 104n, 105, 185, 200
Stolypin, Pëtr, 38
Sucharev, Aleksandr, 212
Suny, Ron, 16
Suslov, Michail, 124, 125n, 146, 174n
Sviderskij, Boris, 207

Tairov, Seit, 170
Tamerlano (Tīmūr Barlas), 117
Terebilov, Vladimir, 213
Toer, Pramoedya Ananta, 151
To'raqulov, Ubaydulla, 191n
Tolstoj, Aleksej, 91
Trevisani, Tommaso, 281
Tunçer-Kılavuz, Idil, 247

Uluğ Bek, 117
Umarov, Hamdam, 212
Ušakov, Sergej, 145
Usatov, Dmitrij, 217
Usmanov, Vahobjon, 189, 191n
Usmanov, Vali, 122, 123 e n, 124n
Usmonxo'jayev, Inomjon, 133, 188, 191-192, 197-199, 199n, 200-202, 204-205, 208-210, 212 e n, 216, 218, 247, 253, 258, 270
Usubaliev, Turdakun, 203n

Vorošilov, Kliment, 140 e n, 142

Wixman, Ronald, 238n
Wulzer, Paolo, 281

Xatamov, Nabijon, 264
Xoja, Ahmad Yassivi, 117
Xo'jayev, Asadilla, 121n, 132n, 133, 183
Xo'jayev, Fayzulla, 81 e n, 83, 125
Xudaybergenov, Madiyor, 181, 199 e n
Xudoyberdiyev, Narmaxonmadi, 120, 129, 169n, 170 e n, 171n, 191 e n, 196 e n, 207n, 208, 218n

Yahyoyev, Haydar, 120n, 194, 200, 211 e n
Yakub Beg, 28n
Yo'ldoshev, Shavkat, 212
Yoqubjonova, Xosiyat, 254
Yusupov, Erkin, 217, 247, 252
Yusupov, Usmon, 82-83, 83n, 84, 106, 118, 125 e n

Zaxidov, Marat, 218
Zelenskij, Isaak, 58n, 81
Zhou Enlai, 140
Zinov'ev, Grigorij, 64
Zubok, Vladislav, 281
Žukov, Jurij, 139

Finito di stampare
nel mese di ottobre 2024
da The Factory
Roma